# Sommaire
## pour se repérer

Travail réalisé

## Ouverture culturelle et anglais

### *Ouverture culturelle*



### *Anglais*

## PARTIE 2 Réussir les épreuves orales

### Entretiens individuel et collaboratif

## Anglais

# Votre concours, votre école
## en 10 questions-réponses

**NOTE DE L'ÉDITEUR**

Nous dénommerons dans cet ouvrage « écoles de commerce » les écoles qui proposent une formation au monde de l'entreprise au sens large. Elles sont également appelées « écoles de management » ou « écoles de gestion ».

## 1. Quels sont les intérêts d'une école de commerce post-bac ?

Si :

– vous ne vous sentez pas sûr de réussir par la voie de l'université, qui demande une très grande autonomie dans son travail ;

– vous n'êtes pas non plus prêt à faire une CPGE, réservée aux élèves ayant une grosse capacité de travail personnel. On estime, en effet, à 60 heures le temps de travail hebdomadaire d'un étudiant en CPGE, pendant au moins 2 ans ;

– vous êtes attiré par un enseignement concret et appliqué, en rupture avec votre année de terminale ;

– vous préférez vous engager dans une voie où la sélection est faite en début de parcours et non tout au long de la scolarité…

**… alors une école de commerce post-bac correspond peut-être à vos attentes.**

Néanmoins, avant de choisir la vôtre, vérifiez la reconnaissance de la formation de chaque école ! De nombreuses petites écoles privées aux frais de scolarité élevés ne vous donneront ni une formation sérieuse ni un vrai diplôme visé par le ministère de l'Enseignement supérieur. Alors prenez bien le temps de choisir.

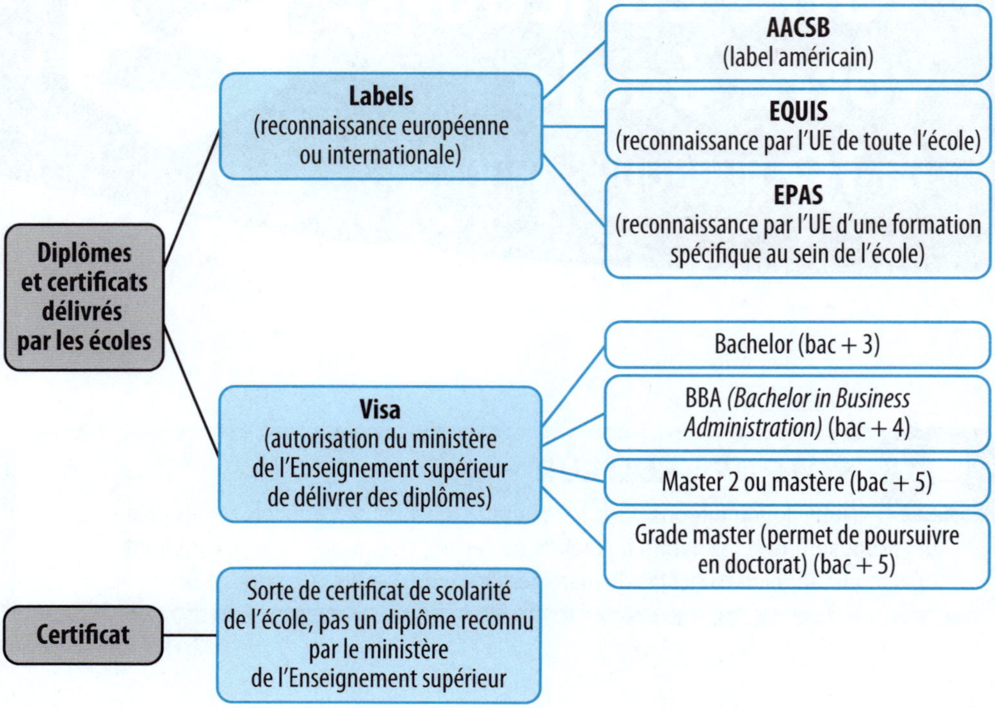


## 2. Qu'apprend-on dans une école de commerce ?

À la différence d'un enseignement en faculté d'économie ou d'une formation de type IEP, vous suivrez, dans une école de commerce, des enseignements très différents de ceux du lycée.

Finies, ou quasi finies, le français, l'histoire et la philosophie !

L'enseignement est appliqué au monde de l'entreprise et à son fonctionnement. La formation donnée par l'école est toujours complétée par des stages et des expériences à l'international, en entreprise et/ou en université.

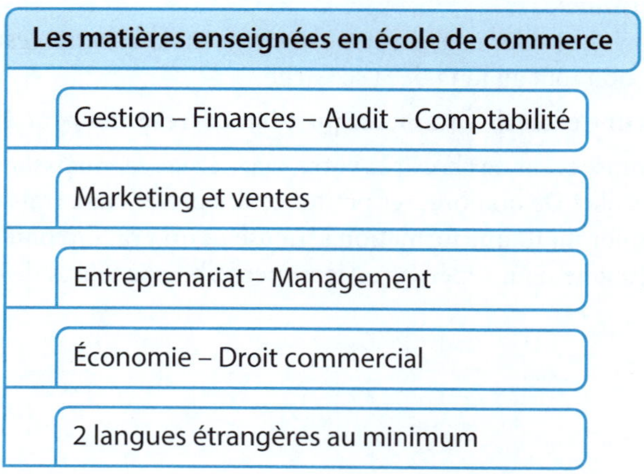

## 3. Quelles sont les voies possibles pour intégrer une école de commerce ?

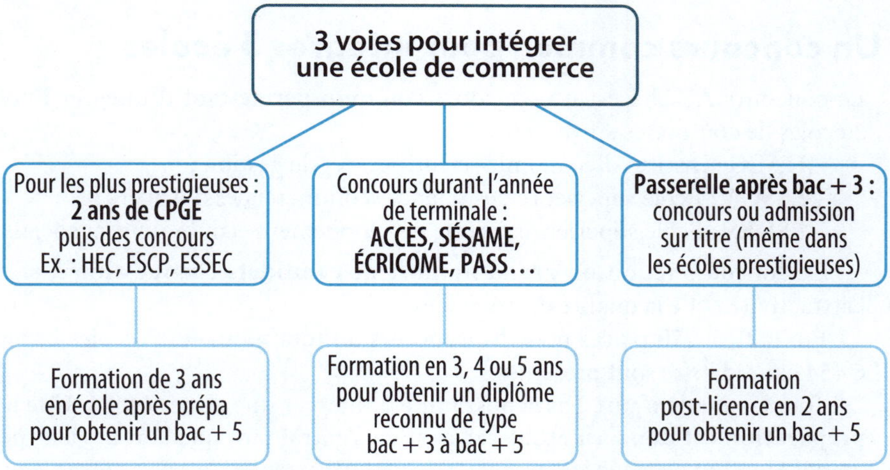


### A. Les avantages et les inconvénients de chacune des voies d'accès en école de commerce

| Voies d'admission | Avantages | Inconvénients |
|---|---|---|
| **Post-bac** | ■ Pas de stress lié à Parcoursup, l'orientation est assurée à condition d'obtenir le bac. | ■ Études (très) chères. |
| **Bac + 2 via CPGE** | ■ Accès aux écoles prestigieuses : la CPGE reste la voie de l'excellence. | ■ Beaucoup de travail et de stress.<br>■ Pas de certitude d'intégrer une école. |
| **Bac + 2 (BTS, IUT, L2) ou Bac + 3 (autre que CPGE)** | ■ Pas la pression de la CPGE.<br>■ Deux années de scolarité en moins à payer par rapport à la voie d'admission post-bac. | ■ Difficulté de travailler seul en fac (beaucoup d'échec en 1re année).<br>■ Pas de certitude d'intégrer une école. |

### B. Financer ses études en école de commerce

Contrairement à d'autres études, l'État ne finance pas les études en école de commerce. Elles sont donc très onéreuses pour les étudiants.

Les pistes de financement, qui se cumulent, sont les suivantes :

– faire un prêt étudiant : les banques prêtent assez facilement aux étudiants de cette filière ;

– avoir en tête que des stages sont obligatoires et rémunérés (500 euros par mois les premières années, parfois 1 000 euros ou plus en 5e année) ;

– obtenir des bourses des écoles et de certaines fondations au service de l'égalité des chances et de l'éducation si la situation familiale le justifie ;

– mais surtout faire ses études en alternance, ce qui est souvent possible en années de master, parfois dès la troisième année : on partage son temps entre l'entreprise et l'école. L'entreprise paie les frais de scolarité et rémunère l'étudiant au SMIC. Un vrai bon plan, qui aide aussi à trouver rapidement du travail à la sortie.

# 4. Pourquoi intégrer une école de commerce du concours ACCÈS ?

## A. Un concours commun pour intégrer 3 écoles

Le concours ACCÈS est un concours commun permettant d'intégrer l'une des 3 écoles de commerce suivantes :

- **IÉSEG :** Institut d'économie scientifique et de gestion ;
- **ESSCA :** École supérieure des sciences commerciales d'Angers ;
- **ESDES :** École supérieure pour le développement économique et social.

Ce concours réunit un **grand nombre de candidats chaque année**, signe de l'attractivité et de la qualité de ces écoles.

En 2021, 2 370 places étaient proposées au total pour les 3 écoles et plus de 6 454 candidats se sont présentés.

Tout le monde n'aura pas la possibilité d'intégrer une de ces écoles. **Une bonne préparation est donc un atout** car c'est en s'entraînant que l'on devient performant ! D'autant plus que les épreuves sont bien différentes de celles du baccalauréat.

Avant tout, **soyez confiant** ! Les statistiques d'admission font, à tort, souvent peur.

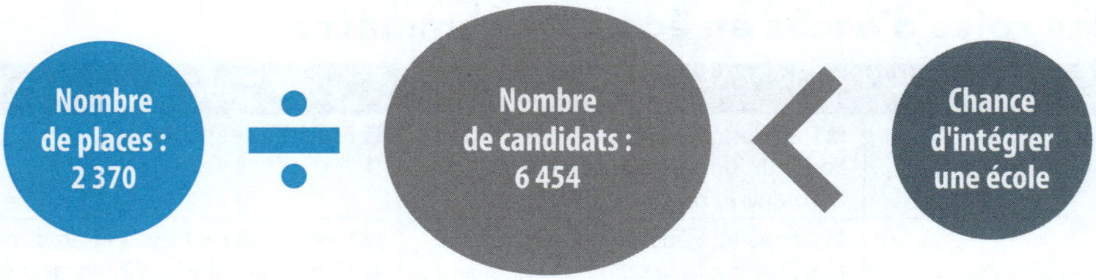


Il faut noter que le **désistement** de certains admis peut vous donner la chance d'intégrer finalement une école.

Le taux d'admission ne correspond pas au nombre de candidats rapporté au nombre de places mais au rang du dernier admis, après désistement de certains candidats (ceux admis dans plusieurs écoles), rapporté au nombre de places.

**Exemple :** l'ESDES propose 220 places en première année, mais un certain nombre de candidats, inscrits au concours ACCÈS à l'ESDES et à l'IÉSEG, seront admis aux deux écoles. La plupart choisiront d'intégrer l'IÉSEG, qui bénéficie d'une renommée plus grande. Ils se désisteront alors de la liste des admis à l'ESDES et les places libérées bénéficieront aux candidats qui étaient sur liste d'attente. Si l'ESDES offre 220 places, le dernier étudiant admis à cette école sera peut-être à la 500$^{e}$ place.

**ATTENTION**

Master, mastère et Grade de master renvoient à un diplôme visé par le ministère de l'Enseignement supérieur, de la Recherche et de l'Innovation au niveau bac + 5. Master et mastère sont des synonymes, « mastère » étant la version française du mot anglais « master ».

En revanche, le « grade de master » offre une distinction supplémentaire, qui donne au diplôme une valeur supérieure et surtout la possibilité de poursuivre des études en doctorat.
Toutes les formations universitaires à bac + 5 délivrent un grade de master, mais seules les meilleures écoles de commerce obtiennent cette distinction pour leur diplôme.
Et ceci n'est pas définitif. Ce droit est accordé pour une durée déterminée. Le ministère de l'Enseignement supérieur, de la Recherche et de l'Innovation peut décider de renouveler ou non ce label en fonction de la qualité de la formation au sein de l'école de commerce considérée.

## B. Les points forts communs aux 3 écoles

**Les 3 écoles (IÉSEG, ESSCA, ESDES) du concours ACCÈS sont**

- **membres de la Conférence des grandes écoles**
- **labellisées AACSB, et EQUIS pour l'ESSCA et l'IÉSEG**
- **habilitées à délivrer un diplôme visé avec le grade de master**
- **des formations défendant des valeurs et une quête de sens**

■ Les 3 écoles sont **membres de la Conférence des grandes écoles**. La Conférence des grandes écoles réunit les meilleures écoles d'enseignement supérieur dans tous les domaines (ingénierie, commerce, management, etc.) ainsi que des écoles normales supérieures en architecture, art, médecine vétérinaire, etc. Elles délivrent des diplômes visés avec le grade de master (bac + 5).

■ Leurs formations sont **labellisées AACSB**, qui est un label américain garantissant la grande qualité des programmes. Seules les meilleures écoles décrochent ce label.

■ Il s'agit d'une formation généraliste en 5 ans, de qualité reconnue, avec obtention d'un **diplôme visé avec le grade de master** par le ministère de l'Enseignement supérieur, de la Recherche et de l'Innovation, qui est attribué uniquement aux meilleures écoles de commerce en France. Seules 12 écoles de commerce post-bac délivrent un diplôme revêtu du grade de master. Pour obtenir son diplôme, il faut cependant valider les 5 ans d'études : il n'y a pas de diplôme intermédiaire au niveau bac + 3.

■ Les 3 écoles sont **membres de la Fédération internationale des universités catholiques**. Les universités catholiques reçoivent des étudiants de toutes sensibilités religieuses et sont ouvertes à tous. Elles ne demandent pas un certificat de baptême à l'inscription ni ne dispensent de cours de religion, mais proposent souvent des enseignements autour des **valeurs** et de la **quête de sens**.

## C. Présentation des 3 écoles

### a. L'ESDES

<table>
<tr><th colspan="3">Fiche d'identité</th></tr>
<tr><td>Logo</td><td colspan="2">esdes Lyon<br>THE BUSINESS SCHOOL OF UCLY</td></tr>
<tr><td>Histoire</td><td colspan="2">Cette école de commerce post-bac a été créée en 1987 par l'Université Catholique de Lyon.</td></tr>
<tr><td>Campus</td><td>Lyon<br>10, place des Archives<br>69002 Lyon</td><td>Annecy<br>25, rue de la Cité<br>74000 Annecy</td></tr>
<tr><td>Informations</td><td colspan="2">04 72 32 50 48<br>www.esdes.fr</td></tr>
<tr><td>Description</td><td colspan="2">

**L'école du concours la plus accessible**

**220 places sont proposées en première année.** Cette école est plus récente que les 2 autres, mais bénéficie comme celles-là des garanties de grande qualité de l'enseignement (diplôme bac + 5 visé, grade de master, label américain AACSB et rattachement à l'Université Catholique de Lyon). Son histoire plus récente lui a donné à ce jour nettement moins de diplômés sur le marché du travail (3 500 contre 15 000 pour l'ESSCA), et moins de reconnaissance par les entreprises. Cela rend cette école un peu moins difficile à intégrer, et c'est peut-être une chance à saisir ! Vous aurez la chance d'étudier dans de très bonnes conditions sur un campus tout neuf en centre-ville de Lyon.

**Une marque de fabrique : le « manager-entrepreneur responsable »**

L'ESDES a un programme pédagogique qui met l'accent sur l'humain en entreprise et une économie responsable, avec des promotions d'étudiants à taille humaine (250 étudiants par année).

La formation sensibilise tout particulièrement les étudiants à l'importance des comportements et de l'éthique professionnels, et éveille aux questions de sens et de valeur avec un socle solide de culture économique et sociale.

Vous noterez que, dans le recrutement, cette école valorise plus que les deux autres écoles, l'épreuve d'ouverture culturelle et, à l'inverse, un peu moins les mathématiques (voir les coefficients des épreuves écrites).

La pédagogie 360 ° à l'ESDES pour devenir manager-entrepreneur :

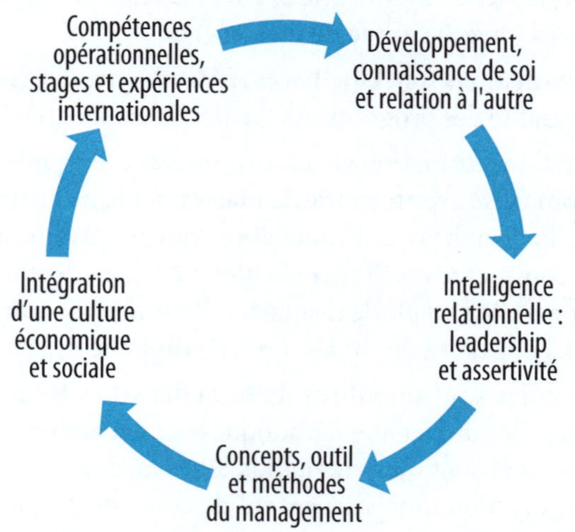


</td></tr>
</table>

## International et double diplôme

De façon plus classique sur ce plan, l'ESDES a développé un vaste réseau d'accords avec 130 universités partenaires à travers le monde, dont 9 permettant l'obtention d'un double diplôme. Tous les étudiants partent au minimum 1 semestre dans une université étrangère, et jusqu'à 3 semestres sont possibles.

## Profil des candidats

L'ESDES était « dans l'ancien bac » un peu plus ouverte (et un peu moins sélective) que les deux autres écoles quant à son recrutement puisque la répartition des admis de l'ESDES par type de bacheliers était la suivante :
- 60 % ES ;
- 30 % S ;
- 10 % autres.

## Programmes

Le cycle master en 2 ans : les deux dernières années permettent aux étudiants de se spécialiser dans un des domaines suivants, au choix :
- audit et finance d'entreprise ;
- expertise et contrôle ;
- finance et marchés ;
- *digital communication* ;
- *marketing and sales development* ;
- développer et entreprendre ;
- *international risks management* (IRM) ;
- *international supply chain management* (ISCM) ;
- management et stratégie d'entreprise ;
- management stratégique des ressources humaines.

## Frais de scolarité

10 910 € par an en 2022-2023.
L'école propose son propre système d'aide au financement des études allant jusqu'à une réduction de 30 % sur le prix normal, en fonction de la situation de l'étudiant et de sa famille. 10 à 15 % des étudiants en bénéficient.

## b. L'ESSCA

| Fiche d'identité | |
|---|---|
| **Logo** | |
| **Histoire** | Première des écoles de management post-bac, créée il y a plus de 100 ans par l'Université Catholique de l'Ouest. |
| **Siège** | 1, rue Joseph Lakanal<br>BP 40348<br>49003 Angers CEDEX 01 |
| **Campus** | **Paris – Boulogne :**<br>55, quai Alphonse-Le-Gallo<br>92513 Boulogne-Billancourt CEDEX<br>**Angers :**<br>1, rue Joseph-Lakanal<br>BP 40348<br>49003 Angers CEDEX 01<br>+ 5 campus plus petits ouverts récemment à **Aix-en-Provence**, **Bordeaux**, **Cholet**, **Lyon** et **Strasbourg**. |
| **Informations** | 02 41 73 47 47<br>www.essca.fr |
| **Description** | **L'ESSCA est également l'une des meilleures écoles de commerce post-bac, et la plus ancienne.**<br>Son sérieux et son ancienneté lui donnent une bonne légitimité vis-à-vis des entreprises et un réseau d'anciens élèves important (14 500 diplômés), qui est une aide précieuse pour trouver un stage ou un emploi à la sortie de l'école.<br>**1 050 places sont proposées en première année**, réparties sur 5 campus (Angers et Paris, les deux plus grands, Aix-en-Provence, Bordeaux et Lyon).<br>Comme pour l'IÉSEG, le choix du campus se fera après votre admission en fonction de votre rang d'admission et des places encore disponibles sur le campus : si vous êtes bien classé après les oraux, vous choisirez librement, et si vous intégrez l'ESSCA parmi les derniers, peut-être qu'un seul campus vous sera proposé. |

| International et double diplôme |
|---|
| En plus des 7 campus, l'ESSCA s'est implantée à Budapest (Hongrie) et à Shanghai (Chine).<br>Durant le cursus, l'étudiant doit étudier au moins deux semestres à l'étranger, le premier pouvant être effectué dès la 2e année. La 3e année est dédiée à l'international avec un semestre de cours en anglais et un semestre à l'étranger obligatoire, soit dans une université partenaire, soit sur les sites de l'ESSCA à Budapest ou à Shanghai, soit en stage en entreprise à l'étranger.<br>L'ESSCA a développé par ailleurs un important réseau de 227 universités partenaires à travers le monde.<br>Et 22 doubles diplômes avec une université étrangère sont proposés aux étudiants. |

| Profil des candidats |
|---|
| Les candidats du concours ACCÈS qui intègrent l'ESSCA sont des bacheliers de l'année à 90% et 10% sont des Bac+1 ou Bac + 2. |

## Programmes

Après un premier cycle généraliste sur 3 ans, chaque élève est amené à se spécialiser en fonction de son projet professionnel durant ses 2 dernières années d'études.
En 4ᵉ année, vous devrez faire un premier choix parmi 3 grands domaines : marketing, management, finance.

| 4ᵉ ANNÉE | | |
|---|---|---|
| **MARKETING**<br>Angers, Paris ou Shangai | **MANAGEMENT**<br>Angers, Paris ou Budapest | **FINANCE**<br>Angers ou Paris |

En 5ᵉ année, vous choisirez une majeure plus ciblée au choix parmi 19 spécialisations !
L'ESSCA propose à ceux qui le souhaitent pour ces 2 dernières années un dispositif d'études en alternance : vous alternez 2 semaines à l'école et 3 semaines en entreprise. Pour plus d'informations, vous pouvez envoyer vos questions à l'adresse : audrey.menard@essca.fr

## Frais de scolarité

11 910 € par an en 2022-2023.
L'école propose son propre système d'aide au financement des études.
Des réductions sur les frais de scolarité sont accordées en fonction des ressources et des charges de l'étudiant et sa famille. De plus, des bourses d'excellence sont attribuées aux dix premiers boursiers lauréats du concours d'entrée.

## c. L'IÉSEG

| Fiche d'identité | |
|---|---|
| **Logo** | IÉSEG SCHOOL OF MANAGEMENT |
| **Histoire** | École créée en 1964 par l'université catholique de Lille.<br>Deux campus d'études possibles : Paris-La Défense ou Lille. |
| **Siège** | 3, rue de la Digue<br>59000 Lille |
| **Campus** | Socle de la Grande Arche<br>1, parvis de la Défense<br>92044 Paris-La Défense<br>*ou*<br>3, rue de la Digue<br>59000 Lille |
| **Informations** | 03 20 54 58 92<br>www.ieseg.fr |
| **Description** | **Une école très prisée et sélective**<br>**1 100 places sont proposées au total en première année**, avec un taux d'admission de 12 % environ. Il y a peu de désistements parmi les candidats admis en première liste. |
| | Elle est l'une des meilleures écoles de commerce post-bac, sinon la meilleure, selon les différents classements existants sur les écoles de management en France (*Financial Times*, *Le Point*, *L'Étudiant*). N'hésitez pas à consulter sur Internet le palmarès annuel, généralement donné sur 3 ans pour mettre en évidence les écoles qui montent en cote de popularité et celles qui baissent.<br>En fonction de votre rang d'admission, vous pourrez choisir le campus où vous étudierez, soit Lille soit Paris-la-Défense. Mais il est probable que les derniers étudiants admis n'aient pas le choix. Si, par exemple, toutes les places proposées sur le campus de Lille ont été pourvues, alors seules les dernières places disponibles sur le campus de Paris seront proposées. |

### International

**Une dimension internationale forte**

À partir de la 3e année, l'enseignement est délivré entièrement en anglais par des enseignants étrangers.

Le cursus prévoit plusieurs stages obligatoires à l'étranger.

Il prévoit également des échanges universitaires de 6 à 18 mois, avec possibilités de doubles diplômes, dans l'une des 323 universités partenaires de l'école dans 76 pays.

### Emplois

**Une formation généraliste, reconnue sur le marché du travail**

80 % des étudiants sortis de l'IÉSEG trouvent du travail dès la sortie de l'école ou dans les 4 mois suivants, dans tous les domaines d'activité.

Un tiers des jeunes diplômés démarrent leur carrière à l'étranger.

| Programmes |
|---|
| **Les 9 programmes de master proposés à l'IÉSEG**<br>Le cycle bachelor en 3 ans<br>Tous les élèves commencent par une formation généraliste sur 3 ans, intégrant des stages en entreprises et des échanges avec des universités étrangères.<br>Puis, ils intègrent le cycle master en 2 ans.<br>Les deux dernières années permettent aux étudiants de se spécialiser dans l'un des 12 domaines suivants au choix :<br>– Marketing management ;<br>– Marketing digital ;<br>– Négociation internationale et développement des affaires ;<br>– Systèmes d'information ;<br>– Économie des affaires ;<br>– Entrepreunariat ;<br>– Gestion des hommes et organisations ;<br>– Opérations de gestion de la chaîne d'approvisionnement ;<br>– Gestion d'actifs et des risques ;<br>– Gestion et contrôles financiers ;<br>– Transactions financières et stratégie d'entreprise ;<br>– Audit et conseil.<br>**Depuis 2016 : un double diplôme « International Business and Law » permet d'avoir une double compétence en droit et management.**<br>Durée : 5 ans.<br>Campus : Issy-les-Moulineaux et La Défense (région parisienne).<br>L'IÉSEG s'associe à la faculté de droit de l'université catholique de Lille pour proposer un double diplôme unique afin d'acquérir une double compétence, prisée sur le marché du travail.<br>Les fonctions visées par ce double diplôme sont les suivantes : juriste, avocat spécialisé en droit des affaires, magistrat, fiscaliste, administrateur judiciaire, directeur financier, etc.<br>La procédure d'inscription à ce programme se fait en plusieurs étapes :<br>1. Il faut s'inscrire des deux côtés :<br>– s'inscrire et passer le concours ACCÈS ;<br>– simultanément compléter un dossier sur le site de la faculté de droit de l'université catholique de Lille sur : espaceadmission.univ-catholille.fr.<br>2. Le résultat d'admissibilité a lieu le jour des résultats du concours ACCÈS.<br>3. Une seule étape orale commune à l'IÉSEG et la faculté de droit (avec un oral de motivation et un oral d'anglais).<br>4. Résultats définitifs mi-juin. |
| **Frais de scolarité** |
| 11 950 € par an en 2022-2023. |

## Tableau récapitulatif des 3 écoles

| Écoles | Campus de l'école | Nombre de places | International | Atouts | Frais de scolarité |
|---|---|---|---|---|---|
| **ESDES** | Lyon | 220 | Accords avec 130 universités | Manager-entrepreneur responsable | 9 500 € |
| **ESSCA** | Angers, Paris<br>Lyon, Bordeaux<br>Budapest, Shanghai | 1 050 | Accords avec 227 universités | Certains masters possibles en alternance | 11 900 € |
| **IÉSEG** | Lille<br>Paris | 1 100 | Accords avec 323 universités | Nouveau double diplôme *« International Business & Law »* | 11 500 € |

## 5. Comment se déroulent les concours ?

Les concours se déroulent en trois temps :

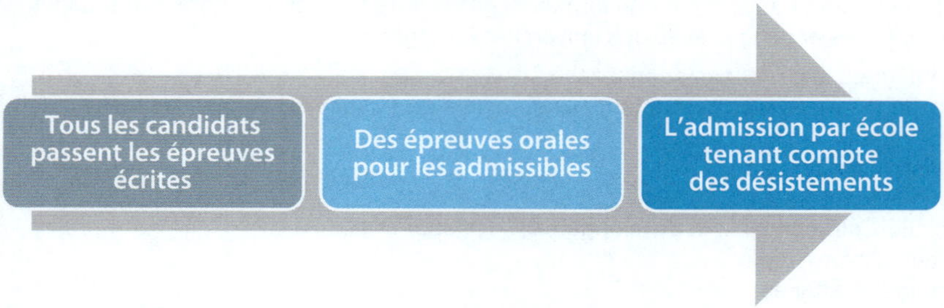


**Temps 1 : tous les candidats passent les épreuves écrites**
Seront ensuite déclarés admissibles pour passer la deuxième série d'épreuves orales les candidats qui ont les meilleures notes aux épreuves écrites. Les autres candidats non admissibles sont éliminés du concours.

**Temps 2 : l'admissibilité et les épreuves orales**
Les candidats sont déclarés admissibles ou non, séparément par chacune des écoles en fonction :

– de leur inscription à cette école ;

– de leur rang, calculé à partir des notes obtenues aux épreuves écrites pondérées des coefficients.

**Exemple :** un candidat peut être admissible à l'ESDES et non admissible à l'IÉSEG en étant inscrit aux deux écoles ou inversement.

**Temps 3 : l'admission par école**
Sont déclarés admis dans chaque école les meilleurs candidats après les épreuves orales.

Si l'école a 500 places, les 500 premiers candidats sont déclarés admis. Mais rien n'est encore perdu pour les autres candidats car une liste d'attente est constituée par l'école en classant les candidats suivants. En effet, certains élus de la première liste sont admis simultanément à plusieurs écoles ou à d'autres choix qu'ils ont faits (une CPGE, une faculté, etc.). Ils libèrent alors une place en se désistant. Ne désespérez surtout pas et renseignez-vous sur le rang du dernier admis de l'école les années précédentes pour vous donner une estimation de votre chance de l'intégrer.

### CONSEILS DU FORMATEUR

- Il est très important, avant de vous inscrire au concours ACCÈS, de savoir quelle(s) école(s) vous intéresse. Pensez à tous les critères : l'école, les coefficients appliqués sur chaque épreuve du concours (voir le tableau ci-après), mais aussi le lieu d'études et les frais d'études (scolarité et hébergement si vous quittez le foyer familial).
- Réalisez également que vous devrez vous déplacer dans chaque école pour passer les épreuves orales et cela vous mobilisera à chaque fois une journée, prise sur vos cours de terminale en mai-juin, à l'approche du bac.

# 6. Quelles sont les épreuves ?

## Les épreuves écrites en détail

| Matières | Épreuves écrites sur 1 journée | Durée |
|---|---|---|
| **Synthèse** | ■ Synthèse écrite à partir d'un dossier d'un ensemble de documents sur un thème d'actualité ou d'intérêt général. Rédigée en 350 mots avec une marge de tolérance de 10 % | 3 h 00 |
| **Raisonnement logique et mathématiques** | ■ 3 parties de 5 questions chacune (raisonnement logique, raisonnement mathématique, problème mathématique) | 2 h 00 |
| **Ouverture culturelle et anglais** | **Ouverture culturelle**<br>■ 75 questions réparties en 4 grandes thématiques :<br>– histoire, géographie, mythes et religions ;<br>– idées, sciences et techniques ;<br>– politique, économie, société ;<br>– arts, loisirs, médias | 45 min |
| | **Anglais**<br>■ Grammaire et vocabulaire (40 questions)<br>■ 2 textes de compréhension écrite sur des sujets d'actualité (10 questions) | 45 min |

## Les épreuves orales en détail

| Matières | Épreuves orales | Durée |
|---|---|---|
| **Entretien individuel** | ■ Conversation informelle avec un jury de 2 ou 3 personnes. Le candidat doit montrer sa capacité à communiquer, son ouverture au monde et sa motivation pour faire des études de gestion longues | 30 min |
| **Entretien collaboratif (ESSCA)** | ■ Discussion non préparée sur un sujet d'intérêt général, avec un groupe de 6 ou 7 candidats. Le jury n'intervient pas et juge les candidats sur leur capacité à contribuer au collectif et leurs relations avec les autres | 1 heure |
| **Entretien d'argumentation (ESSCA)** | ■ Exposé de présentation d'un sujet d'intérêt général ou d'actualité | 10 min (30 min de préparation) |
| **Anglais** | ■ Commentaire d'un texte et réponses à des questions orales, avec 30 minutes de préparation | De 30 min (ESDES et IÉSEG) à 45 min (ESSCA) |

# 7. Quels sont les coefficients des différentes épreuves ?

Les coefficients des épreuves écrites et orales par école

| Épreuves | ESDES | ESSCA | IÉSEG |
|---|---|---|---|
| **Synthèse** | 4 | 6 | 6 |
| **Raisonnement logique et mathématiques** | 6 | 8 | 8 |
| **Ouverture culturelle et anglais** | 6 | 3 | 3 |
| Total des épreuves écrites | 20 | 20 | 20 |
| **Entretiens individuel et collectif (pour l'ESSCA)** | 7 | 10 | 7,5 |
| **Anglais oral** | 3 | 3 | 2,5 |
| Total des épreuves orales | 10 | 13 | 10 |
| Total des coefficients | 30 | 33 | 30 |

- L'anglais est obligatoire et est évalué à l'écrit et à l'oral avec des coefficients presque identiques, d'où l'importance de se préparer à l'écrit et à l'oral.

# 8. L'inscription : quand et où ?

**a. Quand ?**

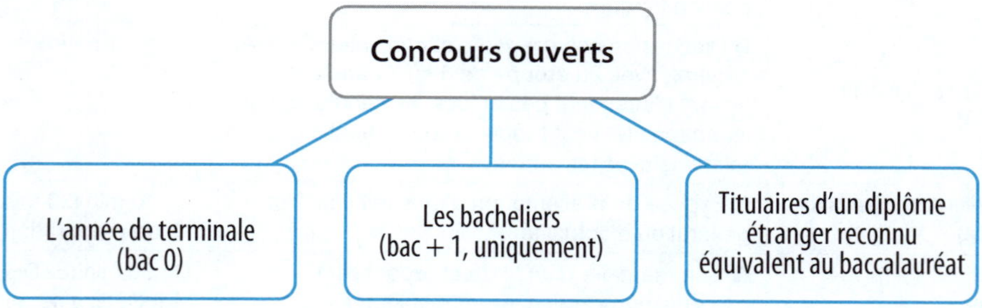


Ce concours est ouvert aux élèves de terminale et de bac + 1 et à ceux titulaires d'un diplôme étranger reconnu équivalent au baccalauréat.

L'inscription se fait **uniquement en ligne sur la plateforme Parcoursup.** L'inscription au concours ACCÈS vaut pour un vœu, même si vous présentez les trois écoles.

Une confirmation d'inscription est envoyée par e-mail au candidat. Il doit en vérifier l'exactitude.

Le candidat devra télécharger et imprimer sa convocation aux épreuves écrites depuis le site ACCÈS, qu'il devra présenter le jour des épreuves, avec sa carte d'identité. Aucun envoi de convocation n'est fait par courrier.

## RÉUSSIR SON INSCRIPTION SUR PARCOURSUP

Si Parcoursup impressionne les élèves, la procédure est pourtant bien encadrée. Il suffit de suivre les recommandations indiquées sur le site Internet du ministère de l'Éducation nationale : www.parcoursup.fr.

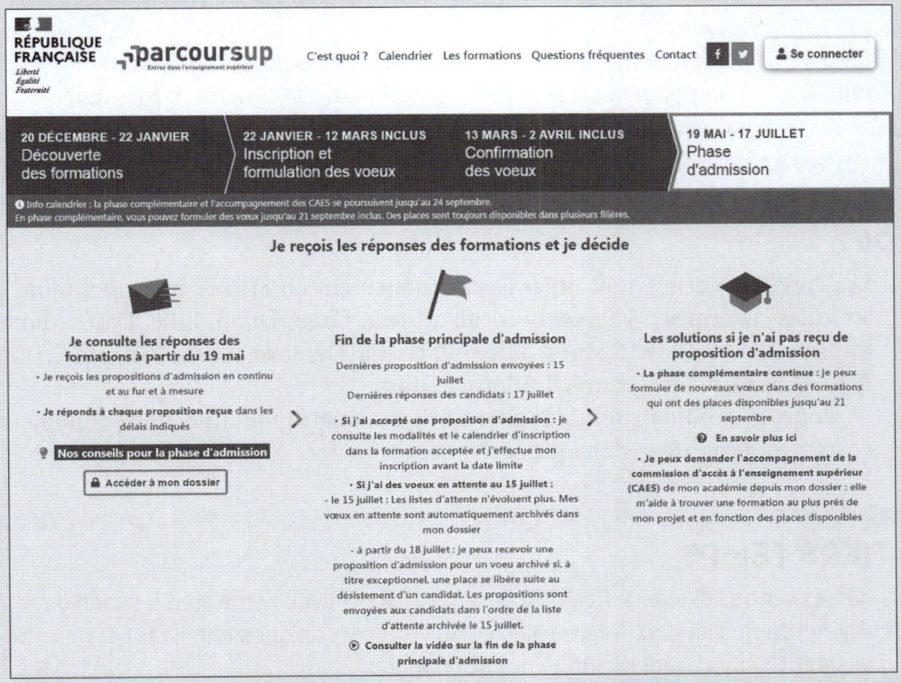


Par ailleurs, vous serez accompagné toute l'année par le responsable du centre de documentation d'information et d'orientation (CDIO) et par l'équipe enseignante.

Des milliers d'autres élèves sont passés par la procédure avant vous et tout s'est bien fini. Les rares élèves déçus par la procédure, souvent médiatisés pour faire sensation, sont souvent ceux qui n'ont pas suivi les conseils suivants :

**Conseil 1 :** Respectez bien les dates, sinon, aucun recours n'est possible.

**Conseil 2 :** Choisissez ce qui vous donne envie de poursuivre vos études en cohérence avec vos compétences (n'allez pas en médecine si vous avez renoncé aux maths en classe de première).

**Conseil 3 :** Écoutez votre cœur plutôt que les statistiques de réussite (ou vos parents).

**Conseil 4 :** Ne choisissez que des filières sélectives mais ouvrez également le champ des possibles à des formations plus accessibles.

**Conseil 5 :** Soignez la présentation de votre motivation lorsqu'il vous est demandé d'en écrire une. Faites attention aux fautes d'orthographe et faites un effort de structure de l'argumentation.

Voici cinq conseils supplémentaires sous la forme de pièges à éviter :

**Piège 1 :** Ne choisir que des filières sélectives.

**Piège 2 :** Ne pas répondre à temps aux propositions de vœux (tout est bien indiqué sur le site au fur et à mesure, vous ne pouvez pas vous tromper).

**Piège 3 :** Ne pas suivre les conseils de vos enseignants qui ont l'habitude de Parcoursup.

**Piège 4 :** Choisir « ce qui fait bien » plutôt que « ce qui vous va bien ».

**Piège 5 :** Se précipiter sur la première proposition si d'autres vœux en attente vous plaisent davantage.

### b. Où ?

Les épreuves écrites sont organisées uniquement en France métropolitaine dans les villes suivantes : Angers, Bordeaux, Brest, Caen, Dijon, Lille, Lyon, Marseille, Montpellier, Nancy, Nantes, Nice, Paris-La Défense, Paris-Villepinte, Reims, Rennes, Rouen, Strasbourg, Toulouse, Tours.

Pour les candidats résidant hors de France métropolitaine, un recrutement sur dossier est proposé par chaque école. Les contacter.

#### TIERS TEMPS

Seuls les centres d'Angers, Paris (La Défense), Lille et Lyon accueillent les candidats qui bénéficient d'un tiers-temps valable pour les écrits uniquement. Il faut valider sa demande 10 jours avant la clôture des inscriptions.

#### NOTE DU FORMATEUR

Les candidats boursiers de l'année en cours bénéficient d'une remise de 50 % sur les frais d'inscription sur présentation d'un justificatif (mais procédure en amont auprès du rectorat).

## 9. Combien coûte l'inscription aux concours ?

L'inscription au concours a un prix unique de 190 euros que l'on présente 1, 2 ou les 3 écoles du concours.

**ATTENTION**

- Les frais de déplacement pour aller passer les épreuves orales dans chaque école où le candidat est admissible sont à la charge du candidat.
- Le report de votre admission d'un an dans une école est impossible ! Si vous avez la chance d'être admis dans une école, vous n'aurez pas la possibilité de retarder d'un an votre admission dans l'école pour, par exemple, faire une année de césure, partir à l'étranger, etc. Vous êtes obligatoirement admis pour l'année en cours, à la rentrée de septembre.

## 10. Quel est le calendrier du concours 2023 (non disponible à date)[1], depuis l'inscription jusqu'aux résultats d'admission ?

Les différentes dates sont publiées sur le site du concours ACCÈS fin octobre de chaque année : www.concours-acces.com.

**Inscription au concours :**
**de janvier à mars 2023**

**Épreuves écrites :**
**1 journée, mi-avril**

**Résultats d'admissibilté :**
**8 jours après**

**Épreuves orales dans chaque école :**
**fin avril - début mai**

**Résultats d'admission définitive sur Parcoursup,**
**avec liste d´attente pour certains**

1. Le livre a été imprimé avant la communication du calendrier 2023.

## Manon, lauréate du concours

« Au début de l'année, je n'étais sûre de rien. Je me suis inscrite au concours ACCÈS parce que je ne savais pas quoi faire, tout comme j'ai fait des vœux sur Parcoursup sans trop d'avis. Puis, au fur et à mesure des salons étudiants et des portes ouvertes, j'ai été de plus en plus emballée par les écoles de commerce, et notamment l'IÉSEG.

Pour les oraux, j'étais très stressée, forcément. En plus, c'est assez impressionnant d'arriver sur l'énorme parvis de La Défense, avec tous ses actifs pressés.

C'est un homme qui m'a ouvert la porte pour entrer dans la salle d'entretien. Il y avait deux autres membres de jury assis. Un homme plus âgé avec de toutes petites lunettes et une femme très classe avec des cheveux blancs, genre ministre. Ce n'était pas trop l'univers dans lequel j'avais l'habitude de vivre. Mes parents et moi sommes plutôt décontractés mais comme l'habit ne fait pas le moine, je ne me suis pas laissée déstabiliser. J'avais mis un pantalon noir, des chaussures en toile toutes propres et un chemisier rayé. Pas trop le genre de vêtements que je porte d'habitude mais je ne suis quand même pas allée jusqu'à mettre une jupe ou une robe alors que je ne le fais jamais.

L'entretien a commencé par les questions classiques : mon âge, mon lycée, ma filière en terminale, mes points forts et faibles. Puis ils m'ont demandé si j'avais une passion. Je n'ai jamais trop su répondre à cela… Je ne suis pas une musicienne, une danseuse, une férue de littérature ou autre, mais comme j'avais lu dans le livre Vuibert qu'il valait mieux être sincère, j'ai joué franc jeu. Je leur ai dit que j'adorais le trampoline. J'habite dans un pavillon en région parisienne, avec un jardin où mes parents ont installé un trampoline pour mon petit frère et moi depuis qu'on est petit. J'ai inventé un jeu avec des règles bien précises pour concilier le trampoline et la passion de mon petit frère pour le foot. Ça avait l'air d'intéresser le jury parce qu'ils m'ont demandé de décrire ce jeu. Et ils ont souri. Je ne savais pas trop s'ils se moquaient de moi ou pas, mais je ne me suis pas laissée abattre. J'ai dit que cela prouvait que j'avais des idées et aussi de la détermination parce que l'élaboration des règles avait demandé de la réflexion. Ils ont à nouveau souri.

Au final, je suis fière de moi ! J'ai eu 16/20 à mon oral et je suis maintenant en 3e année de l'IÉSEG.

Si j'avais un conseil à vous donner, je reprendrais celui du livre : soyez sincère, osez défendre vos idées. Le tout, c'est d'être convaincant. Parmi ceux de ma promo, il y en a un qui avait parlé de sa passion des mangas, un autre de ses compétitions de trottinettes. C'est véridique ! Alors, bonne chance pour le grand saut :-) »

## Tom, membre de jury du concours ACCÈS

« Je suis polonais d'origine et j'enseigne dans une université avec laquelle plusieurs écoles de commerce françaises ont des partenariats. C'est pour cela que je suis régulièrement sollicité pour faire passer les oraux d'entretien collectif ou individuel.

C'est très marquant de voir avec quelle rapidité on se fait une idée du candidat. Il paraît qu'en entretien d'embauche, tout se joue dans les 30 premières secondes. Je n'irai peut-être pas jusque-là pour les entretiens avec les étudiants, il est nécessaire néanmoins qu'ils prennent conscience de la première impression qu'ils donnent.

Il faut arriver soigné pour montrer son respect au jury, représentant l'école et le monde professionnel. Les candidats doivent être polis et à l'écoute. Trop de jeunes sont prétentieux et arrogants. Il faut savoir convaincre tout en restant humble. Ce n'est pas facile mais c'est leur défi ! Par ailleurs, il est important de se montrer ouvert sur l'international car le monde est désormais connecté. Il est fort probable que les étudiants travailleront à l'étranger, ou avec d'autres pays. Souvent, les candidats évoquent les pays anglo-saxons, le rêve américain ou la puissance chinoise mais ils ne doivent pas oublier toute l'Europe de l'Est ! C'est en effet des partenaires privilégiés dans l'Union Européenne et une zone économique dynamique en plein essor.

Bonne chance à chacun et à bientôt peut-être dans mon université ! »

# Auto-évaluation

Afin d'organiser votre préparation, voici un QCM d'auto-évaluation de 20 questions sur toutes les épreuves du concours ACCÈS.

Pour chaque question, une seule réponse est correcte.

## Synthèse (méthodologie)

**1 L'épreuve de synthèse de 3 h 00 comporte :**

- a. Un plan déjà déterminé.
- b. Pas de plan, tout est à déterminer.
- c. Un résumé « à trous » à compléter.

**2 Lors du concours, les outils mis à disposition sont :**

- a. La calculatrice pour compter les mots.
- b. Le dictionnaire pour les termes complexes.
- c. Aucun outil n'est mis à disposition.

**3 Outre une rédaction synthétique, l'épreuve suppose :**

- a. Une lecture efficace de documents.
- b. Une parfaite maîtrise de l'actualité.
- c. Des connaissances littéraires appuyées.

**4 Des recommandations de mots à +/- 10 % sont :**

- a. Une indication pour donner une idée de la longueur attendue.
- b. Un impératif à suivre absolument.
- c. Un minimum autorisé.

**5 « La forme » compte beaucoup pour un concours, cela signifie qu'il faut :**

- a. Être sportif pour réussir.
- b. Soigner sa graphie et éviter les ratures.
- c. Arriver en tenue élégante lors des écrits.

## Raisonnement logique et mathématiques

**6 Quelle est la dérivée de $f(x) = -4\sqrt{x^2 - 3x}$ ?**

- a. $f'(x) = \dfrac{2x-3}{2\sqrt{x^2-3x}}$
- b. $f'(x) = \dfrac{-4x+6}{\sqrt{x^2-3x}}$
- c. $f'(x) = -2(2x-3)(x^2-3x)^{-1/2}$

**7 Un stade d'athlétisme possède 25 000 places. Le tarif moyen d'une entrée est de 20 €. Le tarif moyen des meilleures places est de 35 € et celui des moins bonnes places est de 10 €.**
**De plus, 8 % de ces moins bonnes places ont un tarif moyen de 5 €.**
**À partir de ces informations, on peut conclure que :**

- a. Les meilleures places correspondent à 2/5 des places de ce stade.
- b. Si l'organisateur de l'événement sportif diminue le tarif moyen des meilleures places de 6 €, alors le tarif moyen global devient inférieur à 17 €.
- c. La vente des 8 % des moins bonnes places représente moins de 2 % de la recette totale si toutes les entrées sont vendues.

**8 Soit m un réel. On note (E) l'équation suivante : $e^{2x} - 2m.e^x + 1 = 0$.**
**À partir de ces informations, on peut conclure que :**

- a. (E) admet deux solutions distinctes pour $m$ appartenant à l'intervalle$]-\infty\,;-1[\,\cup\,]1\,;+\infty[$.
- b. (E) admet deux solutions distinctes pour $m$ appartenant à $]1\,;+\infty[$.
- c. (E) admet une solution unique pour $m = 1$ ou $m = -1$.
- d. (E) admet deux solutions positives pour $m$ appartenant à $]1\,;+\infty\,[$.

**9 Dans un tiroir, on trouve plusieurs sortes de pantalons. On sait que 50 % des pantalons sont en coton et que 75 % des pantalons en coton sont à carreaux.**
**Parmi les pantalons en coton, 40 % sont fabriqués en France. On choisit un pantalon au hasard.**

- a. La probabilité qu'il soit fabriqué en France et en coton vaut $\dfrac{1}{5}$.
- b. La probabilité qu'il soit à carreaux et en coton est de $\dfrac{3}{8}$.
- c. La probabilité qu'il ne soit pas fabriqué en France est de 60 %.

**10 Une primitive de $f(x) = \dfrac{2x-4}{-x^2+4x-6}$ peut être :**

- a. $F(x) = -ln|-x^2+4x-6|$
- b. $F(x) = -ln|2(-x^2+4x-6)|$
- c. $F(x) = -\ln(-x^2+4x-6)$

## Ouverture culturelle et anglais

### Ouverture culturelle

**11 En quelle année les femmes françaises ont-elles voté pour la première fois ?**

- ❍ a. 1929
- ❍ b. 1939
- ❍ c. 1945

**12 L'ONU :**

- ❍ a. a remplacé la Société des Nations.
- ❍ b. siège à Genève.
- ❍ c. se compose d'un Conseil de sécurité constitué de sept membres permanents.

**13 Quel pays n'est pas exportateur de gaz ?**

- ❍ a. La Norvège
- ❍ b. L'Allemagne
- ❍ c. L'Algérie

### Anglais

**14 Where did the scene ____?**

- ❍ a. took place.
- ❍ b. take place.
- ❍ c. taking place.

**15 Be ____. It can be dangerous.**

- ❍ a. caution.
- ❍ b. attention.
- ❍ c. cautious.

## Entretiens individuel et collectif

**16 L'épreuve d'entretien individuel a lieu :**

- ❍ a. Dans un centre d'examen.
- ❍ b. Dans l'école convoitée.
- ❍ c. Dans le lycée du candidat.

**17 Lors de l'entretien, les candidats doivent porter :**

- ❍ a. Obligatoirement un costume et une cravate pour les hommes et un tailleur pour les femmes.
- ❍ b. Une tenue habituelle pour révéler leur vraie personnalité.
- ❍ c. Une tenue correcte, de préférence sans basket ou grand décolleté.

**18 Lors de l'entretien individuel, le jury est généralement composé :**

- ❍ **a.** De deux ou trois membres, professionnels ou travaillant dans l'école.
- ❍ **b.** Du directeur de l'école.
- ❍ **c.** Du comité des anciens élèves.

**19 L'entretien collectif se déroule :**

- ❍ **a.** En table ronde avec 6 à 7 autres candidats.
- ❍ **b.** En visionconférence avec des étudiants d'autres campus.
- ❍ **c.** Entre étudiants en provenance du même département pour créer un collectif.

**20 La note de l'entretien individuel ou collectif est donnée :**

- ❍ **a.** Immédiatement après l'entretien.
- ❍ **b.** En fin de journée, après délibération du jury.
- ❍ **c.** Avec l'ensemble des résultats, ultérieurement, sur Internet.

# Corrigé

**❶ b. ❷ c. ❸ a. ❹ b. ❺ b. ❻ a., c. ❼ a., c. ❽ a., b., c. ❾ a. ❿ a., b. ⓫ c. ⓬ a. ⓭ b. ⓮ b. ⓯ c. ⓰ b. ⓱ c. ⓲ a. ⓳ a. ⓴ c.**

## Analysez votre score :

| | Réponses correctes | Vous avez entre 0 et 3 réponses correctes | Vous avez 4 ou 5 réponses correctes |
|---|---|---|---|
| **Synthèse** | _/5 | Afin de consolider vos connaissances, reportez-vous à la méthodologie de l'épreuve de synthèse. Rendez-vous à la page 35. | Votre score est prometteur ! Vous pouvez passer directement à l'entraînement et aux sujets corrigés. Rendez-vous à la page 39. |
| **Raisonnement logique et mathématiques** | _/5 | Afin de consolider vos connaissances, relisez le cours de mathématiques et entraînez-vous à l'aide des exercices corrigés. Rendez-vous à la page 63. | Votre score est prometteur ! Vous pouvez passer directement aux sujets corrigés. Rendez-vous à la page 131. |
| **Ouverture culturelle et anglais** | _/5 | Consolidez votre culture générale grâce aux conseils du formateur et relisez le cours d'anglais. Rendez-vous aux pages 182 et 240. | Votre score est prometteur ! Vous pouvez passer directement aux entraînements et aux sujets corrigés. Rendez-vous aux pages 185 et 310. |
| **Entretien** | _/5 | Afin de progresser, reportez-vous à la méthodologie des épreuves d'entretien. Rendez-vous à la page 353. | Votre score est prometteur ! Vous pouvez passer directement à l'entraînement. Rendez-vous à la page 360. |

PARTIE 1

# Réussir les **épreuves écrites**

# Synthèse

DURÉE 3 HEURES



COEFFICIENTS

ESDES 4

ESSCA et IÉSEG 6

# Planning de révisions

La synthèse suppose une préparation au long cours avec :

– un travail de culture générale pour comprendre au mieux, et le plus rapidement possible, les textes du dossier documentaire ;

– un travail d'écriture : plus vous vous entraînerez, meilleur vous deviendrez.

| TRAVAIL À FOURNIR | FRÉQUENCE | COMMENT RÉVISER |
|---|---|---|
| Actualité et culture générale | Quotidienne | Suivez l'actualité sur supports audio et vidéo. |
| | Hebdomadaire | Lisez des articles d'actualité ou de culture générale. Allez voir des expos, visitez des musées... |
| Écriture | Quotidienne | Pensez au quotidien à bien vous exprimer, à finir vos phrases, à utiliser des connecteurs logiques et du vocabulaire précis. |
| | Hebdomadaire | Résumez à l'écrit un ou deux articles de presse d'une page en trois lignes maximum. Entraînez-vous à l'aide des exercices proposés dans la partie entraînement, et des sujets corrigés en fin de chapitre. |

# Méthodologie et conseils

## 1. Présentation de l'épreuve

La synthèse du concours ACCÈS consiste à résumer un dossier conséquent de documents écrits portant sur un même thème. Cela suppose d'être doublement efficace : en lecture et en écriture.

**Synthèse ACCÈS**

| | |
|---|---|
| Durée | 3 h 00 |
| Documents | 12 ou 13 documents non classés. Certains documents peuvent traiter une même idée. Certains traitent de points importants, d'autres plus subsidiaires. |
| Travail à effectuer | Synthèse de 350 mots (+/– 10 %) avec introduction, développement et conclusion. |
| Indications données pour la synthèse | Aucune recommandation de plan.<br>Les seules indications fournies sont les suivantes :<br>– indiquer le nombre de mots avec un astérisque (*) après chaque groupe de 50 mots ;<br>– indiquer le nombre de mots EXACT à la fin de la synthèse ;<br>– opter pour un ton neutre : aucun commentaire personnel n'est autorisé ;<br>– ne pas indiquer les documents utilisés (ex. : dans le document 1) ;<br>– soigner l'orthographe, la syntaxe et la calligraphie. |

## 2. Préparation à l'épreuve

Pour maximiser vos chances, vous avez tout intérêt à travailler trois grands axes.

### 1. La culture générale

La culture générale est nécessaire pour mieux appréhender les documents fournis et comprendre rapidement les idées évoquées.

Pour cela, deux règles simples permettent d'y arriver.

**Règle 1 : suivez l'actualité**

- Écoutez la radio ou regardez la télévision tous les jours
  - En écoutant ou regardant Franceinfo tous les jours (5-10 min), vous aurez les éléments essentiels de l'actualité nationale et internationale
- Mettez en page d'accueil de votre navigateur un site d'information quotidienne
  - En apercevant un article, n'hésitez pas à cliquer dessus pour approfondir
- Lisez des articles de presse écrite dès que l'occasion se présente puisque le dossier est composé de nombreux textes
  - Ex. : la une d'un hebdomadaire, les dossiers de l'actualité, les quotidiens

**Règle 2 : recherchez ce que vous ne connaissez pas**

- Utilisez votre portable et votre ordinateur à bon escient
  - Soyez curieux, faites une recherche rapide dès que vous ne savez pas quelque chose
  - Prenez parfois le temps de rechercher en arborescences : une recherche amène à une nouvelle idée associée, et ainsi de suite
- Appuyez-vous sur ceux qui savent
  - Demandez à vos proches et à vos professeurs. Regardez des documentaires.
  - Soyez désireux d'apprendre. Interrogez-vous ou vos interlocuteurs lors de discussions.

## 2. L'écriture

Il faut s'entraîner pour être capable de synthétiser le plus justement l'ensemble du dossier.

### ■ Synthétiser

Pour synthétiser efficacement, il faut :

– s'entraîner à écrire des phrases courtes ;

– utiliser des connecteurs logiques. Une pensée est plus claire si vous utilisez « donc », « alors », « dans un premier temps », « en définitive », etc. ;

– penser la rédaction comme une démonstration. Il faut que la synthèse s'inscrive dans une logique organisée avec un début, un développement et une fin.

■ **« Gagner » des mots**

**Il est difficile de respecter le nombre de mots imposé par la synthèse** (350 mots, à plus ou moins 10 %). Au premier jet, la tentative d'en utiliser deux ou trois fois plus est fréquente… Néanmoins, de petites astuces permettent rapidement de réduire votre texte.

**Astuces pour « gagner » des mots dans la synthèse**

| Astuces | Illustrations |
|---|---|
| Écrire au présent | « il démontre » coûte un mot de moins que « il a démontré » |
| Utiliser des termes écrits en un mot plutôt que plusieurs | ■ aujourd'hui (2 mots) → actuellement (1 mot)<br>■ en effet (2 mots) → effectivement (1 mot) |
| Éviter les expressions banales et gourmandes en mots, qui ne veulent rien dire | ■ De tout temps, le chômage est un problème…<br>■ Depuis toujours…<br>■ La question est si complexe qu'on ne peut apporter de réponse… |

## 3. La gestion du temps

Comme pour tous les concours, « rien ne sert de courir, il faut partir à point ».

Il est absolument nécessaire de bien gérer son temps pour :

– avoir fini dans les temps, sans quoi vous serez éliminé face aux autres qui auront relevé le défi ;

– proposer une copie de qualité, tant dans la forme que dans le contenu.

Voici donc des indications du temps imparti à chaque étape. Elles ne sont pas à respecter à la minute près mais elles vous permettront néanmoins de vérifier que vous êtes dans les temps, au fur à mesure de votre avancement.

**Répartition indicative du temps de travail au cours de l'épreuve de synthèse**

| Étapes | Temps |
|---|---|
| Lecture des documents et résumé de chaque document en une phrase | 1 h |
| Élaboration du plan | 20 min |
| Rédaction de l'introduction au brouillon | 5 min |
| Rédaction du développement au brouillon<br>Compte de mots<br>Vérification de l'utilisation de tous les documents, en les cochant | 1 h 15 |
| Rédaction de la conclusion au brouillon | 5 min |
| Rédaction de l'intégralité de la synthèse sur la copie de concours | 10 min |
| Relecture et vérification de l'orthographe | 5 min |
| TEMPS TOTAL | 3 h 00 |

## 3. En résumé

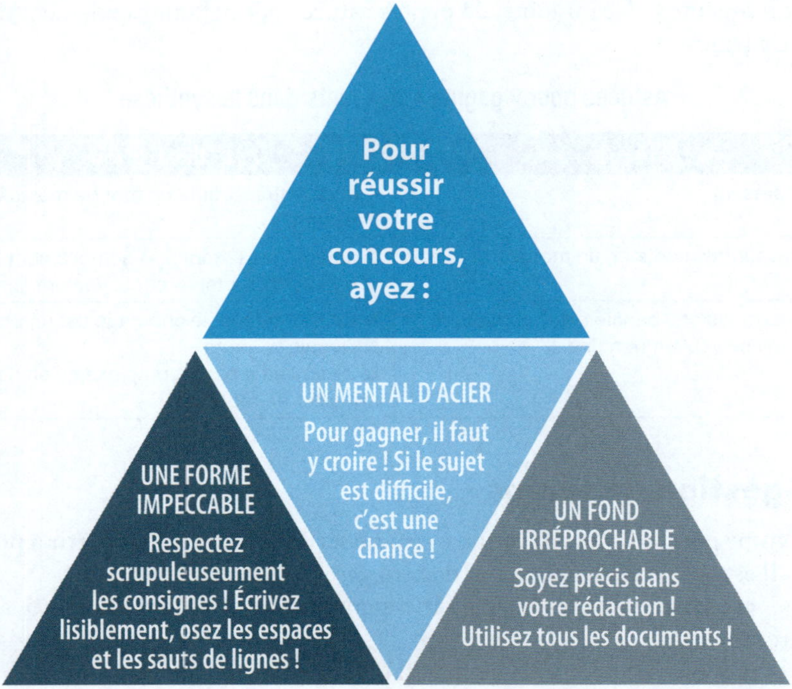
Pour réussir votre concours, ayez :
UN MENTAL D'ACIER
Pour gagner, il faut y croire ! Si le sujet est difficile, c'est une chance !
UNE FORME IMPECCABLE
Respectez scrupuleuseument les consignes ! Écrivez lisiblement, osez les espaces et les sauts de lignes !
UN FOND IRRÉPROCHABLE
Soyez précis dans votre rédaction ! Utilisez tous les documents !

# Entraînement

Prenez des articles d'actualité, relativement courts dans un premier temps, puis plus longs, et tâchez de les résumer en quelques lignes.

Donnez-vous comme défi, par exemple, de synthétiser le texte en 10 fois moins de mots environ.

**Exemple :** si le texte compte 40 lignes, résumez-le en 4 lignes.

Cette contrainte est à relativiser au regard de votre écriture. Si vous écrivez petit ou gros, adaptez à la marge la consigne.

Par ailleurs, trouvez un titre court et représentatif de l'idée principale s'il n'en existe pas.

## Exercice 1

**1 Reformulez les phrases suivantes.**

a. Selon l'INSEE, il y a des actifs au chômage dans 8 % des cas, en France au quatrième trimestre 2020.

..........................................................................................................

..........................................................................................................

b. Pierre Bourdieu disait que les individus des classes aisées avaient des stratégies de distinction.

..........................................................................................................

..........................................................................................................

**2 Réécrivez le paragraphe ci-dessous dans un langage écrit plus rigoureux en gagnant au moins 15 mots.**

Dans la société actuelle, les gens sont plutôt en train de contester. Il y a régulièrement des manifestations un peu partout en France. C'est une bonne chose parce que cela veut dire que la démocratie marche mais en même temps, ça veut aussi dire qu'il y a des gros problèmes à résoudre. (68 mots)

..........................................................................................................

..........................................................................................................

..........................................................................................................

..........................................................................................................

..........................................................................................................

..........................................................................................................

## Exercice 2

**Lisez le texte ci-dessous. Lisez ensuite les copies de candidats qui avaient pour consigne de résumer le texte en 80 mots (+/- 10 %). Corrigez l'orthographe, la grammaire, la syntaxe et les idées, puis proposez une synthèse de correction.**

« L'effet Mozart » : un mythe ou une réalité ? La recension des principales recherches sur le sujet nous amène à conclure que le phénomène de « l'effet Mozart » n'est pas fondé. Les procédures méthodologiques et expérimentales utilisées par Rauscher *et al.* (1993, 1995) sont discutables. Seuls les spécialistes qui ont repris le même schème expérimental ont obtenu des résultats semblables à ceux de l'étude originale. Comme le fait remarquer Howell (1997), une étude est considérée valable seulement lorsqu'elle peut être reproduite auprès d'un échantillon partageant des caractéristiques semblables, à l'aide de mesures évaluatives comparables et dans un contexte expérimental équivalent. Or, plusieurs chercheurs ont porté une attention particulière aux critères spécifiques de Rauscher et Shaw (1998) sans pour autant obtenir des résultats concluants. Il semble donc possible d'établir une corrélation entre l'écoute de la musique de W. A. Mozart et les tâches spatio-temporelles lorsque celles-ci sont extraites ou adaptées du Stanford-Binet Intelligence Scale (Thorndike *et al.*, 1986). Si tel est le cas, nous pouvons difficilement considérer que « l'effet Mozart » est valide sur le plan scientifique. Cependant, il a été démontré que la musique peut, à l'occasion, stimuler certaines habiletés cognitives. Elle aurait donc un effet potentiel sur le développement intellectuel de l'individu. Néanmoins, le fait d'associer cela exclusivement à la musique de W. A. Mozart serait une grave erreur. Il est préférable, selon nous, de tenir compte des bienfaits de la musique de façon générale plutôt que se référer à un seul et unique compositeur. (250 mots)

Extrait de Jonathan Bolduc, « L'écoute mozartienne contribue-t-elle au développement cognitif : "l'effet Mozart", un mythe ou une réalité ? », 2001.

### Copie n° 1

De tout temps la musique a été appréciée des personnes. Il semblerait même que les effets par la musique sur les résultats des étudiants aient été positifs dans l'ensemble. Cet analyse repose sur un travail de Rauscher et son équipe mais Howell pense plutôt que ce ne n'est pas toujours vrai puisqu'une étude n'est vraiment validée que si elle est démontré dans des conditions équivalantes. Ce que l'on peut dire quand même, c'est qu'a priori, la musique est favorable sur le cerveau mais ce n'est pas forcément Mozart qu'il faut écouter pour que cela fonctionne. (95 mots)

### Copie n° 2

La musique adoucit les mœurs, c'est bien connu ! C'est pourquoi « l'effet Mozart » dit que la musique rend les étudiants meilleures. Cependant, tous les chercheurs ne sont pas toujours d'accort sur les méthodes d'expériences et sur les résultats. Ce qui est sûr néanmoins : la musique permet de développer des savoirs, de la réflexion, de la mémoire. Il n'est néanmoins pas nécessaire d'utiliser toujours Mozart ! Est-ce que le rap marcherait aussi ? On peut se le demandé ! (81 mots)

## Exercice 3

**Titrez et synthétisez les articles suivants :**
- **article 1 : 3-4 lignes ;**
- **article 2 : 4-5 lignes ;**
- **article 3 : 4-5 lignes ;**
- **article 4 : 4-5 lignes.**

### Article 1

# Les Chinois veulent cloner un million de vaches pour se nourrir

Le pays construit actuellement le plus grand site de clonage d'animaux au monde à destination du commerce. En plus des vaches, chiens et chevaux seront produits en série. Un projet inenvisageable aujourd'hui en Europe.

La sécurité et l'autosuffisance alimentaire sont des obsessions en Chine. À tel point que le pays semble prêt à tout pour faire face à ces défis. Y compris construire une usine de production d'animaux en série. Il y a quelques jours, des scientifiques ont obtenu le feu vert pour la construction du plus grand site mondial de clonage commercial d'animaux dans la ville portuaire de Tianjin, au nord du pays. Objectif : produire quelque 100 000 embryons de vaches chaque année dans un premier temps, puis un million à terme, selon Xu Xiaochun, président de Boyalife, la société de biotechnologie chinoise à l'origine du projet. La production doit débuter au premier semestre 2016.

Les vaches clonées ont vocation à atterrir dans les assiettes. « *Les agriculteurs chinois ont des difficultés à produire suffisamment de vaches à viande pour répondre à la demande du marché* », a justifié Xu Xiaochun. Pour mener à bien l'opération, Boyalife s'est associée à deux instituts de recherche chinois mais aussi au très controversé Hwang Woo-suk, fondateur de l'entreprise sud-coréenne Sooam Biotech. Ce dernier est connu pour avoir publié de nombreux travaux de recherche jugés douteux sur les cellules souches. Il s'est aussi taillé une réputation d'imposteur auprès de ses pairs après l'annonce de la création en 2004 des premières cellules souches dérivées d'un embryon humain cloné. Une « première mondiale » qui s'est avérée frauduleuse. Le scientifique, expulsé de son université, est aujourd'hui devenu spécialiste du clonage de chien. La co-entreprise créée par Sooam Biotech et Boyalife s'est d'ailleurs lancée sur le marché chinois du clonage dès septembre 2014 en dupliquant trois chiots Mastiffs Tibétains pure race. […]

Extrait. Hayat Gazzane, *Le Figaro.fr*, 25 novembre 2015.

Article 2

## De quoi l'« uberisation » est-elle le nom ?

[...] Les réseaux sociaux utilisent depuis quelques mois le terme d'« uberisation », un néologisme formé à partir du nom d'Uber, la fameuse société de transport californienne. Ils s'en gargarisent même depuis les incidents des derniers jours entre les taxis et les VTC (voitures de transport avec chauffeur) [...]

Entre numérisation et paupérisation, que recoupe ce terme, qui sert d'étendard aux détracteurs de plusieurs réalités économiques ? [...]

**Les taxis**

**Ce qui est critiqué : la précarisation**

Au-delà de leur cas personnel et des conséquences sur leur profession, les taxis dénoncent « *la précarisation des chauffeurs* » de VTC. [...]

De fait, sauf en Californie où l'entreprise sera obligée de les embaucher, les chauffeurs d'Uber sont une force de travail payée au pourcentage, sans ou avec très peu de protection sociale et bien sûr aucun avantage de salarié, mais une grande liberté d'organisation – du moins en apparence – de leurs emplois du temps. [...]

**Ce qui est craint : l'évolution du modèle économique**

Face à ces arguments, les entreprises de VTC répliquent que ce que critiquent réellement les taxis, c'est la contestation de leur monopole et le changement de paradigme : il n'est plus nécessaire d'acheter une licence et de rentrer dans un quota fixe de chauffeurs.

Pour François Meunier, professeur de finance à l'École nationale de la statistique et de l'administration économique, Uber « *promet de bousculer en profondeur la profession de taxi. Dans la pratique du métier, c'est une bonne chose* ». Une des solutions serait, selon lui, de « *multiplier le nombre des plaques et d'imposer une régulation qui oblige tout chauffeur, Uber ou pas, exerçant l'activité de transport de personnes en milieu urbain de façon régulière, à acquérir lui aussi une licence* ».

Extrait. Mathilde Damgé, *LeMonde.fr*, 26 juin 2015.

Article 3

# L'Inde suspend « Free Basics », le service d'Internet gratuit de Facebook

L'Inde donne du fil à retordre à Mark Zuckerberg. Comme le relate le site de Bloomberg, les autorités indiennes ont décidé de suspendre Free Basics, un service gratuit créé par Facebook, permettant d'accéder à une version simplifiée du réseau social, à la météo, à un moteur de recherche, etc. Au nom de la neutralité du Net, la Trai (la Telecom Regulatory Authority of India), a demandé à Reliance Communications, l'opérateur dont dépend le service, d'interdire le service.

**Manque de neutralité et favoritisme**

Depuis février, l'application mobile permet aux clients indiens de se connecter gratuitement à Internet. Jusque-là rien de problématique, si ce n'est que l'Internet auquel se connectaient les internautes était conçu par Facebook, qui décidait des partenaires pouvant participer à ce projet. Largement taxé de favoritisme, le réseau social a par la suite décidé d'ouvrir les candidatures à tous, tout en gardant le contrôle final.

Malgré cet effort, la Trai a quand même décidé d'interdire le service, posant la question de la neutralité du Net. Pour le régulateur indien des Télécoms, le réseau social continuerait de favoriser certains services, et en écarterait d'autres. Par exemple, via Free Basics, une recherche sur Google est payante, sur Bing, non. « *Nous n'avons pas de problème avec l'Internet libre à partir du moment où il est ouvert à tous. Free Basics n'est qu'un moyen de verrouiller les utilisateurs vers l'écosystème de Facebook. Il n'y a pas Google, ni Youtube* », a expliqué Mahesh Murthy, patron d'une startup indienne interrogé par Bloomberg. « *Il n'est pas possible que les riches aient accès à l'intégralité du Net quand les pauvres, eux, ne peuvent avoir accès qu'à Facebook* ».

**Facebook a lancé une campagne de soutien**

Face à ce rejet des autorités indiennes, Facebook n'a pas tardé à contre-attaquer. En plus d'une campagne de soutien (pétition, panneaux publicitaires), le fondateur du réseau social en personne s'est exprimé via une tribune dans le Times of India. « *Dans chaque société, il existe des services de base qui sont si importants pour le bien-être des personnes qu'ils doivent être accessibles librement* », a déclaré Mark Zukerberg, « *il ne s'agit pas de nos intérêts commerciaux* [...] *mais de permettre un accès à des services basiques à des personnes, afin qu'elles profitent des opportunités offertes par Internet* ».

Si Free Basics est présent dans 37 pays, l'Inde, avec ses 400 millions d'internautes, demeure tout de même un marché non négligeable pour Facebook. Le bras de fer ne fait donc que commencer.

*20minutes.fr*, 30 décembre 2015.

Article 4

# Violation de brevets : confiscation de hoverboards en plein CES

Alors que le CES[1] battait son plein à Las Vegas, une entreprise chinoise s'est vu saisir ses hoverboards suite à la plainte d'une société californienne pour violation de brevets.

Les produits de type « hoverboard » ont la cote ces temps-ci. L'entreprise chinoise Changzhou First International Trade Co avait profité du CES qui se déroulait à Las Vegas pour présenter ses nouveaux produits à une roue. Seulement jeudi, les autorités ont débarqué sur son stand et confisqué son matériel, la société Future Motion ayant porté plainte pour violation de 2 brevets.

## Hoverboard : perquisition d'une société chinoise au CES

Jamais une procédure pour violation de brevet n'aura été exécutée aussi rapidement. Le mardi 5 janvier, l'entreprise Future Motion portait plainte devant le tribunal fédéral de Las Vegas pour 2 violations de brevet concernant une sorte de hoverboard à une roue, présenté par la société chinoise Changzhou First International Trade Co. Après une courte audience téléphonique le lendemain, le juge Miranda Du ordonnait alors la saisie du matériel concerné. Le jeudi, les autorités, 2 US Marshals, se rendaient sur le stand du fabricant chinois et saisissaient tout son matériel ainsi que des documents marketing.

La procédure a été très rapide. L'avocat de Future Motion déclarait : « *Je n'avais jamais entendu parler d'un cas où l'on pouvait obtenir une ordonnance d'interdiction temporaire et une saisie le même jour* ».

## Les hoverboards, des engins dangereux ?

C'est le modèle Surfing Electric Scooter qui est mis en cause par la société californienne. Cet engin ressemble comme deux gouttes d'eau au OneWheel fabriqué par l'entreprise californienne qui estime que son concurrent violerait des brevets concernant la fonction de stabilisation et le design.

Ce nouveau type de produits provoque actuellement des polémiques. Difficile à maîtriser, l'engin avait été interdit au CES pour se déplacer. En outre certains modèles bon marché auraient tendance à s'enflammer à cause de batteries défectueuses. Dans de nombreux pays les autorités ont mis en garde la population contre ces hoverboards. Amazon a même bloqué les ventes des produits incriminés.

*Begeek.fr*, 9 janvier 2016.

1. Le Consumer Electronic Show (CES) est le plus grand événement mondial high-tech. C'est le rendez-vous de l'innovation et des nouvelles tendances numériques.

# Corrigé 1

❶ a. 8 % des actifs sont au chômage en France, selon l'INSEE, au quatrième trimestre 2020.

b. Selon Pierre Bourdieu, les classes aisées optent pour des stratégies de distinction.

❷ En France, les contestations sont nombreuses. Ceci témoigne d'une démocratie fonctionnelle, mais révèle également de difficultés à surmonter. (18 mots)

# Corrigé 2

## Copie nº 1

~~De tout temps la musique a été appréciée des personnes.~~ *(inutile, il faut absolument éviter les « grandes phrases inutiles » qui alourdissent le style et « coûtent cher » en mots)* Il semblerait ~~même~~ que les effets ~~par~~ **de la** musique sur les résultats des étudiants aient été positifs dans l'ensemble. Cet**te** analyse repose sur un travail ~~de~~ **réalisé par** Rauscher et son équipe mais Howell ~~pense plutôt que ce ne n'est pas toujours vrai~~ *(dans le vocabulaire scientifique, « pense que » n'est pas pertinent ; mettre par exemple « critique », soit : « mais Howell la critique »)* puisqu'une étude n'est vraiment validée que si elle est démontrée dans des conditions ~~équivalantes~~ **équivalentes**. Ce que l'on peut dire ~~quand même~~, c'est que ~~a priori~~ *(familier)* la musique est ~~favorable sur le cerveau~~ *(trop imprécis et expression plus orale qu'écrite)* mais ce n'est pas forcément Mozart qu'il faut écouter pour que cela fonctionne *(reformulez)*.

### ■ Proposition de synthèse

Il semblerait que les effets de la musique sur les résultats des étudiants aient été positifs dans l'ensemble. Cette analyse, réalisée par Rauscher et son équipe, ne peut être néanmoins confirmée, selon Howell, que si elle est démontrée dans des conditions équivalentes. Dans ce cas, l'écoute de musique composée par Mozart, ou non, pourrait accroître les capacités cognitives des individus. (62 mots)

## Copie nº 2

**Il paraît que** la musique adoucit les mœurs, c'est bien connu ! *(familier)* C'est pourquoi « l'effet Mozart » ~~dit~~ *(évitez le verbe « dire » lorsqu'il ne s'agit pas de personnes, et encore... même dans ce cas, évitez car ce verbe n'est pas très élégant)* ~~que la musique~~ rend les étudiants meilleures. Cependant, tous les chercheurs ne sont pas toujours d'accor**d** sur les méthodes d'expériences et sur les résultats. Ce qui est sûr néanmoins : la musique permet de développer des savoirs, de la réflexion, de la mémoire. *(à placer juste après l'effet Mozart)* Il n'est ~~néanmoins~~ *(répétition)* pas nécessaire d'utiliser toujours Mozart ! Est-ce que le rap marcherait aussi ? On peut se le demand**er** ! *(ne donnez pas votre avis et ne proposez pas une ouverture dans un exercice de synthèse, limitez-vous à résumer les idées du texte, ce n'est déjà pas si simple !)*

### ■ Proposition de synthèse

Il paraîtrait que la musique adoucit les mœurs. D'après « l'effet Mozart », expérience réalisée auprès d'étudiants, la musique permettrait de développer des savoirs, de la réflexion, de la mémoire. Néanmoins, les chercheurs ne sont pas tous unanimes quant aux méthodes d'expérimentales et aux résultats. De plus, la musique écoutée ne doit probablement pas être spécifiquement des compositions de Mozart. (60 mots)

# Corrigé 3

## Article 1

- **Titre :** La Chine veut cloner des vaches pour se nourrir
- **Synthèse :** Dès 2016, la Chine annonçait la production de 100 000 embryons de vaches pour répondre à une volonté d'autosuffisance alimentaire. Le laboratoire sera dirigé par le très controversé professeur Woo-suk, spécialiste du clonage de chiens.

## Article 2

- **Titre :** Uber : entre précarité et liberté
- **Synthèse :** La société californienne de voitures de transport avec chauffeur Uber devient le symbole d'un genre nouveau d'emplois : les travailleurs y sont indépendants, donc potentiellement plus libres, mais moins protégés que les salariés. L'uberisation est-elle une aubaine pour les clients et les actifs en quête d'emploi ou une précarisation accrue sur le marché du travail ?

## Article 3

- **Titre :** Free Basics : cadeau empoisonné de Facebook, selon les autorités indiennes
- **Synthèse :** Facebook, dirigée par Mark Zuckerberg, joue les philantropes. En effet, la multinationale propose un service aux internautes indiens permettant une navigation verrouillée, par des partenariats, mais gratuite. La Trai (la *Telecom Regulatory Authority of India*) a interdit ce service au nom de la liberté de la concurrence et des informations.

## Article 4

- **Titre :** Saisie éclair d'hoverboards chinois pour plagiat au Salon du hi-tech
- **Synthèse :** Lors du *Consumer Electronic Show* (CES), Salon mondial du hi-tech à Las Vegas, les autorités des politiques de la concurrence ont saisi des hoverboards chinois, à la suite d'une plainte d'une entreprise américaine pour violation de brevet. La rapidité de la procédure s'explique en partie par la dangerosité et le risque d'inflammation de certaines contrefaçons.

# Sujets corrigés

## SUJET 1 : Synthèse

**DURÉE :** 3 HEURES

Il vous est demandé de faire une synthèse et non une suite de résumés, de l'ensemble des 13 documents présentés, **en 350 mots**, avec une tolérance de 10 %, c'est-à-dire de 315 à 385 mots.

Voici les consignes à suivre :

- Respecter l'orthographe et la syntaxe de la langue française
- Soigner la calligraphie
- Ne pas donner son avis sur le sujet proposé
- Ne pas faire référence à un document en indiquant son numéro d'ordre, son auteur, son titre
- Mettre un signe * auprès de chaque groupe de 50 mots
- Noter le nombre total de mots à la fin de votre copie

Le barème de correction prend en compte tous ces éléments

Le non-respect de l'une au moins des consignes est fortement pénalisé.

### NOTE DU FORMATEUR

La phrase « *Aujourd'hui, 4 juillet, c'est-à-dire jour anniversaire de l'indépendance des États-Unis, 75 % des nations de l'ONU se réunissent à New York.* » comporte 27 mots.

**Références des documents**

**Document 1 :** Bpi, « Marché de la domotique : « Il y a de plus en plus de création de valeur », Lanouvellerépublique.fr, 30 juillet 2020, mis à jour le 4 août 2020.

https://lienmini.fr/4406-01

**Document 2 :** Grégoire Huvelin, « Le marché des montres connectées en plein boom, Apple Watch en tête des ventes », Clubic.fr, 7 mai 2020.

https://lienmini.fr/4406-02

**Document 3 :** Insee, enquête TIC-ménages 2018, figure 3 « Part de la population qui a effectué les activités suivantes par Internet au moins une fois au cours des trois derniers mois en 2018 selon l'âge », dans Anne-Sophie Cousteaux, « Des ménages et des entreprises de plus en plus connectés, mais des disparités persistantes », 22 novembre 2019.

https://lienmini.fr/4406-03

**Document 4 :** « 1. La maison connectée permet de gagner en confort » et « 2. La maison intelligente permet de faire des économies », dans Aurélien Brunet, « Domotique : 13 bonnes raisons de craquer pour la maison connectée », www.domo-blog.fr, 11 octobre 2021.

https://lienmini.fr/4406-04

**Document 5 :** « Dépendance aux écrans : une addiction de l'ère numérique », www.axaprevention.fr, 6 février 2019.

https://lienmini.fr/4406-05

**Document 6 :** Union internationale des télécommunications, graphique « Plus de la moitié de la planète est connectée sur la toile - Estimation du nombre d'utilisateurs d'Internet pour 100 habitants par région en 2019 », dans Tristan Gaudiaut, « Plus de la moitié de la planète est connectée sur la toile », www.statista.fr, 22 juil. 2020.

https://lienmini.fr/4406-06

**Document 7 :** Benjamin Ferran, « Des centres spécialisés pour les drogués d'Internet », *Le Figaro*, le 20 août 2009, mis à jour le 21 août 2009

https://lienmini.fr/4406-07

**Document 8 :** Inrs, « Effets sur la santé, Des effets avérés ou supposés », « Effets directs des champs statiques, électriques ou magnétiques », « Effets directs dus aux courants induits », dans le dossier « Champs électromagnétiques sur la santé », www.inrs.fr, 3 mai 2017.

https://lienmini.fr/4406-08

**Document 9 :** Ademe, « Garder plus longtemps ses équipements » (p. 7) et « S'équiper léger » (p. 8, jusqu'à « par rapport à vos usages ») dans « La face cachée du numérique - Réduire les impacts du numérique sur l'environnement », Ademe, novembre 2019.

https://lienmini.fr/4406-09

**Document 10 :** infographie « Pollution numérique - Quels sont les impacts », dans « L'impact de la pollution numérique - 60 chiffres », www.grizzleade.com, 24 juin 2022.

https://lienmini.fr/4406-10

**Document 11 :** Mehrnaz M, Farahnaz M, Gholamreza K et al., « Smartphone Addiction, Sleep Quality and Mechanism - Abstract », in *International Journal of Cognition and Behaviour*, www.mendeley.com, 2018.

https://lienmini.fr/4406-11

**Document 12 :** Virginie Skrzyniarz, « Nomophobie : d'où vient la peur panique d'être séparé de son portable ? », www.Elle.fr, 23 novembre 2021.

https://lienmini.fr/4406-12

**Document 13 :** We Are Social, « Les dernières données de notre état des lieux du digital dans le monde », in *Digital 2021 France*, janvier 2021.

https://lienmini.fr/4406-13

# Corrigé

Le numérique anime le quotidien des Français, à l'instar des habitants de la planète. Il représente un véritable marché en expansion, rendant automatiques des pratiques courantes de *smart home* ou *smart city*, notamment.

Pour autant, la richesse de son offre n'est pas sans risque.

Nous verrons, dans un premier temps, le champ des possibles du numérique, puis les disparités d'utilisation au sein de la France et du monde. Enfin, nous présenterons les conséquences sanitaires du numérique, tant pour l'individu que pour la planète.

Le numérique est un formidable outil, rendant la vie quotidienne plus confortable ou sécurisée. Il offre, à travers la domotique, une gestion intelligente des dépenses énergétiques ou pallie les absences du domicile. Il permet également au consommateur de contrôler ses appels téléphoniques, mails, sa musique ou sa localisation géographique, *via* une montre connectée, dont l'Apple Watch est l'emblème commercial. Enfin, avec une tablette, un ordinateur ou un smartphone, 40 % des internautes français ont regardé des vidéos en ligne et plus de 70 % ont utilisé leur boîte mail au moins une fois dans les trois derniers mois.

Cependant, il existe des disparités, tant au niveau national qu'international, quant au numérique. 99 % des Français bénéficient d'un abonnement mobile, mais 50 % seulement sont utilisateurs des médias sociaux, par exemple. La fracture numérique est encore plus flagrante au regard du monde, puisque seuls 28,2 % des Africains utilisent internet, contre 77,2 % des Américains.

Enfin, si le numérique rend la vie plus confortable, il porte également préjudice à l'individu et à l'environnement. Les effets directs ou indirects des champs magnétiques sur l'épiderme, ou encore le système nerveux ont obligé la France à définir des seuils maximaux de kV/m. D'autre part, l'utilisation intensive de jeux ou d'internet peut fragiliser l'état psychologique de chacun, créant des addictions ou la nomophobie. La création de centres de désintoxication témoigne de cette nouvelle problématique internationale. À l'échelle planétaire, le succès encore trop relatif du reconditionné, ou de l'achat raisonné, conjugué à des *data centers* très sollicités par le *streaming* ou la 5G aggrave l'empreinte carbone du numérique.

Ainsi, le numérique est une opportunité de développement personnel ou économique par la multiplicité des usages au quotidien. Cependant, il serait erroné d'en minimiser les risques de fracture sociale numérique, de santé, d'addiction ou encore de dégradation de la planète.

385 mots

# SUJET 2 : Synthèse

**DURÉE :** 3 HEURES

Il vous est demandé de faire une synthèse et non une suite de résumés, de l'ensemble des seize documents présentés, **en 350 mots**, avec une tolérance de 10 %, c'est-à-dire de 315 à 385 mots.

Voici les consignes à suivre :

- respecter l'orthographe et la syntaxe de la langue française ;
- soigner la calligraphie ;
- ne pas donner son avis sur le sujet proposé ;
- ne pas faire référence à un document en indiquant son numéro d'ordre, son auteur, son titre ;
- mettre un signe après chaque groupe de 50 mots ;
- noter le nombre total de mots à la fin de votre copie.

Le barème de correction prend en compte tous ces éléments.

Le non-respect de l'une au moins des consignes est fortement pénalisé.

## NOTE DU FORMATEUR

La phrase « *Aujourd'hui, 4 juillet, c'est-à-dire jour anniversaire de l'indépendance des États-Unis, 75 % des nations de l'ONU se réunissent à New York.* » comporte 27 mots.

**Références des documents**

**Document 1 :** Olivia Détroyat, « Le Covid-19 stimule des solidarités inattendues entre entreprises », in *Le Figaro*, 25 décembre 2020.

https://lienmini.fr/4406-141

**Document 2 :** « Plan de relance pour l'Europe », Commission européenne, ec.europa.eu.

https://lienmini.fr/4406-15

**Document 3 :** « Slow Life : un mode de vie qui prend tout son sens avec le confinement ».

https://lienmini.fr/4406-16

**Document 4 :** Sénèque, chapitre I du traité *« De la Brièveté de la vie »*, 49 après J.-C, traduction de Jean-Pierre Charpentier, 1860.

https://lienmini.fr/4406-17

**Document 5 :** Marion Lecas, « Faites du bruit pour les soignants », in *La Croix*, 18 mars 2020.

https://lienmini.fr/4406-18

**Document 6 :** Aurélien Désert, « Tendances : où en est le made in France après la crise du coronavirus ? », www.toute-la-franchise.com, 17 juillet 2020.

https://lienmini.fr/4406-191

**Document 7 :** « Vaccination : Et si on s'organisait entre voisins ? », Voisins Solidaires.

https://lienmini.fr/4406-20

**Document 8 :** Antoine Hasday, « Face à la pandémie de Covid-19, le DIY à la rescousse », korii.slate.fr, 19 mars 2020.

https://lienmini.fr/4406-211

**Document 9 :** Gilles Festor, « Pendant le confinement, les Français sont devenus adeptes du running pour « se sentir libre » », in *Le Figaro*, 3 juin 2020.

https://lienmini.fr/4406-22

**Document 10 :** « Epicurisme et Carpe diem », *mementofrançais.blogspot.com*, mai 2010.

https://lienmini.fr/4406-23

**Document 11 :** Josette Sicsic, « Le bel été 2020 : pourquoi les Français ont-ils fait honneur à la France ? », www.tourmag.com, 2 septembre 2020.

https://lienmini.fr/4406-24

**Document 12 :** Sabine Audrerie, « La crise a renforcé l'appétit des lecteurs en 2020 », in *La Croix*, 6 janvier 2021.

https://lienmini.fr/4406-25

**Document 13 :** « Au temps du Coronavirus, la distanciation sociale resserre les liens familiaux », www.menara.ma, 2 avril 2020.

https://lienmini.fr/4406-261

# Corrigé

**La Covid et ses externalités positives**

L'hostilité du virus de la Covid à travers le monde s'est paradoxalement accompagnée d'une solidarité salutaire et d'un éveil des sens en France, en particulier.

En effet, la pandémie a créé des solidarités nouvelles qu'elles soient inter-individuelles, inter-entreprises ou internationales.

Celles-ci se sont manifestées par le soutien aux personnels soignants notamment, avec #onapplaudit, ou par l'accompagnement des personnes âgées afin de faciliter leur vaccination. Enfin, les initiatives de *Do It Yourself* pour fabriquer masques ou visières témoignent également de ces élans de solidarité.
Par ailleurs, les entreprises ont su stopper un temps leur compétition concurrentielle pour une soutien interbranches face aux décisionnaires de Bercy.
Elles ont également revalorisé la production nationale pour pallier la désindustrialisation partielle du pays.
Enfin, les membres de l'Union européennes ont signé un plan de relance commun de 1 800 milliards d'euros portant sur la santé, les innovations ou le climat.

De plus, la Covid a également été l'occasion, pour beaucoup de citoyens, de repenser leur rapport au temps et à autrui en valorisant la Slow Life, les loisirs ou les liens sociaux.
En effet, pour certains, le confinement a permis un meilleur discernement de l'essentiel face au subsidiaire. Prendre le temps de vivre, de sentir et ressentir afin de profiter de « ce que l'on a, au moment où on l'a » selon les préceptes d'Épicure ou de Sénèque. L'engouement du tourisme de proximité durant l'été 2020, en France, peut illustrer cette idée.
Le confinement a par ailleurs offert plus de disponibilité pour le sport, spécifiquement pour le running, ou la lecture. 33 % des français ont effectivement plus lu qu'à l'accoutumée durant le confinement.
Enfin, la Covid, par l'éloignement physique entre individus qu'elle provoque, a malgré tout renforcé les liens sociaux, tant familiaux qu'amicaux, via les réseaux sociaux notamment.

En définitive, la pandémie, bien que problématique d'un point de vue sanitaire, a révélé la capacité de résilience et d'adaptabilité de l'Homme par les externalités positives qu'elle a su générer.

# SUJET 3 : Synthèse

**DURÉE :** 3 HEURES

Il vous est demandé de faire une synthèse et non une suite de résumés, de l'ensemble des seize documents présentés, **en 350 mots**, avec une tolérance de 10 %, c'est-à-dire de 315 à 385 mots.

Voici les consignes à suivre :

- respecter l'orthographe et la syntaxe de la langue française ;
- soigner la calligraphie ;
- ne pas donner son avis sur le sujet proposé ;
- ne pas faire référence à un document en indiquant son numéro d'ordre, son auteur, son titre ;
- mettre un signe après chaque groupe de 50 mots ;
- noter le nombre total de mots à la fin de votre copie.

Le barème de correction prend en compte tous ces éléments.

Le non-respect de l'une au moins des consignes est fortement pénalisé.

## NOTE DU FORMATEUR

La phrase « *Aujourd'hui, 4 juillet, c'est-à-dire jour anniversaire de l'indépendance des États-Unis, 75 % des nations de l'ONU se réunissent à New York.* » comporte 27 mots.

**Références des documents**

**Document 1 :** « Taxer la viande pour sauver le climat, bientôt « inévitable », *www.francetvinfo.fr*, décembre 2017.

https://lienmini.fr/4406-271

**Document 2 :** Jvogel, « Vegan : tendance ou meilleur mode de vie ? », *Linflux.com*, septembre 2016.

https://lienmini.fr/4406-28

**Document 3 :** Commentaire de Mike GLT sur le film « The Game Changers », *Allocine.fr*, novembre 2019.

https://lienmini.fr/4406-29

**Document 4 :** « Budget des Français dédié à l'alimentation 2017 », *Le Sofinscope - Baromètre opinion Way pour SOFINCO*, www.sofinco.fr, mars 2017.

https://lienmini.fr/4406-30

**Document 5 :** Gabriel Tavoularis & Éléna Sauvage, « Les nouvelles générations transforment la consommation de viande », Crédoc, septembre 2018.

https://lienmini.fr/4406-31

**Document 6 :** « Le « repas gastronomique des Français », un patrimoine culturel immatériel de l'humanité », agriculture.gouv.fr, mars 2019.

https://lienmini.fr/4406-32

**Document 7 :** Interview du Dr Pascale Modaï, « Les addictions alimentaires », sos-addictions.org,

https://lienmini.fr/4406-33

**Document 8 :** « Quinoa », *Wikipédia*, fr.wikipedia.org.

https://lienmini.fr/4406-34

**Document 9 :** « Hausse alarmante de l'obésité et du surpoids », *Le Monde avec AFP et Reuters*, juin 2017.

https://lienmini.fr/4406-351

**Document 10 :** Kheira Bettayeb, « Pourquoi les allergies alimentaires sont-elles en hausse ? », science-et-vie.com, 26 Juin 2009.

https://lienmini.fr/4406-36

**Document 11 :** « Le bio, acteur incontournable de la souveraineté alimentaire », dossier de presse, Agence BIO, juillet 2021

https://lienmini.fr/4406-371

**Document 12 :** « 9 scandales de l'industrie alimentaire qu'on ferait bien de ne pas oublier ! », mrmondialisation.org, 4 février 2018.

https://lienmini.fr/4406-38

**Document 13 :** Christel Brion, « Pourquoi l'édition est (toujours) accro aux livres de cuisine », *L'Obs*, 10 janvier 2017.

https://lienmini.fr/4406-391

**Document 14 :** « Valeur ajoutée de l'industrie agroalimentaire dans l'Union européenne, données annuelles de 2000 à 2019 », Insee, paru le 24 mai 2022.

https://lienmini.fr/4406-40

**Document 15 :** « Le gaspillage alimentaire : quel impact sur l'environnement ? », greenpeace.fr

https://lienmini.fr/4406-411

**Document 16 :** Graeme Villeret, « 963 millions de sous-alimentés dans le monde », populationdata.net, décembre 2008.

https://lienmini.fr/4406-42

# Corrigé

L'alimentation est essentielle, savoir la contrôler est vital. Aujourd'hui, elle devient un enjeu planétaire : chaque citoyen du monde doit pouvoir se nourrir… sans en mourir.

Nous verrons dans un premier temps que l'alimentation rime avec plaisir, mais qu'elle doit être maîtrisée comme impératif de santé publique. Enfin, nous montrerons en quoi repenser notre alimentation devient une nécessité environnementale.

L'alimentation est souvent associée au plaisir du goût, de la table et de la convivialité. Manger est d'autant plus plaisant que cela libère de la dopamine.

L'UNESCO a d'ailleurs consacré la gastronomie française au rang de patrimoine mondial de l'humanité. Il est donc logique que les Français y consacrent près de 15 à 20 % de leur budget mensuel, avec un engouement notoire pour le bio, dont la consommation a progressé de 12 % entre 2019-2020.

L'alimentation est aussi associée au plaisir de faire, comme en témoigne le succès des livres de cuisine, du *Simplissime* aux beaux recueils.

Néanmoins, pour des questions de santé publique, il est primordial de contrôler l'alimentation. Manger trop tue, en provoquant des maladies cardio-vasculaires et des cancers. 4 % des adultes et 8 % des enfants sont également victimes d'allergies alimentaires.

En outre, produire trop est tout aussi néfaste. Le Pérou souffre de sols moins fertiles suite à la surproduction de chénopodiacées, tandis que les consommateurs du monde entier ont connu des scandales sanitaires. L'industrie agro-alimentaire semble parfois plus soucieuse de sa valeur ajoutée, en progression de 40 % depuis 2000, qu'à la santé de ses clients.

Plus grave encore, maîtriser l'alimentation devient une urgence environnementale planétaire. La surproduction et le gaspillage, qui en découle, sont le 3$^{e}$ émetteur de gaz à effet de serre. La viande, en particulier, est décriée. Car, bien qu'elle bénéficie d'une image encore très positive auprès de ses consommateurs, elle génère 14 % des GES mondiaux et provoque 500 000 décès par an, alors même que limiter sa consommation augmenterait les performances physiques.

En définitive, l'alimentation jouit d'un double statut. C'est à la fois un besoin vital et un plaisir à partager, tout en étant un danger pour l'humanité. Savoir la maîtriser est donc une priorité.

Les choix pour y parvenir sont multiples : d'aucuns choisiraient de contrôler le volume quand d'autres, à l'instar de Pythagore, opteraient pour une alimentation sélective, végane, par exemple.

382 mots

# Raisonnement logique et mathématiques

DURÉE 2 HEURES



COEFFICIENTS

| ESDES | ESSCA et IÉSEG |
|---|---|
| 6 | 8 |

# Planning de révisions

Ce chapitre aborde les notions incontournables de logique et de mathématiques que vous devez maîtriser en vue de l'épreuve de raisonnement logique et mathématiques du concours ACCÈS.

Commencez par revoir les notions que vous maîtrisez le moins et terminez par celles avec lesquelles vous êtes le plus à l'aise. Dans le tableau de révision suivant, classez ainsi les notions de 1 à 15.

Le temps que vous consacrerez à chaque notion dépend de la date de début de vos révisions, de votre emploi du temps et de vos motivations. Renseignez-le dans la colonne « durée » du tableau. Vous obtiendrez ainsi un planning de révisions.

| ORDRE | NOTIONS | PAGES | DURÉE |
|---|---|---|---|
| | Logique | 63 | |
| | Dénombrement | 68 | |
| | Probabilités | 71 | |
| | Variables aléatoires et statistiques | 77 | |
| | Calcul numérique | 83 | |
| | Pourcentages | 87 | |
| | Calcul littéral | 91 | |
| | Équations du premier degré | 95 | |
| | Fonctions et polynômes | 98 | |
| | Étude de fonctions | 105 | |
| | Fonctions exponentielles | 110 | |
| | Fonction logarithme népérien | 115 | |
| | Intégrales | 119 | |
| | Densité de probabilité | 122 | |
| | Suites | 127 | |
| | Géométrie | 129 | |

## 1. Présentation de l'épreuve

### A. Mode d'emploi

L'épreuve de raisonnement logique et mathématiques dure 2 heures et comprend 15 QCM. Pour chacun d'entre eux, 4 propositions de réponse – ou items – sont présentées : A, B, C et D. Vous devez dire si chacune d'entre elles est vraie ou fausse.

Voici les instructions que les candidats peuvent lire en tête du sujet :

**Lisez attentivement les instructions suivantes avant de vous mettre au travail.**

Cette épreuve est composée de trois parties de 5 questions chacune :

- Partie 1 : raisonnement logique
- Partie 2 : raisonnement mathématique
- Partie 3 : problème mathématique

**Important :**
**L'utilisation d'une calculatrice est strictement interdite pour cette épreuve.**

Chaque question comporte quatre items, notés **A. B. C. D.**. Pour chaque item, vous devez signaler s'il est vrai en l'indiquant sur la grille de réponses en marquant la case sous la lettre V ; ou faux en l'indiquant sur la grille de réponses en marquant la case sous la lettre F.

**Exemples :**

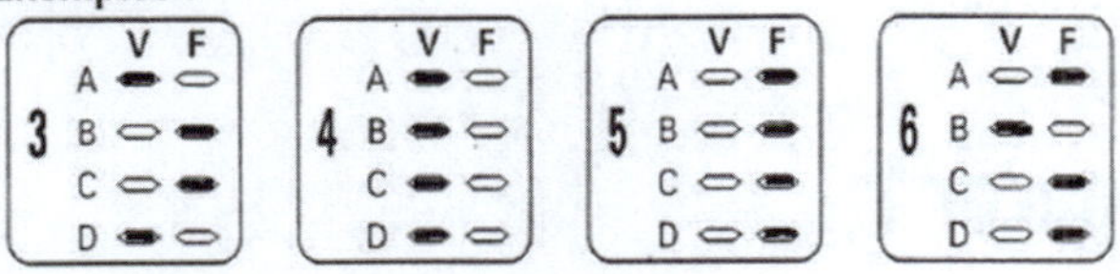


**Règle d'attribution des points :**
Vous disposez d'un capital de points initial. Chaque erreur entraîne une pénalité (P) qui entame votre capital. Une absence de réponse entraîne une pénalité (p) qui entame aussi votre capital (p est inférieur à P). Enfin, un bonus est attribué si vous répondez correctement aux quatre items d'une même question.

Vous vous servirez de la feuille jointe pour indiquer vos réponses en noircissant les cases situées à côté des lettres correspondantes.

## B. Les trois parties

L'épreuve se décompose en 3 parties :

### Raisonnement logique

La première partie de l'épreuve porte sur la **logique**. Il n'est pas nécessaire d'avoir des compétences mathématiques avancées pour la réussir. Il faut cependant maîtriser certaines notions de base comme les calculs de pourcentages, les formules du périmètre et de l'aire des figures usuelles (triangles, quadrilatères, cercle et disque), la traduction de données en écritures littérales, les multiples et les diviseurs, et la formule des cardinaux.

### Raisonnement mathématique

La deuxième partie de l'épreuve nécessite des connaissances **mathématiques** de niveau terminale avec spécialité mathématiques ou option mathématiques complémentaires. Pour répondre correctement aux questions, il est indispensable de savoir calculer des limites et dérivées, de maîtriser le calcul littéral, les systèmes linéaires de 2 ou 3 équations à 2 ou 3 inconnues, les fonctions logarithme népérien et exponentielle et le calcul intégral. La connaissance de la fonction polynôme du deuxième degré (de la forme $ax^2 + bx + c$) et de la méthode de détermination des asymptotes à une courbe constituent un avantage indéniable. Enfin, le calcul des probabilités, comprenant les variables aléatoires, la loi binomiale et des notions de lois à densité, est un thème incontournable.

### Problème mathématique

La troisième et dernière partie de l'épreuve prend la forme d'un **problème** « concret ». Les notions mathématiques qu'il faut mobiliser ne sont pas très pointues. La difficulté de cette partie réside plutôt dans la compréhension de l'énoncé et dans la traduction de ses contraintes en équations. La maîtrise de l'étude des variations et des limites des fonctions polynômes et inverse $\left(\frac{1}{x}\right)$ est indispensable pour aborder sereinement cette partie.

# 2. Comment se préparer ?

Il y a autant de profils que de candidats. Autrement dit, vous devez adapter les conseils qui suivent à vos connaissances mathématiques, à votre emploi du temps et à votre motivation.

## A. Les annales du concours

Recherchez sur Internet les annales du concours. Lisez-les attentivement en relevant les notions mathématiques qui les émaillent : pourcentage, probabilités, équations, point d'inflexion, équation de la tangente, etc. Vous vous constituerez ainsi un index des notions que vous devrez apprendre ou revoir.

## B. La tactique

Si vous n'êtes pas doué en mathématiques, concentrez vos efforts sur la première partie, le raisonnement logique. Les experts des Cluedo, MasterMind ou Sudoku sont incontestablement avantagés. Cependant, il vous faudra apprivoiser les subtilités des « si... alors », « si et seulement si », des « conditions nécessaires et non suffisantes », etc. Il n'y a rien de bien compliqué. Les allergiques au calcul numérique et littéral peuvent espérer obtenir une note strictement positive à l'épreuve en s'entraînant un minimum pour cette partie.

La seconde partie, portant sur le raisonnement mathématique, est celle qui demande les connaissances mathématiques les plus approfondies. Le minimum est ici la compréhension de la notion de fonction et du lien entre une fonction et sa représentation graphique (c'est-à-dire la courbe de la fonction). Apprenez à dériver les fonctions usuelles et sachez établir un tableau de variations en déterminant le signe d'une dérivée.

La troisième partie, le problème mathématique, ne devrait pas poser de difficultés aux titulaires d'un baccalauréat avec spécialité maths, suivie au moins au cours de la classe de Première. Les autres devront s'entraîner à faire et refaire les sujets d'annales en s'aidant des corrigés. Pour ceux chez qui la simple lecture de cette partie provoque des migraines ou des nausées, le mieux est de prendre un remède adapté avant de lire de manière approfondie les questions et leurs corrigés. Le déclic ne sera peut-être pas immédiat mais, à force de travail, il pourrait se déclencher au bout d'un certain temps.

# 3. Le jour J

■ **Ne cherchez pas à tout prix à répondre à toutes les questions.**

Tant mieux si vous y parvenez, bien sûr, mais ne vous faites pas d'illusion : répondre correctement à toutes les questions est quasiment impossible pour un candidat ordinaire.

■ **Privilégiez la qualité à la quantité.**

Mieux vaut répondre correctement à peu de questions que de répondre plus ou moins bien à toutes les questions. En effet, les mauvaises réponses sont pénalisées. À l'inverse, les questions dont les quatre items sont correctement complétés sont bonifiées. Les joueurs invétérés sont prévenus !

■ **Lisez la totalité de la question en transcrivant les renseignements qui y sont contenus dans votre style.**

Cela vous aidera à vous approprier la question. Ne négligez pas cette étape, elle est capitale !

### NOTE DU FORMATEUR

La réponse à certains items ne nécessite pas forcément des calculs compliqués. Il suffit parfois de remplacer la variable d'une fonction par une valeur. Même si vous n'avez pas compris la totalité de la question, vous pouvez quand même en résoudre une partie. Lancez-vous prudemment dans ce qui semble à votre portée.

■ **Gérez votre temps.**

Le sujet comporte 15 × 4 = 60 items et l'épreuve dure 2 heures. Pour traiter intégralement le sujet, il faudrait consacrer 2 minutes à chaque item. Ce qui relève de la mission quasi impossible. Encore une fois, ne cherchez pas à tout faire mais à bien faire !

# 1. Logique

Les questions de raisonnement logique du concours ACCÈS renvoient à la fois à des questions de logique mathématique classique (OU, ET, lois de Morgan, etc.) et à des notions de mathématiques élémentaires (pourcentages, suites, cardinaux, etc.). Dans ce chapitre, nous ne traiterons que de la logique classique ; les notions mathématiques sont traitées dans les chapitres suivants.

## 1. Introduction à la logique

### A. Le langage courant et la logique

Dans le langage courant, il y a des expressions dont on comprend facilement le sens : « s'il pleut, je prends mon parapluie » ; « si tu as soif, il y a de l'eau fraîche dans le réfrigérateur » ; « si tu réussis ton concours, tu auras droit à une petite surprise ». En logique, elles ont un sens particulier qui sera précisé dans le paragraphe 3. et se traduisent ainsi : « s'il pleut, **alors** je prends mon parapluie », « si tu as soif, **alors** il y a de l'eau fraîche dans le réfrigérateur », « si tu réussis ton concours, **alors** tu auras droit à une petite surprise ». Par contraposition (voir 3.), on obtient les phrases équivalentes suivantes : « si je ne prends pas mon parapluie, alors il ne pleut pas » ; « s'il n'y a pas d'eau fraîche dans le réfrigérateur, alors tu n'as pas soif ». Et enfin : « si tu n'as pas droit à une petite surprise, alors tu n'as pas réussi ton concours ».

Les phrases que vous aurez à interpréter dans les exercices de logique obéissent à des règles bien définies, parfois très éloignées de l'usage courant.

### B. Les trois principes de la logique

Trois principes fondent la logique :

#### a. Le principe d'identité

Selon ce principe, « ce qui est, est ». Nous le citons pour la forme.

#### b. Le principe du tiers exclu

Ce deuxième principe est plus intéressant du point de vue pratique. Selon ce principe, une phrase (on dit « proposition » en logique) est soit vraie (V) soit fausse (F). Il n'y a pas de troisième possibilité. Toute réponse autre que « vrai » ou « faux » est exclue. En d'autres termes, le « p'têt ben qu'oui, p'têt ben qu'non » n'a pas de sens en logique.

### c. Le principe de non-contradiction

Selon ce dernier principe, une proposition ne peut pas être à la fois vraie et fausse.

D'après ces principes, on dresse la **table de vérité** d'une proposition A qui résume ses deux états possibles : vrai ou faux :

| A |
|---|
| V |
| F |

# 2. Opérations logiques

On note A, B, C… des propositions. Par exemple, A = « Yves parcourt 6 km ».

## A. La négation

On note $\overline{A}$ (lire : « A barre ») la négation de A ou le contraire de A. On a la table de vérité ci-dessous :

| A | $\overline{A}$ |
|---|---|
| V | F |
| F | V |

**Exemple (concours 2016) :** Si A = « Arthur est coupable », alors $\overline{A}$ = « Arthur est non coupable ».

## B. « ou »

La conjonction de coordination « **ou** » a un sens précis en logique qui est sans ambiguïté. Voici la table de vérité de la proposition « A **ou** B » que l'on peut aussi écrire « A ∪ B » (lire : « A union B ») :

| A | B | A ou B |
|---|---|---|
| V | V | V |
| V | F | V |
| F | V | V |
| F | F | F |

En vertu des principes de la logique, on peut voir que tous les cas sont recensés. On constate que « A **ou** B » n'est fausse que dans une seule occasion : lorsque A et B sont toutes les deux fausses. Autrement dit, « A **ou** B » est vraie dans le cas où au moins l'une des deux propositions est vraie.

**Exemple (concours 2015) :** « 652 salariés sont cadres ou de sexe féminin. » Pour déterminer la valeur de cette proposition, il faut compter les salariés en excluant du compte les hommes **et** les non-cadres.

## C. « et »

La conjonction de coordination « **et** » a le même sens que dans le langage courant. Voici la table de vérité de la proposition « A **et** B » que l'on peut aussi écrire « $A \cap B$ » (lire : « A inter B ») :

| A | B | A et B |
|---|---|---|
| V | V | V |
| V | F | F |
| F | V | F |
| F | F | F |

On constate que « A **et** B » n'est vraie que dans une seule occasion, lorsque A et B sont toutes les deux vraies, ce qui tombe sous le sens.

**Exemple (d'après concours 2021) :** Si Abel affirme : « je fais du sport, je postule pour un job d'été et je ne suis pas parti en vacances d'hiver », il ment une fois et une seule.

Si Abel dit : « je ne fais pas de sport et je ne suis pas parti en vacances d'hiver », il ment une fois et une seule aussi. Alors peut-on dire qu'Abel ne fait pas de sport ? Qu'il postule pour un job d'été ?

**Solution** S = « Abel fait du sport », J = « Abel postule pour un job d'été », H = « Abel est parti en vacances d'hiver ».

Selon la deuxième affirmation d'Abel, on a soit (S et $\overline{H}$) qui est vraie (1), soit ($\overline{S}$ et H) qui est vraie (2). La première affirmation d'Abel s'écrit ainsi : S et J et $\overline{H}$. Si Abel ment une seule fois dans cette affirmation, c'est que (1) est vraie, donc Abel fait du sport et postule pour un job d'été.

## D. Les lois de Morgan

Les lois de Morgan s'énoncent ainsi :

$$\overline{A \textbf{ et } B} = \overline{A} \textbf{ ou } \overline{B}$$

$$\overline{A \textbf{ ou } B} = \overline{A} \textbf{ et } \overline{B}$$

On peut ainsi dire que le contraire de « A **et** B » est vrai à la condition exclusive que le contraire de A soit vrai ou que le contraire de B soit vrai.

On peut évidemment généraliser à plus de deux propositions : $\overline{A \textbf{ ou } B \textbf{ ou } C} = \overline{A} \textbf{ et } \overline{B} \textbf{ et } \overline{C}$, etc.

**Exemple (concours 2015) :** « L'homme recherché est grand **et** blond. » Le contraire de cette proposition est « L'homme recherché est non grand **ou** non blond », c'est-à-dire « petit **ou** non blond ». Si l'on admet que la proposition est vraie, alors son contraire est faux. Par conséquent, si l'on trouve un homme qui est petit, alors il n'est certainement pas recherché (même s'il est blond) ; de même, si l'on trouve un homme brun (ou roux ou châtain, etc.), alors il n'est certainement pas recherché non plus (même s'il est grand).

# 3. Causes et conséquences

## A. Le *si ... alors*

En logique, la phrase « si A alors B » s'écrit $A \Rightarrow B$ [A implique B]. A est la cause de B et B est la conséquence de A.

Toujours dans le cadre de la logique, « $A \Rightarrow B$ » signifie précisément « $\overline{A}$ **ou** B ». On a donc la table de vérité suivante :

| A | B | $\overline{A}$ | $\overline{A}$ ou B |
|---|---|---|---|
| V | V | F | V |
| V | F | F | F |
| F | V | V | V |
| F | F | V | V |

**Conséquences**

**1.** Aussi étrange que cela puisse paraître, on voit que l'implication $A \Rightarrow B$ est vraie si A est fausse et cela quelle que soit la valeur de B. Transposée dans le langage courant, cela veut dire que la phrase « si le nombre 2 est impair alors la terre est carrée » est une phrase vraie !

**2.** Comme $\overline{\overline{B}} = B$ on constate que $(\overline{A}$ ou $B) = (\overline{\overline{B}}$ ou $\overline{A}) = (\overline{B} \Rightarrow \overline{A})$. Ainsi : $A \Rightarrow B$ est équivalente à $\overline{B} \Rightarrow \overline{A}$. Cette dernière implication s'appelle la **contraposée** de $A \Rightarrow B$.

**3.** Supposons que l'implication $A \Rightarrow B$ soit vraie. Alors, pour que A soit vraie il faut que B soit vraie. On dit aussi que pour que A soit vraie il est nécessaire que B soit vraie. C'est pourquoi on dit que « B vraie » est une condition nécessaire pour que A soit vraie.

### NOTES DU FORMATEUR

- Si « A implique B » est vraie alors « le contraire de B implique le **contraire** de A » est vraie aussi (contraposée)
- Si $A \Rightarrow B$ est vraie on ne peut rien dire de la valeur de $B \Rightarrow A$. Autrement dit, dans ce cas et en l'absence de tout renseignement supplémentaire, on ne peut pas dire si $B \Rightarrow A$ est vraie ou fausse.

**Exemple 1 (d'après le concours 2016) :** On suppose que l'affirmation « Pour réussir il faut travailler dur » est vraie. Si on note R = « *réussir* » et T = « *travailler dur* » on traduit la phrase par $R \Rightarrow T$. Donc tous ceux qui réussissent travaillent dur.

On a aussi par contraposition : $\overline{T} \Rightarrow \overline{R}$. C'est pourquoi : ceux qui ne travaillent pas dur ne réussissent pas.

**Exemple 2 :** On peut lire dans certaines cafétérias la pancarte : « Je ne suis pas un cochon car je lave ma tasse ». Si on note C = *cochon* et L = *laver sa tasse* on a $L \Rightarrow \overline{C}$. Donc, par contraposition, $C \Rightarrow \overline{L}$, c'est-à-dire « je ne lave pas ma tasse car je suis un cochon ». Cependant, si l'on s'en tient à la logique de la pancarte, je peux ne pas laver ma tasse et en même temps ne pas être un cochon ! En effet rien n'indique la valeur de $\overline{L} \Rightarrow C$ et donc le fait de ne pas laver ma tasse ne fait pas **nécessairement** de moi un cochon. On mesure sur cet exemple l'écart qu'il y a entre le langage courant (qui voudrait ici assimiler les usagers qui ne lavent pas leur tasse à des cochons) et le langage de la logique … mathématique.

## B. Conditions nécessaires et suffisantes

Supposons que l'implication $A \Rightarrow B$ soit vraie.

– Pour que B se réalise (donc pour que B soit vraie), il **suffit** que A soit vraie. Ce n'est pas obligatoire car il se pourrait aussi que A soit fausse (cf. le tableau de vérité ci-dessus).

– « A vraie » est donc une condition une condition **suffisante** pour que B soit vraie.

Dans le cas où les deux implications $A \Rightarrow B$ et $B \Rightarrow A$ sont simultanément vraies, on écrit $A \Rightarrow B$ (lire « *A est équivalente à B* »). On dit alors, bien naturellement :

– A est vraie si et seulement si B est vraie.

– Pour que A soit vraie il faut et il suffit que B soit vraie.

– Une condition nécessaire et suffisante pour que A soit vraie est que B soit vraie.

### NOTE DU FORMATEUR

Dans les formulations précédentes de $A \Leftrightarrow B$, on peut remplacer A par B et *vice versa*.

**Exemple :** Dans la cafétéria de l'exemple 2 du 3.A, ajoutons la pancarte : « je suis un cochon car je ne lave pas ma tasse ». On a donc ajouté l'implication $\overline{L} \Rightarrow C$, synonyme de $\overline{C} \Rightarrow L$. Par conséquent, on a désormais à la fois $L \Rightarrow \overline{C}$ et $\overline{C} \Rightarrow L$, c'est-à-dire $L \Leftrightarrow \overline{C}$. C'est pourquoi « laver sa tasse » est équivalent à « ne pas être un cochon » et « être un cochon » équivaut à « ne pas laver sa tasse ».

# 2. Dénombrement

## 1. Opérations sur les ensembles

Étant donné trois ensembles A, B, C, on rappelle la signification de l'union (∪) et de l'intersection (∩), synonymes respectivement de « **ou** » et de « **et** ».

| | | | | |
|---|---|---|---|---|
| 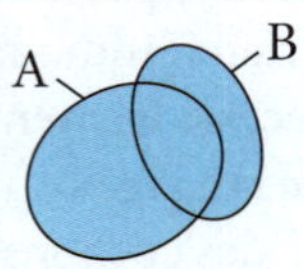 | 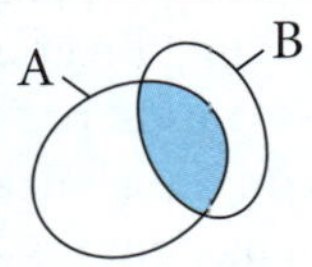 | 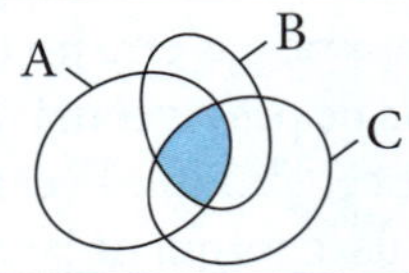 | 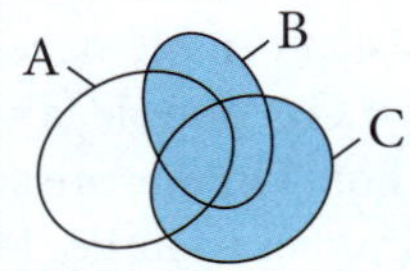 | 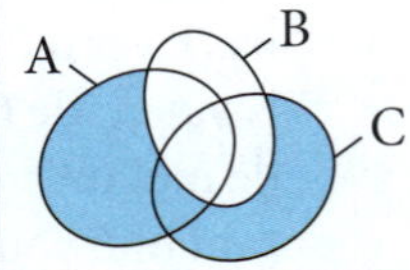 |
| $A \cup B$ | $A \cap B$ | $A \cap B \cap C$ | $B \cup C$ | $(A \cup C) - B$ |

Ces diagrammes s'appellent des diagrammes de Venn.

### RAPPEL DU FORMATEUR

$\overline{B}$ (lire : « B barre ») est le complémentaire de B, c'est-à-dire l'ensemble constitué de tous les éléments qui ne sont pas dans B.

## 2. Les formules des cardinaux

Le cardinal d'un ensemble E est le nombre d'éléments de cet ensemble. On le note card(E) ou #E.

**Exemple :** Dans une classe, il y a 108 étudiants : 60 garçons et 48 filles. 77 viennent en cours en transports en commun. Si l'on appelle G l'ensemble des garçons, F l'ensemble des filles et T ceux qui viennent en transports en commun, on a : #G = 60, #F = 48 et #T = 77.

Pour les ensembles A et B, on a :

$$\#(A \cup B) = \#A + \#B - \#(A \cap B)$$

### NOTES DU FORMATEUR

- Cette formule se conçoit facilement. Si l'on calcule le nombre d'éléments de A (#A) plus le nombre d'éléments de B (#B), on compte deux fois les éléments qui sont à la fois dans A et dans B. C'est pourquoi on les retranche (en effectuant la soustraction $-\#(A \cap B)$) une fois.
- Si A et B sont disjoints (c'est-à-dire $A \cap B = \emptyset$), alors $\#(A \cup B) = \#A + \#B$.
- Si A est un sous-ensemble de E, on a aussi : $\#\overline{A} + \#A = \#E$.

Pour les ensembles A, B et C, on dispose de la formule suivante (dont on peut parfois se passer en utilisant judicieusement les données de l'énoncé) :

$$\#(A \cup B \cup C) = \#A + \#B + \#C - \#(A \cap B) - \#(B \cap C) - \#(C \cap A) + \#(A \cap B \cap C)$$

## Exercice — CONCOURS 2015

Nous possédons les informations suivantes concernant trois revues (notées L, M et N) lues par les 320 élèves de première année d'une grande école de management :
- 80 lisent la revue L, 100 la revue M et 30 la revue N ;
- il y a autant d'élèves à lire les trois revues qu'à lire la seule revue L ;
- ceux qui lisent seulement les revues L et N sont au nombre de 15 ;
- 80 élèves lisent exactement deux revues ;
- 60 lisent les revues L et M.

À partir de ces informations, on peut conclure que :

**A** Il y a exactement 200 élèves qui ne lisent aucune revue.

**B** Il y a exactement 5 élèves qui ne lisent que la revue L seule.

**C** Aucun élève ne lit la revue N seule.

**D** Il y a exactement 6 élèves qui lisent les 3 revues.

# Corrigé

Le schéma ci-dessous récapitule les données de l'énoncé. Les chiffres entre parenthèses désignent l'ordre dans lequel les données de l'énoncé sont utilisées.

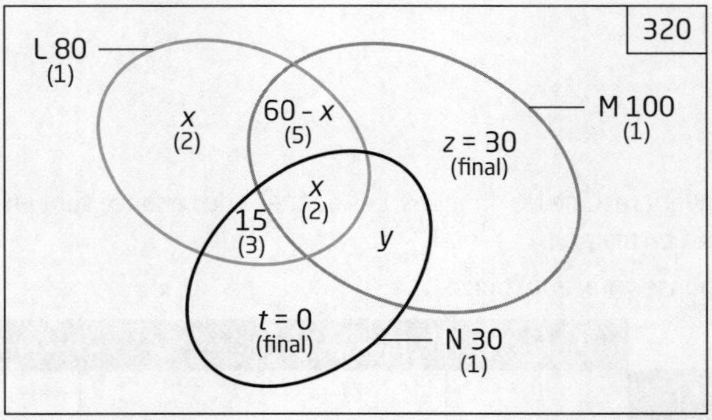


Par exemple il y a $x$ lecteurs des trois revues et $x$ lecteurs de L seule.
Il y a 60 lecteurs de L et M et c'est pourquoi on trouve $60 - x$ en cinquième information.
De plus, en additionnant le nombre de lecteurs de deux revues exactement, on trouve :
$60 - x + 15 + y = 80 \Rightarrow -x + y = 5$

En totalisant le nombre de lecteurs de L, on trouve :
$x + 60 - x + x + 15 = 80 \Rightarrow x = 5$
On en déduit : $y = 10$
En totalisant le nombre de lecteurs de M, on trouve :
$60 - x + x + y + z = 100$
On en déduit : $60 + y + z = 100 \Rightarrow 60 + 10 + z = 100 \Rightarrow z = 30$
En totalisant le nombre de lecteurs de N, on trouve :
$15 + x + y + t = 30$
On en déduit : $15 + 15 + t = 30 \Rightarrow t = 0$
Donc : **B est vraie (V), C est vraie (V) et D est fausse (F)** (il y a 5 élèves qui lisent les trois revues).
Par ailleurs, les lecteurs de revues sont au nombre de :
$x + 60 - x + x + 15 + y + z + t = 120$
Il y a donc 200 (320 - 120 = 200) élèves qui ne lisent aucune revue et c'est pourquoi **A est vraie (V)**.

## Exercice — CONCOURS 2016

Dans un magasin animalier spécialisé, on trouve 2 catégories de perroquets : des perroquets aux plumes blanches et des perroquets aux plumes jaunes. Certains ont le bec blanc, d'autres ont le bec noir. Au total, il y a 200 perroquets. 30 % ont des plumes blanches et 45 % ont le bec blanc. On sait que le nombre de perroquets aux plumes blanches et au bec blanc est un nombre positif et multiple de 19.

À partir de ces informations, on peut conclure que :

**A** Il y a 110 perroquets au bec noir.

**B** Il y a 140 perroquets aux plumes jaunes.

**C** Le nombre de perroquets aux plumes blanches et au bec blanc est égal à 38.

**D** Le nombre de perroquets aux plumes jaunes et au bec blanc est égal à 52 ou à 71.

# Corrigé

**VVFF** Le tableau suivant résume les données. Les données de l'énoncé sont en gras et les données qui en découlent sont en maigre.

On en déduit les réponses aux questions.

| | Plumes B | Plumes J | % | Nombre |
|---|---|---|---|---|
| Bec B | **19 ou 38 ou 57** | 71 ou 52 ou 33 | **45 %** | 90 |
| Bec N | | | 55 % | 110 |
| % | **30 %** | 70 % | 100 % | |
| Nombre | 60 | 140 | | **200** |

# 3. Probabilités

## 1. Probabilités sans arbre ni tableau

### A. Vocabulaire et bon sens

Le langage des probabilités doit être précis. Dans certains cas, le bon sens suffit à résoudre les problèmes.

#### Exercice

Voici une liste d'événements issus d'un modèle de chaîne de production d'où sortent des flacons de parfum :

| Événement | Synonyme | Contraire de l'événement |
|---|---|---|
| **Un** flacon est défectueux. | **Exactement un** flacon est défectueux. | Zéro, ou plus d'un flacon est défectueux. |
| **Au moins un** flacon est cassé. | **Un** flacon **au minimum** est cassé. | Aucun flacon n'est cassé. |
| **Moins de 2** flacons sont bouchés. | **Au plus 1** flacon est bouché.<br>Autre possibilité : au maximum 1 flacon est bouché. | Au moins (ou : au minimum) 2 flacons sont bouchés. |
| **Au plus 3** flacons sont roses | Le nombre de flacons roses est **soit 0**, **soit 1**, **soit 2**, **soit 3**.<br>Autre possibilité :<br>**au maximum** 3 flacons sont roses. | Au moins (ou au minimum) 4 flacons sont roses. |
| **Plus de 3** flacons sont en cristal. | **Au moins 4** flacons sont en cristal. | Au plus (ou au maximum) 3 flacons sont en cristal. |

On dispose d'un lot de 63 flacons, dont 10 sont à l'eau de rose, 33 au vétiver et le reste au jasmin. On choisit un flacon au hasard. Quelle est la probabilité d'obtenir un flacon au jasmin ?

#### Corrigé

La probabilité d'obtenir un flacon au jasmin est égale à $\frac{20}{63}$ car il y a 20 flacons au jasmin : $63 - (10 + 33) = 20$. Autrement dit, on a 20 chances sur 63 d'obtenir un flacon au jasmin. Aucune formule élaborée ou raisonnement savant n'est nécessaire dans ce cas !

## B. Des formules

On considère des événements A, B... et on note P(A), P(B)... les probabilités des événements A, B...

On a les formules suivantes :

$$P(A \cup B) = P(A) + P(B) - P(A \cap B)$$

$$P(\overline{A}) = 1 - P(A)$$

$$P_B(A) = \frac{P(A \cap B)}{P(B)}$$

$$P(A \cap B) = P_A(B)P(A) = P_B(A)P(B)$$

### NOTES DU FORMATEUR

- La première formule est à rapprocher de la formule des cardinaux.
- La troisième formule est la définition d'une probabilité conditionnelle. On calcule de cette manière la probabilité que A se produise sachant que B se produit. Ainsi, dans l'application de cette formule, on fait l'hypothèse que B se produit obligatoirement.

Dire que deux événements sont indépendants signifie que :

$$P(A \cap B) = P(A)P(B)$$

C'est cette égalité qui valide l'indépendance de deux événements, et non une intuition plus ou moins floue à propos d'une situation.

La formule des probabilités totales :

$$P(B) = P(B \cap A) + P(B \cap \overline{A}) = P_A(B)P(B) + P_{\overline{A}}(B)P(\overline{A})$$

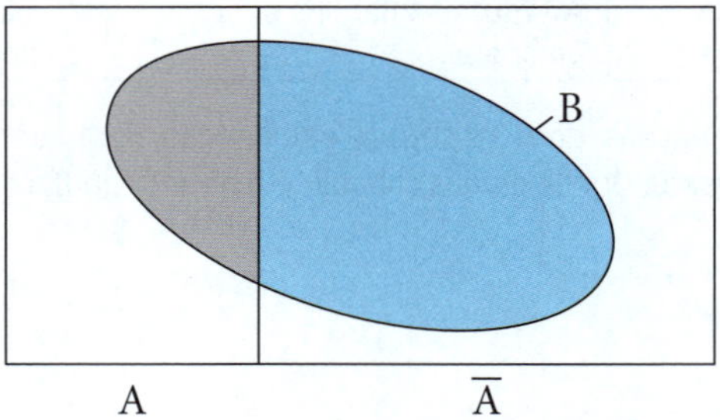


Pour retenir la formule, on remarque que A et $\overline{A}$ forment ce que l'on appelle une partition de l'ensemble des possibilités car il y a deux possibilités : soit A se produit, soit il ne se produit pas (auquel cas c'est son contraire $\overline{A}$ qui se produit). Donc on peut « partager » tout événement B en deux : soit il se produit avec A (auquel cas l'événement $B \cap A$ se produit : en gris) soit il se produit avec $\overline{A}$ (auquel cas l'événement $B \cap \overline{A}$ se produit : en bleu).

## Exercice — CONCOURS 2012

L'éclairage avant d'une voiture nécessite l'emploi de deux lampes différentes. On note A l'événement « la première lampe est défaillante » et B l'événement « la deuxième lampe est défaillante ». Des essais ont montré que $P(A) = 0,12$ ; $P(B) = 0,18$ et $P(A \cap B) = 0,07$.

**A** Les événements A et B sont indépendants.

**B** La probabilité de l'événement « au moins l'une des deux lampes est défaillante » est 0,23.

**C** La probabilité de l'événement « les deux lampes fonctionnent » est 0,77.

**D** La probabilité de l'événement « la première lampe fonctionne et la deuxième est défaillante » est 0,11.

# Corrigé

Comme $P(A \cap B) = 0,07$ et $P(A)P(B) = 0,12 \times 0,18$, $P(A \cap B) \neq P(A)P(B)$ et c'est pourquoi A et B ne sont pas indépendants. Donc **A est fausse (F)**.

L'événement « au moins une des deux lampes est défaillante » est $A \cup B$.

On en déduit : $P(A \cup B) = P(A) + P(B) - P(A \cap B) = 0,30 - 0,07 = 0,23$.

C'est pourquoi **B est vraie (V)**.

L'événement « les deux lampes fonctionnent » se lit aussi : « La première lampe n'est pas défaillante ET la deuxième lampe n'est pas défaillante », c'est-à-dire $\overline{A} \cap \overline{B}$.

D'après les lois de Morgan : $\overline{A} \cap \overline{B} = \overline{A \cup B}$.

Donc $P(\overline{A} \cap \overline{B}) = 1 - P(A \cup B) = 1 - 0,23 = 0,77$.

C'est pourquoi **C est vraie (V)**.

On cherche $P(\overline{A} \cap B)$.

Or $P(B) = P(B \cap A) + P(B \cap \overline{A}) \Rightarrow 0,18 = 0,07 + P(B \cap \overline{A}) \Rightarrow P(B \cap \overline{A}) = 0,11$.

C'est pourquoi **D est vraie (V)**.



# 2. Probabilités avec arbre ou tableau

## A. Avec arbre

Si l'on veut traduire un énoncé à l'aide d'un arbre, il est nécessaire que l'on puisse scinder en deux les possibilités à chaque étape. Si l'énoncé implique plus de deux choix, on adapte évidemment l'arbre à la situation.

En tout cas, on écrit sur les branches des probabilités conditionnelles. Notez que la condition (le « sachant que ») figure à la racine d'une branche (sauf les branches de départ) et que les branches de départ comportent des probabilités simples.

## NOTE DU FORMATEUR

La somme des probabilités des branches qui ont la même racine doit être égale à 1.

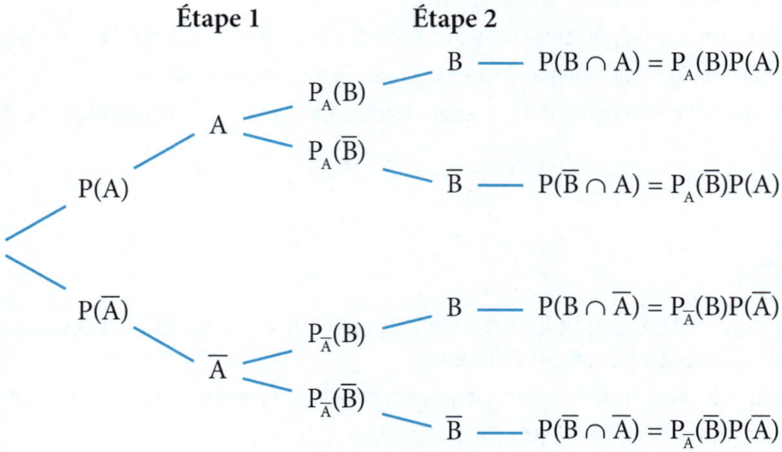


On voit que pour calculer la probabilité de l'événement figurant tout au bout d'un chemin (par exemple $P(B \cap A)$), on effectue le produit des probabilités situées sur les branches qui mènent à cette extrémité ($P_A(B) \times P(A)$ en l'occurrence).

## Exercice — CONCOURS 2011

Un sac contient $n$ boules parmi lesquelles 4 blanches, les autres étant rouges ($n \geq 6$). On tire successivement 2 boules du sac, sans remettre la première avant de tirer la seconde.

**A** La probabilité de l'événement « Les 2 boules tirées sont rouges » est de $\frac{n^2 - 9n + 20}{n(n-1)}$.

**B** La probabilité de l'événement « La première boule tirée est blanche, la deuxième est rouge » est de $\frac{4n-16}{n^2}$.

**C** La probabilité de l'événement « Les 2 boules tirées sont de la même couleur » est de $\frac{n^2 - 9n + 32}{n(n+1)}$.

**D** La probabilité de l'événement « La première boule tirée est rouge, la deuxième est blanche » est identique à celle de l'événement « La première boule tirée est blanche, la deuxième est rouge ».

# Corrigé

L'arbre suivant résume la situation :

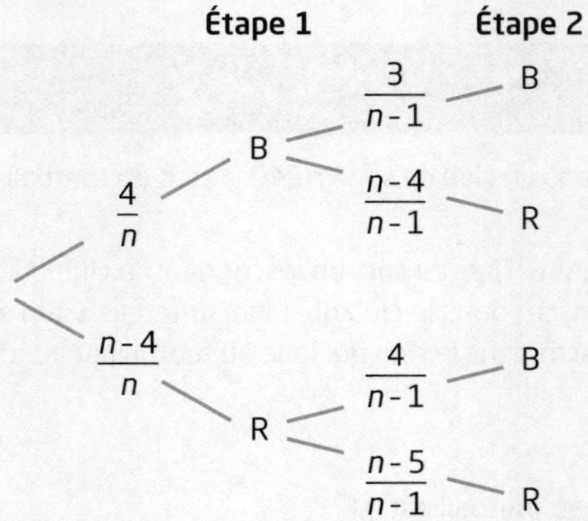


Par exemple, on a $\frac{n-4}{n-1}$ car la probabilité d'avoir une boule rouge à l'étape 2 sachant que l'on a une boule blanche à l'étape 1 se calcule compte tenu du fait que, avant le tirage 2, l'urne contient une boule de moins qu'au départ (tirage sans remise) donc $n-1$ et qu'il y a toujours 4 boules blanches.

On remarque également que la somme des branches de même racine est égale à 1. Ainsi :

$\frac{4}{n}+\frac{n-4}{n}=1$, $\frac{3}{n-1}+\frac{n-4}{n-1}=1$ et $\frac{4}{n-1}+\frac{n-5}{n-1}=1$

La probabilité de tirer deux boules rouges est donc égale à :

$\frac{n-5}{n-1}\times\frac{n-4}{n}=\frac{(n-5)(n-4)}{n(n-1)}=\frac{n^2-9n+20}{n(n-1)}$, donc **A** **est vraie (V)**.

La probabilité de tirer une boule blanche puis une boule rouge est donc égale à :

$\frac{4}{n}\times\frac{n-4}{n-1}=\frac{4(n-4)}{n(n-1)}$, donc **B** **est fausse (F)**.

La probabilité que les deux boules soient de la même couleur est égale à la probabilité d'avoir deux boules rouges ou deux boules blanches, c'est-à-dire :

$\frac{n^2-9n+20}{n(n-1)}+\frac{4}{n}\times\frac{3}{n-1}=\frac{n^2-9n+20+12}{n(n-1)}=\frac{n^2-9n+32}{n(n-1)}$, donc **C** **est fausse (F)**.

**D** **est vraie (V)** car les probabilités des deux événements sont égales à $\frac{4(n-4)}{n(n-1)}$.

## B. Avec tableau

On peut modéliser un énoncé de probabilité à l'aide d'un tableau. Celui qui est dressé ci-dessous concerne deux événements A et B.

| | A | $\overline{A}$ | Somme |
|---|---|---|---|
| B | $P(A \cap B)$ | $P(\overline{A} \cap B)$ | $P(B)$ |
| $\overline{B}$ | $P(A \cap \overline{B})$ | $P(\overline{A} \cap \overline{B})$ | $P(\overline{B})$ |
| Somme | $P(A)$ | $P(\overline{A})$ | 1 |

**NOTE DU FORMATEUR**

On généralise sans peine s'il y a plus de deux événements en jeu.

## Exercice — CONCOURS 2010

400 sportifs sont inscrits dans un club de sport : 240 jouent au football ; 120 jouent au tennis ; 80 ne font ni l'un ni l'autre.

On désigne par F l'événement « Tirer au sort un inscrit dans le club qui joue au football », T l'événement « Tirer au sort un inscrit dans le club qui joue au tennis » et l'événement $F \cap T$ veut dire « Tirer au sort un sportif inscrit dans le club qui joue au football et au tennis ».

On donne $P(F \cap T) = 0{,}10$.

On tire au hasard un inscrit.

**A** La probabilité qu'il joue au football est 0,6.

**B** La probabilité qu'il ne pratique ni le football ni le tennis est 0,20.

**C** La probabilité de tirer au sort un sportif qui joue au football ou au tennis est 0,10.

**D** On tire au hasard un joueur de tennis, la probabilité qu'il joue au football est 0,10.

# Corrigé

Dans le tableau suivant, on a désigné par T le nombre d'inscrits dans le club qui jouent au tennis et par F le nombre d'inscrits dans le club qui jouent au football.

**NOTE DU FORMATEUR**

L'information $P(T \cap F) = 0{,}1$ est superflue (voir le tableau ci-dessous).

| | T | $\overline{T}$ | Somme |
|---|---|---|---|
| F | 40(3) | 200(4) | 240 |
| $\overline{F}$ | 80(2) | 80 | 160(1) |
| Somme | 120 | 280(5) | 400 |

Les nombres en noir sont ceux donnés par l'énoncé. Les nombres en bleu s'en déduisent, par exemple dans l'ordre 1, 2, 3, 4 et 5. On a ainsi : $P(F) = \frac{240}{400} = \frac{6}{10}$ donc **A est vraie (V)**.

$P(\overline{F} \cap \overline{T}) = \frac{80}{400} = \frac{1}{5}$ donc **B est vraie (V)**.

$P(T \cup F) = 1 - P(\overline{T \cup F}) = 1 - P(\overline{T} \cap \overline{F}) = 1 - 0{,}2 = 0{,}8$ donc **C est fausse (F)**.

Pour la question **D**, on cherche $P_T(F) = \frac{P(T \cap F)}{P(T)} = \frac{40}{120} = \frac{1}{3}$.

Donc **D est fausse (F)**.

# 4. Variables aléatoires et statistiques

## 1. Définition d'une variable aléatoire

### A. Exemples d'introduction

Lorsqu'on effectue une expérience aléatoire on peut observer ses issues, c'est-à-dire les événements élémentaires qu'elle produit, sous différents angles.

- Lorsqu'**on jette une pièce de monnaie 5 fois de suite**, on peut s'intéresser au nombre $N$ de PILES obtenus, au nombre de fois $F$ où PILE est apparu à un lancer pair.
- Lorsqu'on prélève 6 fois de suite une boule **avec remise** dans une urne contenant des boules blanches (B) et des boules vertes (V), on peut s'intéresser au nombre $X$ de B récupérées, au nombre de fois $Y$ où on a obtenu exactement deux V à la suite l'une de l'autre, etc.
- Lorsqu'**on jette deux dés** on peut examiner la somme $S$ des points marqués ou le numéro maximum $M$ obtenu.

On peut ainsi définir des fonctions $N$, $F$, $X$, $Y$, $S$ et $M$ qui à tout événement élémentaire associent un nombre. Il est d'usage d'appeler ces fonctions des **variables aléatoires**.

### B. Généralisation

**Définition :** Au cours d'une expérience aléatoire, une variable aléatoire est une fonction qui à tout événement élémentaire associe un nombre.

**Exemple :** avec les exemples précédents : $N(PPFPF) = 3$, $N(FPPFF) = 2$, $X(BRRRBB) = 3$, $S(4,5) = 9$, etc.

**REMARQUE DU FORMATEUR**

**1.** Le mot **aléatoire** indique que les valeurs prises par la variable aléatoire dépendent du hasard (*alea* signifie « jeu de hasard » en latin).

**2.** L'expression « variable aléatoire » n'est pas très heureuse, mais est l'expression consacrée pour désigner ces fonctions. En effet ce ne sont pas des variables, mais des fonctions.

**3.** Soit $X$ une variable aléatoire. L'ensemble des valeurs qu'elle prend se note $X(\Omega)$. Dans l'exemple des dés, $S(\Omega) = \{2,3,4,...,11,12\}$ et $M(\Omega) = \{1,2,3,4,5,6\}$

# 2. Loi de probabilité

## A. La théorie

**Définition :** Soit $X$ une variable aléatoire. La loi de probabilité de $X$ est la fonction notée $f$ qui à tout $x \in \mathbb{R}$ associe $P(X = x)$. Donc :

$$f(x) = P(X = x)$$

**Exemple :** Avec les exemples précédents, $P(S = 3) = P((1,2) \cup (2,1)) = \frac{1}{36} + \frac{1}{36} = \frac{1}{18}$.

$P(M = 2) = P((1,2) \cup (2,2) \cup (2,1)) = \frac{3}{36} = \frac{1}{12}$

## B. La pratique

En analyse, étudier une fonction signifie déterminer ses variations. Avec les lois de probabilité, ça n'est plus le cas.

Pour déterminer la loi de probabilité d'une variable aléatoire il est nécessaire de dresser le tableau suivant, sachant que $X(\Omega) = \{x_1, x_2, \ldots, x_n\}$

| $x$ | $x_1$ | $x_2$ | … | $x_n$ |
|---|---|---|---|---|
| $P(X = x)$ | $p_1$ | $p_2$ | … | $p_n$ |

### REMARQUES DU FORMATEUR

**1.** On a $\sum_{k=1}^{n} p_k = p_1 + p_2 + \ldots + p_n = 1$. En effet : les événements $(X = x_1)$, $(X = x_2)$, …, $(X = x_n)$, forment une partition de $\Omega$.

**2.** De plus $x \notin X(\Omega) \Leftrightarrow P(X = x) = 0$. Par exemple $P(N = 6) = 0$ car il est impossible d'obtenir 6 PILES au cours de 5 lancers.

**3.** On peut représenter graphiquement la loi de probabilité d'une variable aléatoire à l'aide d'un diagramme à bâtons ou un histogramme.
C'est le cas ci-dessous sachant que $X(\Omega) = \{-3, 0, 4, 5, 7\}$

| $x$ | -3 | 0 | 4 | 5 | 7 |
|---|---|---|---|---|---|
| $P(X = x)$ | 0,25 | 0,15 | 0,3 | 0,1 | 0,2 |

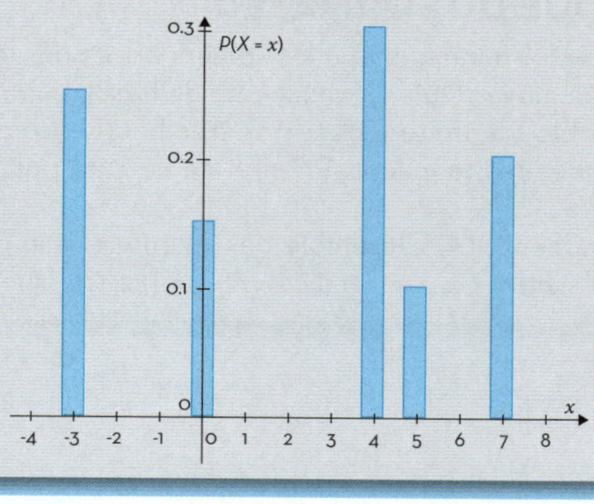

# 3. Espérance d'une variable aléatoire et d'une série statistique

## A. Définition

Soit $X$ une variable aléatoire ou une série statistique. L'espérance de $X$ est le nombre noté $E(X)$ ainsi défini :

$$\sum_{k=1}^{n} x_k p_k = x_1 p_1 + x_2 p_2 + \ldots + x_n p_n$$

> **REMARQUES DU FORMATEUR**
>
> **1.** L'espérance d'une variable aléatoire s'appelle aussi sa **moyenne**. C'est pourquoi on la note parfois $\overline{X}$ (lire : « $X$ barre »), comme en statistiques. Les nombres $p_k$ désignent alors les fréquences des valeurs $x_k$.
>
> **2.** Si $X$ est constante de valeur $b$ alors $E(X) = b$.

## B. Propriétés

**Théorème :** Soit $X$ une variable aléatoire, $a$ et $b$ deux réels. Alors :

$$E(aX + b) = aE(X) + b$$

**Preuve :** La variable aléatoire $Y = aX + b$ prend les valeurs $y_1, y_2, \ldots, y_n$ respectivement égales à $ax_1 + b, ax_2 + b, \ldots, ax_n + b$,. On en déduit :

$$E(Y) = y_1q_1 + y_2q_2 + \ldots + y_nq_n = \sum_{k=1}^{n} y_k q_k$$

où $q_k = P(Y = y_k)$.

D'autre part $(Y = y_k) \Leftrightarrow (aX + b = ax_k + b) \Leftrightarrow (X = x_k)$ et donc $p_k = q_k$.

Par conséquent, puisque $\sum_{k=1}^{n} p_k = 1$ :

$$E(Y) = \sum_{k=1}^{n} (ax_k + b)\, p_k = \sum_{k=1}^{n} (ax_k p_k + b\, p_k) = a\sum_{k=1}^{n} (x_k p_k + b\sum_{k=1}^{n} p_k) = aE(X) + b$$

ce qu'il fallait démontrer.

> **REMARQUES DU FORMATEUR**
>
> **1.** La définition précédente s'applique à uns série statistique $X$.
>
> **2.** On peut utiliser les fonctions statistiques (à une variable) d'une calculatrice pour calculer l'espérance d'une variable aléatoire. Il suffit de saisir les valeurs de $X(\Omega)$ dans une liste et celles des nombres $p_k$ dans une seconde liste, puis de lire $\overline{x}$.

# 4. Variance et écart-type d'une variable aléatoire et d'une série statistique

## A. Définition

La variance de $X$ est le nombre noté $V(X)$ égal à :

$$\sum_{k=1}^{n} (x_k - E(X))^2 p_k = (x_1 - E(X))^2 p_1 \dots + (x_n - E(X))^2 p_n$$

L'écart-type de $X$ est le nombre noté $\sigma(X)$ égal à $\sqrt{V(X)}$. (lire : « sigma de $X$).

**REMARQUES DU FORMATEUR**

**1.** Sachant que l'espérance d'une variable aléatoire s'appelle aussi sa moyenne, on peut rapprocher la définition précédente de celle de la variance d'une série statistique.

**2.** Pour calculer la variance d'une variable aléatoire il est nécessaire d'en avoir calculé l'espérance au préalable.

**3.** La variance d'une variable aléatoire est un nombre positif. C'est pourquoi on peut calculer l'écart-type.

**4.** La variance d'une variable aléatoire est nulle si et seulement si elle est constante.

## B. Propriétés

**Théorème :**

$$V(X) = \sum_{k=1}^{n} x_k^2\, p_k - E(X)^2$$

Ce théorème est admis et fournit un moyen de calculer $V(X)$ en utilisant le tableau suivant :

| $x$ | $x_1$ | $x_2$ | … | $x_n$ |
|---|---|---|---|---|
| $x^2$ | $x_1^2$ | $x_2^2$ | … | $x_n^2$ |
| $P(X = x)$ | $p_1$ | $p_2$ | … | $p_n$ |

Notons $X^2$ la variable aléatoire prenant les valeurs $x_1^2$, $x_2^2$, …, $x_n^2$ et posons $\sum_{k=1}^{n} x_k^2\, p_k = E(X^2)$.

Alors la formule précédente s'écrit : $V(X) = E(X^2) - (E(X))^2$, où il faut bien dessiner les parenthèses.

Cette formule est la formule de Konig-Huygens.

**Théorème :** Soit $X$ une variable aléatoire, $a$ et $b$ deux réels. Alors :

$$\boldsymbol{V(aX + b) = a^2V(X)}$$

On remarque que $b$ n'intervient pas.

# 5. Introduction à la loi binomiale

## A. Le principe multiplicatif

### Épreuves de Bernoulli

On considère une expérience aléatoire à deux issues : Succès (S) et Échec (E). On suppose que la probabilité du succès soit égale à $p$. Cette expérience s'appelle une expérience (ou épreuve) de Bernoulli. Bien sûr, $p \in [0\,;1]$.

On répète cette expérience $n$ fois, sachant que chacune des répétitions est indépendante de chacune des autres.

### Énoncé du principe

La probabilité d'obtenir $k$ succès **dans un ordre déterminé** est égale à $p^k(1-p)^{n-k}$.

En effet, s'il y a $k$ succès il y a $n-k$ échecs. De plus, la probabilité d'un échec est égale à $1-p=q$ (donc $q \in [0\,;1]$)

### Illustration

Sur l'arbre on voit le cas $n=3$ et les trois façons d'obtenir exactement deux succès, chacune égale à $p^2q$.

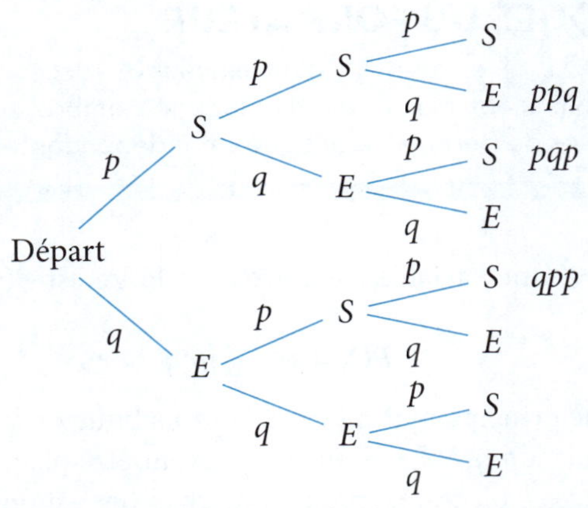


**Exemple :** Dans une urne contenant 7 boules blanches (bb) et 3 boules noires (bn). On prélève cinq fois au hasard, et avec remise, une boule et on note sa couleur. La probabilité d'obtenir le tirage *NBBNB* (bn au tirage 1, bb au tirage 2, etc.) est égale à $0{,}7^3 \times 0{,}3^2$. Ici un succès est l'obtention d'une bb dont la probabilité est égale à $\frac{7}{10}$.

## B. Coefficients binomiaux

**Définition** : On dispose de $n$ objets. Le nombre de façons d'en choisir $k$ se note $\binom{n}{k}$ et se lit « $k$ parmi $n$ ». Ce nombre s'appelle un coefficient binomial ou une combinaison.

**Exemple :** On dispose de 5 emplacements pour placer des lettres. Le nombre de façons de placer la lettre B à 2 emplacements est égal à $\binom{5}{2}$. En effet il y a $\binom{5}{2}$ façons de choisir un emplacement parmi les 5 disponibles ; en voici deux : $BB---$ et $-B--B$.

**Calculs** :

– Pour calculer un coefficient binomial, on peut utiliser la calculatrice (dans le menu PRB, *nCr* ou NbeCombinaison…).

– À retenir : $\binom{n}{k} = 0$ si $k \geq n$. En effet, il n'existe alors aucune façon de choisir $k$ objets parmi $n$.

– $\binom{n}{k} = \binom{n}{n-k}$. En effet, choisir $k$ objets parmi $n$ équivaut à choisir $n - k$ objets (ceux qui restent) parmi $n$.

– $\binom{n}{0} = \binom{n}{n} = 1 \quad \binom{n}{1} = \binom{n}{n-1} = n$.

## 6. Caractéristiques de la loi binomiale

**Définition** : Effectuons une série de $n$ épreuves identiques et indépendantes les unes des autres. Chaque épreuve n'a que deux issues : Succès, avec la probabilité $p$ et Échec, avec la probabilité $q = 1 - p$. Soit $X$ la variable aléatoire comptant le nombre de succès obtenus.

La loi de $X$ s'appelle la loi binomiale de paramètres $n$ et $p$, en abrégé $B(n,p)$.

### REMARQUES DU FORMATEUR

**1.** $X(\Omega) = \{0,1,2,...,n\}$; en effet, il y a au minimum 0 succès et au maximum $n$.

**2.** La variable aléatoire $X$ compte donc le nombre de succès lors de la répétition de $n$ épreuves de Bernoulli identiques et indépendantes deux à deux.

**Théorème :** Soit $X$ une variable aléatoire dont la loi est $B(n,p)$. Alors, pour tout $k \in \{0,1,2\ldots, n\}$ :

$$\boldsymbol{P(X = k) = \binom{n}{k} p^k q^{n-k}}$$

**Preuve :** d'après le principe multiplicatif, la probabilité de $k$ succès dans un ordre déterminé est égale à $p^k q^{n-k}$. Les $k$ succès peuvent être placés à $k$ places. Il y a $\binom{n}{k}$ façons de choisir ces $k$ places. La probabilité cherchée est donc égale à $\binom{n}{k} p^k q^{n-k}$, ce qu'il fallait démontrer.

De plus :

$$\boldsymbol{E(X) = np \text{ et } V(X) = npq}$$

# 5. Calcul numérique

## 1. Les concepts élémentaires

### A. Les ensembles de nombres

Les **entiers naturels** sont les nombres que vous connaissez depuis le CP : 0 ; 1 ; 2 ; 3 ; 4 ; etc.

Les **entiers relatifs** sont les entiers naturels auxquels on adjoint leurs opposés : … –4 ; –3 ; –2 ; –1 ; 0 ; +1 ; +2 ; +3 ; +4 ; etc.

Les **nombres décimaux** sont les nombres qui ont un nombre fini de décimales non nulles. Ils peuvent être positifs ou négatifs.

Lorsqu'on parle des **nombres réels**, on parle des nombres précédents et aussi de ceux qui ne sont pas décimaux, comme $\frac{5}{3}$ ou $\sqrt{2}$ ou e.

### B. Les multiples

Un **multiple** de 3 est un nombre qui figure comme résultat dans la table de 3. Récitons-la : 0, 3, 6, 9, 12, etc. De même, les multiples de 19 sont : 0, 19, 38, 57, 76, etc.

Par conséquent, tout multiple de 3 s'écrit sous la forme $3n$ (c'est-à-dire 3 fois $n$), où $n$ désigne un entier naturel quelconque. De même, tout multiple de 19 s'écrit sous la forme $19n$.

**NOTES DU FORMATEUR**

- 0 est un multiple de n'importe quel nombre (y compris de lui-même !).
- Les multiples de 2 s'appellent des nombres pairs. Tout nombre pair s'écrit donc sous la forme $2n$, où $n$ désigne un entier naturel quelconque.
- Un nombre impair est un nombre qui n'est pas pair. Par conséquent, tout nombre impair s'écrit sous la forme $2n + 1$ où $n$ désigne un entier naturel quelconque.

### C. Les carrés parfaits

Un **carré parfait** est un nombre entier qui est le produit d'un entier par lui-même. Il s'écrit sous la forme $n^2$ où $n$ est un entier naturel quelconque. Voici la liste des premiers carrés parfaits : 0, 1, 4, 9, 16, 25, 36, 49, 64, 81, 100, 121, 144, 169, 196, 225, 256, 289, 324, 361, 400.

## D. Les racines carrées

Les deux règles d'or :

**1.** Seuls les nombres positifs ont une racine carrée.

**2.** Une racine carrée est un nombre positif.

**Exemples :** $\sqrt{0} = 0$ ; $\sqrt{1} = 1$ ; $\sqrt{4} = 2$ ; $\sqrt{9} = 3$ ; $\sqrt{16} = 4$ ; $\sqrt{25} = 5$ ; etc.

## E. Les exposants

Lorsqu'on parle d'**exposants**, le meilleur moyen de retenir les formules qui leur sont attachées est de revenir à chaque fois aux sources.

$$9^4 = \underbrace{9 \times 9 \times 9 \times 9}_{\textit{9 est écrit 4 fois}} \quad \text{et} \quad 9^3 = \underbrace{9 \times 9 \times 9}_{\textit{9 est écrit 3 fois}}$$

$$\text{donc : } 9^4 \times 9^3 = \underbrace{9 \times 9 \times 9 \times 9}_{\textit{9 est écrit 4 fois}} \times \underbrace{9 \times 9 \times 9}_{\textit{9 est écrit 3 fois}} = \underbrace{9 \times 9 \times 9 \times 9 \times 9 \times 9 \times 9}_{\textit{9 est écrit 7 fois}} = 9^7$$

D'autre part, on démontre que $9^{-1} = \dfrac{1}{9}$ ; $9^{-2} = \dfrac{1}{9^2}$ ; $9^{-3} = \dfrac{1}{9^3}$ ; etc.

$$\text{donc, par simplification : } \frac{9^5}{9^7} = \frac{\underbrace{9 \times 9 \times 9 \times 9 \times 9}_{\textit{9 est écrit 5 fois}}}{\underbrace{9 \times 9 \times 9 \times 9 \times 9 \times 9 \times 9}_{\textit{9 est écrit 7 fois}}} = \frac{1}{9 \times 9} = \frac{1}{9^2} = 9^{-2} \; (= 9^{5-7})$$

On généralise facilement ces exemples pour en tirer les règles de calcul suivantes, valables pour tout réel $a$ non nul ainsi que tous entiers $n$ et $p$ :

$$a^n \times a^p = a^{n+p} \qquad (a^n)^p = a^{np}$$

$$\frac{a^n}{a^p} = a^{n-p} \qquad a^{-n} = \frac{1}{a^n}$$

**NOTES DU FORMATEUR**

- On a bien sûr, pour tout entier naturel $n$ : $0^n = 0$ et $1^n = 1$.
- $a^0 = 1$ et $a^1 = a$ pour tout réel $a$.

## F. L'opposé

La notion d'**opposé** est liée à l'addition. L'opposé du nombre $a$ est le nombre $b$ qui réalise l'égalité $a + b = 0$. Ce nombre $b$ se note $-a$. Ainsi **l'opposé de $a$ est $-a$** et **$a + (-a) = 0$.**

Sur un axe, deux nombres opposés sont symétriques par rapport à l'origine.

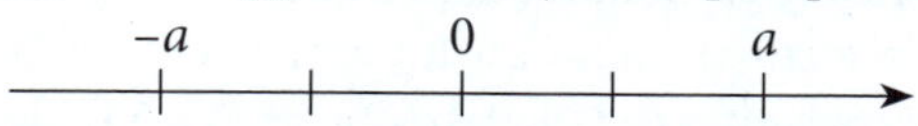


**NOTE DU FORMATEUR**

0 est le seul nombre égal à son opposé.

On utilise aussi l'opposé dans la soustraction : $a - b = a + (-b)$ c'est-à-dire : « $a$ moins $b$ = $a$ plus l'opposé de $b$ ».

### G. L'inverse

La notion d'**inverse** est liée à la division. L'inverse d'un nombre **non nul** $a$ est le nombre $b$ qui réalise l'égalité $a \times b = 1$. Le nombre $b$ se note $\frac{1}{a}$. Ainsi, **l'inverse de $a$ est $\frac{1}{a}$ et $a \times \frac{1}{a} = 1$.**

> **NOTE DU FORMATEUR**
>
> 0 est le seul nombre qui n'a pas d'inverse.
> Il existe deux nombres, et deux seulement, qui sont égaux à leur inverse : 1 et -1.
> Ainsi $\frac{1}{1} = 1$ et $\frac{1}{-1} = -1$.

On utilise aussi l'inverse dans la division : $a \div b = a \times \frac{1}{b} = \frac{a}{b}$.
L'inverse de $a$ se note aussi $a^{-1}$.

## 2. Les opérations

### La multiplication par 0,1 ; 0,01... et par 10 ; 100...

**1.** Pour multiplier un nombre par 0,1 on déplace la virgule d'un rang vers la gauche.
Pour multiplier un nombre par 0,01 on déplace la virgule de deux rangs vers la gauche. Et ainsi de suite.
**Exemple :** $5{,}8 \times 0{,}01 = 0{,}058$
S'il n'y a pas de virgule, on en ajoute une, suivie de un ou plusieurs 0.
**Exemple :** $7 \times 0{,}01 = 7{,}0 \times 0{,}01$ ; donc $7 \times 0{,}01 = 0{,}070 = 0{,}07$

**2.** Pour multiplier un nombre par 10, on déplace la virgule d'un rang vers la droite.
Pour multiplier un nombre par 100, on déplace la virgule de deux rangs vers la droite. Et ainsi de suite.
S'il n'y a pas de virgule, on ajoute un ou plusieurs 0 à droite du nombre.
**Exemples :** $27 \times 10 = 270$ ; $48 \times 100 = 4\,800$ ; $54 \times 1\,000 = 54\,000$ ; etc.

## 3. Les priorités opératoires

Vous le savez depuis le collège, les exposants sont prioritaires sur les multiplications et divisions (qui ont le même niveau de priorité), elles-mêmes prioritaires sur les additions et soustractions (qui ont le même niveau de priorité). De plus, il faut d'abord exécuter les calculs entre parenthèses.

**Exemple :** $5 \times 2^3 - 10 + 24 \div (1 + 5)$.

Pour calculer $5 \times 2^3$, il faut d'abord effectuer $2^3$.

Pour calculer $-10 + 24 \div (1 + 5)$, il faut d'abord résoudre le calcul à l'intérieur de la parenthèse, puis effectuer la division, prioritaire sur l'addition.

Voici le calcul exact :

$5 \times 2^3 - 10 + 24 \div (1 + 5)$

$= 5 \times 8 - 10 + 24 \div 6$ *(exposant et parenthèses)*

$= 40 - 10 + 4$ *(multiplication et division, de même priorité)*

$= 30 + 4$ *(on effectue les calculs dans l'ordre)*

$= 34$

# 6. Pourcentages

Un pourcentage est une façon particulière d'écrire une fraction : au lieu d'écrire $\frac{a}{100}$ (« *a* sur 100 » ou « *a* centièmes »), on écrit : *a* % (*a* pour cent) ; *a* est un nombre positif quelconque.

## 1. Généralités

### A. Calculer un pourcentage

Dans une assemblée de 400 personnes, il y a 96 gauchers. Quel est le pourcentage de gauchers dans l'assemblée ? Réponse : Un pourcentage étant une fraction, il y a $\frac{96}{400} = \frac{24}{100} = 24\ \%$ de gauchers dans l'assemblée.

### B. Appliquer un pourcentage (ou un taux de pourcentage)

« Appliquer un taux de pourcentage » est synonyme de « calculer une fraction donnée d'une quantité ».

**Exemple :** 16 % de 95 valent $\frac{16}{100} \times 95 = \frac{16 \times 95}{100} = 15{,}2$.

## 2. Pièges, trucs et astuces

### A. Augmentation ou diminution d'une quantité

Commençons par un petit problème.

**Problème**

On dispose d'une somme S. On enlève 10 % de sa valeur ; on obtient une somme S'. On enlève à cette somme S' 20 % de sa valeur. On obtient une somme S''. Fin de la première étape.

Reprenons cette même somme S et effectuons les deux opérations suivantes. D'abord, on lui enlève 20 % de sa valeur, ce qui donne une somme T', et ensuite, on enlève à T' 10 % de sa valeur pour obtenir une somme T''.

RÉUSSIR LES ÉPREUVES ÉCRITES
Raisonnement logique et mathématiques

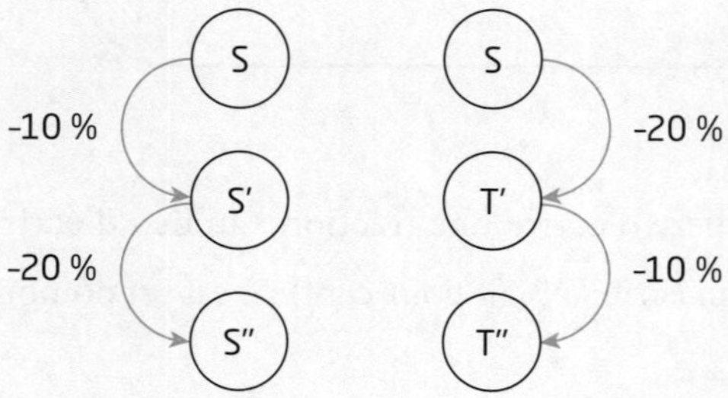


# Questions

❶ $S''$ ou $T''$ représentent-elles $S$ diminuée de 30 % ?

❷ A-t-on $S'' = T''$ ? (Avant de répondre, relisez bien les consignes.)

# Corrigé

❶ **Non**.

$S' = 90\ \% \times S = 0{,}9S$ car si l'on retire à S 10 % de sa valeur, il reste 90 % de S. De la même manière, si l'on retire à S' 20 % de sa valeur, il reste 80 % de S', c'est-à-dire $S'' = 0{,}8S'$. Comme $S' = 0{,}9S$ on a : $S'' = 0{,}8 \times 0{,}9S = 0{,}72S$.

En faisant un raisonnement analogue avec T' et T'', on a : $T'' = 0{,}9T' = 0{,}9 \times 0{,}8S = 0{,}72S$.

Donc S'' et T'' représentent toutes les deux 72 % de S, c'est-à-dire S diminuée de 28 %, et non de 30 %.

❷ **Oui**.

On a $S'' = T'' = 0{,}72S$.

## NOTES DU FORMATEUR

- Si, à la place des opérations -10 % et -20 %, on avait les étiquettes +10 % et +20 %, on aurait également $S'' = T''$.

En effet : $S' = S + 10\ \%S = 1S + 0{,}1S = (1 + 0{,}1)S = 1{,}1S$ et $S'' = 1S' + 0{,}2S' = 1{,}2S'$

Comme $S' = 1{,}1S$, on aurait $S'' = 1{,}2 \times 1{,}1S = 1{,}32S$

De même, $T'' = 1{,}1T' = 1{,}1 \times 1{,}2S = 1{,}32S$.

Ainsi S'' et T'' représenteraient S augmentée de 32 %.

- En panachant de la façon suivante :

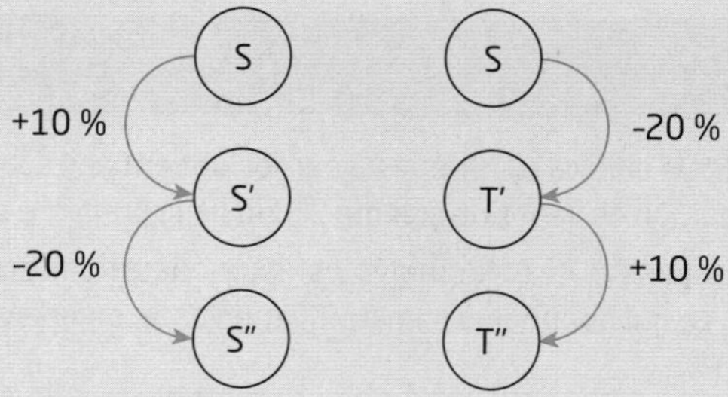


on aurait encore $S'' = T''$ (= 0,88S).

Dans les situations de réduction ou d'augmentation, et lorsque ces changements s'expriment en pourcentage, la meilleure façon de comprendre l'énoncé et de résoudre les questions afférentes est d'assurer une traduction à l'aide de multiplications. Voici quelques formules qui peuvent vous aider :

**1.** Si l'on augmente une quantité $q$ de $t$ % de sa valeur, on obtient la quantité :

$$q' = q \times \left(1 + \frac{t}{100}\right)$$

**2.** Si l'on diminue une quantité $q$ de $t$ % de sa valeur, on obtient la quantité :

$$q' = q \times \left(1 - \frac{t}{100}\right)$$

## B. Augmentation suivie de diminution et *vice versa*

Si l'on augmente une quantité $q$ de 10 %, on obtient la quantité $q' = 1{,}1q$.

Réduisons $q'$ de 10 % de sa valeur : on obtient la quantité $q'' = 0{,}9q' = 0{,}9 \times 1{,}1q = 0{,}99q$.

On voit donc que $q'' \neq q$.

Par conséquent la manipulation +10 % suivie de –10 % ne conduit pas à la quantité initiale.

## C. Sachez répondre presque sans calculs

Quand on prend 30 % d'une quantité, on multiplie cette quantité par 0,3. Par conséquent, le résultat est divisible par 3, du moins si la quantité est un nombre décimal ! Donc il est impossible que 30 % d'un nombre de salariés soit exactement égal à 8.

De même, il est impossible que 90 % d'un nombre de boîtes de conserve soit exactement égal à 501 car 501 n'est pas divisible par 9.

### Exercice — CONCOURS 2011

Un fleuriste a en stock 1 000 fleurs réparties en trois variétés (roses, tulipes et marguerites) et trois couleurs (blanc, rouge et jaune). Il y a autant de fleurs rouges que de fleurs jaunes. Un quart des fleurs blanches sont des roses et 30 % des fleurs blanches sont des tulipes. Il y a 180 marguerites blanches parmi les 500 marguerites. 20 % des roses sont rouges et sont au nombre de 60. On dénombre le même nombre de tulipes rouges que de tulipes jaunes.

À partir de ces informations, on peut conclure que :

**A** Il y a 400 fleurs rouges.

**B** Il y a autant de marguerites jaunes que de tulipes blanches.

**C** Il y a 300 roses.

**D** Le nombre de fleurs jaunes est inférieur au nombre de fleurs blanches.

# Corrigé

Le tableau suivant résume l'énoncé. Les expressions en noir sont repérées par leur numéro d'apparition. Les nombres en bleu sont le résultat de calculs. Les lettres majuscules sont les fleurs et les minuscules les couleurs.

| | R | T | M | |
|---|---|---|---|---|
| b | $0{,}25y$ (3) = 100 | $0{,}3y$ (4) = 120 | 180 (5) | $y$ = 400 |
| r | $0{,}2z$ = 60 (7) | $t$ (8) = 40 | 200 | $x$ (2) = 300 |
| j | | $t$ (8) = 40 | 120 | $x$ (2) = 300 |
| | $z$ = 300 | 200 | 500 (6) | 1 000 (1) |

De $0{,}2z = 60$, on déduit : $z = \dfrac{60}{0{,}2} = 300$. Donc **C est vraie (V)**.

$1\,000 - 500 - 300 = 200$, il y a donc 200 tulipes.

Comme $0{,}25y + 0{,}3y = 0{,}55y$, les roses blanches et les tulipes blanches représentent 55 % des fleurs blanches. Donc les 180 marguerites représentent 45 % du total des fleurs blanches.

Donc : $0{,}45y = 180 \Rightarrow y = \dfrac{180}{0{,}45} = \dfrac{20}{0{,}05} = \dfrac{2\,000}{5} = 400$. Donc **D est vraie (V)**.

$y + 2x = 1\,000 \Rightarrow 2x = 600 \Rightarrow x = 300$. Donc **A est fausse (F)**.

On trouve alors : $0{,}3y = 120$ et $0{,}25y = 100$. Par conséquent : $t = 40$ car $\dfrac{200 - 120}{2} = \dfrac{80}{2} = 40$.

Par soustraction, on obtient 200 marguerites rouges ($300 - 60 - 40 = 200$), conduisant à 120 marguerites jaunes ($500 - 180 - 200 = 120$). Donc **B est vraie (V)**.

Pour finir, vérifiez qu'il y a bien 140 roses jaunes.

| | R | T | M | |
|---|---|---|---|---|
| b | 100 | 120 | 180 | 200 |
| r | 60 | 40 | 200 | 300 |
| j | 140 | 40 | 120 | 300 |
| | 300 | 200 | 500 | 1 000 |

# 7. Calcul littéral

Dans ce chapitre, les lettres minuscules des calculs désignent des nombres réels.

## 1. Les fractions

**RAPPEL DU FORMATEUR**

La fraction $\frac{n}{d}$ a pour numérateur $n$ et pour dénominateur $d$.

Les fractions $\frac{8}{7}$, $\frac{11}{7}$ et $\frac{3}{7}$ peuvent se lire « huit septièmes, onze septièmes et trois septièmes ». Le 7 donne son nom à la fraction ; il la dénomme. C'est pourquoi on l'appelle le dénominateur.

### A. Les règles de calcul

Vous connaissez depuis votre plus tendre enfance les règles suivantes (en supposant que l'on n'effectue aucune division par 0) :

$$\frac{a}{d}+\frac{b}{d}=\frac{a+b}{d} \qquad \frac{a}{d}-\frac{b}{d}=\frac{a-b}{d} \qquad \frac{ka}{kb}=\frac{a}{b} \qquad (1)$$

$$\frac{a}{b}+\frac{c}{d}=\frac{ad+bc}{bd} \qquad \frac{a}{b}-\frac{c}{d}=\frac{ad-bc}{bd} \qquad -\frac{a}{b}=\frac{-a}{b}=\frac{a}{-b} \qquad (2)$$

$$\frac{a}{b}\times\frac{c}{d}=\frac{ac}{bd} \qquad a\times\frac{c}{d}=\frac{a}{1}\times\frac{c}{d}=\frac{ac}{d} \qquad \frac{a}{b}\div\frac{c}{d}=\frac{a}{b}\times\frac{d}{c}=\frac{ad}{bc} \qquad (3)$$

Vous connaissez aussi les pièges classiques :

$$\frac{a}{b}+\frac{c}{d}\neq\frac{a+c}{b+d} \qquad \frac{a+b}{a+c}\neq\frac{b}{c} \qquad \frac{1}{a+b}\neq\frac{1}{a}+\frac{1}{b} \qquad a\times\frac{b}{c}\neq\frac{ab}{ac}$$

### B. Commentaires

Les égalités (1) montrent que l'on peut effectuer la somme ou la différence de deux fractions à condition qu'elles aient le même dénominateur.

Elles montrent aussi que l'on peut multiplier le numérateur et le dénominateur d'une fraction par un **même** nombre sans en changer la valeur $\left(\frac{a}{b}=\frac{ka}{kb}\right)$ et que l'on peut aussi diviser le numérateur et le dénominateur d'une fraction par un **même** nombre sans en changer la valeur $\left(\frac{ka}{kb}=\frac{a}{b}\right)$.

**Exemple :** $\frac{1}{2}+\frac{5}{6}=\frac{3}{6}+\frac{5}{6}=\frac{8}{6}=\frac{4}{3}$

Les égalités (2) montrent aussi que l'opposé d'une fraction peut se calculer de deux façons : $\frac{\text{opposé du numérateur}}{\text{dénominateur}}$ ou $\frac{\text{numérateur}}{\text{opposé du dénominateur}}$.

Dans la notation $-\frac{a}{b}$, remarquez la place du signe « moins » qui se trouve au même niveau que la barre de fraction.

Les égalités (3) montrent que, pour multiplier deux fractions entre elles, il suffit de multiplier les numérateurs entre eux et les dénominateurs entre eux. Il est inutile de réduire les deux fractions au même dénominateur.

# 2. Les parenthèses et le signe « moins »

Lorsque l'on effectue des additions, on peut placer et déplacer des parenthèses comme on veut et déplacer les termes comme on veut :

$(a + b + c) + (d + e) + f = a + (b + c) + (d + e + f) = (d + a) + f + (b + c + e)$

Avec la soustraction, on ne peut pas déplacer les termes comme on veut :

$a - b - c \neq b - a - c$ et $a - (b - c) \neq (a - b) - c$

Pour ceux qui sont fâchés avec le signe « moins », il y a un moyen simple, mais un peu lourd, de ne pas se tromper : il suffit de transformer les soustractions en additions de l'opposé, et de transformer les expressions du type –(…) en expressions du type (–1) × (…). On tombe ainsi dans le monde enchanté de l'addition où tout, ou presque, est permis. Ainsi :

$a - b - c = a + (-b) + (-c) = (-b) + a + (-c) = -b + a - c$

$a - (b - c) = a + (-1) \times [b + (-c)] = a + (-1) \times b + (-1) \times (-c) = a + (-b) + c = a - b + c$

# 3. La distributivité

## A. L'énoncé et ses conséquences

La distributivité de la multiplication par rapport à l'addition est la propriété qui s'énonce ainsi :

$$k(a + b) = ka + kb = (a + b)k$$

On en déduit ce que l'on appelle parfois la double distributivité :

$$(a + b)(c + d) = ac + ad + bc + bd$$

On peut l'illustrer avec le schéma suivant :

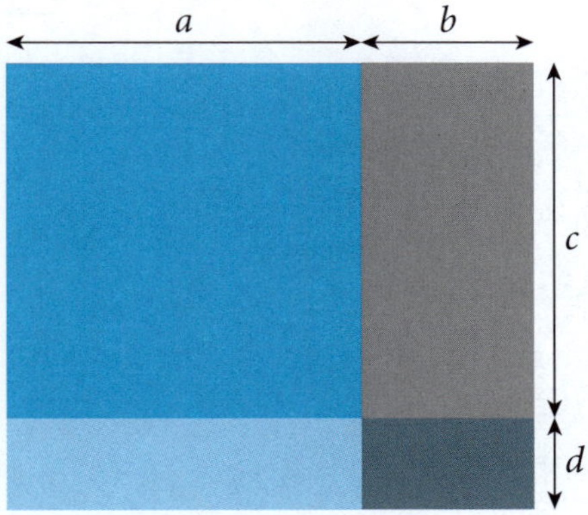


$(a + b)(c + d) = ac + ad + bc + bd$

L'aire du grand rectangle de dimensions $a + b$ et $c + d$ est en effet égale à la fois à $(a + b)(c + d)$ et à la somme des aires des quatre rectangles de couleur qui le composent.

Avec la soustraction, on en déduit :

$(a + b)(c - d) = ac - ad + bc - bd$ et $(a - b)(c - d) = ac - ad - bc + bd$

## B. Les identités remarquables

$$(a + b)^2 = a^2 + 2ab + b^2$$

$$(a - b)^2 = a^2 - 2ab + b^2$$

$$(a + b)(a - b) = a^2 - b^2$$

On retrouve ces égalités en utilisant la distributivité : $(a + b)^2 = (a + b)(a + b)$.

# 4. L'exploitation des quotients (ou rapports)

Le diagramme ci-contre résume l'exploitation que l'on peut faire de l'égalité $\frac{a}{b} = \frac{c}{d}$.

On peut aussi exploiter ces indications lorsque l'on a simplement $a = \frac{c}{d}$ ou $\frac{a}{b} = c$ car ces écritures sont équivalentes respectivement à $\frac{a}{1} = \frac{c}{d}$ et $\frac{a}{b} = \frac{c}{1}$.

### Égalité de rapports

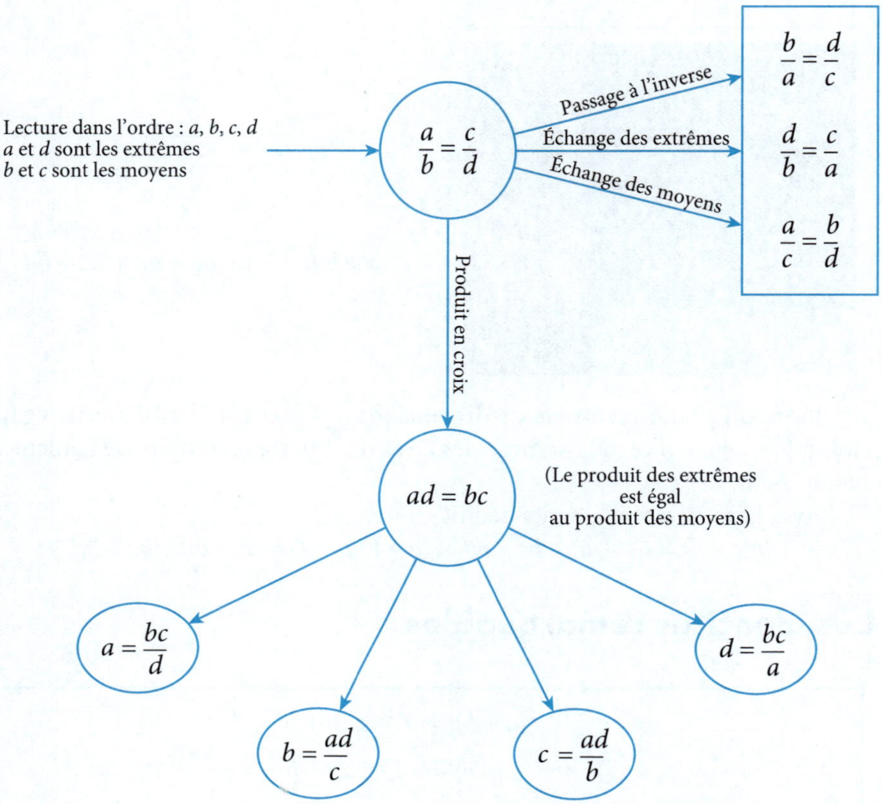

# 8. Équations du premier degré

Dans ce chapitre, nous n'étudierons que les équations du premier degré, c'est-à-dire les équations dans lesquelles l'exposant de la ou des inconnues est 1.

## 1. Les deux grands principes de résolution

On note $x$ l'inconnue. Les équations auxquelles on s'intéresse peuvent toutes se ramener à une équation du type $ax = b$, où $a \neq 0$.

Puisque $ax = b$ équivaut à $x = b \div a = \frac{b}{a}$, la solution de l'équation précédente est le nombre $\frac{b}{a}$.

Toute résolution doit donc concourir à transformer l'équation initiale en $ax = b$. Pour cela, on utilise les deux grands principes de résolution illustrés ci-dessous à travers la résolution de l'équation $6x - 1 = 3(x + 5)$.

### A. Le principe de développement

La première procédure à effectuer est de supprimer toutes les parenthèses.

$6x - 1 = 3(x + 5) \Leftrightarrow 6x - 1 = 3x + 15$

### B. Le principe d'équilibre

- Lorsque l'on additionne ou soustrait le même nombre aux deux membres d'une équation, on obtient une équation qui lui est équivalente.
- Lorsque l'on multiplie ou divise les deux membres d'une équation par le même nombre différent de 0, on obtient une équation qui lui est équivalente.

En un mot, on ne change pas l'équilibre de l'égalité en effectuant les mêmes opérations des deux côtés de cette égalité.

Ainsi : $6x - 1 = 3x + 15 \Leftrightarrow 6x - 1 + \mathbf{1} = 3x + 15 + \mathbf{1}$ (on a ajouté 1 aux deux membres de l'équation).

Après calcul, on trouve : $6x = 3x + 16$.

Puis : $6x = 3x + 16 \Leftrightarrow 6x - \mathbf{3x} = 3x - \mathbf{3x} + 16 \Leftrightarrow 3x = 16$.

Finalement : $x = \frac{16}{3}$

## ATTENTION

Nous mettons en garde les fanatiques du « je transpose à droite », « je fais passer à gauche », « je fais passer à droite en changeant de signe »...

Les erreurs du type $5x = 2 \Rightarrow x = 2 - 5 = -3$ ou $3 = 7x \Rightarrow x = \frac{3}{-7}$ sont loin d'être rares.

### C. Cas spéciaux

**1.** Si des expressions figurent au dénominateur, on peut résoudre l'équation en utilisant un produit en croix.

**Exemple :** L'équation $\frac{3}{x+1} = -\frac{5}{x}$ est équivalente à $3x = -5(x + 1)$ et on la résout comme ci-dessus.

**2.** Pour résoudre l'équation $-\frac{2}{3}x = 7$ on utilise la même technique.

$$-2x = 3 \times 7 \Leftrightarrow -2x = 21 \Leftrightarrow x = \frac{21}{-2} \Leftrightarrow x = -10,5$$

## 2. Les systèmes d'équations

Pour résoudre un système de deux équations à deux inconnues $a$ et $b$, la technique la plus simple est d'écrire un autre système où l'inconnue $a$ (ou l'inconnue $b$) a les mêmes coefficients dans chaque équation.

### Exercice — CONCOURS 2016

Résoudre le système d'équations suivant :

$$\begin{cases} a + b = 4 \\ 3a + 2b = 0 \end{cases}$$

## Corrigé

Les coefficients de $a$ sont 1 et 3 et ceux de $b$ sont 1 et 2.

En utilisant la technique énoncée précédemment, on obtient $\begin{cases} 3a + 3b = 12 & \text{(multiplication par 3)} \\ 3a + 2b = 0 \end{cases}$

ou $\begin{cases} 2a + 2b = 8 & \text{(multiplication par 2)} \\ 3a + 2b = 0 \end{cases}$

Choisissons le premier système.

En soustrayant la deuxième équation à la première on obtient :

$3a - 3a + 3b - 2b = 12 - 0 \Rightarrow b = \mathbf{12}$

Une fois que $b$ est trouvé, on utilise l'équation que l'on veut pour trouver $a$.

Par exemple : $a + b = 4 \Rightarrow a + 12 = 4 \Rightarrow a = 4 - 12 =$ **-8**.

Pour plus de sécurité on reporte ces deux valeurs dans le système de départ et on constate que les égalités sont vérifiées.

# 9. Fonctions et polynômes

## 1. Lien entre courbe et fonction

La courbe représentant une fonction est un ensemble de points. Comme tout point, les points qui forment la courbe ont chacun deux coordonnées : une abscisse et une ordonnée $y$. On a en outre $y = f(x)$.

La courbe représentant $f$ a pour équation $y = f(x)$. On dit aussi que l'égalité $y = f(x)$ est l'équation de la courbe représentative de $f$. Le point le plus haut d'une courbe, s'il existe, s'appelle son maximum et son point le plus bas, s'il existe, son minimum.

**Exemple :** Sur la courbe ci-contre, on voit que le minimum de la fonction est $m$, son maximum $M$ et on voit aussi comment connaître la valeur de $f(x)$ quand on connaît la valeur de $x$. Il suffit de partir de $x$, sur l'axe horizontal, et de joindre la courbe. Le point obtenu a pour ordonnée $f(x)$. De plus, $m = f(a)$ est sous l'axe horizontal, $m$ est donc négatif. On voit de même que $M$ est positif et que $M = f(b)$.

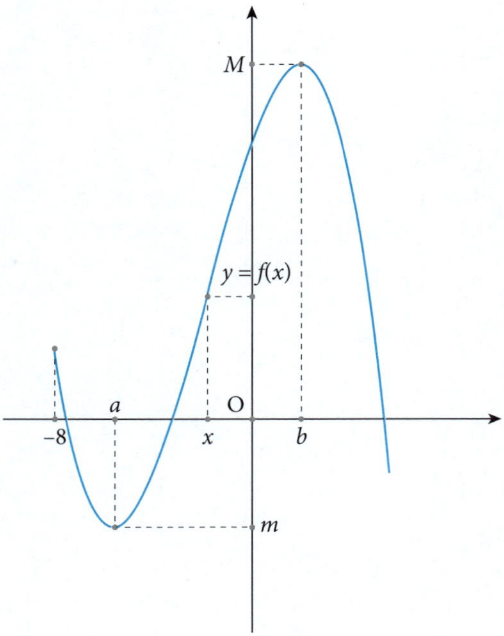


**NOTE DU FORMATEUR**

La courbe représentative d'une fonction affine est une droite.

**Exemple (concours 2012) :** Si la courbe d'une fonction passe par le point A(−1 ; 1), cela signifie que le point A appartient à la courbe, que $y = 1$ et $x = -1$ et donc $1 = f(-1)$.

Si $f(x) = ax^2 + bx + c$, on obtient la relation $a \times (-1)^2 + b \times (-1) + c = 1$, équivalente à $a - b + c = 1$.

## Exercice — CONCOURS 2013

On donne deux courbes d'équations respectives $y = mx + 5$ et $y = ax^2 + bx + c$. Un point A d'intersection des deux courbes a pour abscisse $\frac{5}{2}$ et la seconde courbe a pour maximum le point B de coordonnées (2 ; 7). Qu'en est-il des propositions suivantes ?

**A** $4a + b = 0$ et $4a + 2b + c = \frac{5}{2}$

**B** $\frac{5}{2}m + 5 - \frac{25}{4}a - \frac{5}{2}b - c = 0$

# Corrigé

**A est fausse (F).** En effet, le point B appartient à la seconde courbe donc :

$7 = a \times 2^2 + 2b + c \quad 7 = 4a + 2b + c.$

**B est vraie (V).** En effet, A appartient à la première courbe donc $y_A = m \times \frac{5}{2} + 5$, et à la seconde courbe donc $y_A = a\left(\frac{5}{2}\right)^2 + b \times \frac{5}{2} + c$.

C'est pourquoi : $m \times \frac{5}{2} + 5 = a\left(\frac{5}{2}\right)^2 + b \times \frac{5}{2} + c \Leftrightarrow \frac{5}{2}m + 5 = a\left(\frac{25}{4}\right) + \frac{5}{2}b + c \Leftrightarrow \frac{5}{2}m + 5 - \frac{25}{4}a - \frac{5}{2}b - c = 0$

# 2. Fonctions paires et impaires

## A. Définition

On note $D_f$ l'ensemble de définition d'une fonction $f$, c'est-à-dire l'ensemble de tous les réels qui ont une image par $f$.

- Une fonction paire est une fonction $f$ qui a la propriété suivante :

  Pour tout $x \in D_f : f(-x) = f(x)$

- Une fonction impaire est une fonction $f$ qui a la propriété suivante :

  Pour tout $x \in D_f : f(-x) = -f(x)$

### REMARQUE DU FORMATEUR

L'ensemble de définition de $f$ doit être symétrique par rapport à 0, car pour pouvoir appliquer le test de parité, il faut que l'on puisse calculer à la fois $f(x)$ et $f(-x)$.

**Exemple 1 :** La fonction carrée définie sur $\mathbb{R}$ par $f(x) = x^2$ est paire.
En effet : $f(-x) = (-x)^2 = x^2 = f(x)$

**Exemple 2 :** La fonction cube définie sur $\mathbb{R}$ par $f(x) = x^3$ est impaire.
En effet : $f(-x) = (-x)^3 = -x^3 = -f(x)$
En effet : $(-x)^3 = (-x)(-x)(-x) = -x\,x\,x = -x^3$

**REMARQUE DU FORMATEUR**
$(-x)^2 = (-x) \times (-x) = +x^2 \geq 0$ et $-x^2 = -(x \times x) \leq 0$

## B. Interprétation géométrique

La courbe représentant une fonction paire est symétrique par rapport à l'axe des ordonnées et la courbe représentant une fonction impaire est symétrique par rapport à l'origine du repère.

Les figures ci-après illustrent cela.

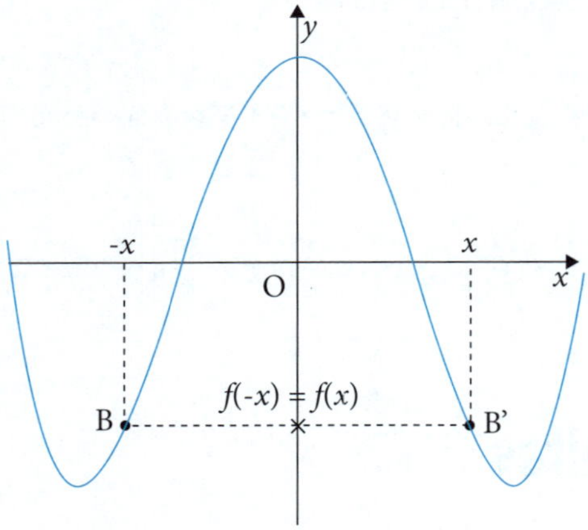


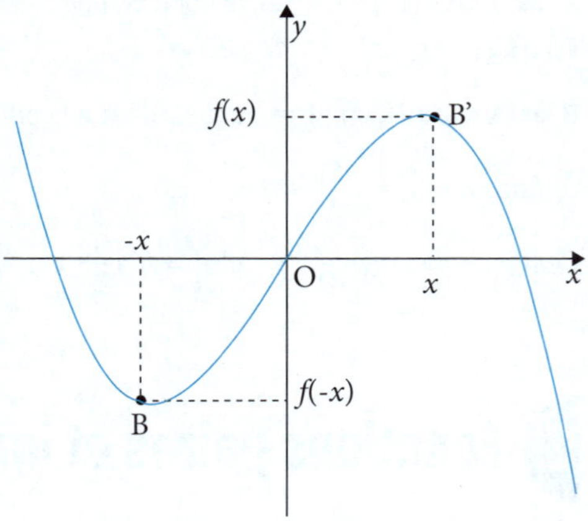


# 3. Polynômes du premier degré

Un polynôme du premier degré est de la forme $ax + b$ où $a$ et $b$ sont des constantes, c'est-à-dire des nombres qui ne changent pas quand on change les valeurs de $x$ (qui est la variable) $a$ étant différent de 0.

On sait que les courbes représentatives de ces polynômes sont des droites dont les équations sont de la forme $y = ax + b$. Leur allure dépend du signe de $a$ (on n'a pas représenté l'axe des ordonnées, qui n'importe pas ici) :

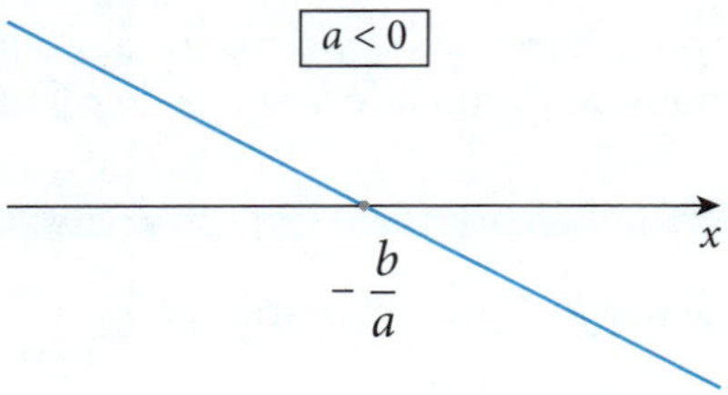


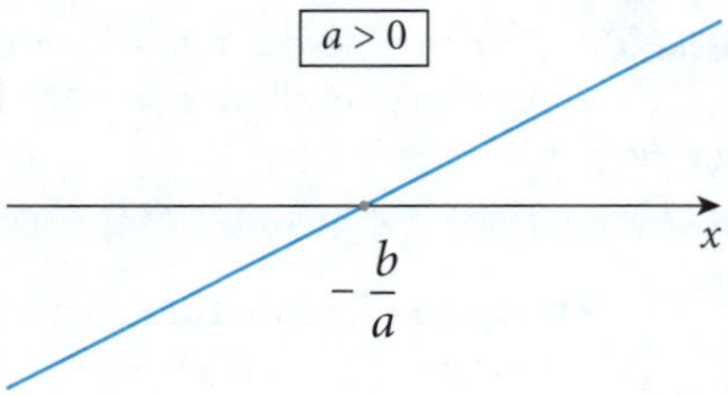

Dans le cas où $f(x) = -2x + 3$, alors $-\frac{b}{a} = -\frac{3}{-2} = \frac{3}{2} = 1{,}5$. Donc, si on choisit $x = -4{,}789$, alors $-2x + 3$ est certainement positif car $-4{,}789$ est placé à gauche de $-\frac{b}{a}$ sur l'axe horizontal et donc son ordonnée, qui est $f(-4{,}789)$, est au-dessus de l'axe horizontal, donc positive.

De même, si $f(x) = 2x + 5$, alors $f(-2{,}877)$ est négatif car ici $-\frac{b}{a} = -\frac{5}{2} = -2{,}5$ et $-2{,}877 < -2{,}5$. C'est pourquoi l'ordonnée de $-2{,}877$ est située en dessous de l'axe horizontal, donc négative.

**NOTE DU FORMATEUR**

Comment trouve-t-on $-\frac{b}{a}$ ? On peut voir que c'est l'abscisse du point d'intersection de la droite avec l'axe horizontal. *A priori*, on ne connaît pas cette abscisse mais on sait que l'ordonnée vaut 0 car tout point se trouvant sur l'axe horizontal a pour ordonnée 0. Puisqu'il se trouve aussi sur la droite on a :
$0 = ax + b \Leftrightarrow ax = -b \Leftrightarrow x = -\frac{b}{a}$ $(a \neq 0)$.

# 4. Polynômes du deuxième degré

## A. Généralités

Un polynôme du deuxième degré est de la forme $ax^2 + bx + c$, où $a$, $b$ et $c$ sont des constantes et $a \neq 0$. Sa courbe s'appelle une parabole.

L'allure d'une parabole dans un repère rectangulaire dépend du signe de $a$ (on n'a pas représenté les axes de coordonnées, qui n'importent pas ici) :

Courbe convexe

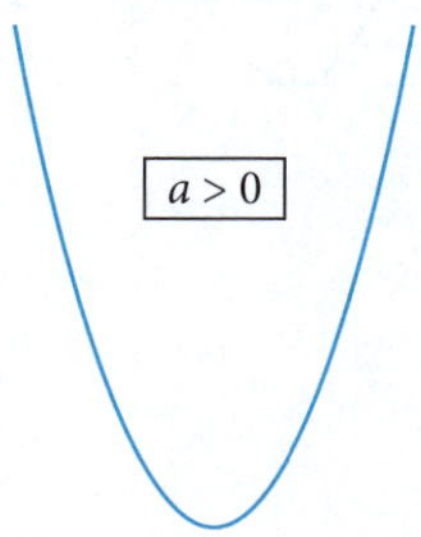


Courbe concave

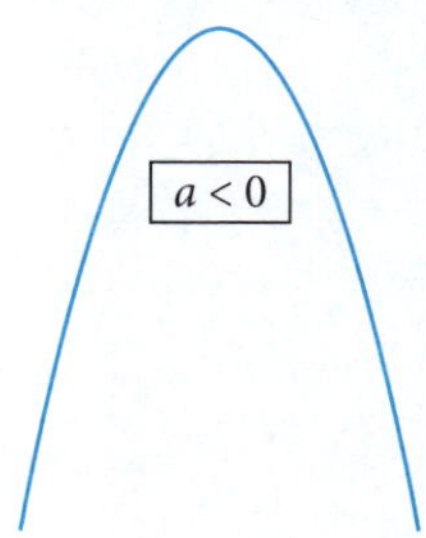

## B. Résultats élémentaires

Le nombre Δ (lire : « delta »), appelé **discriminant** du polynôme, se calcule ainsi :

$$\Delta = b^2 - 4ac$$

- Dans le cas où Δ est strictement négatif :
  - l'équation $ax^2 + bx + c = 0$ n'a pas de solution (ou racine) ;
  - $ax^2 + bx + c$ a un signe constant quelle que soit la valeur de $x$ : ce signe est négatif si $a < 0$ (la courbe est sous l'axe des abscisses) et positif si $a > 0$ (la courbe est au-dessus de l'axe des abscisses).

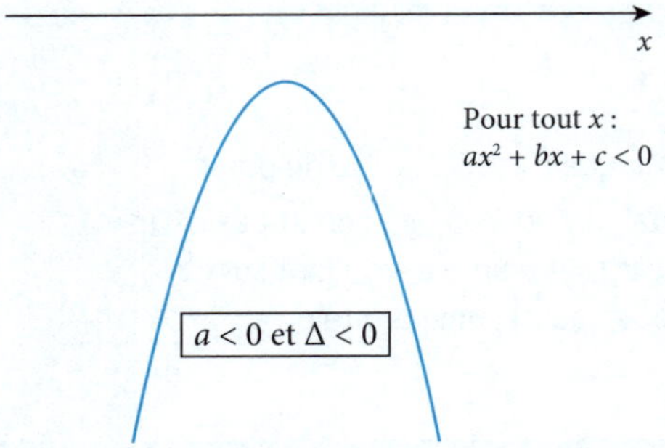


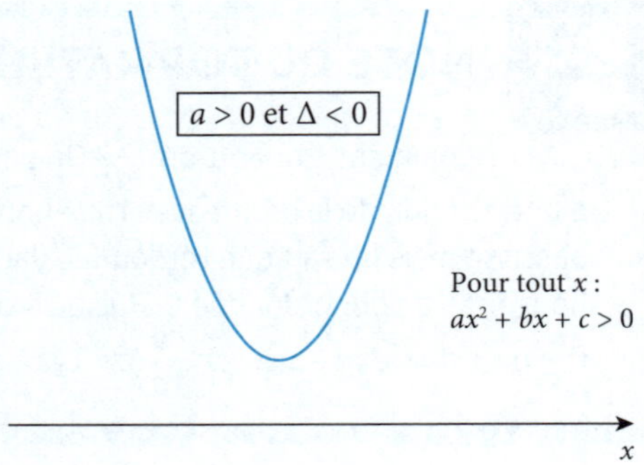


- Dans le cas où Δ = 0 :
  - l'équation $ax^2 + bx + c = 0$ a une solution (ou racine) unique ;
  - $ax^2 + bx + c$ a un signe constant quelle que soit la valeur de $x$ : ce signe est négatif si $a < 0$ (la courbe est sous l'axe des abscisses) et positif si $a > 0$ (la courbe est au-dessus de l'axe des abscisses)

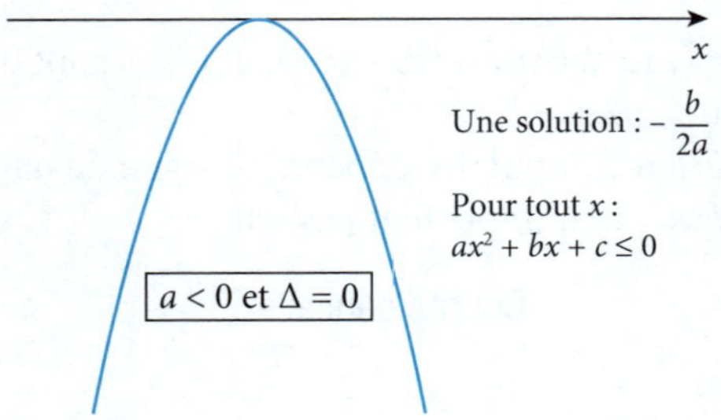


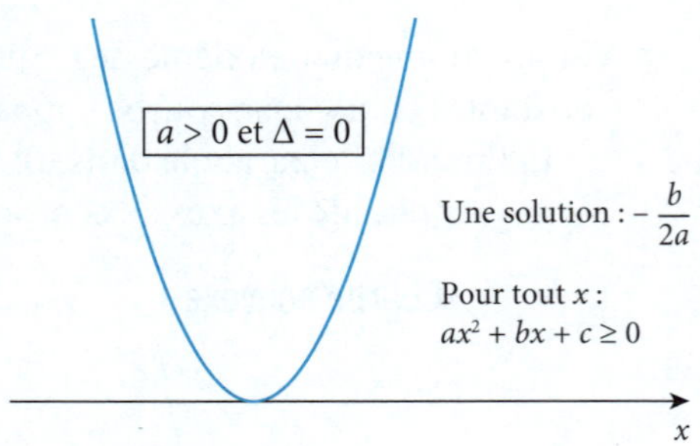

- Dans le cas où $\Delta$ est strictement positif :
  - l'équation $ax^2 + bx + c = 0$ a deux solutions ;
  - $ax^2 + bx + c$ a un signe qui varie selon la place de $x$ par rapport aux racines. Ce signe est le même que celui de $a$ si $x$ est à l'extérieur des racines et c'est celui de $-a$ si $x$ est à l'intérieur des racines.

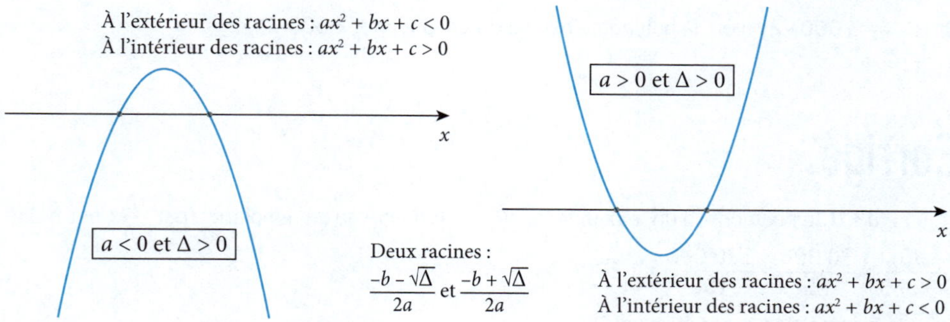


## C. Trucs et astuces

- Le calcul de $\Delta$ se simplifie lorsque $b$ est pair. Posons $b = 2b'$ et $\Delta' = b'^2 - ac$.
On a alors : $\Delta = (2b')^2 - 4ac = 4(b'^2 - ac) = 4\Delta'$.

Tous les résultats précédents s'appliquent avec ces nouvelles expressions des racines :

$$-\frac{b'}{a} \text{ si } \Delta' = 0, \frac{-b' - \sqrt{\Delta'}}{a} \text{ et } \frac{-b' + \sqrt{\Delta'}}{a} \text{ si } \Delta' > 0$$

- Un polynôme du second degré a un maximum si et seulement si $a < 0$. Pour trouver sa valeur, il suffit de remplacer $x$ par : $-\frac{b}{2a}$ ou $-\frac{b'}{a}$.

- Un polynôme du second degré a un minimum si et seulement si $a > 0$. Pour trouver sa valeur, il suffit de remplacer $x$ par : $-\frac{b}{2a}$ ou $-\frac{b'}{a}$.

### ATTENTION

Lorsque la variable est comprise entre deux nombres, un polynôme du second degré a à la fois un maximum (point culminant) et un minimum obtenu lorsqu'on remplace la variable par $a_2$.

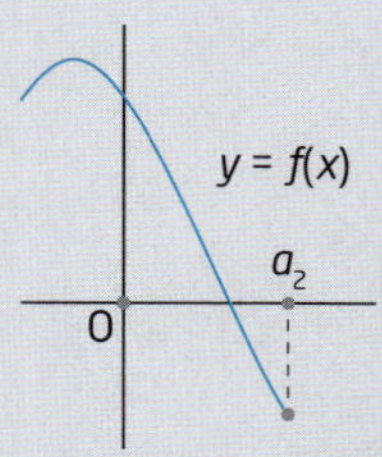

## Exercice — CONCOURS 2013

Considérons le polynôme 25 000 + 60$y$ - 0,025$y^2$ (il est donné sous la forme $c + by + ay^2$ et la variable n'est plus $x$ mais $y$). Les propositions suivantes sont-elles vraies ou fausses ?

**A** Le maximum du polynôme est atteint pour $y$ = 1 000.

**B** Si $x$ = 5 000 - 2$y$ alors le polynôme est maximum pour $x$ = 2 600.

## Corrigé

Comme $a < 0$, le polynôme a un maximum qui est obtenu lorsqu'on remplace $y$ par $-\frac{b'}{a}$ c'est-à-dire :

$$-\frac{30}{-0{,}025} = \frac{30\,000}{25} = \frac{120\,000}{100} = 1\,200.$$

Donc **la proposition A est fausse (F)**.

**B est vraie (V)**. En effet, on a vu que le polynôme est maximum pour $y$ = 1 200 donc pour $x$ = 5 000 - 2 400 = 2 600.

# 10. Étude de fonctions

## 1. Fonctions continues et fonctions dérivables

### A. Fonctions continues

Schématiquement, une fonction continue est une fonction dont on peut tracer la courbe sans avoir à lever le crayon.

Les **fonctions polynômes**, la **fonction logarithme népérien** et les **fonctions exponentielles** sont continues.

La somme, le produit et le quotient de fonctions continues sont continus sur l'ensemble où ils sont définis. La composée de fonctions continues est continue sur l'ensemble où elle est définie.

**Exemple (concours 2015) :** $x \mapsto x(1 + x^2)^3$ est continue car c'est un polynôme.

### B. Fonctions dérivables

Une fonction dérivable sur un intervalle est une fonction dont on peut calculer la **dérivée** en tout point de cet intervalle.

Les **fonctions polynômes**, la **fonction logarithme népérien** et les **fonctions exponentielles** sont dérivables.

La somme, le produit et le quotient de fonctions dérivables sont dérivables sur l'ensemble où ils sont définis. La composée de fonctions dérivables est dérivable sur l'ensemble où elle est définie.

**Exemple (concours 2015) :** $x \mapsto x(1 + x^2)^3$ est dérivable sur $\mathbb{R}$ car c'est un polynôme.

**NOTE DU FORMATEUR**

Toute fonction dérivable sur un intervalle est continue sur cet intervalle. La réciproque est fausse.

## C. Formulaire

### a. Dérivées usuelles

| Fonction $f$ | Dérivée $f'$ | Exemples et remarques |
|---|---|---|
| $f(x) = k$ | $f'(x) = 0$ | $k$ est une constante $f(x) = 2 \Rightarrow f'(x) = 0$ |
| $f(x) = x^n$ | $f'(x) = nx^{n-1}$ | $f(x) = x = x^1 \Rightarrow f'(x) = 1x^{1-1} = x^0 = 1$<br>$f(x) = x^2 \Rightarrow f'(x) = 2x^{2-1} = 2x^1 = 2x$<br>$f(x) = x^3 \Rightarrow f'(x) = 3x^{3-1} = 3x^2$ |
| $f(x) = \frac{1}{x}$ | $f'(x) = -\frac{1}{x^2}$ | $x \neq 0$ |
| $f(x) = \sqrt{x}$ | $f'(x) = \frac{1}{2\sqrt{x}}$ | $x > 0$ |

### b. Dérivées de fonctions

On considère des fonctions notées $u$ et $v$. Elles dépendent de la variable $x$.

| Théorèmes | Traduction | Exemples |
|---|---|---|
| La dérivée de la somme $u + v$ est la somme des dérivées de $u$ et $v$. | $(u + v)' = u' + v'$ | $f(x) = x^4 + x$<br>$\Rightarrow f'(x) = 4x^3 + 1$ |
| Soit $k$ une constante, la dérivée de $k \times u$ est $k \times u'$. | $(k \times u)' = k \times u'$ | $f(x) = \frac{1}{3}x^3$<br>$\Rightarrow f'(x) = \frac{1}{3} \times 3x^2 = \frac{3}{3}x^2 = x^2$ |
| La dérivée du produit $uv$ est $u'v + uv'$ | $(uv)' = u'v + uv'$ | $f(x) = xe^x$<br>$\Rightarrow f'(x) = 1e^x + xe^x = (1 + x)e^x$ |
| La dérivée du quotient $\frac{u}{v}$ est $\frac{u'v - uv'}{v^2}$ | $\left(\frac{u}{v}\right)' = \frac{u'v - uv'}{v^2}$ | $f(x) = \frac{x^2}{x+1}$<br>$\Rightarrow f'(x) = \frac{2x(x + 1) - x^2 \times 1}{(x + 1)^2} = \frac{x^2 + 2x}{(x + 1)^2}$ |
| La dérivée de $u^n$ est $nu'u^{n-1}$ | $(u^n)' = nu'u^{n-1}$ | $f(x) = (x^2 + 1)^4$<br>$\Rightarrow f'(x) = 4 \times 2x(x^2 + 1)^3 = 8x(x^2 + 1)^3$ |

Apprenez également les dérivées de fonctions formées avec des exponentielles ou des logarithmes (chapitres 11 et 12).

La dérivée seconde de $f$ est la dérivée de la dérivée de $f$ et se note $f''$.

# 2. Utilisation des dérivées

## A. Variation des fonctions

### Théorème

Soit $f$ une fonction dérivable sur un intervalle I :

- si, pour tout $x \in I$, $f'(x) > 0$ alors $f$ est strictement croissante sur I ;
- si, pour tout $x \in I$, $f'(x) < 0$ alors $f$ est strictement décroissante sur I ;
- si, pour tout $x \in I$, $f'(x) = 0$ alors $f$ est constante sur I.

## B. Tangente

Une équation de la tangente à une courbe au point A d'abscisse $a$ est :

$$y = f'(a)(x - a) + f(a)$$

Le coefficient directeur (on dit aussi « la pente ») de la tangente au point A est donc $f'(a)$.

## C. Tangente d'inflexion

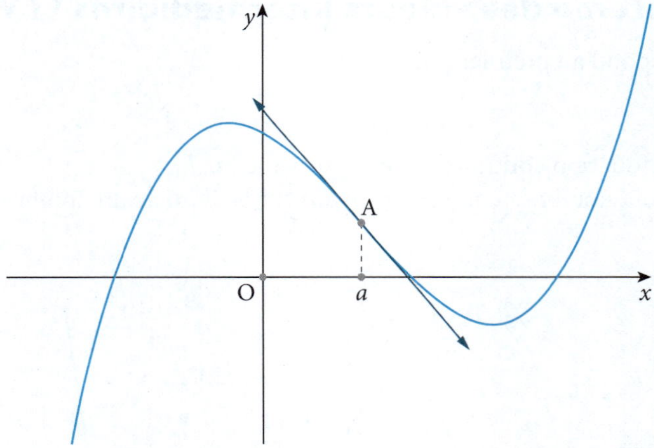


Une fonction **convexe** sur un intervalle I est une fonction dont la dérivée seconde est **positive** sur I. Sa courbe est **au-dessus** de ses tangentes sur l'intervalle I.

Une fonction **concave** sur un intervalle I est une fonction dont la dérivée seconde est **négative** sur I. Sa courbe est **en dessous** de ses tangentes sur l'intervalle I.

La courbe ci-dessus est concave sur l'intervalle $]-\infty\ ;\ a]$ et convexe sur l'intervalle $[a\ ;\ +\infty[$.

| $x$ | $-\infty$ | $a$ | $+\infty$ |
|---|---|---|---|
| $f''(x)$ | $-$ | 0 | $+$ |
| $f$ est… | concave sur $]-\infty\ ;\ a]$ | | convexe sur $[a\ ;\ +\infty[$ |

Il y a un point où la courbe, de concave devient convexe. C'est le **point d'inflexion**, noté A sur la figure.

L'abscisse du point d'inflexion d'une courbe est un nombre $a$ où la dérivée seconde s'annule en changeant de signe.

# 3. Résolution analytique des équations

## A. De quoi s'agit-il ?

On sait résoudre des équations mettant en jeu des polynômes de degré inférieur ou égal à 2. Pour les degrés supérieurs à 4 et pour les équations avec des fonctions logarithme ou exponentielle, la résolution **exacte** est **impossible** en général.

Il faut trouver une méthode qui permette :

- d'affirmer qu'une telle équation a des solutions ou non ;
- de trouver des encadrements de ces solutions.

## B. Le théorème des valeurs intermédiaires (TVI)

Le TVI répond au premier point.

### Théorème

Soit $f$ une fonction continue sur un intervalle $[a\ ;\ b]$.

Pour tout nombre $k$ compris entre $f(a)$ et $f(b)$, il existe un nombre $c$ tel que $f(c) = k$.

### Illustration

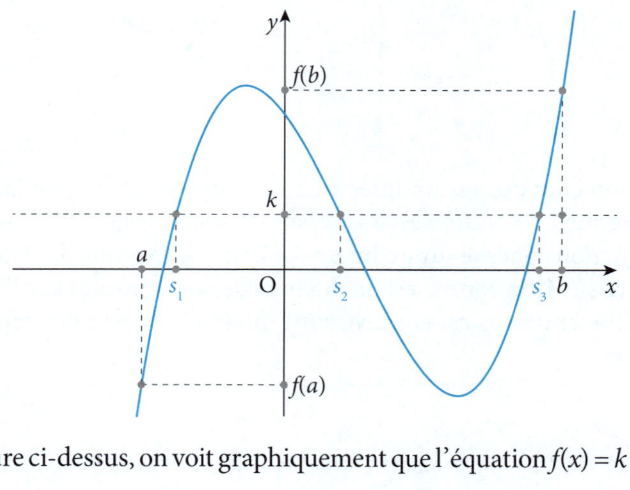


Sur la figure ci-dessus, on voit graphiquement que l'équation $f(x) = k$ a trois solutions : $s_1$, $s_2$, $s_3$.

## C. Unicité de la solution de $f(x) = 0$

### Théorème

Dans les conditions du TVI, et si **de plus** $f(a)$ et $f(b)$ sont de signes contraires, alors l'équation $f(x) = 0$ a au moins une solution dans $[a\ ;\ b]$ et cette solution est unique si $f$ est **strictement** monotone (c'est-à-dire strictement croissante ou strictement décroissante).

**Exemple (concours 2013) :** On considère la fonction définie sur $\mathbb{R}$ par $f(x) = 1 + xe^{-x}$.

Comme $f'(x) = (1 - x)e^{-x}$, on obtient le tableau ci-dessous.

| $x$ | $-\infty$ | $-1$ | | $a$ | | $1$ | | $+\infty$ |
|---|---|---|---|---|---|---|---|---|
| $f'(x)$ | | | $+$ | | | $0$ | $-$ | |
| $f(x)$ | ↗ | $1 - e$ | ↗ | $0$ | ↗ | $1 + \frac{1}{e}$ | ↘ | |

On voit alors que l'équation $f(x) = 0$ a une solution unique notée $a$ sur l'intervalle $[-1\ ;\ 1]$ car $f(-1)$ et $f(1)$ sont de signes contraires et $f$ est strictement croissante sur cet intervalle : $f(-1) = 1 - e < 0$ et $f(1) = 1 + \frac{1}{e} > 0$.

## Exercice — CONCOURS 2012

On considère la fonction définie sur l'intervalle $]0\ ;+\infty[$ par $f(x) = -\frac{\ln x}{x} - \frac{1}{x}$ L'affirmation suivante est-elle vraie ou fausse ?

L'équation $f(x) = 0$ a une seule solution dans l'intervalle $]0\ ;+\infty[$.

# Corrigé

**L'affirmation est vraie (V).** La solution est 1, comme le montre le tableau de variations ci-dessous, obtenu à partir de la dérivée $f\ (x) = \frac{\ln x}{x^2}$ et le calcul des limites de $f(x)$ aux bornes de $]0\ ;+\infty[$.

| $x$ | $0$ | | $a$ | | $1$ | | $+\infty$ |
|---|---|---|---|---|---|---|---|
| $f'(x)$ | ‖ | $-$ | | | $0$ | $+$ | |
| $f(x)$ | ‖ $+\infty$ | ↘ | $0$ | ↘ | $-1$ | ↗ | $0$ |

On remarque que la solution $a = \frac{1}{e}$.

En effet, $f(x) = -\frac{\ln x + 1}{x}$ donc $f(x) = 0 \quad \ln x + 1 = 0 \quad \ln x = -1 \quad x = e^{-1} = \frac{1}{e}$.

# 11. Fonctions exponentielles

## 1. La fonction $x \longmapsto e^x$

### A. Définition

La fonction exponentielle est l'unique fonction définie sur $\mathbb{R}$ qui soit égale à sa dérivée et qui prend la valeur 1 en 0. On la note en général exp.
Donc : pour tout $x \in \mathbb{R}$ : $\exp'(x) = e^x$ et $\exp'(0) = 1$.

**NOTE DU FORMATEUR**

Si $u$ est une fonction dérivable, alors $(e^{u(x)})' = u'(x)\,e^{u(x)}$. On dit souvent que la dérivée de $e^u$ est $u'e^u$.
En particulier, si $f(x) = e^{-x}$, alors $f'(x) = -e^{-x}$ et si $g(x) = e^{2x}$, alors $g'(x) = 2e^{2x}$.

### B. Variations

Comme $e^x > 0$ pour tout réel $x$ :

| $x$ | $-\infty$ | $0$ | $1$ | $+\infty$ |
|---|---|---|---|---|
| $e^x$ | $0$ ↗ | $1$ ↗ | $e$ ↗ | $+\infty$ |

Donc :

- La fonction exponentielle est strictement croissante.
- $\lim_{x \to -\infty} e^x = 0$ Cela signifie que la courbe a une asymptote horizontale en $-\infty$ qui est l'axe des abscisses.
- $\lim_{x \to +\infty} e^x = +\infty$
- $e^x = e^y \Leftrightarrow x = y$ et $e^x \geq e^y \Leftrightarrow x \geq y$

**NOTE DU FORMATEUR**

La croissance de la fonction exponentielle est extrêmement rapide. Dans la langage courant, on utilise parfois l'expression de « croissance exponentielle » pour qualifier des croissances très rapides.

## C. Courbe

### a. Convexité

Pour tout $x$ : $\exp''(x) = \exp(x)$. Donc $\exp''(x) > 0$. Cela prouve que la fonction exponentielle est convexe.

### b. Équations de tangentes

Au point d'abscisse 0 (point A sur la figure) :

$y = \exp'(0)(x - 0) + \exp(0) \Leftrightarrow y = 1x + 1 \Leftrightarrow y = x + 1$

Au point d'abscisse 1 (point B sur la figure) :

$y = \exp'(1)(x - 1) + \exp(1) \Leftrightarrow y = \mathrm{e}(x - 1) + \mathrm{e} \Leftrightarrow y = \mathrm{e}x - \mathrm{e} + \mathrm{e} \Leftrightarrow y = \mathrm{e}x$

**NOTE DU FORMATEUR**

L'équation de cette deuxième tangente est $y = \mathrm{e}x$, à ne pas confondre avec $y = \mathrm{e}^x$ qui est l'équation de la courbe.

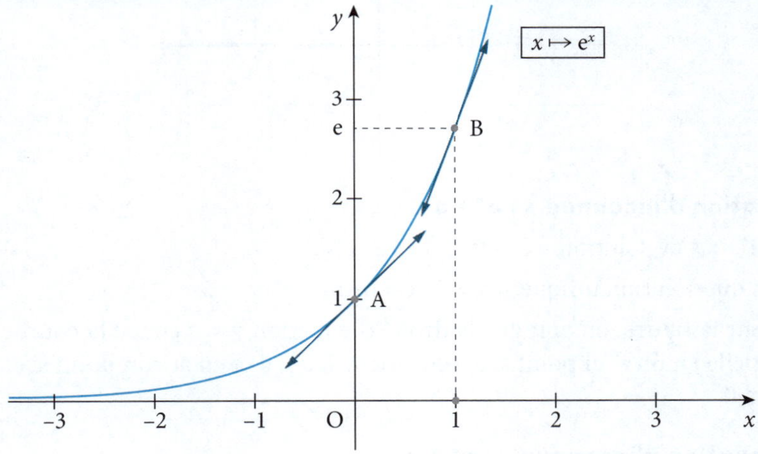


# 2. Propriétés et conséquences

## A. Propriétés algébriques

Soit $a$ et $b$ deux réels et $n$ un nombre entier :

$$\mathrm{e}^{a+b} = \mathrm{e}^a \times \mathrm{e}^b$$

$$\mathrm{e}^{-b} = \frac{1}{\mathrm{e}^b}$$

$$\mathrm{e}^{a-b} = \frac{\mathrm{e}^a}{\mathrm{e}^b}$$

$$\mathrm{e}^{na} = (\mathrm{e}^a)^n$$

## NOTES DU FORMATEUR

- $e^1 = e$ et $e \approx 2{,}718$
- On généralise $e^{na} = (e^a)^n$ au cas où $n$ est une fraction. En particulier $e^{\frac{1}{2}} = \sqrt{e}$.

## B. Équations et inéquations simples

Soit $a$ un nombre réel donné.

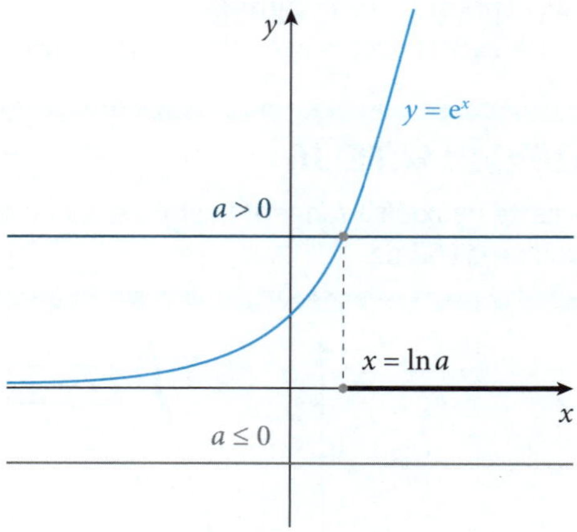


### a. L'équation d'inconnue $x$ : $e^x = a$

- n'a pas de solution si $a \leq 0$.
- a une solution unique si $a > 0$ ($x = \ln a$).

Sur la figure, on voit que la droite d'équation $y = a$ coupe la courbe de l'exponentielle en un seul point si et seulement si $a > 0$ et en aucun point si et seulement si $a \leq 0$.

### b. L'inéquation d'inconnue $x$ : $e^x \geq a$

- a pour solution l'ensemble $\mathbb{R}$ si $a \leq 0$ (c'est-à-dire que pour tout réel $x$ : $e^x > a$).
- a pour solutions les nombres de l'intervalle $[\ln a \,;\, +\infty[$ si $a > 0$.

Sur la figure, on a marqué par un trait gras cet intervalle.

### c. L'inéquation d'inconnue $x$ : $e^x \leq a$

- n'a pas de solution si $a \leq 0$ (c'est-à-dire qu'on ne peut trouver aucun réel $x$ tel que $e^x \leq a$).
- a pour solution les nombres de l'intervalle $]-\infty \,;\, \ln a]$ si $a > 0$.

## NOTES DU FORMATEUR

- Les intervalles sont ouverts si les inégalités sont strictes.
- $e^0 = 1$ donc $e^x = 1 \Leftrightarrow e^x = e^0 \Leftrightarrow x = 0$

## C. Équations et inéquations complexes

■ Lorsque l'exposant de l'exponentielle n'est pas l'inconnue $x$ mais une fonction de $x$ (par exemple $u(x) = 2x + 1$) on peut poser $X = u(x)$ et raisonner comme dans le paragraphe précédent.

■ Lorsque l'on a à traiter avec des quotients, on peut penser à la propriété $e^{-X} = \frac{1}{e^X}$ ou réduire au même dénominateur ou utiliser un produit en croix et enfin se ramener à des formes analogues à celles du paragraphe précédent.

# 3. Les fonctions $x \longmapsto u(x)^x$

## A. $x \longmapsto a^x$

On considère un nombre $a > 0$ et $a \neq 1$.

Pour tout $x \in \mathbb{R}$ : $\boldsymbol{a^x = e^{x \ln a}}$

### NOTES DU FORMATEUR

- Si $a = e$, alors il s'agit de la fonction exponentielle.
- Si $f(x) = a^x$, alors $f'(x) = (\ln a)a^x$. Donc $f'(x)$ N'EST PAS égale à $xa^{x-1}$ comme on pourrait le penser en se référant à la dérivée de $x^n$ qui est $nx^{n-1}$. En effet, dans cette dernière fonction, l'exposant est fixe alors que dans $a^x$ l'exposant est variable.

### Exercice — CONCOURS 2014

Soit $f(x) = \frac{x^2}{2^x} = \frac{x^2}{e^{x\ln 2}}$. La proposition suivante est-elle vraie ou fausse ?

- $f'(x) = \frac{x(2 - x\ln 2)}{e^{x\ln 2}}$

### Corrigé

$$f'(x) = \frac{2xe^{x\ln 2} - x^2 \ln 2\, e^{x\ln 2}}{(2^x)^2} = \frac{xe^{x\ln 2}(2 - x\ln 2)}{(e^{x\ln 2})^2} = \frac{x(2 - x\ln 2)}{e^{x\ln 2}}$$

**La proposition est donc vraie (V).**

## B. $x \longmapsto u(x)^x$

On considère une fonction $u$ strictement positive et différente de 1.

Pour tout $x$ permettant de définir $u(x)$ : $f(x) = [u(x)]^x$ soit $\mathbf{f(x) = e^{x\ln[u(x)]}}$

Le calcul de $f'(x)$ est assez complexe puisque l'on doit dériver l'exposant $x\ln(u(x))$. Cela donne $\ln(u(x)) + x\dfrac{u'(x)}{u(x)}$ et donc :

$$f'(x) = \left\{\ln[u(x)] + x\frac{u'(x)}{u(x)}\right\} e^{x\ln[u(x)]} = \left\{\ln[u(x)] + x\frac{u'(x)}{u(x)}\right\} u(x)^x$$

### Exercice — CONCOURS 2015

Si $f(x) = (1 + x)^x$ et $g(x) = \ln(x + 1) + \dfrac{x}{x+1}$ :

**A** $f'(x) = x(1 + x)^{x-1}$

**B** $f'(x) = g(x)f(x)$

### Corrigé

D'après la formule de la dérivée de $[u(x)]^x$, $f'(x) = \left[\ln(1 + x) + \dfrac{x}{x+1}\right](1 + x)^x$.

Donc **A est fausse (F)** et **B est vraie (V)**.

### Exercice — CONCOURS 2011

On considère les fonctions $f$ et $g$ définies pour tout $x$ réel par $f(x) = 4^x$ et $g(x) = (0{,}25)^x$ et l'on note $f'$ et $g'$ leurs dérivées respectives.

**A** Pour tout réel $x$ : $g(x) - f(-x) = 0$.

**B** Pour tout réel $x$ : $g'(x) - f'(-x) = 0$.

### Corrigé

**A est vraie (V).** En effet : $f(-x) = 4^{-x} = \dfrac{1}{4^x} = \left(\dfrac{1}{4}\right)^x = 0{,}25^x = g(x)$. Donc $g(x) - f(-x) = 0$.

**B est fausse (F).** En effet :

$g'(x) = \ln(0{,}25)(0{,}25)^x = \ln\left(\dfrac{1}{4}\right)\left(\dfrac{1}{4}\right)^x = (-\ln 4)\dfrac{1}{4^x} = (-\ln 4)4^{-x} = (-\ln 4)f(-x)$

$f'(x) = (\ln 4)4^x = (\ln 4)f(x)$ $\quad f'(-x) = (\ln 4)f(-x)$.

Donc $g'(x) - f'(-x) = (-2\ln 4)f(-x)$.

# 12. Fonction logarithme népérien

## 1. Introduction

### A. Définition et conséquences

#### Définition

Pour tout réel strictement positif $y$, il existe un unique réel $x$ tel que $e^x = y$. Ce nombre $x$ s'appelle le logarithme népérien de $y$ et se note $\ln(y)$ ou $\ln y$.

Donc : $\mathbf{e^x = y \Leftrightarrow x = \ln y}$

#### Conséquences immédiates

- L'ensemble de définition de ln est $]0\ ;+\infty[$, c'est-à-dire que la fonction logarithme népérien ne transforme que des nombres positifs.
- Grâce à la courbe de la fonction exponentielle, on peut constater que :
  - $0 < y \leq 1 \Rightarrow \ln y \leq 0$
  - $1 \leq y \Rightarrow \ln y \geq 0$

  Un logarithme n'est pas toujours positif !
- $\mathbf{\ln(1) = 0}$ car $e^0 = 1$
- $\mathbf{\ln(e) = 1}$ car $e^1 = e$
- Si $y > 0$ alors $e^{\ln y} = y$ et $\ln(e^x) = x$ pour tout $x \in \mathbb{R}$.
- Pour tous réels $a$ et $b$ strictement positifs, $\ln a = \ln b \Leftrightarrow a = b$ et $\ln a \geq \ln b \Leftrightarrow a \geq b$.

**NOTE DU FORMATEUR**

On dit que la fonction exponentielle et la fonction logarithme népérien sont des fonctions réciproques.

### B. Variations

- Pour tout $x > 0$ : $\mathbf{\ln'(x) = \dfrac{1}{x} > 0}$.

**NOTE DU FORMATEUR**

Si $u$ est une fonction strictement positive et dérivable, alors

$f(x) = \ln[u(x)] \Rightarrow f'(x) = \dfrac{u'(x)}{u(x)}$.

On dit souvent que la dérivée de $\ln u$ est $\dfrac{u'}{u}$.

RÉUSSIR LES ÉPREUVES ÉCRITES
Raisonnement logique et mathématiques

- $\lim_{x \to 0^+} \ln(x) = -\infty$

  La droite d'équation $x = 0$ (c'est-à-dire l'axe des ordonnées) est donc une asymptote verticale à la courbe de la fonction.
- $\lim_{x \to +\infty} \ln(x) = +\infty$

| $x$ | 0 | 1 | e | $+\infty$ |
|---|---|---|---|---|
| $\ln(x)$ | ‖ $-\infty$ ↗ | 0 ↗ | 1 ↗ | $+\infty$ |

**NOTE DU FORMATEUR**

La croissance de la fonction ln est très lente.

## C. Courbe

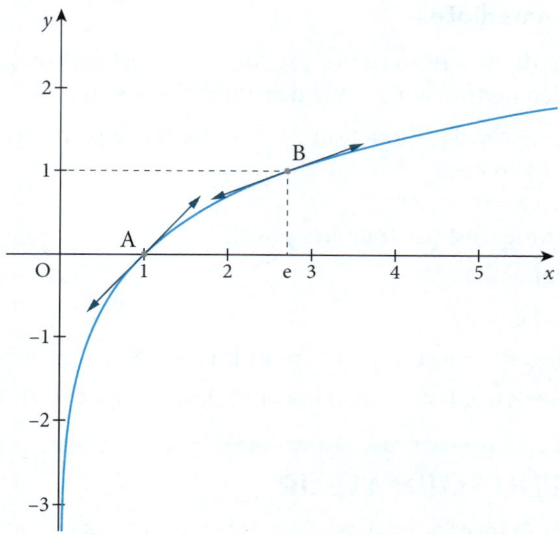


### a. Concavité

Pour tout $x > 0$, $\ln''(x) = -\frac{1}{x^2}$ car la dérivée de $\frac{1}{x}$ est $-\frac{1}{x^2}$. Donc $\ln''(x) < 0$. Cela prouve que la fonction ln est concave.

### b. Équations de tangentes

Au point d'abscisse 1 (point A sur la figure) :

$$y = \ln'(1)(x-1) + \ln(1) \Leftrightarrow y = \frac{1}{1}(x-1) + 0 \Leftrightarrow y = x - 1$$

Au point d'abscisse e (point B sur la figure) :

$$y = \ln'(\mathrm{e})(x-\mathrm{e}) + \ln(\mathrm{e}) \Leftrightarrow y = \frac{1}{\mathrm{e}}(x-\mathrm{e}) + 1 \Leftrightarrow y = \frac{1}{\mathrm{e}}x - 1 + 1 \Leftrightarrow y = \frac{1}{\mathrm{e}}x$$

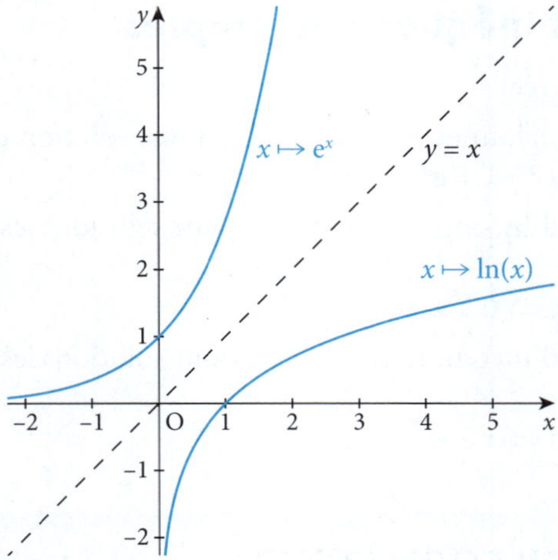


**NOTE DU FORMATEUR**

Dans un repère orthonormé, les courbes des fonctions ln et exponentielle sont symétriques par rapport à la première bissectrice (d'équation $y = x$), comme d'ailleurs les courbes de fonctions réciproques.

# 2. Propriétés et conséquences

## A. Propriétés algébriques

Soit $a$ et $b$ deux nombres réels **strictement positifs**, et $n$ une fraction :

$$\ln(ab) = \ln(a) + \ln(b) \text{ (propriété 1)}$$

$$\ln\left(\frac{1}{b}\right) = -\ln(b) \text{ (propriété 2)}$$

$$\ln\left(\frac{a}{b}\right) = \ln(a) - \ln(b) \text{ (propriété 3)}$$

$$\ln(a^n) = n\ln(a) \text{ (propriété 4)}$$

**NOTES DU FORMATEUR**

- Les propriétés 2, 3 et 4 se déduisent toutes de la propriété 1, appelée propriété fondamentale de la fonction logarithme népérien.
- Dans le cas où $n = \frac{1}{2}$, la propriété 4 s'applique encore et : $\ln(a^{1/2}) = \frac{1}{2}\ln(a)$ $\Rightarrow \ln(\sqrt{a}) = \frac{1}{2}\ln(a)$.
- On se gardera de confondre les expressions $\ln(x^2)$ et $[\ln(x)]^2$.

## B. Équations et inéquations simples

Soit $a$ un nombre réel :

- L'équation (d'inconnue $x$) $\ln x = a$ admet une solution unique qui est $e^a$.
  Donc : $\mathbf{\ln x = a \Leftrightarrow x = e^a}$
- L'inéquation (d'inconnue $x$) $\ln x \leq a$ a pour solutions les nombres de l'intervalle $]0 ; e^a]$.
  Donc : $\mathbf{\ln x \leq a \Leftrightarrow 0 < x \leq e^a}$
- L'inéquation (d'inconnue $x$) $\ln x \geq a$ a pour solutions les nombres de l'intervalle $[e^a ; +\infty[$.
  Donc : $\mathbf{\ln x \geq a \Leftrightarrow x \geq e^a}$

### NOTES DU FORMATEUR

- L'équation $\ln x = a$ admet toujours une solution, quelle que soit la valeur de a.

Cela n'est pas le cas pour l'équation $e^x = a$ qui n'a pas de solution si $a \leq 0$.

- Quelques équations et inéquations courantes, utiles à maîtriser :

$$\ln(x) = 0 \Leftrightarrow x = 1$$
$$0 \leq \ln(x) \Leftrightarrow 1 \leq x$$
$$\ln(x) \leq 0 \Leftrightarrow 0 < x \leq 1$$
$$\ln(x) = 1 \Leftrightarrow x = e$$
$$1 \leq \ln(x) \Leftrightarrow e \leq x$$
$$\ln(x) \leq 1 \Leftrightarrow 0 < x \leq e$$
$$\ln(x) = -1 \Leftrightarrow x = e^{-1} \Leftrightarrow x = \frac{1}{e}$$

## C. Équations et inéquations complexes

La résolution d'équations et d'inéquations du type $\ln[u(x)] = a$ et $\ln[u(x)] \leq a$ suppose que l'on ait $u(x) > 0$. On est alors amené à résoudre les équations et inéquations équivalentes suivantes : $u(x) = e^a$ et $u(x) \leq e^a$.

# 13. Intégrales

## 1. Primitives

### A. Généralités

**Définition**

Soit $f$ une fonction continue sur un intervalle I. Dire que $F$ est une primitive de $f$ sur I signifie que $F$ est dérivable sur I et que, pour tout $x \in \mathrm{I}$, $F'(x) = f(x)$.

**NOTES DU FORMATEUR**

- Une fonction continue sur I admet une infinité de primitives sur cet intervalle. Par exemple, $2x$ admet $x^2$ comme primitive, mais également $x^2 + k$, où $k$ est une constante, car la dérivée de $x^2 + k$ est aussi égale à $2x$.
- Si l'énoncé demande de vérifier qu'une fonction $F$ est une primitive de $f$ sur I, il faudra démontrer que pour tout $x \in \mathrm{I}$, $F'(x) = f(x)$.

### B. Opérations sur les primitives

On considère des fonctions $f$ et $g$ continues sur un intervalle I et des nombres $\alpha$ et $\beta$.

**Théorème**

Une primitive de $\alpha f + \beta g$ est $\alpha F + \beta G$.

**NOTE DU FORMATEUR**

Il ne faudrait pas en déduire qu'une primitive de $fg$ est $FG$.
En effet, d'après la formule de dérivation d'un produit : $(FG)' = F'G + FG' = fG + Fg$.
En général, on n'obtient pas $fg$. De la même manière, une primitive de $\frac{f}{g}$ n'est pas $\frac{F}{G}$.

### C. Tableau des primitives

Dans ce tableau, $k$, $a$ et $b$ sont des constantes et $u$ est une fonction de $x$. Par exemple : $u(x) = 3x^2 - 1$.

| $f(x)$ | $F(x)$ | Exemples et remarques |
|---|---|---|
| $k$ | $kx$ | $f(x) = 5 \Rightarrow F(x) = 5x$ |
| $kx$ | $k\frac{x^2}{2}$ | $f(x) = 3x \Rightarrow F(x) = 3\frac{x^2}{2}$ |
| $kx^2$ | $k\frac{x^3}{3}$ | $f(x) = -x^2 \Rightarrow F(x) = -\frac{x^3}{3}$ |

| | | |
|---|---|---|
| $kx^n$ | $k\dfrac{x^{n+1}}{n+1}$ | $n \neq -1$ |
| $\dfrac{k}{x}$ | $k\ln(x)$ | $x > 0$ |
| $\dfrac{k}{ax+b}$ | $k \times \dfrac{1}{a}\ln(ax+b)$ | $a \neq 0$ et $ax + b > 0$ |
| $k\dfrac{u'(x)}{u(x)}$ | $k\ln[u(x)]$ | $u(x) > 0$ |
| $\dfrac{k}{x^2}$ | $-\dfrac{k}{x}$ | Sur $]0\,;+\infty[$ ou $]-\infty\,;0[$ |
| $e^x$ | $e^x$ | |
| $e^{kx}$ | $\dfrac{1}{k}e^{kx}$ | $f(x) = e^{2x} \Rightarrow F(x) = \dfrac{1}{2}e^{2x}$ |
| $u'(x)e^{u(x)}$ | $e^{u(x)}$ | |

**NOTES DU FORMATEUR**

- Il n'y a pas de forme générale des primitives de $\frac{1}{u}$. **Ce n'est pas** $\ln(u)$ car la dérivée de $\ln(u)$ n'est pas $\frac{1}{u}$ mais $\frac{u'}{u}$.
- Il n'y a pas de forme générale des primitives de $e^u$. **Ce n'est pas** $e^u$ car la dérivée de $e^u$ est $u'e^u$.

# 2. Intégrales et aires

## A. Intégrales

### Définition

Soit $f$ une fonction continue sur un intervalle I, $a$ et $b$ deux points de I. L'intégrale de $f$ entre $a$ et $b$ se note $\int_a^b f(x)\,dx$ ou $\int_a^b f(t)\,dt$. On lit : « intégrale de $a$ à $b$ de $f(x)\,dx$ ».

Quelle que soit la primitive $F$ de $f$ choisie, on a (pour la notion de primitive, voir 2.) :

$$\int_a^b f(x)\,dx = F(b) - F(a) = [F(x)]_a^b$$

**NOTES DU FORMATEUR**

- On peut très bien avoir $a \geq b$.
- On a toujours $\int_a^a f(x)\,dx = 0$.

## B. Aires

### Définition

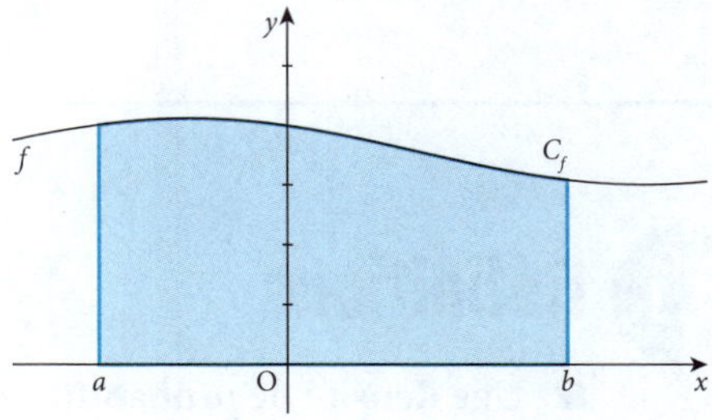


Soit $f$ une fonction continue et **positive** sur un intervalle I et $a$ et $b$ ($\boldsymbol{a \leq b}$) deux points de I. L'aire du domaine compris entre la courbe $C_f$, l'axe des abscisses et les verticales $x = a$ et $x = b$ est égale à $\int_a^b f(x)\,\mathrm{d}x$.

Sur la figure, l'intégrale est l'aire du domaine en bleu.

## C. Propriétés de l'intégrale

### a. Linéarité

$$\int_a^b (f(x) + g(x))\,\mathrm{d}x = \int_a^b f(x)\,\mathrm{d}x + \int_a^b g(x)\,\mathrm{d}x = [F(x)]_a^b + [G(x)]_a^b$$
$$\int_a^b \alpha f(x)\,\mathrm{d}x = \alpha \int_a^b f(x)\,\mathrm{d}x = \alpha [F(x)]_a^b$$

**Exemple :** $\int_0^1 (2\mathrm{e}^x + 3x)\,\mathrm{d}x = 2\int_0^1 \mathrm{e}^x\,\mathrm{d}x + 3\int_0^1 x\,\mathrm{d}x = 2[\mathrm{e}^x]_0^1 + 3\left[\frac{x^2}{2}\right]_0^1 = 2(\mathrm{e}^1 - \mathrm{e}^0) + 3\left(\frac{1}{2} - 0\right) =$ $2(\mathrm{e} - 1) + \frac{3}{2} = 2\mathrm{e} - 2 + \frac{3}{2} = 2\mathrm{e} - \frac{1}{2}$

### b. Conservation de l'ordre

On suppose ici $a \leq b$.

Pour tout $x \in \mathrm{I}$ :

$$f(x) \geq g(x) \Rightarrow \int_a^b f(x)\,\mathrm{d}x \geq \int_a^b g(x)\,\mathrm{d}x$$

En particulier : $h(x) \geq 0 \Rightarrow \int_a^b h(x)\,\mathrm{d}x \geq 0$ et, si pour tout $\in [a\,;\,b]$ $m \leq f(x) \leq M$, alors $m(b - a) \leq \int_a^b f(x)\,\mathrm{d}x \leq M(b - a)$.

### c. Échange des bornes

$$\int_a^b f(x)\,\mathrm{d}x = -\int_b^a f(x)\,\mathrm{d}x$$

En effet : $\int_b^a f(x)\,\mathrm{d}x = F(a) - F(b)$

### d. Relation de Chasles

$$\int_a^b f(x)\,\mathrm{d}x + \int_b^c f(x)\,\mathrm{d}x = \int_a^c f(x)\,\mathrm{d}x$$

En effet : $\int_a^c f(x)\,\mathrm{d}x = F(c) - F(a) = F(c) - F(b) + F(b) - F(a) = \int_b^c f(x)\,\mathrm{d}x + \int_a^b f(x)\,\mathrm{d}x$

### e. Valeur moyenne d'une fonction entre *a* et *b*

Le nombre $\boldsymbol{\frac{1}{b - a}\int_a^b f(x)\,dx}$ s'appelle la valeur moyenne de $f$ entre $a$ et $b$.

# 14. Densité de probabilité

## 1. Définitions

■ Une **densité de probabilité** est une fonction $f$ définie sur $\mathbb{R}$, positive, continue par morceaux (c'est-à-dire continue sauf en un nombre fini de points) et telle que $\int_{-\infty}^{+\infty} f(t)dt = 1$.

■ **Variable aléatoire à densité**

Soit $f$ une densité de probabilité. Dire qu'une variable aléatoire $X$ a pour densité $f$ signifie que : $\forall x \in \mathbb{R} : F(x) = P(X \leq x) = \int_{-\infty}^{+\infty} f(t)dt$

$P(X \leq x)$ représente donc une aire sous la courbe de $f$ qui est positive.

On démontre que : $P(X \leq x) = P(X < x)$, que $F$ est croissante, $\lim\limits_{x \to -\infty} F(x) = 0$, $\lim\limits_{x \to +\infty} F(x) = 1$.

**Propriétés :**

– Pour tous nombres $a$ et $b$ : $P(a \leq X \leq b) = P(X \in [a,b]) = \int_b^a f = F(b) - F(a)$.

– L'**espérance** d'une variable aléatoire de densité $f$ est, quand il existe, le nombre noté $E(X)$ égal à $\int_{-\infty}^{+\infty} tf(t)dt$.

**REMARQUE DU FORMATEUR**

Le calcul d'intégrales dont une des bornes au moins est infinie se calcule par des limites. Ainsi $\int_a^{+\infty} g(t)dt = \lim\limits_{x \to +\infty} \int_a^x g(t)dt$, $a$ étant une constante.

## 2. Déterminer une densité de probabilité

Soit $k > 0$ un nombre réel et $g$ la fonction définie sur $\mathbb{R}$ par :

$$g(t) = \begin{cases} 0 \text{ si } t \in ]-\infty, 1[ \\ \dfrac{k}{t^2} \text{ si } t \in [1, +\infty[ \end{cases}$$

**1.** Représenter $g$ dans le cas $k = 1$.

**2.** Trouver $k$ pour que $g$ soit une densité de probabilité. Pour cela, soit $A$ un nombre strictement supérieur à 1. Effectuer le calcul $\int_1^{+\infty} g(t)dt = \lim\limits_{A \to +\infty} \int_1^A g(t)dt$.

**3.** Soit $X$ une variable aléatoire de densité $g$. Calculer $P(2 \leq X \leq 3)$.

**Solution :**

**1.** Sur $[1, +\infty[$, un calcul immédiat fournit $g'(t) = k\left(-\dfrac{2}{t^3}\right)$

Puisque $k > 0$, on a : $g'(t) < 0$. De plus, $\lim\limits_{t \to +\infty} g(t) = 0$. On obtient la courbe ci-après.

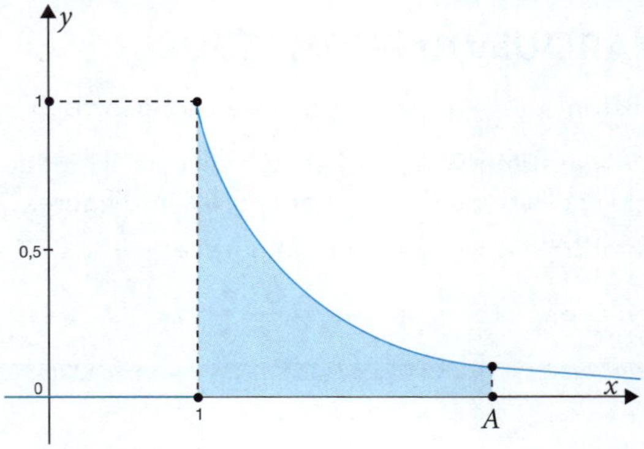


**2.** La fonction $g$ est définie et positive sur $\mathbb{R}$.

Elle est continue sur $]-\infty, 1[$ car c'est une fonction constante et sur $]1, +\infty[$ car c'est l'inverse d'une fonction polynôme, ne s'annulant pas. Elle est discontinue en 1 car $\lim\limits_{x \to 1^-} g(x) = 0$ et $\lim\limits_{x \to 1^+} g(x) = k$. Ces deux limites étant finies, $g$ est continue par morceaux.

De plus, pour tout $A > 1$, $\int_{-\infty}^{A} g(t)dt = k\int_{1}^{A} \frac{1}{t^2}\,dt = k\left[-\frac{1}{t}\right]_1^A = k\left(1 - \frac{1}{A}\right)$.

Or $\lim\limits_{A \to +\infty} k\left(1 - \frac{1}{A}\right) = k$ ; donc $\int_{-\infty}^{+\infty} g(t)dt = \lim\limits_{A \to +\infty} \int_{1}^{A} g(t) = k$.

Par conséquent, pour que $g$ soit une densité de probabilité, on doit avoir $\int_{-\infty}^{+\infty} g(t)dt = 1$, c'est-à-dire qu'il faut et qu'il suffit que $k = 1$.

**3.** $P(2 \leq X \leq 3) = \int_{2}^{3} g(t)dt = \left[-\frac{1}{t}\right]_2^3 = \frac{1}{2} - \frac{1}{3} = \frac{1}{6}$

**REMARQUE DU FORMATEUR**

On voit que l'aire du domaine compris entre $C_g$ et l'axe des abscisses est finie bien que ce domaine soit non borné.

# 3. Loi uniforme sur [a,b]

## A. Définition

Soit $a$ et $b$ deux nombres tels que $a < b$.

La densité uniforme sur $[a, b]$ est la fonction $f$ définie par :

$$f(x) = \begin{cases} \frac{1}{b-a} \text{ si } x \in [a\,;b] \\ 0 \text{ si } x \notin [a\,;b] \end{cases}$$

Sur la figure : $a = -2$, $b = 1$.

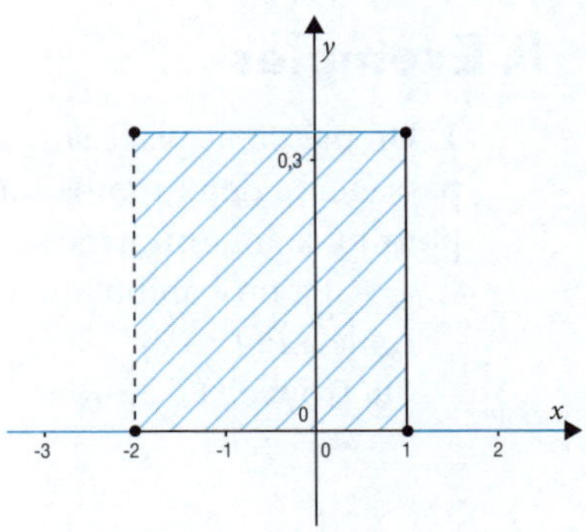

### REMARQUE DU FORMATEUR

La constante $\frac{1}{b-a}$ n'est pas choisie au hasard. En effet, la fonction $f$ est continue et positive sur l'intervalle $[a;b]$ et nulle ailleurs. Il faut de plus que l'on ait $\int_a^b f = 1$. Or cette intégrale est l'aire du domaine hachuré sur la figure. C'est un rectangle dont les dimensions sont $b - a$ ($1 - (-2) = 3$ sur la figure) et $\frac{1}{b-a}$.

Son aire est donc égale à $(b - a) \times \frac{1}{b-a} = \frac{b-a}{b-a} = 1$.

## B. Propriétés

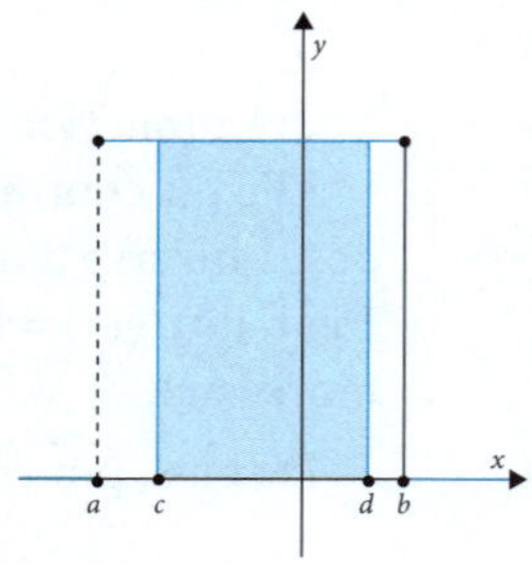


On considère une variable aléatoire $X$ de densité uniforme sur $[a ; b]$.

– Pour tous nombres $c$ et $d$ tels que $[c ; d] \subset [a ; b]$

$P(c \leq X \leq d) = \int_c^d f = \frac{d-c}{b-a}$

En effet, l'aire du rectangle coloré a pour largeur $d - c$ et pour longueur $\frac{1}{b-a}$.

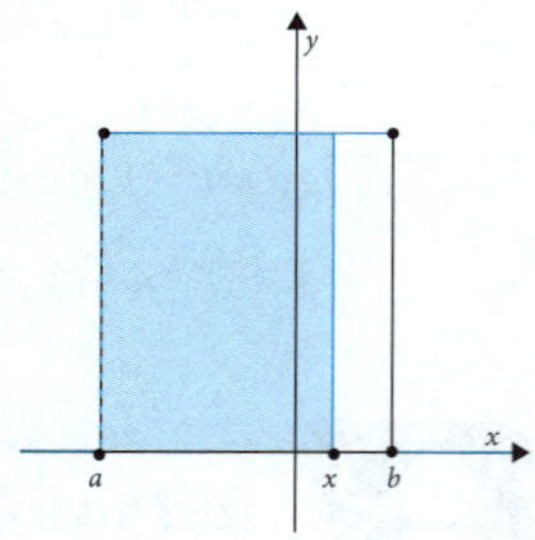


– Pour tout $x \in \mathbb{R}$ $P(X \leq x) = \int_a^x f = \frac{x-a}{b-a}$ dès que $x \geq a$

– Pour tout $x \geq b$ : $P(X \leq x) = 1$

## C. Espérance

$E(X) = \frac{b+a}{2}$. En effet :

$$E(X) = \int_{-\infty}^{+\infty} tf(t)dt = \int_a^b t\frac{1}{b-a}dt = \frac{1}{b-a}\int_a^b tdt = \frac{1}{b-a}\left[\frac{t^2}{2}\right]_a^b = \frac{1}{b-a}\left(\frac{b^2}{2} - \frac{a^2}{2}\right)$$

Donc $E(X) = \frac{1}{b-a}\frac{b^2-a^2}{2} = \frac{1}{b-a}\frac{(b-a)(b+a)}{2} = \frac{b+a}{2}$

$\frac{b+a}{2}$ est le milieu de $[a ; b]$.

## D. Exemples

**1.** Un piéton se place sur un pont d'autoroute et mesure le temps $T$ écoulé entre le passage de deux motos quelconques. On suppose que ce temps $T$ (en minutes) a pour loi la loi uniforme sur $[0 ; 15]$.

– La probabilité qu'une moto B suive une moto A en moins de 8 minutes est égale à $P(T \leq 8)$.

On trouve $p(T \leq 8) = \frac{8-0}{15-0} = \frac{8}{15}$

– La probabilité pour qu'une moto B suive une moto A dans un temps compris entre 5 et 10 minutes est égale à $P(5 \leq T \leq 10)$

On trouve $P(5 \leq T \leq 10) = \dfrac{10-5}{15-0} = \dfrac{5}{15} = \dfrac{1}{3}$

– Une fois qu'une moto est passée, le piéton verra une seconde moto au bout de 7,5 minutes en moyenne.

En effet, $E(T) = \dfrac{15+0}{2} = 7{,}5$

**2.** Un jardinier mesure la longueur de ses tuyaux au centimètre près. Soit $D$ la différence en centimètres entre la longueur mesurée et la longueur réelle. Par exemple, si la longueur réelle $L$ est 2,3 cm, le jardinier l'arrondit à 2 cm.

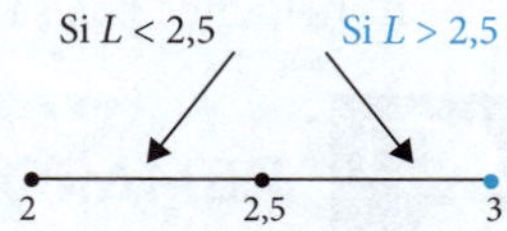


– La loi de $D$ est la loi uniforme sur $[-0{,}5 \,;\, 0{,}5]$ car l'écart de mesure vaut 0,5 cm au maximum.

– La probabilité pour que la différence entre la mesure effectuée et la mesure réelle soit comprise entre −0,2 cm et 0,2 cm est égale à $P(-0{,}2 \leq D \leq 0{,}2)$.

On trouve $P(-0{,}2 \leq D \leq 0{,}2) = \dfrac{0{,}2-(-0{,}2)}{0{,}5-(-0{,}5)} = 0{,}4$.

# 4. Loi exponentielle

## A. Définition

Soit $\lambda$ un réel strictement positif.

La **loi exponentielle de paramètre $\lambda$** est la loi dont la densité est définie par

$$f(t) = \begin{cases} 0 \text{ si } t \in \,]-\infty \,;\, 0[ \\ \lambda e^{-\lambda t} \text{ si } t \in [0 \,;\, +\infty[ \end{cases}$$

On a alors, pour tout $x \in \mathbb{R}$ :

$$P(X \leq x) = \begin{cases} 0 \text{ si } x \in \,]-\infty \,;\, 0[ \\ 1 - e^{-\lambda x} \text{ si } x \in [0 \,;\, +\infty[ \end{cases}$$

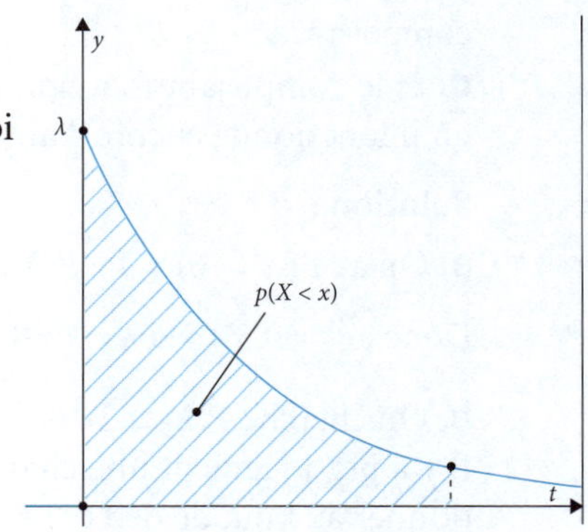


## B. Propriétés

– Pour tous réels $a$ et $b$ avec $a < b$ :

$P(a \leq X \leq b) = p(X \leq b) - p(X < a)$

$$= \begin{cases} 0 \text{ si } a < 0 \text{ et } b < 0 \\ 1 - e^{-\lambda b} \text{ si } a < 0 \text{ et } b > 0 \\ e^{-\lambda a} - e^{-\lambda b} \text{ si } a > 0 \text{ et } b > 0 \end{cases}$$

– $E(X) = \dfrac{1}{\lambda}$ et $V(X) = \dfrac{1}{\lambda^2}$

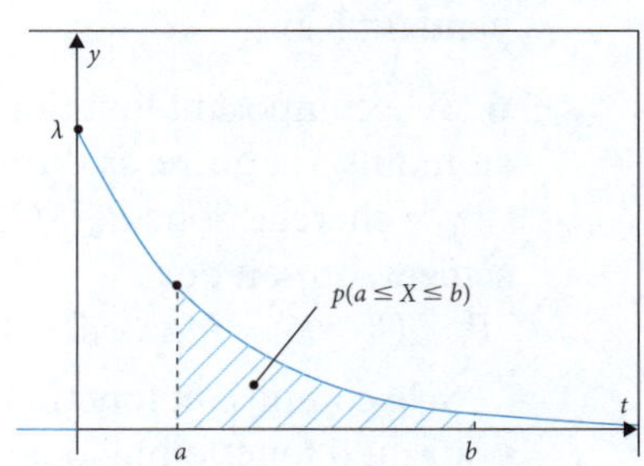

– Durée de vie sans vieillissement

**Théorème :** Une variable aléatoire exponentielle $X$ vérifie la propriété de durée de vie sans vieillissement.

Autrement dit, pour tous nombres $x$ et $y$ tels que $y > x > 0$, on a :

$$P_{(X \geq x)}(X \geq y) = P(X \geq y - x)$$

Cela signifie que si l'on considère $X$ comme la mesure de la durée de vie d'un individu (atome, constituant de la matière...), alors la durée $y - x$ mesurée entre les instants $x$ et $y$ est indépendante de ces instants. L'âge de l'individu à l'instant $x$ n'influence pas sa durée de vie jusqu'à un instant ultérieur $y$.

**REMARQUE DU FORMATEUR**

En posant $h = y - x$ on a une égalité équivalente à la précédente :
$P_{(X \geq x)}(X \geq x + h) = P(X \geq h)$

## C. Exemple

La durée de vie d'un composant électronique, exprimée en années, est mesurée par une variable aléatoire $X$ suivant une loi exponentielle de paramètre $\lambda$.

**a.** Sachant que $P(X > 6) = 0{,}3$, déterminer $\lambda$.

Dans la suite on prend $\lambda = 0{,}2$.

**b.** Calculer la probabilité pour que le composant ait cessé de fonctionner au bout de deux ans.

**c.** Combien de temps peut-on espérer compter sur le fonctionnement d'un composant ?

**d.** Si le composant fonctionne toujours au bout de 2 ans, quelle est la probabilité qu'il fonctionne encore 4 ans plus tard ?

**Solution :**

**a.** On a : $P(X > 6) = 1 - P(X \leq 6) = 1 - (1 - e^{-6\lambda}) = e^{-6\lambda}$.

Donc $e^{-6\lambda} = 0{,}3 \Leftrightarrow -6\lambda = \text{In}\ 0{,}3 \Leftrightarrow \lambda = \dfrac{\text{In}\ 0{,}3}{-6} \approx 0{,}2$.

**b.** On cherche $P(X \leq 2)$. On trouve $\text{I} - e^{-0{,}2\times 2} \approx 0{,}33$.

Il y a pratiquement une chance sur trois pour que le composant ait cessé de fonctionner au bout de deux ans.

**c.** L'espérance de $X$ étant $\dfrac{1}{0{,}2} = 5$, on peut espérer que le composant fonctionnera pendant 5 ans.

**d.** Si le composant fonctionne 4 ans de plus, alors sa durée de vie aura été de 6 ans au moins. En outre, sa durée de vie est d'au moins 2 ans.

On cherche donc $P_{X>2}(X > 6)$. D'après la propriété de durée de vie sans vieillissement, on sait que :

$$P_{X>2}(X > 6) = P(X > 4) = 1 - P(X \leq 4) = 1 - (1 - e^{-0{,}2\times 4}) = e^{-0{,}8} \Leftrightarrow P_{X>2}(X > 6) \approx 0{,}45$$

Si le composant fonctionne toujours au bout de deux ans, il y a 45 % de chances pour qu'il fonctionne toujours quatre ans plus tard.

# 15. Suites

## 1. Suites arithmétiques

### A. Situations vues

**Question** — CONCOURS 2015

Marie doit rembourser à Sophie une certaine somme S selon l'échéancier suivant :
- le premier mois, Marie règle 200 € ;
- chaque mois suivant, Marie réglera une somme de $a$ € de plus que le mois précédent.

## Commentaires

Si on appelle $r_k$ le règlement du mois numéro $k$, alors $r_1 = 200$.

D'après l'énoncé : pour tout $k \geq 1$ : $r_{k+1} = r_k + a$. Il revient au même d'écrire $r_k = r_{k-1} + a$ à condition que l'on suppose $k \geq 2$ car dans cette formule on ne peut pas choisir $k = 1$ sinon on serait conduit à $r_1 = r_0 + a$ et $r_0$ n'existe pas.

Quoi qu'il en soit, la compréhension des suites arithmétiques est décisive pour résoudre correctement et complètement la question.

**NOTE DU FORMATEUR**

Dans cette question, il ne fallait pas confondre la suite et la raison, notée en général $r$.

### B. Les formules

On note $u_1$ le premier terme d'une suite arithmétique, de raison $r$. Alors :

$$u_{n+1} = u_n + r$$

$$u_n = u_1 + (n-1)r$$

On retient cette dernière formule ainsi :

$u_2 = u_1 + r$ ; $u_3 = u_2 + r = u_1 + r + r = u_1 + 2r$ ; $u_4 = u_3 + r = u_1 + 2r + r = u_1 + 3r$, etc.

Considérons une somme S de termes consécutifs d'une suite arithmétique de premier terme P et de dernier terme D.

On a la formule suivante :

$$S = \frac{P + D}{2} \times \text{nombre de termes dans S}$$

**Exemple 1 :** Si S = 11 + 12 + 13 + 14 + … + 1 000 alors P = 11 et D = 1 000. Il y a 990 termes dans la somme S car 1 000 – 11 + 1 = 990. Donc $S = \frac{11 + 1\,000}{2} \times 990$.

**Exemple 2 :** Si l'on veut calculer $S = u_1 + u_2 + \ldots + u_n$ alors :

$$S = \frac{u_1 + u_n}{2} \times n = \frac{u_1 + u_1 + (n-1)r}{2} \times n = \frac{2u_1 + (n-1)r}{2} \times n$$

**Exemple 3 :** En particulier : $1 + 2 + 3 + \ldots + n = \frac{1+n}{2} \times n$ ; c'est la somme des $n$ premiers entiers naturels non nuls.

## 2. Suites géométriques

### A. Situations vues

**Question** — **CONCOURS 2016**

On place une somme $S_0$ à intérêts composés pendant $n$ années à un taux annuel noté $i$. On appelle $S_n$ la somme acquise à la fin du placement. Alors $S_n = S_0(1 + i)^n$.

### B. Calculs

La suite $(S_n)$ est une suite géométrique de raison $1 + i$. En général si $(u_n)$ est une suite géométrique de raison $q$ et de premier terme $u_0$, alors $u_n = u_0 q^n$.

On est donc en présence d'une égalité où figurent quatre nombres : $u_n$, $u_0$, $q$ et $n$. On peut calculer l'un de ces nombres (en bleu) connaissant les valeurs des trois autres.

**Exemples :**

| $u_n$ | $u_0$ | $q$ | $n$ | Explications |
|---|---|---|---|---|
| $1\,000 \times 1{,}02^6$ | 1 000 | 1,02 | 6 | $u_6 = u_0 \times 1{,}02^6$ |
| 10 000 | $\frac{10\,000}{1{,}03^7}$ | 1,03 | 7 | $u_0 = \frac{u_n}{q^n} \Rightarrow u_0 = \frac{u_7}{q^7} = \frac{10\,000}{1{,}03^7}$ |
| 60 000 | 50 000 | $\left(\frac{6}{5}\right)^{1/5}$ | 5 | $q^n = \frac{u_n}{u_0} \Rightarrow q = \left(\frac{u_n}{u_0}\right)^{1/n} = \left(\frac{60\,000}{50\,000}\right)^{1/5} = \left(\frac{6}{5}\right)^{1/5}$ |
| 540 | 500 | 1,02 | $\frac{\ln\left(\frac{540}{500}\right)}{\ln(1{,}02)}$ | $q^n = \frac{u_n}{u_0} \Rightarrow \ln(q^n) = \ln\left(\frac{u_n}{u_0}\right) \Rightarrow n\ln(q) = \ln\left(\frac{u_n}{u_0}\right) \Rightarrow n = \frac{\ln\left(\frac{540}{500}\right)}{\ln(1{,}02)}$ |

# 16. Géométrie

## 1. Figures usuelles

### Parallélogramme

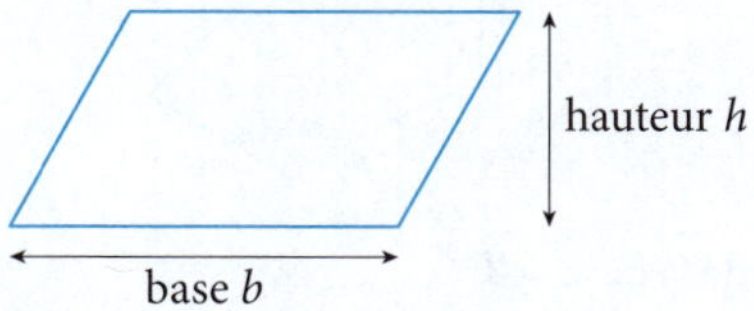


Aire = $b \times h$

### Rectangle

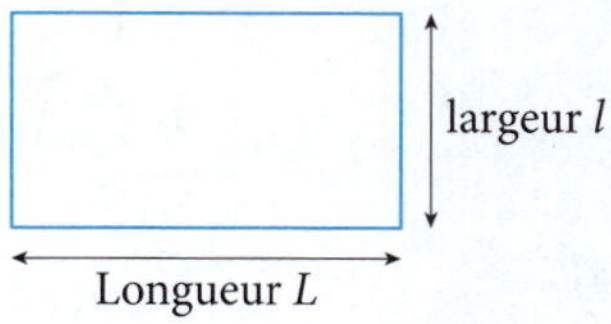


Aire = $L \times l$

### Cercle et disque

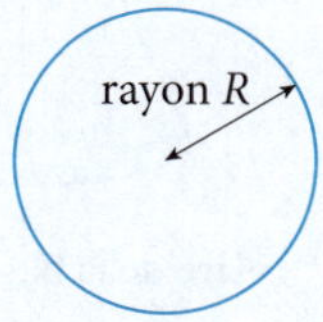


Périmètre = $2\pi R$
Aire = $\pi R^2$

### Trapèze

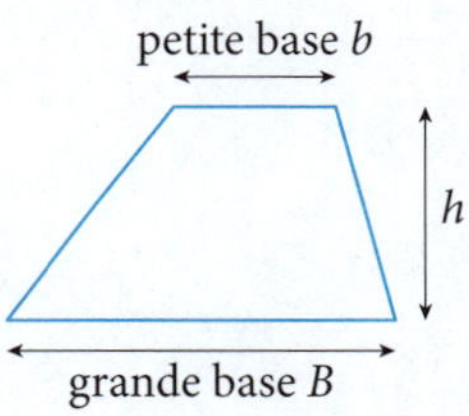


$$\text{Aire} = \frac{(B + b) \times h}{2}$$

### Cerf-volant

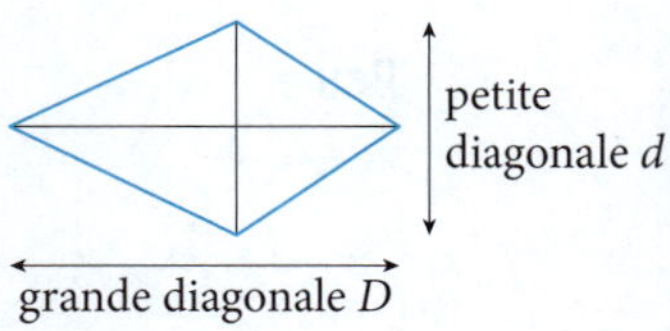


$$\text{Aire} = \frac{D \times d}{2}$$

### Triangle

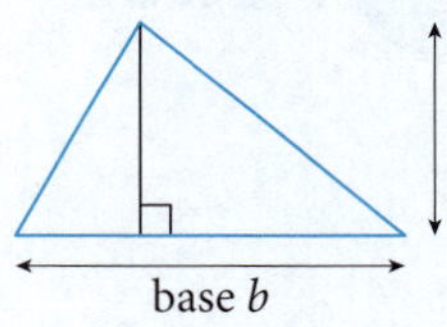


$$\text{Aire} = \frac{b \times h}{2}$$

## 2. Solides à couvercles

### Cube

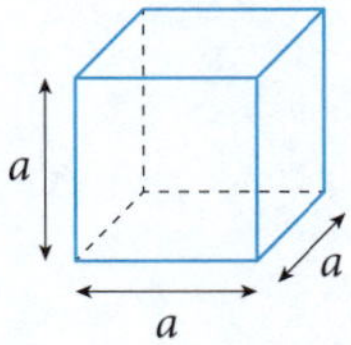


Volume = $a^3$

### Parallélépipède

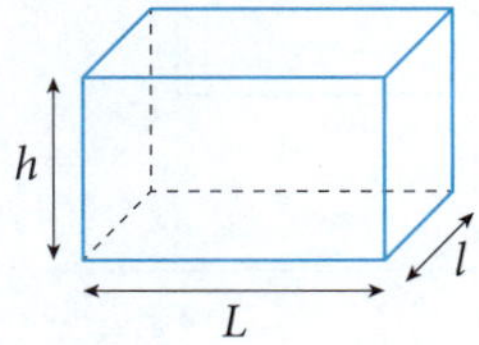


Volume = $L \times l \times h$

### Cylindre

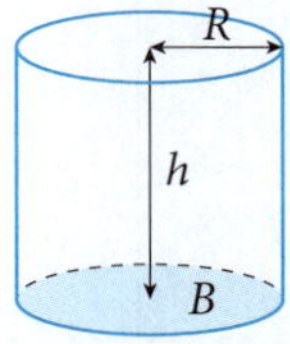


Aire de la base = $B = \pi R^2$

### Prisme droit

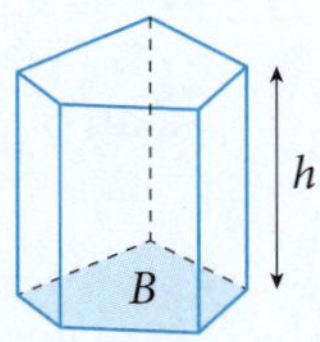


Volume = $B \times h$ (cylindre et prisme droit)

## 3. Solides à sommet

**Cône**

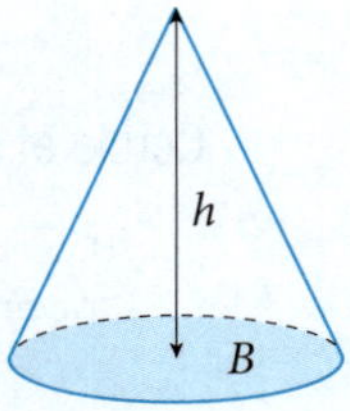


**Pyramide régulière**

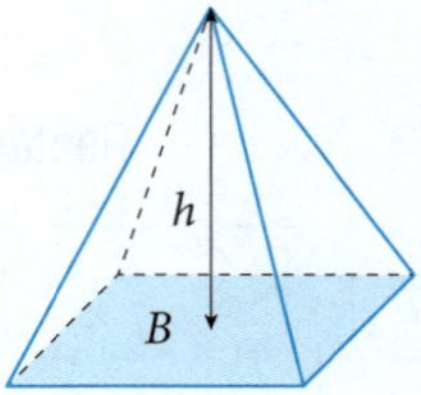


**Pyramide dont la hauteur est une arête**

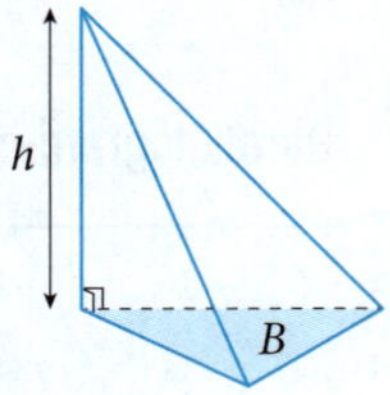


Aire de la base = $B = \pi R^2$

Aire de la base = $B$

Volume = $\dfrac{B \times h}{3}$

## 4. Autres

**Boule**

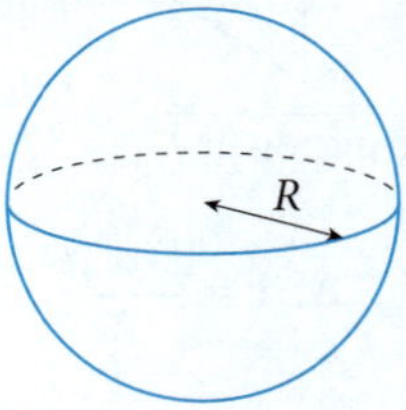


Volume = $\dfrac{4}{3}\pi R^3$

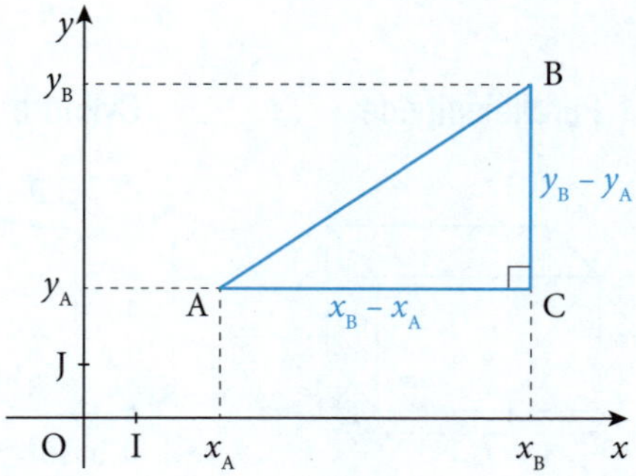


$$AB^2 = AC^2 + CB^2 = (x_B - x_A)^2 + (y_B - y_A)^2$$

# Sujets corrigés

## SUJET 1 : Raisonnement logique et mathématiques

**DURÉE :** 2 HEURES

Cette épreuve est composée de trois parties de cinq questions chacune :

- Partie 1 : raisonnement logique
- Partie 2 : raisonnement mathématique
- Partie 3 : problème mathématique

L'utilisation de la calculatrice est interdite.
Il faut répondre à chacune des affirmations par V (vraie) ou F (fausse).

# Exercices n<sup>os</sup> 1 à 5 : Raisonnement logique

❶ Melvin, Faïtou et Lucas n'ont pas la même couleur de cheveux et pratiquent chacun un sport différent.

Nous disposons des informations suivantes :

1. Melvin pratique un sport de ballon et n'est pas brun
2. Celui qui est roux ne joue pas au volley
3. Le blond pratique la natation
4. Faïtou n'est pas roux, aime le volley mais ne le pratique pas
5. Celui qui est roux ne joue pas au volley

Parmi les propositions suivantes, laquelle est exacte ?

**A** Melvin pratique le volley-ball

**B** Lucas est blond et pratique la natation

**C** Lucas est brun et pratique le volley-ball

**D** Le handballeur est roux

❷ Harold et Maud ne fréquentent pas le même lycée. Ces deux établissements se situent à 3 km l'un de l'autre. Pour se rendre de son lycée à celui de Maud à vélo, Harold parcourt systématiquement la 1re moitié à 15 km/h, puis la seconde moitié à 23 km/h. Maud prend sa trottinette électrique et roule à une vitesse constante de 18 km/h.
Un midi, ils décident de se retrouver. Ils partent alors à 12 h 10.

Parmi les propositions suivantes, laquelle est exacte ?

**A** Harold et Maud se rencontreront à 12 h 15 environ, et Maud aura alors parcouru 300 mètres de plus qu'Harold.

**B** Harold et Maud se rencontreront vers 12 h 16 et Harold aura alors parcouru 1 300 m environ.

**C** Harold et Maud se rencontreront vers 12 h 16 et Maud aura alors parcouru 1 600 m environ.

**D** Harold et Maud se rencontreront à 12 h 15 environ, et Harold aura alors parcouru 500 mètres de moins que Maud.

❸ La nouvelle réforme du baccalauréat prévoit que les lycéens choisissent trois spécialités en filière générale lors de leur entrée en classe de 1re.
Dans un lycée, nous comptons 288 élèves entrant en classe de 1re générale.
Nous disposons des informations suivantes :

- Aucun élève n'a choisi la SVT et les mathématiques sans la physique-chimie
- 80 lycéens ont choisi la spécialité physique-chimie
- Parmi ceux qui ont pris SVT, seuls 42 d'entre eux n'ont pas choisi physique-chimie
- Un quart des lycéens a choisi la spécialité mathématiques
- 5 douzièmes des lycéens ayant choisi les mathématiques ont également choisi la physique-chimie mais pas la SVT.
- 1 cinquième des élèves ayant pris ces trois spécialités ont choisi les mathématiques sans la SVT et sans la physique-chimie
- 197 lycéens ont choisi les mathématiques ou la SVT ou la physique-chimie

Parmi les propositions suivantes, laquelle est exacte ?

**A** Il y a 5 fois plus d'élèves qui ont choisi les trois spécialités que la combinaison SVT et physique-chimie seulement

**B** 42 élèves ont choisi la SVT

**C** Il y a 8 élèves de plus qui ont choisi la combinaison mathématiques et physique-chimie plutôt que les trois spécialités

**D** 9 élèves ont choisi la physique-chimie seulement

❹ Un muret de soutènement en parpaings doit être réalisé afin de maintenir horizontalement la terre d'un jardin. Mathis sait qu'il lui faudrait trois journées pour le réaliser, alors que pour Anaïs, cela ne lui prendrait que deux journées et demie et que Rémi nécessiterait quatre journées.
Ils décident de réaliser cet ouvrage ensemble.

Parmi les propositions suivantes, laquelle est exacte ?

**A** L'édification du mur de soutènement prendra moins d'une journée

**B** Les trois ouvriers auront besoin d'un peu plus d'une journée pour leur travail

**C** Trois demi-journées seront nécessaires pour réaliser leur ouvrage

**D** Ils auront besoin d'un peu plus de trois jours pour réaliser cet ouvrage

❺ Julie adore lire les mangas. Elle a débuté quatre collections uniquement et aime à les regarder dans sa nouvelle bibliothèque. Nous savons que :

- Elle possède actuellement 109 mangas
- Elle a un « One Piece » de moins que la somme de ses « Naruto » et de ses « Demon Slayer »
- Pour rattraper sa collection de « Fairy Tail », elle décide d'acheter chaque mois un « One Piece » de plus que de « Fairy Tail ». Elle a calculé qu'il faudrait alors six mois.

Parmi les propositions suivantes, laquelle est exacte ?

**A** Elle possède 17 « Naruto » et 18 « Demon Slayer »

**B** Elle possède 18 « Naruto » et 17 « Demon Slayer »

**C** Elle possède 41 « Fairy Tail »

**D** Elle possède 40 « Fairy Tail »

# Exercices n$^{os}$ 6 à 10 : Raisonnement mathématique

❻ Soit l'équation différentielle (E) suivante : $-4y' + 2y = 7$.

Parmi les propositions suivantes, laquelle est exacte ?

**A** L'ensemble des solutions de (E) est $y(x) = K \times e^{2x}$

**B** La solution de (E) est $y(x) = K \times e^{-2x} + \dfrac{2}{7}$

**C** L'ensemble des solutions de (E) est $y(x) = K \times e^{\frac{1}{2}x}$

**D** L'ensemble des solutions de (E) est $y(x) = K \times e^{\frac{1}{2}x} + \dfrac{7}{2}$

❼ Considérons la fonction $f(x) = ln\left(\dfrac{1}{x}\right)$ définie sur $]0\,;+\infty[$.

Parmi les propositions suivantes, laquelle est exacte ?

**A** La fonction $f$ est décroissante et concave sur $]0\,;+\infty[$.

**B** La fonction $f$ est décroissante et convexe sur $]0\,;+\infty[$.

**C** La fonction $f$ est croissante et concave sur $]0\,;+\infty[$.

**D** La fonction $f$ est croissante et convexe sur $]0\,;+\infty[$.

❽ Dans un étang, on dénombre 1 000 poissons, dont 100 sont rouges et 900 sont blancs.
On pêche successivement 50 poissons en les remettant systématiquement à l'eau, après avoir noté leur couleur.

Parmi les propositions suivantes, laquelle est exacte ?

**A** La probabilité d'avoir pêché 10 poissons de couleur rouge est $\dfrac{100^{10} \times 900^{40}}{1\,000^{50}}$.

**B** La probabilité d'avoir pêché 10 poissons de couleur rouge est $C_{50}^{40} \times \left(\dfrac{1}{10}\right)^{10} \times \left(\dfrac{9}{10}\right)^{40}$.

**C** La probabilité d'avoir pêché 25 poissons de couleur rouge est $\dfrac{1}{2} \times \left(\dfrac{1}{10}\right)^{25} \times \dfrac{1}{2} \times \left(\dfrac{9}{10}\right)^{25}$.

**D** La probabilité d'avoir pêché 10 poissons de couleur blanche est $C_{50}^{40} \times \left(\dfrac{1}{10}\right)^{10} \times \left(\dfrac{9}{10}\right)^{40}$.

❾ Le nombre d'adhérents d'une association est modélisé mathématiquement par la suite $(u_n)$, $n \in \mathbb{N}$, définie par :

$$\begin{cases} u_0 = 900 \\ u_{n+1} = 0{,}75 \times u_n + 12 \end{cases}$$

$u_n$ correspond alors au nombre d'adhérents au bout de $n$ mois.
$u_0$ correspond au nombre d'adhérents le 1er février 2021.

Soit la suite $(v_n)$, $n \in \mathbb{N}$, définie par $v_n = u_n - 48$.

Parmi les propositions suivantes, laquelle est exacte ?

**A** La suite $(u_n)$ est divergente et sa limite est égale à $+\infty$.

**B** La suite $(v_n)$ converge vers 48.

**C** Les suites $(u_n)$ et $(v_n)$ sont adjacentes.

**D** L'expression de $u_n$ est $852 \times 0{,}75^n + 48$.

RÉUSSIR LES ÉPREUVES ÉCRITES
Raisonnement logique et mathématiques

⑩ Soit la fonction $f_n$ définie sur $\mathbb{R}^*$ et pour tout $n \geq 2$ par $f_n(x) = n! \times x^n \times \ln(x^2)$.
Parmi les propositions suivantes, laquelle est exacte ?

**A** La fonction dérivée de $f_n$ est $f'_n(x) = 2n! \times n \times x^{n-2}$

**B** La fonction $f_n$ est croissante sur son domaine de définition lorsque $x > \left(e^{-\frac{2}{n}}\right)^{1/2}$ ou $x < -\left(e^{-\frac{2}{n}}\right)^{1/2}$

**C** La fonction $f_n$ est croissante sur son domaine de définition $n$ est pair et $-\left(e^{-\frac{2}{n}}\right)^{1/2} < x < \left(e^{-\frac{2}{n}}\right)^{1/2}$

**D** L'équation de sa tangente en $x = e$ est $y = 2 \times (n+1)! \times e^{n-1} \times x - 2(n+1) \times e^n$

# Exercices n$^{os}$ 11 à 15 : Problème mathématique

***Certaines questions peuvent être traitées indépendamment. D'autres peuvent nécessiter les résultats obtenus dans les questions précédentes.***

Nous allons nous intéresser à la fonction densité de probabilité de la loi normale définie sur ]-∞ ; +∞[ :

$$f(x) = \frac{1}{\sqrt{2\pi}} \times e^{-x^2/2}$$

Sa courbe associée, le plus souvent appelée courbe de Gauss ou de Gauss-Laplace, est née au XVIII$^e$ siècle, de la recherche d'une « loi du hasard », et plus précisément du désir de préciser la façon dont la fréquence se rapproche de la probabilité au cours de nombreuses répétitions d'une même épreuve aléatoire. Son existence avait été néanmoins postulée par Christian Huygens dès le milieu du XVII$^e$ siècle.

⑪ Parmi les propositions suivantes, laquelle est exacte ?

**A** La fonction $f$ est croissante et concave sur ]-∞ ; 0[

**B** La fonction $f$ est croissante et convexe sur ]-∞ ; 0[

**C** La courbe associée à $f$ est admet deux points d'inflexion en $x = -1$ et $= 1$

**D** La valeur maximale de la fonction $f$ est $\frac{1}{2\sqrt{2\pi}}$

⑫ Lorsque l'on souhaite déterminer les probabilités d'une valeur aléatoire $X$ qui suit une loi normale centrée réduite, il devient nécessaire de calculer l'intégrale suivante : $p(X < x) = \int_{-\infty}^{x} f(x)dx$.
Cependant, il n'existe pas de primitives de $f(x)$ sous forme de fonctions usuelles.
Nous allons néanmoins nous intéresser à l'espérance de cette variable aléatoire $X$ : $E(X)$.
Pour la déterminer, il faut calculer : $E(X) = \lim\limits_{x \to -\infty} \int_x^0 t \times f(t)dt + \lim\limits_{y \to +\infty} \int_0^y t \times f(t)dt$

Parmi les propositions suivantes, laquelle est exacte ?

**A** $\lim\limits_{x \to -\infty} \int_x^0 t \times f(t)dt = -\frac{1}{\sqrt{2\pi}}$

**B** $\lim\limits_{x \to -\infty} \int_x^0 t \times f(t)dt = -\frac{1}{2}$

**C** $\lim\limits_{x \to -\infty} \int_x^0 t \times f(t)dt = \lim\limits_{y \to +\infty} \int_0^y t \times f(t)dt$

**D** $E(X) = \frac{2}{\sqrt{2\pi}}$

⓭ Une loi binomiale peut, dans certaines conditions, être approchée par une loi normale. Cela est pratique car les coefficients binomiaux peuvent vite devenir difficiles à calculer, même à l'aide d'une calculatrice.

Cependant, certaines propriétés de ces coefficients et l'approximation de Stirling (issue d'une formulation de Moivre vers 1730) suivante permet de simplifier ces calculs : $n! \cong \left(\frac{n}{e}\right)^n \times \sqrt{(2n \times \pi)}$

Rappel : $C_n^k = \begin{pmatrix} n \\ k \end{pmatrix}$

Parmi les propositions suivantes, laquelle est exacte ?

**A** $C_n^k = k! \times C_{n+k}^k$

**B** $C_n^k - C_n^{k+1} = 1$

**C** Pour $= \frac{n}{2}$, l'approximation de Stirling donne $C_n^k \cong \frac{2e^n}{\sqrt{n \times \pi}}$

**D** Pour $= \frac{n}{2}$, l'approximation de Stirling donne $C_n^k \cong \frac{2^n}{\sqrt{\frac{n \times \pi}{2}}}$

⓮ Soit $X$ une variable aléatoire suivant une loi binomiale de paramètres $n = 10$ et $= \frac{1}{4}$.
Parmi les propositions suivantes, laquelle est exacte ?

**A** $p(X = 2) = \left(\frac{1}{4}\right)^2 \times \left(\frac{3}{4}\right)^8$

**B** $p(X = 5) = \frac{1}{4}$

**C** $p(X \leq 2) = \frac{3^{10} + 10 \times 3^9 + 45 \times 3^8}{4^{10}}$

**D** $p(X \geq 2) = \frac{3^{10} + 10 \times 3^9 + 45 \times 3^8}{4^{10}}$

⓯ Soit $Y$ une variable aléatoire suivant une loi binomiale de paramètres $n = 8$ et $= \frac{1}{3}0$. Nous supposerons que les variables $X$ et $Y$ sont indépendantes.
Parmi les propositions suivantes, laquelle est exacte ?

**A** $p(Y = 2) = \left(\frac{1}{3}\right)^2 \times \left(\frac{2}{3}\right)^6$

**B** $p(X = 2 \cap Y = 2) = \frac{45 \times 3^8}{4^{10}} \times \frac{28 \times 2^6}{3^8}$

**C** $p(X = 2 \cup Y = 2) = \frac{45 \times 3^8}{4^{10}} + \frac{28 \times 2^6}{3^8}$

**D** $p(X = 0 \cap Y = 0) = \frac{1}{4} \times \frac{1}{3}$

RÉUSSIR LES ÉPREUVES ÉCRITES
Raisonnement logique et mathématiques

# Corrigé

# Exercices $n^{os}$ 1 à 5 : Raisonnement logique

**❶ C est vraie.**

L'énoncé principal ne mentionne ni les couleurs de cheveux, ni les sports. Cependant, les propositions nous apportent quelques précisions : « blond », « brun », « roux », « natation », « handball » et « volley-ball ». Ces précisions peuvent être erronées, mais sont les seules à notre disposition. Et comme, l'une de ces propositions est forcément exacte, nous allons en tenir compte pour créer le logigramme (incomplet) suivant :

| | Blond | Brun | Roux | Volley-ball | Handball | Natation |
|---|---|---|---|---|---|---|
| Melvin | | x | | | | x |
| Faïtou | | | x | x | | |
| Lucas | | | | | | |
| Volley-ball | x | o | x | | | |
| Handball | x | x | o | | | |
| Natation | o | x | x | | | |

**❷ D est vraie.**

Rappelons l'expression de la vitesse en fonction de la distance et du temps, et les formulations qui en découlent : $v = \frac{x}{t} \Leftrightarrow t = \frac{x}{v} \Leftrightarrow x = v \times t$

Comme Maud roule plus vite qu'Harold ne le fait au cours de la première moitié du trajet, Harold n'aura pas l'occasion de rouler à 23 km/h. Ils se rencontreront donc à un endroit plus proche du lycée d'Harold que de celui de Maud.

En prenant le lycée d'Harold comme origine, le lycée de Maud se trouve alors à $x = 3$ km (ce choix d'origine est arbitraire). Nous aurions pu placer l'origine au niveau du lycée de Maud, voire ailleurs, mais cela n'aurait pas été judicieux. Nous obtenons alors les deux équations (horaires) suivantes :

$x_{Harold} = 15 \times t$

$x_{Maud} = 3 - 20 \times t$ (–20 × $t$ car Maud se dirige en sens contraire par rapport à Harold)

Puisqu'ils se rencontrent au même endroit, cela conduit à : $15 \times t = 3 - 20 \times t$

Donc : $15 \times t + 20 \times t = 3 \Leftrightarrow 35 \times t = 3 \Leftrightarrow t = \frac{3}{35} \cong \frac{3}{36} = \frac{3 \times 1}{3 \times 12} = \frac{1}{12}$ heure

En minutes, cela nous donne : $t = \frac{60}{12} = \frac{6 \times 10}{6 \times 2} = \frac{10}{2} = 5$ minutes

Ils se rencontrent donc au bout de 5 minutes environ, donc à 12 h 15.

Harold aura alors parcouru : $x_{Harold} = 15 \times \frac{1}{12} = \frac{3 \times 5}{3 \times 4} = \frac{5}{4} = 1{,}25$ km = 1 250 m

Et Maud aura alors parcouru : 3 – 1,25 = 1,75 km = 1 750 m, donc 500 m de plus qu'Harold.

**❸ A est vraie.**

À l'aide d'un diagramme de Venn (voir ci-dessous), il nous est possible de déterminer tous les effectifs. Nous constatons alors que sept lycéens ont choisi SVT et physique-chimie (et une autre spécialité non mentionnée) et 35 (donc 5 fois plus) ont choisi les trois spécialités scientifiques.

Une remarque concernant la dernière information « 197 lycéens ont choisi les mathématiques ou la SVT ou la physique-chimie » : le « ou » est inclusif en mathématiques. Cela signifie que 197 lycéens ont choisi soit l'une de ces spécialités, soit deux d'entre elles, soit les trois.

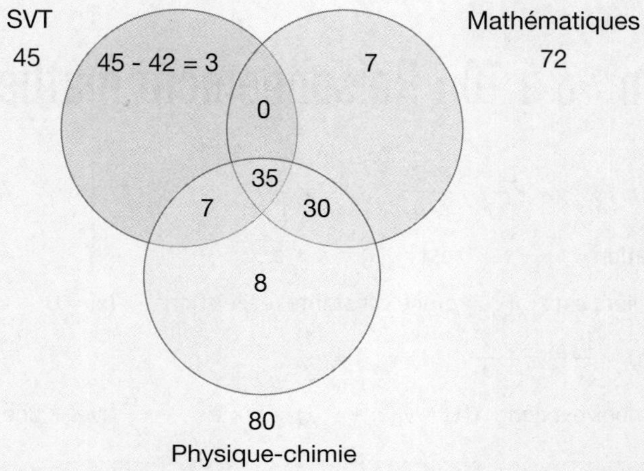


Ci-dessous les détails des différents calculs :

$\frac{5}{12} \times 72 = 30$

$72 - 30 = 42$ élèves ayant choisi les mathématiques seulement ou les 3 trois spécialités.

Soit $x$ le nombre de lycéens ayant choisi les 3 trois spécialités. On a donc : $x + \frac{1}{5} \times x = 42$

$\Leftrightarrow \quad \frac{6}{5} \times x = 42 \quad \Leftrightarrow \quad x = 42 \times \frac{5}{6} = 7 \times 6 \times \frac{5}{6} = 35$ élèves ayant choisi les 3 trois spécialités.

Donc, $35 \times \frac{1}{5} = 7$ élèves ont choisi les mathématiques seulement.

« 197 lycéens ont choisi les mathématiques ou la SVT ou la physique-chimie » signifie qu'il y a 197 lycéens ayant choisi soit l'une de ces spécialités seulement, soit deux d'entre elles, soit les trois.

Or, nous savons que 80 élèves ont choisi la physique-chimie et que 72 élèves ont choisi les mathématiques. Donc, $197 - 80 - 72 = 45$ élèves ont choisi la SVT.

**4 B est vraie.**

Nous savons que la durée totale $T$ vérifie la relation suivante : $\frac{1}{T} = \frac{1}{T_{Mathis}} + \frac{1}{T_{Anaïs}} + \frac{1}{T_{Rémi}}$

Avec $T_{Mathis} = 3$, $T_{Anaïs} = 2{,}5$ et $T_{Rémi} = 4$

Donc : $\frac{1}{T} = \frac{1}{3} + \frac{1}{2{,}5} + \frac{1}{4} = \frac{1}{3} + \frac{1}{5/2} + \frac{1}{4} = \frac{1}{3} + \frac{2}{5} + \frac{1}{4} = \frac{5}{15} + \frac{6}{15} + \frac{1}{4} = \frac{11}{15} + \frac{1}{4}$

$= \frac{44}{60} + \frac{15}{60} = \frac{59}{60}$

Ce qui nous donne : $T = \frac{59}{60} > 1$ journée

**5 D est vraie.**

34 One Piece *(p)* ; 17 Naruto *(n)* ; 40 Fairy Tail *(f)* ; 18 Demon Slayer*(d)*

$p + n + f + d = 109$

$n + d = p + 1$

$p + 6 \times (x + 1) = f + 6 \times x \quad \Leftrightarrow \quad p + 6x + 6 = f + 6x \quad \Leftrightarrow \quad p + 6 = f$

En injectant les deux dernières équations dans la première, nous obtenons :

$p + p + 1 + p + 6 = 109 \iff 3p = 102 \iff p = 34$

Ce qui nous donne alors : $f = 34 + 6 = 40$ et $n + d = 35$

# Exercices n^os 6 à 10 : Raisonnement mathématique

**6 D est vraie.**

On a : $-4y' + 2y = 7 \iff y' - \frac{1}{2}y = -\frac{7}{4}$

La solution de l'équation $y' - \frac{1}{2}y = 0$ est : $y_1(x) = K \times e^{\frac{1}{2}x}$

Une solution particulière est : $y_2(x) = c$ (une constante réelle). Donc : $y_2'(x) = 0$

Ce qui nous donne : $0 - \frac{1}{2}y_2 = -\frac{7}{4} \iff y_2(x) = \frac{7}{2}$

L'ensemble des solutions est donc : $y(x) = y_1(x) + y_2(x) = K \times e^{\frac{1}{2}x} + \frac{7}{2}$ avec $K$ une constante réelle.

**REMARQUE DU FORMATEUR**

La proposition B est nécessairement fausse. Nous ne pouvons pas déterminer de solution unique, mais un ensemble de solutions.

Il est possible de tester chaque proposition : en calculant la dérivée $y'(x)$, puis en $-4y' + 2y$. La bonne proposition doit conduire à $-4y' + 2y = 7$.

**7 A est vraie.**

La dérivée de $\ln(u)$ est $\frac{u'(x)}{u(x)}$. Or, la dérivée de $\frac{1}{x}$ est $-\frac{1}{x^2}$.

Donc : $f'(x) = \frac{-1/x^2}{1/x} = -\frac{1}{x^2} \times \frac{x}{1} = \frac{1}{x} < 0$. La fonction $f$ est donc décroissante sur $]0\,;+\infty[$.

La dérivée seconde est : $f''(x) = -1 \times \left(-\frac{1}{x^2}\right) = \frac{1}{x^2} > 0$. La fonction $f$ est donc concave sur $]0\,;+\infty[$

**8 B est vraie.**

À chaque prise d'un poisson, il est soit blanc soit rouge. Nous sommes donc dans une configuration de Bernoulli. De plus, nous répétons à plusieurs reprises (50 fois) cette expérience dans des conditions identiques et indépendantes. Soit $X$ la variable aléatoire associée au nombre de poissons blancs pêchés. $X$ suit donc la loi binomiale de paramètres $n = 50$ et $= \frac{100}{1\,000} = \frac{1}{10}$.

La probabilité de pêcher 10 poissons blancs est donc :

$p(X = 10) = C_{50}^{10} \times \left(\frac{1}{10}\right)^{10} \times \left(1 - \frac{1}{10}\right)^{50-10} \iff p(X = 10) = C_{50}^{10} \times \left(\frac{1}{10}\right)^{10} \times \left(\frac{9}{10}\right)^{40}$

Or, $C_{50}^{10} = C_{50}^{50-10} = C_{50}^{40}$

Donc : $p(X = 10) = C_{50}^{40} \times \left(\frac{1}{10}\right)^{10} \times \left(\frac{9}{10}\right)^{40}$

**9 D est vraie.**

La suite $(u_n)$ n'est de toute évidence ni arithmétique, ni géométrique. Il ne nous est donc pas possible d'en déduire directement son expression en fonction de $n$.

Cependant, la suite $(v_n)$ va nous permettre d'y parvenir :

En effet, nous avons : $v_n = u_n - 48 \Leftrightarrow v_{n+1} = u_{n+1} - 48 = 0{,}75 \times u_n + 12 - 48$

$\Leftrightarrow v_{n+1} = 0{,}75 \times u_n - 36 \Leftrightarrow v_{n+1} = 0{,}75 \times (u_n - 48)$

$\Leftrightarrow v_{n+1} = 0{,}75 \times v_n$

La $(v_n)$ est ainsi une suite géométrique de raison 0,75 et de premier terme $v_0 = u_0 - 48 = 900 - 48 = 852$.

Nous pouvons en déduire l'expression suivante : $v_n = 852 \times 0{,}75^n$.

Sa limite est alors : $\lim\limits_{n \to +\infty} v_n = \lim\limits_{n \to +\infty} 852 \times 0{,}75^n = 0$

car $\lim\limits_{n \to +\infty} 0{,}75^n = 0$ puisque $-1 < 0{,}75 < 1$

La suite $(v_n)$ converge vers 0 et non vers 48.

Nous pouvons maintenant en déduire l'expression de $u_n$ en fonction de $n$ :

On a : $v_n = u_n - 48 \Leftrightarrow u_n = v_n + 48 \Leftrightarrow u_n = 852 \times 0{,}75^n + 48$

Sa limite est alors : $\lim\limits_{n \to +\infty} u_n = \lim\limits_{n \to +\infty} (852 \times 0{,}75^n + 48) = 48$

Enfin, ces deux suites ne sont pas adjacentes car : $\lim\limits_{n \to +\infty} (u_n - v_n) = 48 \neq 0$.

**10** Pour déterminer les variations de la fonction $f_n$ et les différentes équations de ses tangentes, il est nécessaire de calculer sa fonction dérivée :

$f_n(x)$ est de la forme $u \times v$, avec $u(x) = n! \times x^n$ et $v(x) = \ln(x^2)$.

On a alors : $u'(x) = n! \times n \times x^{n-1}$ et $v'(x) = \dfrac{2x}{x^2} = \dfrac{2}{x}$

Donc : $f_n'(x) = n! \times n \times x^{n-1} \times \ln(x^2) + n! \times x^n \times \dfrac{2}{x}$

$\Leftrightarrow f_n'(x) = n! \times (n \times x^{n-1} \times \ln(x^2) + 2 \times x^{n-1}) \Leftrightarrow f_n'(x) = n! \times n^{n-1} \times (n \times \ln(x^2) + 2)$

Discutons maintenant du signe de cette dérivée :

- Signe de $n! \times n^{n-1}$ : $n! > 0$

$x^{n-1} > 0$ si $(n-1)$ est pair donc si $n$ est impair, sinon $x^{n-1} < 0$

- Signe de $n \times \ln(x^2) + 2$ :

Si $n \times \ln(x^2) + 2 > 0$, alors $n \times \ln(x^2) > -2 \Leftrightarrow \ln(x^2) > -\dfrac{2}{n}$

$\Leftrightarrow e^{\ln(x2)} > e^{-\frac{2}{n}} \Leftrightarrow x^2 > e^{-\frac{2}{n}} \Leftrightarrow x > \sqrt{e^{-\frac{2}{n}}}$ ou $x < -\sqrt{e^{-\frac{2}{n}}}$

$\Leftrightarrow x > \left(e^{-\frac{2}{n}}\right)^{1/2}$ ou $x < -\left(e^{-\frac{2}{n}}\right)^{1/2}$

$\Leftrightarrow x > e^{-\frac{1}{n}}$ ou $x < -e^{-\frac{1}{n}}$

Cela nous donne alors :

$f_n$ est croissante sur son domaine de définition si :

- $n$ est impair et $x > \left(e^{-\frac{2}{n}}\right)^{1/2}$ ou $x < -\left(e^{-\frac{2}{n}}\right)^{1/2}$

- $n$ est pair et $-\left(e^{-\frac{2}{n}}\right)^{1/2} < x < \left(e^{-\frac{2}{n}}\right)^{1/2}$

Sinon $f_n$ est décroissante sur son domaine de définition.

Enfin, l'équation de sa tangente en $x = e$ est :

$y = f_n'(e) \times (x - e) + f_n(e)$

avec $f_n(e) = n! \times e^n \times \ln(e^2) = n! \times e^n \times 2 \times \ln(e) = n! \times e^n \times 2$

et $f_n'(e) = n! \times e^{n-1} \times (n \times \ln(e^2) + 2) = n! \times e^{n-1} \times (n \times 2 + 2)$

$\Leftrightarrow \quad f_n'(e) = n! \times e^{n-1} \times 2(n + 1) = (n + 1)! \times e^{n-1} \times 2$

$\Leftrightarrow \quad y = 2 \times (n + 1)! \times e^{n-1} \times (x - e) + 2 \times n! \times e^n$

$\Leftrightarrow \quad y = 2 \times (n + 1)! \times e^{n-1} \times x - 2 \times (n + 1)! \times e^{n-1} \times e + 2 \times n! \times e^n$

$\Leftrightarrow \quad y = 2 \times (n + 1)! \times e^{n-1} \times x - 2 \times (n + 1)! \times e^n + 2 \times n! \times e^n$

$\Leftrightarrow \quad y = 2 \times (n + 1)! \times e^{n-1} \times x + 2 \times e^n \times (n! - (n + 1)!)$

$\Leftrightarrow \quad y = 2 \times (n + 1)! \times e^{n-1} \times x + 2 \times e^n \times [n! \times (1 - (n + 1))]$

$\Leftrightarrow \quad y = 2 \times (n + 1)! \times e^{n-1} \times x - 2n \times n! \times e^n$

# Exercices n<sup>os</sup> 11 à 15 : Problème mathématique

**⓫ C est vraie.**

Pour étudier les variations de la fonction $f$, calculons sa dérivée et étudions son signe :

On a : $f'(x) = \dfrac{1}{\sqrt{2\pi}} \times \left(-\dfrac{2x}{2}\right) \times e^{-x^2/2} = \dfrac{1}{\sqrt{2\pi}} \times (-x) \times e^{-x^2/2}$

Or, $e^{-x^2/2} > 0$ et $\dfrac{1}{\sqrt{2\pi}} > 0$. Le signe de $f'(x)$) dépend donc de $-x$.

Pour $x < 0$, on a donc $-x > 0 \quad \Leftrightarrow \quad f'(x) > 0$. La fonction $f$ est alors croissante sur $]-\infty\,;0[$

Pour $x > 0$, on a donc $-x < 0 \quad \Leftrightarrow \quad f'(x) < 0$. La fonction $f$ est alors décroissante sur $]0\,;+\infty[$

Pour étudier la convexité de la fonction $f$, calculons sa dérivée seconde et étudions son signe :

On a : $f''(x) = \dfrac{1}{\sqrt{2\pi}} \times (-1) \times e^{-\frac{x^2}{2}} + \dfrac{1}{\sqrt{2\pi}} \times (-x) \times (-x) \times e^{-x^2/2}$

$\Leftrightarrow \quad f''(x) = \dfrac{1}{\sqrt{2\pi}} \times (-1) \times e^{-\frac{x^2}{2}} + \dfrac{1}{\sqrt{2\pi}} \times x^2 \times e^{-x^2/2}$

$\Leftrightarrow \quad f''(x) = \dfrac{1}{\sqrt{2\pi}} \times (x^2 - 1) \times e^{-\frac{x^2}{2}} \quad \Leftrightarrow \quad f''(x) = \dfrac{1}{\sqrt{2\pi}} \times (x - 1) \times (x - 1) \times e^{-\frac{x^2}{2}}$

Nous obtenons alors le tableau de signes suivant :

| $x$ | | $-1$ | | $1$ | $+\infty$ |
|---|---|---|---|---|---|
| $\dfrac{1}{\sqrt{2\pi}} \times e^{-\frac{x^2}{2}}$ | $+$ | | $+$ | | $+$ |
| $(x - 1)$ | $-$ | | $-$ | $0$ | $+$ |
| $(x + 1)$ | $-$ | $0$ | $+$ | | $+$ |
| $f''(x)$ | $+$ | $0$ | $-$ | $0$ | $+$ |

Ainsi, la fonction $f$ est concave sur $]-\infty\,;-1[$ et sur $]1\,;+\infty[$, et elle est convexe sur $]-1\,;1[$. De plus, elle admet deux points d'inflexion en $x = -1$ et $= 1$.

Enfin, le maximum est atteint en $x = 0$. Or, $f(0) = \dfrac{1}{\sqrt{2\pi}} \times e^{-0^2/2} = \dfrac{1}{\sqrt{2\pi}} \times 1 = \dfrac{1}{\sqrt{2\pi}}$

**⑫ A est vraie.**

Une primitive de $t \times f(t) = t \times \frac{1}{\sqrt{2\pi}} \times e^{-t^2/2}$ est $-\frac{1}{\sqrt{2\pi}} \times e^{-t^2/2}$

En effet, $\left[-\frac{1}{\sqrt{2\pi}} \times e^{-t^2/2}\right]' = -\frac{1}{\sqrt{2\pi}} \times \left(-\frac{2t}{2}\right) \times e^{-t^2/2} = t \times \frac{1}{\sqrt{2\pi}} \times e^{-t^2/2}$

Donc, $\int_x^0 t \times f(t)dt = \left[-\frac{1}{\sqrt{2\pi}} \times e^{-\frac{t^2}{2}}\right]_x^0 = -\frac{1}{\sqrt{2\pi}} \times e^{-\frac{0^2}{2}} - \frac{1}{\sqrt{2\pi}} \times e^{-\frac{x^2}{2}} = -\frac{1}{\sqrt{2\pi}} + \frac{1}{\sqrt{2\pi}} \times e^{-x^2/2}$

Or, $\lim\limits_{x \to -\infty} \left(-\frac{1}{\sqrt{2\pi}} + \frac{1}{\sqrt{2\pi}} \times e^{-x^2/2}\right) = -\frac{1}{\sqrt{2\pi}} + 0 = -\frac{1}{\sqrt{2\pi}}$

Car $\lim\limits_{z \to -\infty} e^z = 0$ avec $z = -\frac{x^2}{2}$ et $\lim\limits_{x \to -\infty} -\frac{x^2}{2} = -\infty$

Donc : $\lim\limits_{x \to -\infty} \int_x^0 t \times f(t)dt = -\frac{1}{\sqrt{2\pi}}$

De la même façon, nous obtenons : $\lim\limits_{y \to +\infty} \int_0^y t \times f(t)dt = \frac{1}{\sqrt{2\pi}}$

Ce qui nous donne : $E(x) = -\frac{1}{\sqrt{2\pi}} + \frac{1}{\sqrt{2\pi}} = 0.$

**⑬ D est vraie.**

On a : $C_n^k = \frac{n!}{k! \times (n-k)!)}$ et $k! \times C_{n+k}^k = k! \times \frac{(n+k)!}{k! \times (n+k-k)!)} = \frac{(n+k)!}{n!} \neq C_n^k$

On a : $C_n^k - C_n^{k+1} = \frac{n!}{k! \times (n-k)!} - \frac{n!}{(k+1)! \times (n-k-1)!)}$

$= \frac{n! \times (k+1)}{k! \times (k+1) \times (n-k)!} - \frac{n! \times (n-k)}{(k+1)! \times (n-k-1)! \times (n-k)}$

$\Leftrightarrow \quad C_n^k - C_n^{k+1} = \frac{n! \times (k+1)}{(k+1)! \times (n-k)!} - \frac{n! \times (n-k)}{(k+1)! \times (n-k)!}$

$= \frac{n! \times (k+1-n+k)}{(k+1)! \times (n-k)!} - \frac{n! \times (2k+1-n)}{(k+1)! \times (n-k)!} \neq 1$

On a : $C_n^{n/2} = \frac{n!}{\left(\frac{n}{2}\right)! \times \left(n-\frac{n}{2}\right)!} = \frac{n!}{\left(\frac{n}{2}\right)! \times \left(\frac{n}{2}\right)!}$

Or, avec l'approximation de Sterling, nous obtenons : $C_n^{n/2} \cong \frac{\left(\frac{n}{e}\right)^n \times \sqrt{2n \times \pi}}{\left(\frac{n/2}{e}\right)^{n/2} \times \sqrt{2n/2 \times \pi} \times \left(\frac{n/2}{e}\right)^{n/2} \times \sqrt{2n/2 \times \pi}}$

$\Leftrightarrow \quad C_n^{n/2} \cong \frac{\left(\frac{n}{e}\right)^n \times \sqrt{2} \times \sqrt{n \times \pi}}{\left(\frac{n/2}{e}\right)^{\frac{n}{2}+\frac{n}{2}} \times \sqrt{n \times \pi} \times \sqrt{n \times \pi}} = \frac{\left(\frac{n}{e}\right)^n \times \sqrt{2}}{\left(\frac{n/2}{e}\right)^n \times \sqrt{n \times \pi}} = \frac{\left(\frac{n}{e}\right)^n \times \sqrt{2}}{\frac{1}{2^n} \times \left(\frac{n}{e}\right)^n \times \sqrt{n \times \pi}}$

$\Leftrightarrow \quad C_n^{n/2} \cong \frac{\sqrt{2}}{\frac{1}{2^n} \times \sqrt{n \times \pi}} = \frac{2n}{\frac{1}{\sqrt{2}} \times \sqrt{n \times \pi}} = \frac{2n}{\sqrt{\frac{n \times \pi}{2}}}$

**⑭ C est vraie.**

On a : $p(X=2)=C_{10}^{2}\times\left(\frac{1}{4}\right)^{2}\times\left(\frac{3}{4}\right)^{8}=\frac{10!}{2!\times 8!}\times\left(\frac{1}{4}\right)^{2}\times\left(\frac{3}{4}\right)^{8}=\frac{8!\times 9\times 10}{2\times 8!}\times\left(\frac{1}{4}\right)^{2}\times\left(\frac{3}{4}\right)^{8}$

$\Leftrightarrow \quad p(X=2)=\frac{9\times 10}{2}\times\left(\frac{1}{4}\right)^{2}\times\left(\frac{3}{4}\right)^{8}=9\times 5\times\left(\frac{1}{4}\right)^{2}\times\left(\frac{3}{4}\right)^{8}=45\times\left(\frac{1}{4}\right)^{2}\times\left(\frac{3}{4}\right)^{8}$

$\Leftrightarrow \quad p(X=2)=45\times\frac{1}{4^{2}}\times\frac{3^{8}}{4^{8}}=\frac{45\times 3^{8}}{4^{10}}$

On a : $p(X=5)=C_{10}^{5}\times\left(\frac{1}{4}\right)^{5}\times\left(\frac{3}{4}\right)^{5}=\frac{10!}{5!\times 5!}\times\left(\frac{1}{4}\right)^{5}\times\left(\frac{3}{4}\right)^{5}=\frac{5!\times 6\times 7\times 8\times 9\times 10}{5!\times 5!}\times\left(\frac{1}{4}\right)^{5}\times\left(\frac{3}{4}\right)^{5}$

$\Leftrightarrow \quad p(X=5)=\frac{6\times 7\times 8\times 9\times 10}{1\times 2\times 3\times 4\times 5}\times\frac{1}{4^{5}}\times\frac{3^{5}}{4^{5}}$

$\Leftrightarrow \quad p(X=5)=\frac{7\times 8\times 9}{1\times 2}\times\frac{1}{4^{5}}\times\frac{3^{5}}{4^{5}}=p(X=5)=7\times 6\times 9\times\frac{3^{5}}{4^{10}}\neq\frac{1}{4}$

On a : $p(X\leq 2)=p(X=0)+p(X=1)+p(X=2)$

$\Leftrightarrow \quad p(X\leq 2)=C_{10}^{0}\times\left(\frac{1}{4}\right)^{0}\times\left(\frac{3}{4}\right)^{10}+C_{10}^{1}\times\left(\frac{1}{4}\right)^{1}\times\left(\frac{3}{4}\right)^{9}+C_{10}^{2}\times\left(\frac{1}{4}\right)^{2}\times\left(\frac{3}{4}\right)^{8}$

$\Leftrightarrow \quad p(X\leq 2)=1\times 1\times\frac{3^{10}}{4^{10}}+10\times\frac{3^{9}}{4^{10}}+45\times\frac{3^{8}}{4^{10}}$

$\Leftrightarrow \quad p(X\leq 2)=\frac{3^{10}+10\times 3^{9}+45\times 3^{8}}{4^{10}}$

Enfin, $p(X>2)=1-p(X\leq 2)$, mais $p(X\geq 2)\neq p(X>2)$.

**⑮ B est vraie.**

On a : $p(Y=2)=C_{8}^{2}\times\left(\frac{1}{3}\right)^{2}\times\left(\frac{2}{3}\right)^{6}=\frac{8!}{2!\times 6!}\times\left(\frac{1}{3}\right)^{2}\times\left(\frac{2}{3}\right)^{6}=\frac{6!\times 7\times 8}{2\times 6!}\times\left(\frac{1}{3}\right)^{2}\times\left(\frac{2}{3}\right)^{6}$

$\Leftrightarrow \quad p(Y=2)=28\times\left(\frac{1}{3}\right)^{2}\times\left(\frac{2}{3}\right)^{6}=\frac{28\times 2^{6}}{3^{8}}$

Comme $X$ et $Y$ sont indépendantes, on a : $p(X=2\cap Y=2)=p(X=2)\times p(Y=2)$

$\Leftrightarrow \quad p(X=2\cap Y=2)=\frac{45\times 3^{8}}{4^{10}}\times\frac{28\times 2^{6}}{3^{8}}$

On sait que : $p(X=2\cup Y=2)=p(X=2)+p(Y=2)-p(X=2\cap Y=2)$

$\Leftrightarrow \quad p(X=2\cup Y=2)=\frac{45\times 3^{8}}{4^{10}}+\frac{28\times 2^{6}}{3^{8}}-\frac{45\times 3^{8}}{4^{10}}\times\frac{28\times 2^{6}}{3^{8}}$

Enfin, $p(X=0\cap Y=0)=p(X=0)\times p(Y=0)$

$\Leftrightarrow \quad p(X=0\cap Y=0)=C_{10}^{0}\times\left(\frac{1}{4}\right)^{0}\times\left(\frac{3}{4}\right)^{10}+C_{8}^{0}\times\left(\frac{1}{3}\right)^{0}\times\left(\frac{2}{3}\right)^{8}$

$\Leftrightarrow \quad p(X=0\cap Y=0)=\left(\frac{3}{4}\right)^{10}+\left(\frac{2}{3}\right)^{18}$

# SUJET 2 : Raisonnement logique et mathématiques

**DURÉE :** 2 HEURES

Cette épreuve est composée de trois parties de cinq questions chacune :

- Partie 1 : raisonnement logique
- Partie 2 : raisonnement mathématique
- Partie 3 : problème mathématique

L'utilisation de la calculatrice est interdite.

Il faut répondre à chacune des affirmations par V (vraie) ou F (fausse).

## Exercices n$^{os}$ 1 à 5 : Raisonnement logique

**1** À la caisse d'un supermarché, trois clientes attendent pour régler leur achat. Elles ont toutes les trois la même robe mais de couleur différente. Une dame porte un chapeau et une autre des lunettes. La dame blonde porte une robe rouge. La dame à lunettes est brune. La dame rousse est en deuxième position. La dame qui porte une robe verte n'est pas entre les deux autres. La dame qui porte un chapeau est en première position.

À partir de ces informations, on peut conclure :

**A** La dame brune est en première position.

**B** La dame au chapeau est blonde.

**C** La dame aux lunettes ne porte pas la robe verte.

**D** La dame brune porte des lunettes et une robe verte.

**2** Un grossiste en téléphonie mobile reçoit une nouvelle gamme de 200 smartphones soit de la marque Zébulon soit d'une autre marque, et de couleur rouge, ou noire ou blanche.

On sait que :

- 10 smartphones sont noirs et de marque Zébulon.
- Il y a 5 fois plus de smartphones blancs que de smartphones rouges et d'une autre marque que Zébulon.
- 2/3 des smartphones noirs ne sont pas de la marque Zébulon.
- 40 % des smartphones blancs sont de la marque Zébulon.

À partir de ces informations, on peut conclure :

**A** Son stock peut ne contenir aucun smartphone rouge de la marque Zébulon.

**B** S'il dispose de 9 smartphones blancs d'une autre marque que Zébulon, alors il possède 155 smartphones rouges.

**C** S'il dispose de 150 smartphones rouges, alors il met également en vente 20 smartphones blancs.

**D** Il vend plus de smartphones rouges que de blancs.

❸ Isa la fleuriste a vendu 44 bouquets de fleurs samedi dernier. Elle ne disposait alors que de roses, de marguerites et de tulipes et elle avait opté pour la confection d'un maximum de bouquets.

On possède les informations suivantes :

- elle a confectionné 4 fois plus de bouquets de tulipes seules que de bouquets mêlant tulipes et marguerites uniquement ;

- seuls 6 clients ont commandé un bouquet comprenant les trois espèces de fleurs ;

- en plus du feuillage, Isa place exactement 4 fleurs par espèce dans tous ses bouquets ;

- nous savons qu'elle disposait de 98 roses, de 64 tulipes et de 84 marguerites au début de sa journée ;

- le bouquet de tulipes et de roses exactement n'a eu aucun succès ;

- 23 bouquets ne comprennent aucune marguerite.

À partir de ces informations, on peut conclure :

**A** Isa a utilisé toutes ses fleurs pour confectionner ses bouquets.

**B** 10 clients ont commandé des bouquets exclusivement composés de marguerites.

**C** 9 bouquets faits au moins de roses et de marguerites ont été vendus.

**D** Isa a utilisé ses roses essentiellement pour des bouquets de roses uniquement.

❹ Roselyne, Monique et Christelle sont trois sœurs d'âge différent. Nous savons qu'elles ont 2 ans, 14 ans et 17 ans. Cependant, nous ne savons pas à qui doivent être attribués ces âges.

Parmi les propositions suivantes, une seule est exacte :

**A** Monique n'a pas 2 ans.

**B** Monique n'a pas 14 ans.

**C** Christelle n'a pas 2 ans.

**D** Roselyne a 2 ans.

❺ Arthur, Basile, Charly et Démosthène sont soupçonnés d'avoir commis un méfait. Nous avons, à leur sujet, les informations suivantes :

- si Arthur est innocent alors Démosthène est coupable ;

- si Arthur est coupable alors Charly l'est aussi ;

- si Démosthène est coupable alors Basile l'est aussi ;

- Basile est innocent.

À partir de ces informations, on peut conclure que :

**A** Arthur est coupable.

**B** Démosthène est non coupable.

**C** Arthur et Démosthène sont coupables.

**D** Charly est non coupable.

# Exercices n$^{os}$ 6 à 10 : Raisonnement mathématique

**6** Soit $(u_n)$ la suite numérique, définie sur $\mathbb{R}$, par $u_0 = 0$ et pour tout entier naturel $n$, par $u_{n+1} = \sqrt{u_n + 6}$.

À partir de ces informations, on peut conclure que :

A La suite numérique $(u_n)$ est croissante.

B $u_{2n+1} \leq 2$

C $u_{2n} \leq u_{2n+1}$

D $u_{2n} \leq u_{2n+2}$

**7** Les fonctions $f$ et $g$ sont définies pour tout réel $x$ par : $f(x) = x + 2 + \ln(x+1) - \ln x$ et $g(x) = \ln(1+x) - \ln x$.

À partir de ces informations, on peut conclure que :

A $\lim\limits_{x \to +\infty} g(x) = 0$.

B La droite d'équation $y = x + 2$ est asymptote à $C$, la courbe représentative de $f$, en $+\infty$.

C $G(x) = (x+1) \times \ln(x+1) - x \times \ln x$ est une primitive de $g$.

D L'aire $A$, délimitée par la courbe $C$, l'axe $Ox$ et les droites d'équation $x = 1$ et $x = 3$, vaut $6 + 6 \ln 2 - 3 \ln 3$.

**8** Soit l'hyperbole $H$ d'équation $y = \dfrac{2}{x}$ et les droites $D_m$ d'équation $y = m(x+1) - 2$.

À partir de ces informations, on peut conclure que :

A Le point E (1 ; – 2) est un point d'intersection des droites $D_m$.

B Le point C (– 1 ; – 2) est un point d'intersection des droites $D_m$.

C Si $m = -2$, alors l'hyperbole $H$ et les droites $D_m$ se coupent en un unique point.

D Si $m \neq -2$, alors l'ensemble des points d'intersection de l'hyperbole $(H)$ et des droites $D_m$ est la droite d'équation $x = -1$.

**9** Soit $f$ la fonction définie par : $f(x) = (2x^3 - 4x^2)e^{-x}$.

À partir de ces informations, on peut conclure que :

A $\lim\limits_{x \to -\infty} f(x) = -\infty$

B $f'(x)$ peut s'écrire sous la forme : $2x(-x^2 + 5x - 4)e^{-x}$

C $\dfrac{-2}{e}$ est un extremum de $f$.

D $f$ admet trois tangentes horizontales.

**10** On dispose de deux urnes $U_1$ et $U_2$. $U_1$ contient $n$ boules blanches et 3 boules noires ($n > 0$). $U_2$ contient 2 boules blanches et 1 boule noire. On tire au hasard une boule de $U_1$ et on la met dans $U_2$, puis on tire au hasard une boule de $U_2$ et on la met dans $U_1$ ; l'ensemble de ces opérations constitue une épreuve.

Soit A l'événement « après l'épreuve, les urnes se retrouvent chacune dans leur configuration de départ ».

Soit B l'événement « après l'épreuve l'urne $U_2$ contient une seule boule blanche ».

Un joueur mise 20 € et effectue une épreuve.

À l'issue de cette épreuve, on compte les boules blanches contenues dans l'urne $U_2$ :

- Si $U_2$ contient 1 seule boule blanche, le joueur reçoit $2n$ €.
- Si $U_2$ contient 2 boules blanches, le joueur reçoit $n$ €.
- Si $U_2$ contient 3 boules blanches, le joueur ne reçoit rien.

Soit $X_n$ la variable aléatoire qui prend pour valeurs les gains algébriques (gains moins mises) du joueur.

**A** $P(A) = \frac{3}{4}\left(\frac{n+2}{n+3}\right)$

**B** $P(B) = \frac{6}{4(n+2)}$

**C** L'espérance de $X_n$ est : $E(X_n) = \frac{3n^2 - 62n - 230}{4n+12}$

**D** Le jeu est favorable au joueur (l'espérance est positive pour le joueur) pour $n \geq 20$.

# Exercices n$^{os}$ 11 à 15 : Problème mathématique

**NOTE DU JURY**

Certaines questions peuvent être traitées indépendamment. D'autres peuvent nécessiter les résultats obtenus dans les questions précédentes.

**Loi d'équilibre génétique lors de l'appariement au hasard**

**Loi de Hardy-Weinberg**

Certains gènes peuvent avoir deux états : A (allèle dominant) ou a (allèle récessif).

Les couples de gènes sur des paires de chromosomes n'ayant pas forcément les mêmes allèles, un individu donné peut avoir l'un des trois génotypes suivants : AA ou Aa ou aa.

Lors d'un appariement entre deux individus, l'enfant récupère un allèle de chacun de ses deux parents.

Exemples :

- Si un parent a le génotype AA et l'autre Aa, l'enfant sera de type AA ou Aa avec des probabilités égales à $\frac{1}{2}$.
- Si un parent a le génotype Aa et l'autre Aa, l'enfant sera de type AA ou Aa ou aa avec des probabilités égales à $\frac{1}{4}, \frac{1}{2}, \frac{1}{4}$ respectivement.

⓫ Un homme a pour génotype AA. On considère que les chances d'avoir un enfant avec une femme de génotype AA, Aa ou aa sont égales.

À partir de ces informations, on peut conclure que :

**A** La probabilité de l'enfant à avoir le même génotype que son père est $\frac{2}{3}$.

**B** La probabilité de l'enfant à avoir le même génotype que son père est $\frac{1}{2}$.

**C** La probabilité de l'enfant à avoir le génotype Aa est $\frac{1}{2}$.

**D** La probabilité de l'enfant à avoir le génotype aa est 0.

⓬ On considère qu'il y autant de personnes à porter les génotypes AA, aa et Aa. Les couples se font indépendamment des génotypes. À partir de ces informations, on peut conclure que :

**A** Il est alors possible de former 9 couples différents, ces différences se basant sur l'appariement des génotypes.

**B** La probabilité de l'enfant à avoir le génotype AA est $\frac{1}{2}$.

**C** La probabilité de l'enfant à avoir le génotype aa est $\frac{1}{4}$.

**D** La probabilité de l'enfant à avoir le génotype Aa est $\frac{1}{2}$.

⓭ On note $p_n$, $q_n$ et $r_n$ les proportions des génotypes AA, Aa et aa de la génération *n*. Ces suites numériques ont respectivement pour premier terme $p_0$, $q_0$ et $r_0$. À partir de ces informations, on peut conclure que :

**A** $p_1 = (p_0 + q_0)^2$

**B** $p_1 = (p_0 + \frac{1}{2}q_0)^2$

**C** $q_1 = 2p_0r_0 + q_0 \times \left(p_0 + r_0 + \frac{1}{2}q_0\right)$

**D** $q_1 = p_0r_0 + q_0(\frac{1}{2}p_0 + \frac{1}{2}r_0 + q_0)$

⓮ On pose $\alpha = p_0 - r_0$.

À partir de ces informations, on peut conclure que :

**A** $p_1 = \frac{(\alpha+1)^2}{4}$

**B** $q_1 = \frac{(\alpha+1)^2}{4}$

**C** $p_1 - r_1 = \alpha$

**D** $p_1 + r_1 = \alpha$

⓯ La répartition des couples en fonction des génotypes n'est en réalité pas homogène. En effet, le génotype Aa apparaît plus souvent dans la population que ne le prédisent les lois des probabilités.

Pour modéliser cette dérive génétique, on peut étudier sur $[0;+\infty[$ les fonctions *g* et *h* telles que :

$g(x) = e^x - x - 1$

$$h(x) = (2 - x)e^x - 1$$

Ces fonctions permettent de dénombrer les populations de génotype Aa (fonction g) et de génotype AA ou aa (fonction h), en fonction du temps noté *x*.

À partir de ces informations, on peut conclure que :

**A** $g(x) > 0$.

**B** *h* est strictement croissante.

**C** *h* admet un maximum en $x = 1$.

**D** *h* admet un minimum en $x = 1$.

# Corrigé

# Exercices n$^{os}$ 1 à 5 : Raisonnement logique

**❶ FVFV**

Cinq caractères sont ici à distinguer : la couleur des cheveux, la couleur de la robe, le port d'un chapeau ou non, de lunettes ou non et la position à la caisse du supermarché. Nous pouvons alors écrire les relations suivantes :

| | | | | | | |
|---|---|---|---|---|---|---|
| Dame blonde | ⇒ | Robe rouge | ⇒ | Chapeau ou lunettes ou non ? | ⇒ | Position ? |
| Dame rousse | ⇒ | Couleur de la robe ? | ⇒ | Chapeau ou lunettes ou non ? | ⇒ | 2$^e$ position |
| Dame brune | ⇒ | Couleur de la robe ? | ⇒ | Lunettes | ⇒ | 1$^{re}$ ou 3$^e$ position ? |

Or, « la dame qui porte une robe verte n'est pas entre les deux autres ». Elle est donc en 1$^{re}$ ou 3$^e$ position. La dame brune porte donc cette robe verte. Ce qui nous donne :

| | | | | | | |
|---|---|---|---|---|---|---|
| Dame blonde | ⇒ | Robe rouge | ⇒ | Chapeau ou non ? | ⇒ | 1$^{re}$ ou 3$^e$ position ? |
| Dame rousse | ⇒ | Couleur de la robe ? | ⇒ | Chapeau ou non ? | ⇒ | 2$^e$ position |
| Dame brune | ⇒ | Robe verte | ⇒ | Lunettes | ⇒ | 1$^{re}$ ou 3$^e$ position ? |

Celle qui « porte un chapeau est en 1$^{re}$ position ». La dame rousse ne peut donc en porter, et c'est la dame blonde qui en porte un et qui est donc en première position.

D'où :

| | | | | | | |
|---|---|---|---|---|---|---|
| Dame blonde | ⇒ | Robe rouge | ⇒ | Chapeau | ⇒ | 1$^{re}$ position |
| Dame rousse | ⇒ | Couleur de la robe ? | ⇒ | Rien | ⇒ | 2$^e$ position |
| Dame brune | ⇒ | Robe verte | ⇒ | Lunettes | ⇒ | 3$^e$ position |

**A est donc fausse (F).**

**B est donc vraie (V).**

**C est donc fausse (F).**

**D est donc vraie (V).**

**❷ FVVF**

• Établissons un tableau afin de mieux visualiser les données de l'énoncé :

Posons : $R_q$ est le nombre de smartphones rouges de marque quelconque et $N$ le nombre de smartphones noirs.

Nous obtenons alors le tableau suivant, que nous allons ensuite compléter autant que possible.

| | Noir | Rouge | Blanc | Total |
|---|---|---|---|---|
| Marque Zébulon | 10 | | $0{,}40 \times 5 \times R_q$ | |
| Marque quelconque | $\frac{2}{3} \times N$ | $R_q$ | | |
| Total | $N$ | | $5 \times R_q$ | 200 |

La colonne concernant les smartphones noirs nous permet d'écrire la relation :

$10+\frac{2}{3}\times N=N$ $\quad 30+2N=3N$ $\quad 2N-3N=-30$ $\quad -N=-30$ $\quad \mathbf{N=30}$

De plus : $0{,}40\times 5\times R_q=2\times R_q$

Il y a alors $3\times R_q$ smartphones blancs de marque quelconque.

D'où,

| | Noir | Rouge | Blanc | Total |
|---|---|---|---|---|
| Marque Zébulon | 10 | | $2\times R_q$ | |
| Marque quelconque | 20 | $R_q$ | $3\times R_q$ | $20+4\times R_q$ |
| Total | 30 | | $5\times R_q$ | 200 |

Nous ne connaissons pas la valeur de $R_q$ et ne pouvons donc pas compléter notre tableau. Nous allons devoir tester les affirmations proposées.

- **Affirmation A : « Son stock peut ne contenir aucun smartphone rouge de marque Zébulon. »**

Si cela est vrai, alors nous obtenons :

| | Noir | Rouge | Blanc | Total |
|---|---|---|---|---|
| Marque Zébulon | 10 | **0** | $2\times R_q$ | $\mathbf{10+2\times R_q}$ |
| Marque quelconque | 20 | $R_q$ | $3\times R_q$ | $20+4\times R_q$ |
| Total | 30 | $R_q$ | $5\times R_q$ | 200 |

La colonne Total donne alors l'équation suivante :

$30+6\times R_q=200 \Leftrightarrow 6\times R_q=170$ $\quad 3\times R_q=85$ $\quad R_q=28{,}333\ldots$

Or, $R_q$ devrait être un nombre entier, puisqu'il correspond à un nombre de smartphones.

**A est fausse (F).**

- **Affirmation B : « S'il dispose de 9 smartphones blancs de marque quelconque, alors il possède 155 smartphones rouges. »**

Si cela est vrai, alors nous obtenons : $3\times R_q=9$ $\quad R_q=3$

$x$ correspond au nombre total de smartphones rouges. Recherchons cette valeur :

| | Noir | Rouge | Blanc | Total |
|---|---|---|---|---|
| Marque Zébulon | 10 | | **6** | |
| Marque quelconque | 20 | 3 | **9** | $20+4\times R_q$ |
| Total | 30 | **$x$ ?** | **15** | 200 |

La dernière ligne horizontale nous donne : $30+x+15=200$ $\quad x=200-45=155$

**B est vraie (V).**

• **Affirmation C : « S'il dispose de 150 smartphones rouges, alors il met également en vente 20 smartphones blancs. »**

Si cela est vrai, alors nous obtenons :

| | Noir | Rouge | Blanc | Total |
|---|---|---|---|---|
| Marque Zébulon | 10 | | $2 \times R_q$ | |
| Marque quelconque | 20 | $R_q$ | $3 \times R_q$ | $20 + 4 \times R_q$ |
| Total | 30 | **150** | $5 \times R_q$ | 200 |

La dernière ligne horizontale nous donne : $30 + 150 + 5 \times R_q = 200$

$5 \times R_q = 200 - 180$

$$5 \times R_q = \mathbf{20}$$

Il y aurait donc bien 20 smartphones blancs en vente.

**C est vraie (V).**

• **Affirmation D : « Il vend plus de smartphones rouges que de blancs. »**

Posons : $R_z$ est le nombre de smartphones rouges de marque Zébulon.

Le tableau devient :

| | Noir | Rouge | Blanc | Total |
|---|---|---|---|---|
| Marque Zébulon | 10 | $R_z$ | $2 \times R_q$ | $\mathbf{10 + R_z + 2 \times R_q}$ |
| Marque quelconque | 20 | $R_q$ | $3 \times R_q$ | $20 + 4 \times R_q$ |
| Total | 30 | $R_z + R_q$ | $5 \times R_q$ | 200 |

Si l'affirmation D est vraie, alors nous obtenons : $R_t + R_q > 5 \times R_q$

$R_t > 4 \times R_q$

$10 + R_z \ \ + 2 \times R_q > 10 + 4 \times R_q + 2 \times R_q$

$10 + R_z \ \ + 2 \times R_q > 10 + 6 \times R_q$

$(10 + R_z \ \ + 2 \times R_q) + (20 + 4 \times R_q) > (10 + 6 \times R_q) + (20 + 4 \times R_q)$

$30 + R_z \ \ + 6 \times R_q > 30 + 10 \times R_q$

$200 > 30 + 10 \times R_q$

$10 \times R_q < 170$

$$\mathbf{R_q} < 17$$

Aucune condition ou relation ne s'oppose à ce dernier résultat.

**D est vraie (V).**

**3 FVVV**

Nous savons qu'Isa « avait opté pour la confection d'un maximum de bouquets ». Or, elle prélève systématiquement « 4 fleurs de chaque espèce pour ses bouquets ». Ceux-ci peuvent donc être composés de 4 roses seulement, ou de 4 tulipes, ou de 4 marguerites, ou bien encore de 4 roses et de 4 tulipes, ou de 4 roses et de 4 marguerites, etc.

À partir de 84 marguerites, elle peut alors réaliser $84 \div 4 = \mathbf{21}$ bouquets, quels qu'ils soient.

À partir de 64 tulipes, elle peut alors réaliser $64 \div 4 = \mathbf{16}$ bouquets, quels qu'ils soient.

À partir de 98 roses, elle peut alors réaliser $98 \div 4 = \mathbf{24}$,… bouquets, quels qu'ils soient.

La division euclidienne de 98 par 4 donne un résultat de 24 et un reste de 2. Il reste donc 2 roses.

**A est fausse (F)**.

Pour déterminer l'exactitude des autres propositions, il nous faut réaliser un diagramme de cercles, représentant le nombre de bouquets.

Soit ***x*** le nombre de bouquets composés de tulipes et de marguerites.

Comme Isa « a confectionné 4 fois plus de bouquets de tulipes seules que de bouquets mêlant tulipes et marguerites uniquement », il y a alors **4*x*** bouquets composés uniquement de tulipes.

Soient **a**, **b** et **c** le nombre de bouquets composés respectivement de marguerites uniquement, de marguerites et de roses, et roses uniquement.

Le diagramme de cercles nous donne ainsi :

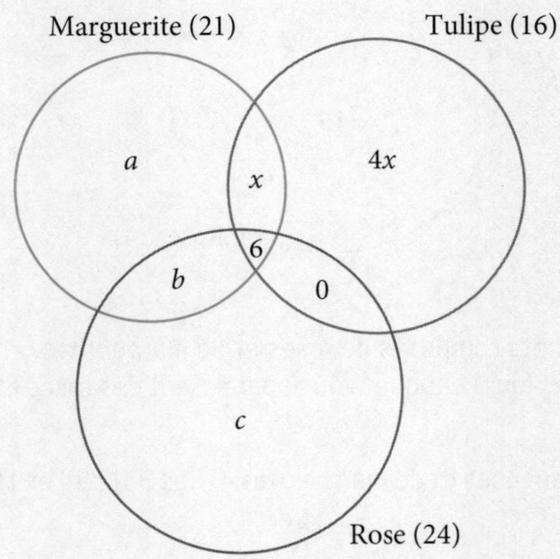


Les données concernant les tulipes nous permettent d'écrire :

$x+6+0+4x=16$ $5x=16-6$ $5x=10$ $\mathbf{x=2}$

Notre diagramme de cercles devient alors :

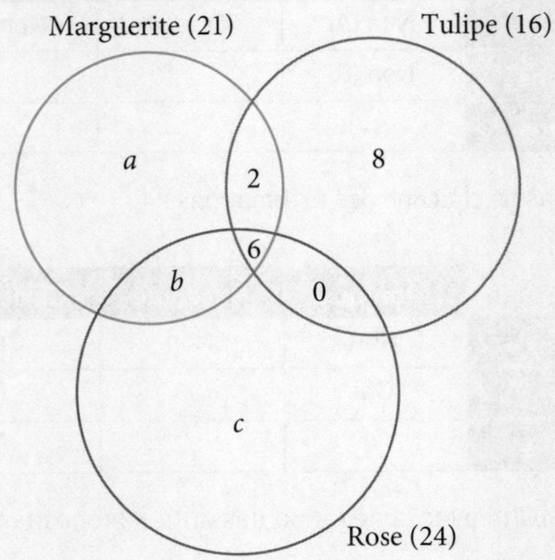


Nous savons également que « 23 bouquets ne comprennent aucune marguerite », ce qui nous donne :

$8+0+c=23$ $\mathbf{c=15}$

Or, 24 bouquets sont composés de roses. Donc : $15+0+6+b=24$ $\mathbf{b=3}$

Enfin, puisque 21 bouquets sont constitués de marguerites, nous en déduisons que :

$$3 + 6 + 2 + a = 21 \qquad \boldsymbol{a = 10}$$

Nous obtenons finalement le diagramme de cercles ci-dessous :

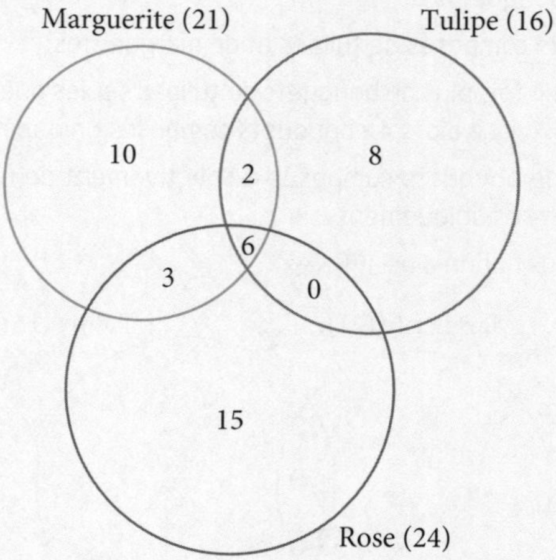


**B est vraie (V).**

De plus, nous avons 3 bouquets composés de roses et de marguerites, et 6 bouquets composés des trois fleurs. Cela nous donne bien 9 bouquets où apparaissent des roses et des marguerites.

**C est vraie (V).**

3 bouquets sont composés de roses et de marguerites, 6 des 3 fleurs et 15 de roses uniquement.

**D est vraie (V).**

**4 VFFF**

Résumons les affirmations par ce tableau :

| | Monique | Roselyne | Christelle |
|---|---|---|---|
| 2 ans | Non (A) | Oui (D) | Non (C) |
| 14 ans | Non (B) | | |
| 17 ans | | | |

À l'aide de tableaux, discutons de chacune des affirmations :

• Si l'affirmation A est vraie :

| | Monique | Roselyne | Christelle |
|---|---|---|---|
| 2 ans | Non | Non | Oui |
| 14 ans | Oui | / | / |
| 17 ans | / | / | / |

Il n'existe aucune incompatibilité avec la négation des autres propositions (si A est vraie, alors les autres sont fausses).

**A est probablement vraie (V).**

• Si l'affirmation B est vraie :

| | Monique | Roselyne | Christelle |
|---|---|---|---|
| 2 ans | Oui | Non | Oui |
| 14 ans | Non | / | / |
| 17 ans | / | / | / |

Or, il n'est pas possible que Monique et Christelle aient toutes les deux 2 ans.

**B est donc fausse (F).**

• Si l'affirmation C est vraie :

| | Monique | Roselyne | Christelle |
|---|---|---|---|
| 2 ans | Oui | Non | Non |
| 14 ans | Oui | / | / |
| 17 ans | / | / | / |

Or, il n'est pas possible que Monique ait 2 ans et 14 ans.

**C est fausse (F).**

• Si l'affirmation D est vraie :

| | Monique | Roselyne | Christelle |
|---|---|---|---|
| 2 ans | Oui | Oui | Oui |
| 14 ans | Oui | | |
| 17 ans | | | |

Or, il n'est pas possible que les trois sœurs aient toutes 2 ans.

**D est fausse (F).**

**5 VVFF**

L'énoncé nous permet d'écrire :

- Arthur innocent ⇒ Démosthène coupable ⇒ Basile coupable.
- Arthur coupable ⇒ Charly coupable.

Or, Basile est innocent.

Donc :

Basile innocent ⇒ Démosthène innocent ⇒ Arthur coupable ⇒ Charly coupable

**A est vraie (V).**

**B est vraie (V).**

**C est fausse (F).**

**D est fausse (F).**

# Exercices n$^{os}$ 6 à 10 : Raisonnement mathématique

**6 VFVV**

Nous savons que les termes de la suite $(u_n)$ sont positifs, puisque $u_0 = 0$ et $u_{n+1} = \sqrt{u_n + 6} \geq 0$.

Si la suite $(u_n)$ est croissante alors $u_{n+1} > u_n \quad u_{n+1} - u_n > 0$.

• Étudions le signe de $u_{n+1} - u_n$ :

$$u_{n+1} - u_n = \sqrt{u_n + 6} - u_n$$

$$= \frac{\left(\sqrt{u_n + 6} - u_n\right) \times \left(\sqrt{u_n + 6} + u_n\right)}{\sqrt{u_n + 6} + u_n}$$

$$= \frac{u_n + 6 - u_n^2}{\sqrt{u_n + 6} + u_n}$$

Le dénominateur est nécessairement positif (voir ci-dessus).

Le numérateur est un polynôme du second degré, dont nous allons maintenant étudier le signe. Pour cela, il nous faut tout d'abord résoudre l'équation suivante :

$$-u_n^2 + u_n + 6 = 0$$

• Calcul du discriminant : $\quad = 1^2 - 4 \times (-1)^2 \times 6 = 25 > 0$

• Il existe donc deux racines :

$$u_n = \frac{-1-5}{-2} = \frac{-6}{-2} = 3$$

$$u_n = \frac{-1+5}{-2} = \frac{4}{-2} = -2 < 0$$

• Le coefficient de $-u_n^2$ est négatif (- 1), donc le polynôme est positif entre - 2 et 3, et négatif sur les intervalles $[-\infty\,;-2]$ et $[3\,;+\infty]$.

Nous ne pouvons pas encore conclure le signe exact de $-u_n^2 + u_n + 6$.

En effet, si nous savons bien que la suite débute à $u_0 = 0$, nous ne savons en revanche pas si les termes dépasseront la valeur 3.

Supposons que cela ne soit pas le cas et vérifions cette hypothèse par une **démonstration par récurrence** :

• Initialisation : $u_0 = 0 < 3$

Pour $n = 0$, nous avons bien $u_n < 3$.

• Hérédité : Supposons que $u_n < 3$ pour un entier $n$ donné :

$$u_n < 3 \qquad u_n + 6 < 3 + 6$$

$$u_n + 6 < 9$$

$$\sqrt{u_n + 6} < \sqrt{9}$$

$$\sqrt{u_n + 6} < 3$$

$$u_{n+1} < 3$$

• Conclusion : Les termes de la suite $(u_n)$ sont tous inférieurs à 3. La suite $(u_n)$ est dite majorée par 3.

Ainsi, nous pouvons en conclure que : $-u_n^2 + u_n + 6 > 0$ et donc que : $u_{n+1} - u_n > 0$.

La suite $(u_n)$ est croissante.

**A est vraie (V).**

Puisque la suite $(u_n)$ est croissante, nous pouvons en déduire immédiatement :

**C est vraie (V).**

**D est vraie (V).**

• Nous savons ainsi que la suite $(u_n)$ est **croissante et majorée**. Elle admet donc une limite finie $l$ (positive).

Déterminons cette limite $l$ :

$\lim\limits_{n\to+\infty} u_n = l$ et $\lim\limits_{n\to+\infty} u_{n+1} = l$

$\lim\limits_{n\to+\infty} \sqrt{u_n+6} = l$

$\sqrt{l+6} = l$

$l+6 = l^2$ car $l>0$

$-l^2 + l + 6 = 0$

Nous avons déjà résolu ce polynôme. Les deux racines obtenues sont : $l' = -2$ et $l'' = 3$

Nous devons rejeter la 1re racine puisqu'elle négative.

Ainsi, $\boldsymbol{\lim\limits_{n\to+\infty} u_n = 3}$.

Les termes de la suite $(u_n)$ peuvent donc être supérieurs à 2.

**B est fausse (F).**

**7 VVVF**

• Détermination de la limite de la fonction $g(x)$ :

$$g(x) = \ln(1+x) - \ln x = \ln\left(\frac{1+x}{x}\right) = \ln\left(\frac{1}{x}+1\right)$$

Or, $\lim\limits_{x\to+\infty} \frac{1}{x} = 0$. Donc, $\lim\limits_{x\to+\infty}\left(\frac{1}{x}+1\right) = 1$.

Nous en déduisons que : $\lim\limits_{x\to+\infty} g(x) = \lim\limits_{x\to+\infty} \ln\left(\frac{1}{x}+1\right) = \ln 1 = 0$.

**A est vraie (V).**

Si la droite d'équation $y = x+2$ est asymptote à C, la courbe représentative de $f$, en $+\infty$, alors $\lim\limits_{x\to+\infty}(f(x)-(x+2)) = 0$.

Or, $f(x)-(x+2) = [x+2+\ln(x+1)-\ln x]-(x+2) = \ln(x+1)-\ln x = g(x)$.

Donc : $\lim\limits_{x\to+\infty}(f(x)-(x+2)) = \lim\limits_{x\to+\infty} g(x) = 0$.

**B est vraie (V).**

• Détermination de la dérivée de $G(x)$ :

$$G\,(x) = (x+1)\ \times \ln(x+1) + (x+1)\times[\ln(x+1)]\ - \left(x\ \times \ln x + x \times (\ln x)\ \right)$$

$$G\,(x) = 1\times\ln(x+1) + (x+1)\times\frac{1}{x+1} - \left(1\times\ln x + x\times\frac{1}{x}\right)$$

$$G\,(x) = \ln(x+1) + \frac{x+1}{x+1} - \left(\ln x + \frac{x}{x}\right)$$

$$G\,(x) = \ln(x+1) + 1 - \ln x - 1$$

$$\boldsymbol{\Leftrightarrow G'(x) = \ln(x+1) - \ln x = g(x).}$$

$G(x)$ est bien une primitive de $g(x)$.

**C est vraie.**

• Détermination de l'aire $A$ :

$$A = \int_1^3 f(x)dx = [F(x)]_1^3$$

Or, une primitive de $f(x)$ est $F(x) = x^2 + 2x + G(x)$.

Donc : $A = \int_1^3 f(x)dx = [x^2 + 2x + G(x)]_1^3$

$$A = [x^2 + 2x + (x+1)\times\ln(x+1) - x\times\ln x]_1^3$$

$$A = [3^2 + 2\times 3 + (3+1)\times\ln(3+1) - 3\times\ln 3] - [1^2 + 2\times 1 + (1+1)\times\ln(1+1) - 1\times\ln 1]$$

$$A = [9 + 6 + 4\times\ln(4) - 3\times\ln 3] - [1 + 2 + 2\times\ln(2) - 0]$$

$$A = [15 + 4\times 2\ln(2) - 3\times\ln 3] - [3 + 2\times\ln(2)]$$

$$A = 15 + 8\ln 2 - 3\ln 3 - 3 - 2\ln 2$$

$$\Leftrightarrow \boldsymbol{A = 12 + 6\ln 2 - 3\ln 3}$$

**D est fausse (F).**

**8 FVVF**

**A est fausse (F).**

En effet, si $x = 1$, alors $y = \frac{2}{1} = 2 \neq \mathbf{-2}$. Le point E n'appartient donc pas à l'hyperbole (H). Il ne peut donc pas être un point d'intersection de (H) et des droites $D_m$.

• Vérifions maintenant si le point C appartient à (H) et aux droites $D_m$ :

Pour $x = -1$, nous obtenons : $y = \frac{2}{-1} = \mathbf{-2}$. Le point C appartient à (H).

Pour $x = -1$, nous obtenons : $y = m(-1+1) - 2 = -2$. Le point C appartient aux droites $D_m$.

C est donc un point d'intersection de (H) et des droites $D_m$.

**B est vraie (V).**

• Si $m = -2$ :

Les droites $D_m$ ont alors pour équation : $y = -2(x+1) - 2 = -2x - 2 - 2 = -2x - 4$

Afin de déterminer le ou les points d'intersection, s'ils existent, des droites $D_m$ avec l'hyperbole (H), il nous faut résoudre l'équation suivante :

$$-2x - 4 = \frac{2}{x} \qquad (-2x-4)\times x = \frac{2}{x}\times x$$

$$-2x^2 - 4x = 2 \qquad -2x^2 - 4x - 2 = 0$$

Calculons le discriminant de cette équation du second degré :

$$= (-4)^2 - 4\times(-2)\times(-2) = 16 - 16 = 0$$

Il existe alors une seule et unique solution, donc un seul et unique point d'intersection.

**C est vraie (V).** Il n'est pas utile de poursuivre le calcul (perte de temps).

Nous savons que si $x = -1$, alors nécessairement $y = -2$. La droite d'équation $x = -1$ ne peut donc pas représenter l'ensemble des points d'intersection, puisqu'il n'en existe qu'un seul !

**D est fausse (F).**

**9 VVVV**

• Calcul de la limite $\lim\limits_{x\to-\infty} f(x)$ : $\lim\limits_{x\to-\infty} e^{-x} = +\infty$

$\lim\limits_{x\to-\infty}(2x^3 - 4x^2) = \lim\limits_{x\to-\infty} 2x^3\left(1 - \frac{2}{x}\right) = -\infty$ car $\lim\limits_{x\to-\infty} 2x^3 = -\infty$ et $\lim\limits_{x\to-\infty}\left(1 - \frac{2}{x}\right) = 1$

Par produit, nous obtenons : $\lim\limits_{x\to-\infty} f(x) = -\infty$

**A est vraie (V).**

• Calcul de la dérivée de $f(x)$ :

$f\ (x) = (6x^2 - 8x)e^{-x} + (2x^3 - 4x^2) \times (-e^{-x})$

$$f\ (x) = (6x^2 - 8x)e^{-x} - (2x^3 - 4x^2)e^{-x}$$

$$f\ (x) = [(6x^2 - 8x) - (2x^3 - 4x^2)]e^{-x}$$

$$f\ (x) = [6x^2 - 8x - 2x^3 + 4x^2]e^{-x}$$

$$f\ (x) = [-2x^3 + 10x^2 - 8x]e^{-x}$$

$$\Leftrightarrow \boldsymbol{f'(x) = 2x[-x^2 + 5x - 4]e^{-x}}$$

**B est vraie (V).**

• Détermination d'un extremum de cette fonction : $f\ (x) = 0$

$2x[-x^2 + 5x - 4]e^{-x} = 0$

$2x = 0$ ou $-x^2 + 5x - 4 = 0$ (règle du produit nul ; à noter que : $e^{-x} > 0$)

$\Leftrightarrow \boldsymbol{x = 0}$

$= 5^2 - 4 \times (-1) \times (-4) = 25 - 16 = 9 > 0$. Il existe donc deux solutions.

$$\boldsymbol{x_1} = \frac{-5 - \sqrt{9}}{2 \times (-1)} = \frac{-5 - 3}{-2} = \frac{-8}{-2} = \boldsymbol{4}$$

$$\boldsymbol{x_2} = \frac{-5 + \sqrt{9}}{2 \times (-1)} = \frac{-5 + 3}{-2} = \frac{-2}{-2} = \boldsymbol{1}$$

$$f(x) = (2x^3 - 4x^2)e^{-x}$$

Pour $x = 0$, $f(0) = 0 \neq \frac{-2}{e}$

Pour $x = 1$, $f(1) = (2 - 4)e^{-1} = -2e^{-1} = \frac{-2}{e}$

Pour $x = 4$, $f(4) = (128 - 64)e^{-4} = 64e^{-4} \neq \frac{-2}{e}$

Nous avons donc un extremum pour $x = 1$.

**C est vraie (V).**

En revanche, ces trois extrema nous indique qu'il existe trois tangentes horizontales.

**D est vraie (V).**

**⑩ VFFF**

• **Proposition A.** Il existe deux situations différentes pour que les urnes retrouvent leur configuration initiale à l'issue de l'épreuve.

Si une boule noire est tirée de $U_1$ [3 boules noires parmi les $(n + 3)$boules], alors il faut qu'une boule noire soit tirée de $U_2$ (2 chances sur 4).

Si une boule blanche est tirée de $U_1$ [$n$ boules blanches parmi les $(n + 3)$ boules)], alors il faut qu'une boule blanche soit tirée de $U_2$ (3 chances sur 4).

Ce qui nous donne : $P(A) = \frac{3}{3+n} \times \frac{2}{4} + \frac{n}{3+n} \times \frac{3}{4}$

$$P(A) = \frac{6 + 3n}{4(3+n)}$$

$$\Leftrightarrow \boldsymbol{P(A) = \frac{3(2+n)}{4(3+n)}}$$

**A est vraie (V).**

• **Proposition B.** Pour que la seconde urne ne contienne plus qu'une seule boule blanche, il est indispensable d'avoir tiré une boule noire de $U_1$, puis de tirer une boule blanche de $U_2$.

D'où : $P(B)=\dfrac{3}{3+n}\times\dfrac{2}{4}$ $\quad \boldsymbol{P(B)=\dfrac{6}{4(3+n)}}$

**B est fausse (F).**

• **Proposition C.** La loi de probabilité de $X$ est :

| $X$ | $2n-20$ | $n-20$ | $-20$ |
|---|---|---|---|
| $P(X)$ | $\dfrac{6}{4(3+n)}$ | $\dfrac{6+3n}{4(3+n)}$ | $1-\dfrac{6}{4(3+n)}-\dfrac{6+3n}{4(3+n)}$ |

L'espérance est donc :

$$E(X)=(2n-20)\times\frac{6}{4(3+n)}+(n-20)\times\frac{6+3n}{4(3+n)}-20\times 1-\frac{6}{4(3+n)}-\frac{6+3n}{4(3+n)}$$

$$E(X)=\frac{12n}{4(3+n)}-\frac{20\times 6}{4(3+n)}+\frac{n(6+3n)}{4(3+n)}-\frac{20\times(6+3n)}{4(3+n)}-20+\frac{20\times 6}{4(3+n)}+\frac{20\times(6+3n)}{4(3+n)}$$

$$E(X)=\frac{12n}{4(3+n)}+\frac{n(6+3n)}{4(3+n)}-20$$

$$E(X)=\frac{12n}{4(3+n)}+\frac{6n+3n^2}{4(3+n)}-\frac{20\times 4(3+n)}{4(3+n)}$$

$$E(X)=\frac{12n+6n+3n^2-240-80n}{4(3+n)}$$

$$\Leftrightarrow \boldsymbol{E(X)=\frac{3n^2-62n-240}{4n+12}}$$

**C est fausse (F).**

• **Proposition D.** Le jeu est favorable pour le joueur si l'espérance est positive.

Pour $n = 20$, nous avons : $E(X)=\dfrac{3\times 20^2-62\times 20-240}{4\times 20+12}$

$$E(X)=\frac{3\times 400-1\,240-240}{92}$$

$$E(X)=\frac{1\,200-1\,240-240}{92}$$

$$\Leftrightarrow \boldsymbol{E(X)=-\frac{280}{92}<0}$$

**D est fausse.**

# Exercices $n^{os}$ 11 à 15 : Problème mathématique

**⓫ FVVV**

• Posons : $p(AA)$ est la probabilité de l'enfant à avoir le même génotype que son père (AA).

$p(Aa)$ est la probabilité de l'enfant à avoir le génotype Aa.

$p(aa)$ est la probabilité de l'enfant à avoir le génotype aa.

« Un homme a pour génotype AA. On considère que les chances d'avoir un enfant avec une femme de génotype AA, Aa ou aa sont égales. » Cet homme a donc une chance sur trois d'avoir un enfant soit avec une femme de génotype AA, soit avec une femme de génotype Aa, soit avec une femme de génotype aa.

• Détermination de $p(AA)$ :

Avec une femme de génotype AA, l'enfant aura 100 % de chance d'être du même génotype que son père (AA).

Avec une femme de génotype Aa, l'enfant pourra obtenir le génotype AA ou Aa, donc une chance sur deux d'être du même génotype que son père (AA).

Avec une femme de génotype aa, l'enfant obtiendra forcément le génotype Aa, donc aucune chance d'être du même génotype que son père (AA).

Cela nous donne comme probabilité $p(AA)$ : $p(AA) = \frac{1}{3} \times 1 + \frac{1}{3} \times \frac{1}{2} + \frac{1}{3} \times 0$

$$p(AA) = \frac{1}{3} + \frac{1}{6} + 0$$

$$p(AA) = \frac{2}{6} + \frac{1}{6}$$

$$p(AA) = \frac{3}{6}$$

$$\Leftrightarrow \boldsymbol{p(AA) = \frac{1}{2}}$$

**A est fausse (F).**

**B est vraie (V).**

• Détermination de $p(Aa)$ :

Avec une femme de génotype AA, l'enfant n'aura aucune chance d'avoir le génotype Aa ; le seul génotype possible étant AA.

Avec une femme de génotype Aa, l'enfant pourra obtenir le génotype AA ou Aa, donc une chance sur deux d'avoir le génotype Aa.

Avec une femme de génotype aa, l'enfant obtiendra forcément le génotype Aa, donc 100 % de chance d'avoir le génotype Aa.

Cela nous donne comme probabilité $p(Aa)$ : $p(Aa) = \frac{1}{3} \times 0 + \frac{1}{3} \times \frac{1}{2} + \frac{1}{3} \times 1$

$$p(Aa) = 0 + \frac{1}{6} + \frac{1}{3}$$

$$p(Aa) = \frac{1}{6} + \frac{2}{6}$$

$$p(Aa) = \frac{3}{6}$$

$$\Leftrightarrow \boldsymbol{p(Aa) = \frac{1}{2}}$$

**C est vraie (V).**

• Détermination de $p(\text{aa})$ :

Avec une femme de génotype AA, l'enfant n'aura aucune chance d'avoir le génotype aa ; le seul génotype possible étant AA.

Avec une femme de génotype Aa, l'enfant n'aura aucune chance d'avoir le génotype aa ; les seuls génotypes possibles étant AA ou Aa.

Avec une femme de génotype aa, l'enfant n'aura aucune chance d'avoir le génotype *aa* ; le seul génotype possible étant Aa.

Cela nous donne comme probabilité $p(\text{aa})$ : $p(\text{aa}) = 0$

**D est vraie (V).**

• Remarque : puisque $p(\text{AA}) + p(\text{Aa}) + p(\text{aa}) = 1$, nous aurions pu conclure plus rapidement que $p(aa) = 0$.

En effet, $p(\text{AA}) + p(\text{Aa}) + p(\text{aa}) = 1 \quad \frac{1}{2} + \frac{1}{2} + p(\text{aa}) = 1$

$$1 + p(\text{aa}) = 1 \quad p(\text{aa}) = 0$$

⑫ **FFFF**

« Les couples se font indépendamment des génotypes. » Et « [...] il y autant de personnes à porter les génotypes AA, aa et Aa. ». Nous ne ferons donc aucune différence entre un couple homme (AA)-femme (aa) et un couple homme(aa)-femme(aa), par exemple.

Dénombrons les couples possibles :

AA-AA ; AA-Aa ; AA-aa ; Aa-Aa ; Aa-aa ; aa-aa

Il est donc possible de former 6 couples différents.

**A est fausse (F).**

• Détermination de $P(\text{AA})$ :

L'enfant issu d'un coupe AA-AA aura nécessairement le génotype AA. Et il existe 1 chance sur 6 que l'enfant étudié soit issu d'un tel couple, puisqu'il existe 6 couples possibles en se fondant uniquement sur l'appariement des génotypes.

Un enfant issu du couple AA-Aa pourra être du génotype AA ou Aa (deux possibilités).

Un enfant issu du couple AA-aa sera du génotype Aa (une seule possibilité).

Un enfant issu du couple Aa-Aa pourra être du génotype AA (1 chance sur 4) ou aa (1 chance sur 4) ou encore Aa (2 chances sur 4). En effet, le génotype Aa peut être généré par le A du père et le a de la mère ou bien par le a du père et le A de ma mère.

Un enfant issu du couple Aa-aa pourra être du génotype Aa ou aa (2 possibilités).

Un enfant issu du couple aa-aa sera du génotype aa (une seule possibilité).

D'où, $P(\text{AA}) = \frac{1}{6} \times 1 + \frac{1}{6} \times \frac{1}{2} + \frac{1}{6} \times 0 + \frac{1}{6} \times \frac{1}{4} + \frac{1}{6} \times 0 + \frac{1}{6} \times 0$

$$P(\text{AA}) = \frac{1}{6} + \frac{1}{12} + \frac{1}{24}$$

$$P(\text{AA}) = \frac{4}{24} + \frac{2}{24} + \frac{1}{24}$$

$$\Leftrightarrow \boldsymbol{P(AA) = \frac{5}{24}}$$

**B est fausse (F).**

• Détermination de $P(\text{aa})$ :

$$P(\text{aa})=\frac{1}{6}\times 0+\frac{1}{6}\times 0+\frac{1}{6}\times 0+\frac{1}{6}\times\frac{1}{4}+\frac{1}{6}\times\frac{1}{2}+\frac{1}{6}\times 1$$

$$P(\text{aa})=\frac{1}{24}+\frac{1}{12}+\frac{1}{6}$$

$$P(\text{aa})=\frac{1}{24}+\frac{2}{24}+\frac{4}{24}$$

$$\Leftrightarrow \boldsymbol{p(aa)=\frac{5}{24}}$$

**C est fausse (F).**

• Détermination de $P(\text{Aa})$ :

$$P(\text{Aa})=\frac{1}{6}\times 0+\frac{1}{6}\times\frac{1}{2}+\frac{1}{6}\times 1+\frac{1}{6}\times\frac{2}{4}+\frac{1}{6}\times\frac{1}{2}+\frac{1}{6}\times 0$$

$$P(\text{Aa})=\frac{1}{12}+\frac{1}{6}+\frac{1}{12}+\frac{1}{12}$$

$$P(\text{Aa})=\frac{1}{12}+\frac{2}{12}+\frac{1}{12}+\frac{1}{12}$$

$$\Leftrightarrow \boldsymbol{P(Aa)=\frac{5}{12}}$$

**D est fausse (F).**

**⑬ FVVF**

Le génotype AA ne peut provenir que des couples AA-AA, AA-Aa, Aa-AA et Aa-Aa.

Les proportions peuvent être assimilées à des probabilités.

• La probabilité qu'un couple AA-AA se forme est donc $p_0\times p_0=p_0^2$.

Or, la probabilité que l'enfant issu de ce couple soit de génotype *AA* est égale à 1 (100 %).

• La probabilité qu'un couple AA-Aa se forme est $p_0\times q_0$.

Or, la probabilité que l'enfant issu de ce couple soit de génotype *AA* est égale à ½.

• La probabilité qu'un couple Aa-AA se forme est $q_0\times p_0$.

Or, la probabilité que l'enfant issu de ce couple soit de génotype *AA* est égale à ½.

• La probabilité qu'un couple Aa-Aa se forme est $q_0\times q_0=q_0^2$.

Or, la probabilité que l'enfant issu de ce couple soit de génotype *AA* est égale à ¼.

Proportion $p_1$ : $p_1=p_0^2\times 1+p_0\times q_0\times\frac{1}{2}+q_0\times p_0\times\frac{1}{2}+q_0^2\times\frac{1}{4}$

$$p_1=p_0^2\times 1+2\times\frac{1}{2}p_0\times q_0+\left(\frac{1}{2}q_0\right)^2$$

$$\Leftrightarrow \boldsymbol{p_1=\left(p_0+\frac{1}{2}q_0\right)^2}$$

**A est fausse (F).**

**B est vraie (V).**

Le génotype Aa ne peut provenir que des couples AA-Aa, Aa-AA, AA-aa, aa-AA, Aa-aa, aa-Aa et Aa-Aa.

Les proportions peuvent être assimilées à des probabilités.

• La probabilité qu'un couple AA-Aa se forme est $p_0\times q_0$.

Or, la probabilité que l'enfant issu de ce couple soit de génotype Aa est égale à ½.

• La probabilité qu'un couple Aa-AA se forme est $q_0\times p_0=p_0\times q_0$.

Or, la probabilité que l'enfant issu de ce couple soit de génotype Aa est égale à ½.

• La probabilité qu'un couple AA-aa se forme est $p_0 \times r_0$.

Or, la probabilité que l'enfant issu de ce couple soit de génotype Aa est de 100 %.

• La probabilité qu'un couple aa-AA se forme est: $r_0 \times p_0 = p_0 \times r_0$

Or, la probabilité que l'enfant issu de ce couple soit de génotype Aa est de 100 %.

• La probabilité qu'un couple Aa-aa se forme est : $q_0 \times r_0$

Or, la probabilité que l'enfant issu de ce couple soit de génotype Aa est égale à ½.

• La probabilité qu'un couple aa-Aa se forme est : $r_0 \times q_0 = q_0 \times r_0$

Or, la probabilité que l'enfant issu de ce couple soit de génotype Aa est égale à ½.

• La probabilité qu'un couple Aa-Aa se forme est : $q_0 \times q_0 = q_0^2$.

Or, la probabilité que l'enfant issu de ce couple soit de génotype Aa est égale à ½.

Proportion $q_1$ :

$$q_1 = \left(p_0 \times q_0 \times \frac{1}{2}\right) \times 2 + (p_0 \times r_0 \times 1) \times 2 + \left(q_0 \times r_0 \times \frac{1}{2}\right) \times 2 + q_0^2 \times \frac{1}{2}$$

$$p_1 = p_0 q_0 + 2p_0 r_0 + q_0 r_0 + \frac{1}{2} q_0^2$$

$$\Leftrightarrow \boldsymbol{p_1 = 2p_0 r_0 + q_0 \times \left(p_0 + r_0 + \frac{1}{2} q_0\right)}$$

**C est vraie (F).**

**D est fausse (F).**

**⑭ VFVF**

$\alpha = p_0 - r_0$. Par ailleurs, $\boldsymbol{p_0 + q_0 + r_0 = 1}$ (la totalité des proportions représentent 100 % de la population).

Donc : $\alpha + 1 = p_0 - r_0 + 1 \qquad \alpha + 1 = p_0 - r_0 + (p_0 + q_0 + r_0)$

$$\alpha + 1 = 2p_0 + q_0$$

$$(\alpha + 1)^2 = (2p_0 + q_0)^2$$

$$(\alpha + 1)^2 = 2\left(p_0 + \frac{1}{2} q_0\right)^2$$

$$(\alpha + 1)^2 = 4\left(p_0 + \frac{1}{2} q_0\right)^2$$

$$(\alpha + 1)^2 = 4p_1$$

$$\Leftrightarrow \boldsymbol{p_1 = \frac{(\alpha + 1)^2}{4}}$$

**A est vraie (V).**

Par ailleurs, $p_1 \uparrow q_1$, donc **B est fausse (F).**

• Détermination de $r_1$ :

Il existe quatre couples possibles pour qu'un enfant issu de l'un de ses couples possède un génotype aa : Aa-Aa, Aa-aa, aa-Aa et aa-aa.

Les probabilités respectives liées à ces couples sont : ¼, ½, ½ et 1.

Ce qui nous donne : $r_1 = q_0 \times q_0 \times \frac{1}{4} + q_0 \times r_0 \times \frac{1}{2} + r_0 \times q_0 \times \frac{1}{2} + r_0 \times r_0 \times 1$

$$\Leftrightarrow \boldsymbol{r_1 = \frac{1}{4} q_0^2 + q_0 \times r_0 + r_0^2}$$

• Calcul de $p_1 - r_1$ :

Donc : $p_1 - r_1 = \left(p_0 + \frac{1}{2}q_0\right)^2 - \left(\frac{1}{4}q_0{}^2 + q_0 \times r_0 + r_0{}^2\right)$

$$p_1 - r_1 = p_0{}^2 + 2 \times p_0 \times \frac{1}{2}q_0 + \frac{1}{4}q_0{}^2 - \frac{1}{4}q_0{}^2 - q_0 \times r_0 - r_0{}^2$$

$$p_1 - r_1 = p_0{}^2 + p_0 \times q_0 - q_0 \times r_0 - r_0{}^2$$

$$p_1 - r_1 = p_0{}^2 - r_0{}^2 + q_0 \times (p_0 - r_0)$$

$$p_1 - r_1 = (p_0 - r_0)(p_0 + r_0) + q_0 \times (p_0 - r_0)$$

$$p_1 - r_1 = (p_0 - r_0)(p_0 + r_0 + q_0)$$

$$p_1 - r_1 = (p_0 - r_0) \times 1$$

$$\Leftrightarrow \boldsymbol{p_1 - r_1 = \alpha}$$

**C est vraie (V).**

**D est fausse (F).**

**⓯ FFVF**

• Étude du signe de la fonction $g(x)$ :

Calcul de la dérivée : $g'(x) = e^x - 1$

Or, la fonction exponentielle est croissante. Donc, sur $[0\,;+\infty[$ : $e^x \geq e^0 \quad e^x \geq 1$

$$e^x - 1 \geq 0$$

$$\Leftrightarrow \boldsymbol{g'(x) \geq 0}$$

La fonction $g(x)$ est donc croissante sur $[0\,;+\infty[$. Nous en déduisons : $g(x) \geq g(0)$

$$g(x) \geq e^0 - 0 - 1$$

$$g(x) \geq 1 - 1$$

$$\Leftrightarrow \boldsymbol{g(x) \geq 0}$$

**A est fausse (F)** : il existe une différence significative entre les symboles $\geq$ et $>$.

• Étude des variations de la fonction $h(x)$ :

Calcul de la dérivée : $h\,(x) = -1 \times e^x + (2 - x) \times e^x + 0$

$$h\,(x) = e^x \times (1 - x)$$

Étude du signe de $h\,(x)$ : $e^x > 0$ et $1 - x > 0 \quad x < 1$

La dérivée $h\,(x)$ est donc positive sur $[0\,;1]$ et négative sur $[1\,;+\infty[$.

La fonction $h(x)$ est alors croissante sur $[0\,;1]$ et décroissante sur $[1\,;+\infty[$.

**B est fausse (F).**

• De l'étude précédente, nous pouvons en déduire un maximum en $x = 1$.

**C est vraie (V).**

**D est fausse (F).**

# SUJET 3 : Raisonnement logique et mathématiques

**DURÉE :** 2 HEURES

**NOTE DE L'ÉDITEUR**

Ce sujet, proposé en 2017, a été remanié par l'auteur pour correspondre au nouveau format du concours.

Cette épreuve est composée de trois parties de 5 questions chacune :

- Partie 1 : raisonnement logique
- Partie 2 : raisonnement mathématique
- Partie 3 : problème mathématique

L'utilisation de la calculatrice est interdite.

## Exercices n$^{os}$ 1 à 5 : Raisonnement logique

**1** Un grand-père collectionne les véhicules à pédales. Il possède des vélos (2 roues, 1 place et un guidon), des tricycles (3 roues, 1 place et un guidon) et des voitures (4 roues, 2 places et un volant). Ses 11 petits-enfants peuvent s'installer tous en même temps dans les véhicules et occupent toutes les places. On sait que :

• le nombre de roues est égal à 4 fois le nombre de guidons moins le nombre de places dans une voiture ;

• il y a un tricycle de moins que l'ensemble des autres véhicules.

À partir de ces informations, on peut conclure que :

**A** Il possède 3 vélos.

**B** Les véhicules biplaces sont exactement 2 fois moins nombreux que les véhicules monoplaces.

**C** Le nombre de roues est impair.

**D** Il devra acheter un vélo pour avoir autant de vélos que de tricycles.

**2** Trois amies organisent une grande fête d'anniversaire. Pour ce faire, elles préparent chacune une boisson à la grenadine, mélange de sirop et d'eau. Albane apporte 4 litres, Bérénice 6 litres et Claire 2 litres. Elles ont utilisé au total 60 cl de sirop pour ces préparations.

On mélange la boisson de Claire avec la moitié de celle d'Albane. Ce nouveau mélange contient 20 cl de sirop. On mélange le reste de la boisson d'Albane avec la moitié de celle de Bérénice. Le pourcentage de sirop dans cette nouvelle boisson est le même que celui dans la boisson originale de Claire.

À partir de ces informations, on peut conclure que :

**A** Claire a utilisé 15 cl de sirop.

**B** Albane a utilisé plus de sirop que Bérénice.

**C** Un invité se sert 20 cl de la boisson de Bérénice. Il a donc 1 cl de sirop dans son verre.

**D** Un invité se sert dans un verre 10 cl de chacune des 3 boissons servies. Il a donc dans son verre 2 cl de sirop.

❸ Lors d'un congrès, 3 intervenants : Pierre, Pascal et Paul doivent présenter successivement leur dossier personnel. Suite à une erreur administrative, chacun d'entre eux est en possession du dossier d'un de ses deux concurrents et porte le badge de l'autre.

On sait que l'intervenant qui porte le badge de Pierre détient le dossier de Pascal.

À partir de ces informations, on peut conclure que :

**A** Pierre a le dossier de Pascal.

**B** Pascal porte le badge de Pierre.

**C** Paul porte le badge de Pascal.

**D** Pierre porte le badge de Paul.

❹ Une compétition nautique entre 2 bateaux est organisée sur le parcours suivant :

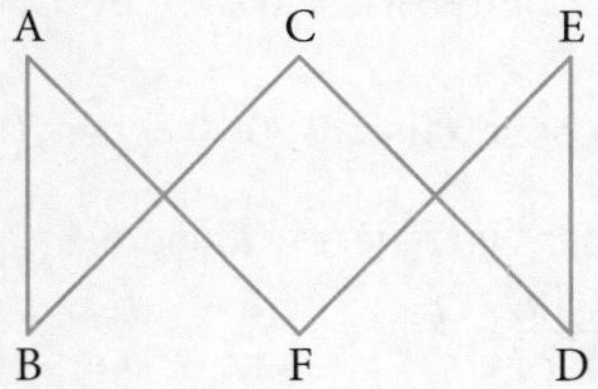


ABDE forme un rectangle. La distance AB est de 3 milles nautiques (1 mille nautique = 1 852 mètres). La distance AE est de 8 milles nautiques. C'est le milieu du segment AE. F est le milieu du segment BD. Les bateaux partent en même temps et doivent parcourir le trajet ABCDEFA.

- Le bateau 1 vogue à une vitesse constante de 20 nœuds (1 nœud = 1 mille nautique par heure).
- Le bateau 2 avance à des vitesses différentes en fonction des endroits du parcours :

▪ 15 nœuds sur les parties AB et DE ;

▪ 20 nœuds sur les parties BC et EF ;

▪ 25 nœuds sur les parties CD et FA.

À partir de ces informations, on peut conclure que :

**A** La distance totale parcourue est de 30 milles nautiques.

**B** Le bateau 1 mettra 1 h 18 minutes pour boucler le parcours.

**C** Le bateau 1 arrivera après le bateau 2.

**D** Le bateau 1 doublera 2 fois le bateau 2.

❺ Une urne contient 2 boules : une verte et une rouge. On tire au hasard $n$ fois ($n \geq 2$) une boule de cette urne en la remettant après avoir noté sa couleur. On note $A_n$ et $B_n$ les événements :

- $A_n$ : « Au cours de $n$ tirages, on obtient des boules des 2 couleurs ».
- $B_n$ : « Au cours de $n$ tirages, on obtient au plus une boule verte ».

À partir de ces informations, on peut conclure que :

A $P(A_2) = \frac{1}{2}$.

B $P(\overline{A_n}) = \frac{1}{2^{n-1}}$.

C $P(B_2) = \frac{1}{2}$.

D La probabilité d'avoir $A_3$ et $B_3$ est égale à 3/8.

# Exercices n^os^ 6 à 10 : Raisonnement mathématique

❻ On considère la fonction $f$ définie pour tout $x$ de $\mathbb{R}$ par $f(x) = 1 + x - xe^{-x^2+1}$.

On note $C_f$ sa courbe représentative dans un repère orthonormé $(O, I, J)$ du plan.

A Le point $J$ appartient à $C_f$.

B Le réel 1 admet trois antécédents par la fonction $f$.

C Pour tout $x$ de $\mathbb{R}$, $f'(x) = 1 + 2xe^{-x^2+1}$.

D La tangente $T_0$ à la courbe $C_f$ au point d'abscisse 0 a un coefficient directeur positif.

❼ On considère la fonction $f$ définie pour tout $x$ de $]0\,;+\infty[$ par $f(x) = \frac{5\ln(x)}{\sqrt{x}}$.

On note $C_f$ sa courbe représentative dans un repère orthonormé $(O, I, J)$ du plan.

A Pour tout $x$ de $]0\,;+\infty[$, $f'(x) = \frac{5(\ln(x) - 2)}{2x\sqrt{x}}$.

B L'équation $f(x) = -5$ est équivalente à l'équation $x = \frac{1}{(e^x)^{\frac{1}{2}}}$.

C La tangente $T$ à la courbe $C_f$ au point $I$ a pour équation $y = 5x - 5$.

D $f$ admet un maximum sur $]0\,;+\infty[$ qui vaut $\frac{10}{e}$.

❽ On considère la fonction $f$ définie pour tout $x$ de $\mathbb{R}$ par $f(x) = (x+1)^2e^{-x}$.

On considère la fonction $g$ définie pour tout $x$ de $\mathbb{R}$ par $g(x) = e^{-x}$.

On note $C_f$ et $C_g$ leurs courbes représentatives respectives dans un repère orthonormé $(O, I, J)$ du plan.

A La fonction $f$ est croissante sur $[0\,;+\infty[$.

B $C_f$ et $C_g$ admettent comme unique point d'intersection le point $J$.

C La tangente à $C_f$ en $J$ et la tangente à $C_g$ en $J$ sont perpendiculaires.

D L'ensemble solution de l'inéquation $1 > g(x)$ est $]-\infty\,;0[$.

❾ Avant l'examen du baccalauréat en fin d'année, les élèves de terminale d'un lycée passent deux examens blancs. 60 % des élèves réussissent le premier examen blanc. La probabilité de rater le second examen blanc est de 0,3 si le premier a été raté et de 0,2 si le premier a été réussi.

A La probabilité qu'un lycéen réussisse les deux examens blancs est strictement supérieure à 0,5.

B La probabilité qu'un lycéen réussisse le second examen blanc est strictement supérieure à 0,5.

C Si un lycéen réussit le second examen blanc, la probabilité qu'il ait réussi le premier examen blanc est strictement supérieure à 0,5.

D Si un lycéen rate le second examen blanc, la probabilité qu'il ait également raté le premier examen blanc est strictement supérieure à 0,5.

⑩ Soit la fonction $f_n$ définie pour tout $x$ de $\mathbb{R}$ par $f_n(x) = x^n e^{-x^2}$, avec $n \geq 2$.

On note $C_n$ la courbe représentative de la fonction $f_n$ dans un repère orthonormé $(O, I, J)$ du plan.

On note $S_n$ le point de $C_n$ qui a pour abscisse $\sqrt{\frac{n}{2}}$.

A Pour tout x de $\mathbb{R}$, $f_n'(x) = -2nx^n e^{-x^2}$.

B Le maximum de la fonction $f_n$ sur $\mathbb{R}$ est $\sqrt{\frac{n}{2}}$.

C Pour tout $n \geq 2$, $S_2 \in C_n$.

D Pour tout $n \geq 2$, l'axe des abscisses est la tangente à $C_n$ à l'origine du repère.

# Exercices n^os 11 à 15 : Problème mathématique

**NOTE DU JURY**

Certaines questions peuvent être traitées indépendamment. D'autres nécessitent les résultats obtenus dans les questions précédentes.

Une société de vente par correspondance gère un réseau commercial et logistique composé de trois centres de commandes ($C_1$, $C_2$, $C_3$), de deux centres de préparation de commandes ($P_1$, $P_2$), et de deux centres de distribution D1, D2. Pour répondre à la demande de fin d'année, la direction générale désire évaluer la capacité mensuelle du réseau, c'est-à-dire le nombre maximum de commandes pouvant être prises, préparées et livrées en un mois. Le réseau (voir schéma) possède les caractéristiques suivantes exprimées en milliers de commandes par mois :

• les capacités maximales de prise de commandes des centres $C_1$, $C_2$ et $C_3$ sont respectivement de 30, 30 et 10. Toutes les commandes arrivées aux centres $C_1$, $C_2$ et $C_3$ doivent être traitées ;

• les capacités maximales de préparation des centres $P_1$ et $P_2$ sont respectivement de 10 et 60. Toutes les commandes arrivées aux centres $P_1$ et $P_2$ doivent être préparées ;

• les capacités de distribution pour les centres $D_1$ et $D_2$ sont respectivement de 30 et 50. Toutes les commandes arrivées aux centres $D_1$ et $D_2$ doivent être distribuées ;

• chaque centre de prise de commandes ($C_1$, $C_2$, $C_3$) peut alimenter les deux centres de préparation ($P_1$ et $P_2$) mais les capacités des liaisons informatiques limitent à un maximum de 20 000 commandes par mois le flux entre un centre de commande ($C_1$, $C_2$, $C_3$) et un centre de préparation de commandes ($P_1$ ou $P_2$) ;

• le centre $P_1$ alimente uniquement le centre $D_1$ et le centre $P_2$ alimente uniquement le centre $D_2$ ;

• le centre $D_2$ a la possibilité de transférer une partie de son activité sur le centre $D_1$ ; ce transfert ne peut pas dépasser 20 000 commandes par mois et ne réduit pas la capacité maximale de distribution du centre $D_2$.

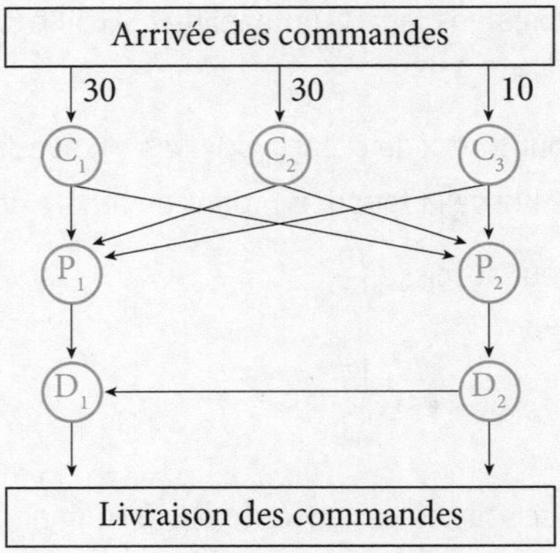


**11** Durant le mois dernier, on a relevé les informations suivantes : les centres de commandes $C_1$ et $C_2$ ont reçu chacun 20 000 commandes et le centre et $C_3$ a reçu seulement 10 000 commandes ; le centre $P_1$ avait reçu 10 000 commandes de $C^1$ et aucune commande de $C_2$ ; le centre $P_2$ avait reçu 10 000 commandes de $C_3$. Le centre $D_2$ n'a transféré aucune partie de son activité sur le centre $D_1$.

À partir des informations précédentes, on peut conclure qu'au mois dernier :

**A** Le centre $P_1$ a reçu 10 000 commandes de $C_3$.

**B** Le centre $P_2$ a reçu entre autres 10 000 commandes de $C_3$ et 20 000 commandes de $C_2$.

**C** Les centres distribution $D_1$ et $D_2$ ont distribué au total 50 000 commandes.

**D** Si $D_2$ avait transféré 10 000 commandes de son activité sur le centre $D_1$, alors les centres de distribution $D_1$ et $D_2$ auraient distribué au total 50 000 commandes.

**12** L'historique a permis de constater que parmi toutes les commandes arrivant à la société, il y en a 50 % qui arrivent à $C_1$ et seulement 30 % qui arrivent au centre $C_2$ (donc 20 % arrivent à $C_3$). On a aussi constaté que 70 % des commandes transmises aléatoirement par l'un des centres de commandes ($C_1$, $C_2$ ou $C_3$) sont préparées au centre $P_1$ (donc 30 % y sont préparées au centre $P_2$).

Sur la base des informations précédentes, on peut conclure :

**A** La probabilité qu'une commande soit reçue par le centre $C_1$ et préparée dans le centre $P_1$ est égale à 0,35.

**B** Il y a 1 chance sur 2 pour qu'une commande soit préparée dans le centre $P_1$ et reçue par l'un des centres $C_1$ ou $C_3$.

**C** La probabilité qu'une commande soit préparée dans le centre $P_2$ est égale à 0,35.

**D** Quand une commande a été préparée dans le centre $P_2$, la probabilité qu'elle ait été reçue par le centre $C_3$ est égale à 0,20.

**13** Le siège de la société se trouve dans la ville V. Les centres $C_1$, $C_2$, $C_3$, $P_1$ et $P_2$ se situent dans des villes différentes dont la configuration géographique est la suivante (voir figure). Toutes les distances s'expriment en km. $C_1$, $C_2$, $C_3$, $P_1$ se trouvent à la même distance de $P_2$. $C_1$, $C_2$, $P_2$ et la ville V sont alignés. La ville V se situe à une distance $x$ de $P_1$ et à une distance de 5 km de $C_1$.

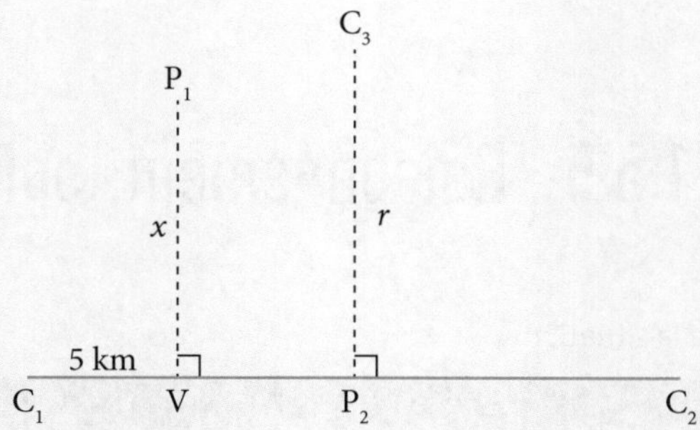


À partir des informations précédentes, on peut conclure que :

**A** $x^2 - 10r + 25 = 0$.

**B** Pour aller de $P_1$ à $C_3$, il faut parcourir au moins la distance $\sqrt{2r^2 + x^2 - 2xr + 10r + 25}$.

**C** La distance minimale entre $P_1$ et $C_2$ est égale à $\sqrt{4r^2 + x^2 - 25}$.

**D** Pour aller de la ville V à $C_2$ en passant par $C_3$ on parcourt au moins la distance $r\sqrt{2} + \sqrt{2r^2 - 10r + 25}$.

⓮ Dans les conditions de capacités maximales des différents centres, l'historique des commandes a montré que la situation mensuelle qui permet de distribuer le plus de commandes (c'est-à-dire celle qui maximise les capacités mensuelles de distribution pour les centres $D_1$ et $D_2$) est la suivante : les centres de commandes $C_1$, $C_2$ et $C_3$ devant traiter respectivement 30 000, 20 000 et 10 000 commandes ; le centre $P_2$ devant préparer 20 000 commandes de $C_1$, 20 000 commandes de $C_2$ et 10 000 commandes de $C_3$. On appelle situation optimale la situation permettant de distribuer le plus grand nombre de commandes.

À partir des informations précédentes, on peut conclure que dans la situation optimale :

**A** Le centre $P_1$ ne reçoit aucune commande ni de $C_2$ ni de $C_3$.

**B** Le centre $D_2$ n'a pas l'obligation de transférer une partie de son activité sur le centre $D_1$.

**C** Pour pouvoir distribuer plus de commandes, il suffit d'augmenter la capacité de liaison informatique reliant le centre $C_1$ au centre $P_1$.

**D** Pour pouvoir distribuer plus de commandes, il suffit d'augmenter la capacité de liaison informatique reliant le centre $C_2$ au centre $P_2$.

⓯ Les capacités de préparation des centres $P_1$ et $P_2$ ne sont plus limitées comme indiqué initialement. On note respectivement $x$ et $y$ les capacités journalières de préparation pour $P_1$ et $P_2$. Dans chaque centre de préparation $P_1$ et $P_2$, il y a 3 équipes de personnes qui y travaillent : une équipe du matin, une équipe de l'après-midi, et une équipe de nuit. On sait que chaque commande préparée par le centre $P_1$ nécessite 2 heures de travail le matin, 2 heures l'après-midi et 4 heures de travail la nuit. Chaque commande préparée par le centre $P_2$ nécessite 2 heures de travail le matin, 3 heures l'après-midi et 1 heure de travail la nuit. La direction limite le travail journalier global à un maximum de 6 000 heures le matin, 8 000 heures l'après-midi et 6 000 heures la nuit. L'objectif est de préparer le maximum de commandes.

À partir des informations précédentes, on peut en conclure que :

**A** $2x + 3y$ ″ 8 000

**B** Avec les conditions de travail fixées par la direction, le centre $P_1$ ne peut pas préparer plus de 1 500 commandes en 24 heures.

**C** Avec les conditions de travail fixées par la direction, les centres $P_1$ et $P_2$ peuvent préparer respectivement 1 500 et 1 000 commandes en 24 heures.

**D** La capacité optimale de préparation journalière totale des 2 centres $P_1$ et $P_2$ est égale à 3 000 commandes.

# Corrigé

# Exercices $n^{os}$ 1 à 5 : Raisonnement logique

**❶ VFFV**

Le tableau suivant résume la situation.

| Nombre de ... | Roues | Places | Guidon | Volant | Nombre de véhicules |
|---|---|---|---|---|---|
| Vélos | 2 | 1 | 1 | 0 | $a=3$ |
| Tricycles | 3 | 1 | 1 | 0 | $b=4$ |
| Voitures | 4 | 2 | 0 | 1 | $c=2$ |

On a le système $\begin{cases} a+b+2c=11 & (1) \\ 2a+b-4c=2 & (2) \\ a-b+c=1 & (3) \end{cases}$

(1) Les 11 petits-enfants peuvent s'installer tous en même temps dans les véhicules et occupent toutes les places.

Nombre total de places : $a+b+2c$.

Nombre de petits-enfants : 11.

(2) Nombre de roues au total : $2a+3b+4c$.

Nombre de guidons : $a+b$.

Donc $2a+3b+4c=4(a+b)-2 \quad 2a+3b+4c=4a+4b-2 \quad a+b-4c=2$.

(3) Ensemble des véhicules non tricycles : $a+c$.

Donc $b=a+c-1 \quad a-b+c=1$.

En effectuant $(1)+(3)$, on obtient $2a+3c=12$.

En effectuant $(2)+(3)$, on obtient $3a-3c=3$.

Résolvons donc $\begin{cases} 2a+3c=12 \\ 3a-3c=3 \end{cases}$.

Par addition : $5a=15 \quad a=3$.

En remplaçant $a$ par 3 : $6+3c=12 \quad 3c=6 \quad c=2$.

En remplaçant dans (3) : $3-b+2=1 \quad b=4$.

Donc **A et D sont vraies (V)**.

Nombre de véhicules monoplaces : 7 donc **B est fausse (F)**

Nombre de roues : $6+12+8=26$ donc **C est fausse (F)**.

**❷ FFVF**

On désigne par des lettres majuscules les quantités d'eau utilisées par Albane, Bérénice et Claire et exprimées en litres, et par des lettres minuscules les quantités de sirop. La boisson d'Albane (respectivement Bérénice et Claire) contient une quantité de liquide égale à $A+a$, celle de Bérénice égale à $B+b$ et celle de Claire égale à $C+c$.

On a le système $\begin{cases} a+b+c=0{,}6 & (1) \\ 0{,}5a+c=0{,}2 & (2). \\ a+b-5c=0 & (3) \end{cases}$

(1) Quantité totale de sirop : $a + b + c$.

(2) La boisson de Claire mélangée à la moitié de celle d'Albane contient une quantité de sirop égale à $c + \frac{1}{2}a$ donc $c + 0{,}5a = 0{,}2$.

(3) Le reste de la boisson d'Albane contient une quantité de sirop égale à $\frac{1}{2}a$. On la mélange à $\frac{1}{2}b$ et on obtient une quantité de sirop égale à $\frac{1}{2}a + \frac{1}{2}b = 0{,}5(a + b)$. La quantité de liquide de cette boisson est $2 + 3 = 5$ litres. Le pourcentage de sirop est donc $\frac{0{,}5(a+b)}{5} = 0{,}1(a + b)$. Le pourcentage de sirop dans la boisson initiale de Claire est $\frac{c}{2} = 0{,}5c$ donc $0{,}1(a + b) = 0{,}5c$ $\quad 0{,}1a + 0{,}1b - 0{,}5c = 0$, soit $a + b - 5c = 0$ après multiplication par 10.

En effectuant (1) – (3) on trouve $6c = 0{,}6$ $\quad$ $c = \mathbf{0{,}1}$.

(2) fournit $0{,}5a = 0{,}2 - 0{,}1$ $\quad a = \frac{0{,}1}{0{,}5}$ $\quad a = \mathbf{0{,}2}$.

Alors, par (1), on a $b = 0{,}6 - 0{,}1 - 0{,}2$ $\quad b = \mathbf{0{,}3}$.

C'est pourquoi **A et B sont fausses (F)**.

**C est vraie (V)**. La boisson de Bérénice contient une proportion de sirop égale à $\frac{0{,}3}{6} = 5\ \%$. Si on prend 20 cl de cette boisson on a $5\ \% \times 20$ cl = 1 cl de sirop.

**D est fausse (F)**. Les proportions de sirop des boissons de A et C sont respectivement $\frac{0{,}2}{4} = 5\ \%$ et $\frac{0{,}1}{2} = 5\ \%$. Les trois boissons contiennent donc 5 % de sirop chacune. Si on se sert 10 cl de chacune des boissons, on obtient 30 cl d'une boisson contenant 5 % de sirop. C'est pourquoi on aura 1,5 cl de sirop.

**3 FFFF**

Le tableau ci-dessous résume la situation. Les numéros indiquent l'ordre de placement des prénoms.

| | Pierre | Pascal | Paul |
|---|---|---|---|
| Le dossier détenu est celui de… | Paul | Pierre (4) | Pascal (2) |
| Le badge porté est celui de… … | Pascal | Paul (3) | Pierre (1) |

En effet, Pascal ou Paul porte le badge de Pierre. Ce n'est pas Pascal car il ne peut détenir son dossier. C'est donc Paul qui porte le badge de Pierre et détient le dossier de Pascal. Pascal ne peut alors porter que le badge de Paul et donc le dossier de Pierre. Dès lors le reste du tableau se remplit immédiatement.

**4 FVFF**

Comme BF = 4, le théorème de Pythagore appliqué dans le triangle rectangle ABF montre que $AF^2 = AE^2 + BF^2 = 3^3 + 4^2 = 25$ $\quad$ AF = 5. De même BC = CD = EF = 5.

Le tableau suivant résume la situation :

| Tronçons | AB | BC | CD | DE | EF | FA |
|---|---|---|---|---|---|---|
| Distances (miles) | 3 | 5 | 5 | 3 | 5 | 5 |
| Vitesses 1 (nœuds) | 20 | 20 | 20 | 20 | 20 | 20 |
| Temps cumulés 1 (minutes) | 9 | 24 | 39 | 48 | 63 | 78 |
| Vitesses 2 (nœuds) | 15 | 20 | 25 | 15 | 20 | 25 |
| Temps cumulés 2 (minutes) | 12 | 27 | 39 | 51 | 66 | 78 |

Pour obtenir les temps de parcours, on utilise la formule $d = vt \quad t = \frac{d}{v}$. On convertit ensuite en minutes. Ainsi pour le tronçon AB, le temps de parcours en heures est $\frac{3}{20}$ donc $\frac{3}{20} \times 60$ minutes, c'est-à-dire 9 minutes pour le bateau 1 et $\frac{3}{15} \times 60 = 12$ minutes pour le bateau 2.

Le temps de parcours pour le tronçon BC est $\frac{5}{20} \times 60 = 15$ minutes pour le bateau 1 et le bateau 2.

Les temps cumulés du parcours AB + BC sont donc respectivement $9 + 15 = 24$ et $15 + 15 = 30$.

On complète de la même façon les autres temps cumulés.

**A** **est fausse (F)**. La distance totale est de 26 miles.

**B** **est vraie (V)** car $78' = 60' + 18' = 1$ h 18.

**C** **est fausse (F)**. Les bateaux 1 et 2 arrivent ex aequo en 1 h 18.

**D** **est fausse (F)**. Les temps cumulés du bateau 1 sont toujours inférieurs ou égaux à ceux du bateau 2. Donc, les vitesses étant constantes, le bateau 2 n'aura jamais été dépassé.

### 5 VVFV

On note par exemple *VRR* le tirage de trois boules comportant dans l'ordre : une boule verte, une boule rouge, une boule rouge.

**A** **est vraie (V)** car $P(A_2) = P(VR) + P(RV) = \frac{1}{2} \times \frac{1}{2} + \frac{1}{2} \times \frac{1}{2} = \frac{1}{4} + \frac{1}{4} = \frac{1}{2}$.

**B** **est vraie (V)** car l'événement $\overline{A_n}$ signifie que les tirages sont unicolores, c'est-à-dire contiennent soit uniquement des boules vertes soit uniquement des boules rouges. Donc :

$$P(\overline{A_n}) = P\ \underbrace{VV\ldots V}_{n \text{ fois } V}\ + P\ \underbrace{RR\ldots R}_{n \text{ fois } R}\ = \frac{1}{2} \times \frac{1}{2} \times \ldots \times \frac{1}{2} + \frac{1}{2} \times \frac{1}{2} \times \ldots \times \frac{1}{2} = \frac{1}{2^n} + \frac{1}{2^n} = 2 \times \frac{1}{2^n} = \frac{1}{2^{n-1}}.$$

**C** **est fausse (F)** car $\overline{B_2}$ signifie qu'on a obtenu deux boules vertes en deux tirages. Donc :

$$P(\overline{B_2}) = P(VV) = \frac{1}{4} \quad P(B_2) = 1 - \frac{1}{4} = \frac{3}{4}.$$

**D** **est vraie (V)** car $A_3 \cap B_3$ est l'événement « on a obtenu une boule verte et deux boules rouges au cours de trois tirages ». Donc :

$$P(A_3 \cap B_3) = P(VRR) + P(RVR) + P(RRV) = \frac{1}{2} \times \frac{1}{2} \times \frac{1}{2} + \frac{1}{2} \times \frac{1}{2} \times \frac{1}{2} + \frac{1}{2} \times \frac{1}{2} \times \frac{1}{2} = 3 \times \frac{1}{8} = \frac{3}{8}.$$

# Exercices n$^{os}$ 6 à 10 : Raisonnement mathématique

### 6 VVFF

**A** **est vraie (V).** $f(0) = 1$ donc le point $J(0\,;1)$ appartient à $C_f$.

**B** **est vraie (V).** Les antécédents de 1 sont les nombres $x$ tels que $f(x) = 1$. Cette équation équivaut à :

$1 + x - xe^{-x^2+1} = 1$ c'est-à-dire $x\left(1 - e^{-x^2+1}\right) = 0 \quad x = 0$ ou $1 - e^{-x^2+1} = 0$

$x = 0$ ou $e^{-x^2+1} = 1$.

Or $e^{-x^2+1} = 1 \quad -x^2 + 1 = 0 \quad x^2 = 1 \quad x = -1$ ou $x = 1$.

Les antécédents de 1 sont donc – 1,0 et 1.

**C** **est fausse (F).** En utilisant les formules $(uv)' = u'v + uv'$ et $(e^u)' = u'e^u$ on trouve :

$f'(x) = 0 + 1 - \left(1 \times e^{-x^2+1} + x(-2x)e^{-x^2+1}\right) = 1 - e^{-x^2+1} + 2x^2e^{-x^2+1}$

**D** **est fausse (F).** Le coefficient directeur de la tangente $T_0$ est $f'(0)$. Or $f'(0) = 1 - e \quad f'(0) < 0$.

### ❼ FFVV

**A est fausse (F).** En utilisant la formule $\left(\dfrac{u}{v}\right)' = \dfrac{u'v - uv'}{v^2}$ :

$$f'(x) = 5\frac{\frac{1}{x}\sqrt{x} - \ln(x)\frac{1}{2\sqrt{x}}}{\left(\sqrt{x}\right)^2} = 5\frac{\frac{1}{\sqrt{x}} - \frac{1}{2\sqrt{x}}\ln(x)}{x} = 5\frac{\frac{1}{\sqrt{x}}\left(1 - \frac{1}{2}\ln(x)\right)}{x} = 5\frac{\left(1 - \frac{1}{2}\ln(x)\right)}{x\sqrt{x}}.$$

**B est fausse (F).** $f(x) = -5 \quad \dfrac{\ln(x)}{\sqrt{x}} = -1 \quad \ln(x) = -\sqrt{x} = -x^{\frac{1}{2}} \quad x = e^{-x^{\frac{1}{2}}} \quad x = \dfrac{1}{e^{x^{\frac{1}{2}}}} = \dfrac{1}{e^{\sqrt{x}}}.$

**C est vraie (V).** Le point $I$ a pour abscisse 1. L'équation de $T$ est donc $y = f'(1)(x-1) + f(1)$.
$f'(1) = 5$ et $f(1) = 0$. Donc $y = 5(x-1) = 5x - 5$.

**D est vraie (V).** On a en effet le tableau de variations ci-dessous.

$f'(x) = 0 \quad 1 - \dfrac{1}{2}\ln(x) = 0 \Leftrightarrow \ln(x) = 2 \quad x = e^2 \; f(e^2) = \dfrac{5\ln(e^2)}{\sqrt{e^2}} = \dfrac{10}{e}.$

| $x$ | $0$ | | $e^2$ | | $+\infty$ |
|---|---|---|---|---|---|
| $f'(x)$ | ‖ | $+$ | $0$ | $-$ | |
| $f(x)$ | ‖ | ↗ | $\dfrac{10}{e}$ | ↘ | |

### ❽ FFVF

En utilisant la formule $(u^n)' = nu'u^{n-1}$ et $(e^{ax+b})' = a\,e^{ax+b}$ :

$f'(x) = 2(x+1)e^{-x} + (x+1)^2(-1)e^{-x} = (2x + 2 - x^2 - 2x - 1)e^{-x} = (1 - x^2)e^{-x}$

$g'(x) = -e^{-x}$

**A est fausse (F).** En effet, pour tout $x \in [1 ; +\infty[$, $f'(x) \leq 0$ donc $f$ est décroissante sur cet intervalle et n'est donc pas croissante sur $[0 ; +\infty[$.

**B est fausse (F).** Les abscisses $x$ des éventuels points d'interaction de $C_f$ et $C_g$ sont les solutions éventuelles de l'équation $f(x) = g(x)$, c'est-à-dire :

$(x+1)^2 e^{-x} = e^{-x} \quad (x+1)^2 = 1 \quad x^2 + 2x + 1 = 1 \quad x(x+2) = 0$

Cette équation a deux solutions qui sont 0 et – 2 donc $C_f$ et $C_g$ ont deux points en commun.

**C est vraie (V).** Le point $J$ ayant pour abscisse 0, les coefficients directeurs des tangentes à $C_f$ et $C_g$ en $J$ sont respectivement $f'(0)$ et $g'(0)$ c'est-à-dire 1 et – 1. Ces tangentes sont donc perpendiculaires car le produit de leurs pentes est égal à – 1.

**D est fausse (F).** $1 > g(x) \quad 1 > e^{-x} \quad 0 > -x \quad 0 < x \Leftrightarrow x \in ]0 , +\infty[.$

**9 FVVF**

L'arbre ci-dessous résume l'énoncé sachant que $S$ signifie « succès » et $E$ signifie « échec ».

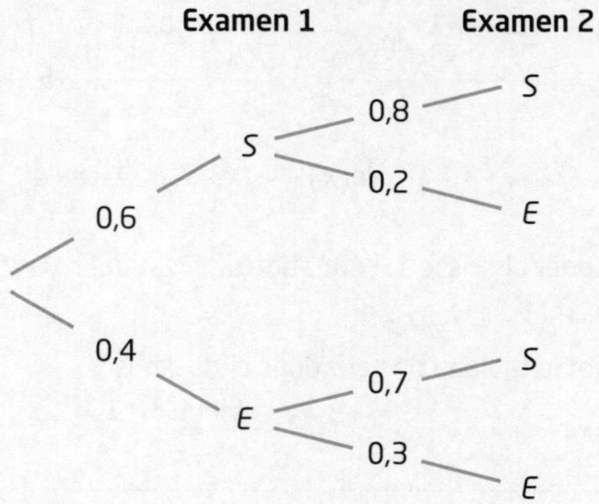


On place en premier 0,6 puis 0,3 puis 0,2. Les quatre autres probabilités s'en déduisent sachant que la somme des branches qui ont la même racine est égale à 1.

On note par exemple $ES$ l'événement « l'élève a raté le premier examen et réussi le second ». De même on note par exemple $S_1$ l'événement « l'élève a réussi le premier examen ».

**A est fausse (F).** En effet $P(SS) = 0{,}6 \times 0{,}8 = 0{,}48$.

**B est vraie (V).** La probabilité cherchée est en effet égale à $P(SS) + P(ES) = 0{,}48 + 0{,}7 \times 0{,}4 = 0{,}76$.

**C est vraie (V).** On cherche $P_{S_2}(S_1) = \dfrac{P(S_1 \cap S_2)}{P(S_2)} = \dfrac{0{,}48}{0{,}76} = \dfrac{48}{76} = \dfrac{12}{19}$

**D est fausse (F).** On cherche $P_{E_2}(E_1) = \dfrac{P(E_1 \cap E_2)}{P(E_2)} = \dfrac{0{,}6 \times 0{,}2}{0{,}6 \times 0{,}2 + 0{,}4 \times 0{,}3} = \dfrac{0{,}12}{0{,}24} = \dfrac{1}{2}$

**10 FFVV**

> **NOTE DU FORMATEUR**
>
> Nous supposons que $n$ est un entier. Sinon, si $n = \dfrac{5}{2}$ par exemple, on ne peut calculer $x^{\frac{5}{2}} = x^2\sqrt{x}$ pour $x < 0$ et $f$ ne serait pas définie sur $\mathbb{R}$.

Sachant que les dérivées respectives de $x^n$ et $e^u$ sont $nx^{n-1}$ et $u'e^u$ on trouve :

$f_n'(x) = nx^{n-1}e^{-x^2} + x^n(-2x)e^{-x^2} = x^{n-1}e^{-x^2}(n - 2x^2)$.

**A est donc fausse (F).**

**B est fausse (F).** Si $f_n$ a un extremum en $x$ alors $f_n'(x) = 0$ c'est-à-dire :

$x = 0$ ou

$n - 2x^2 = 0 \quad x^2 = \dfrac{n}{2} \quad x = -\sqrt{\dfrac{n}{2}}$ ou $x = \sqrt{\dfrac{n}{2}}$.

Or $f_n(0) = 0$, $f_n\left(-\sqrt{\dfrac{n}{2}}\right) = \left(-\sqrt{\dfrac{n}{2}}\right)^n e^{-\frac{n}{2}}$ et $f_n\left(\sqrt{\dfrac{n}{2}}\right) = \left(\sqrt{\dfrac{n}{2}}\right)^n e^{-\frac{n}{2}}$. Tous ces nombres étant différents de $\sqrt{\dfrac{n}{2}}$, le maximum de $f_n$ n'est donc pas $\sqrt{\dfrac{n}{2}}$.

**C est vraie (V).** $S_2$ ayant pour abscisse $\sqrt{\frac{2}{2}} = 1$, son ordonnée est égale à $f_2(1) = e^{-1}$. De plus, pour tout $n \geq 2$ : $f_n(1) = e^{-1}$ donc $S_2 \in C_n$ pour tout $n \geq 2$.

**D est vraie (V).** Pour tout $n \geq 2$ $f_n(0) = 0$ donc chaque courbe $C_n$ passe par l'origine du repère, qui a pour abscisse 0. Le coefficient directeur de la tangente en ce point est $f'_n(0)$ c'est-à-dire 0. La tangente est donc horizontale et passe par l'origine. C'est pourquoi c'est l'axe des abscisses.

# Exercices n$^{os}$ 11 à 15 : Problème mathématique

**⓫ FVVV**

Le tableau suivant résume la situation. Les nombres en noir sont les données de l'exercice (par exemple $P_1$ reçoit 0 commande de $C_2$) et les nombres en bleu s'en déduisent (par exemple 20 est le nombre des commandes de $C_2$ qui doivent être traitées sachant que $P_1$ n'en traite aucune). Les exposants indiquent l'ordre dans lequel on les a placés : le premier est 10, le deuxième est 20 et le troisième est 0. Les autres nombres s'obtiennent par somme.

| | | $P_1$ | $P_2$ | Total des commandes traitées par $P_1$ et $P_2$ |
|---|---|---|---|---|
| Commandes reçues de : | $C_1$ | 10 | $10^1$ | 20 |
| | $C_2$ | 0 | $20^2$ | 20 |
| | $C_3$ | $0^3$ | 10 | 10 |
| Total des commandes reçues | | 10 | 40 | 50 |

**A est fausse (F)** car $P_1$ n'a reçu aucune commande de $C_3$.

**B est vraie (V).**

**C est vraie (V)** car il y a 50 000 commandes en tout.

**D est vraie (V)** car il y a 50 000 commandes en tout.

**⓬ VFFV**

L'arbre ci-contre résume la situation.

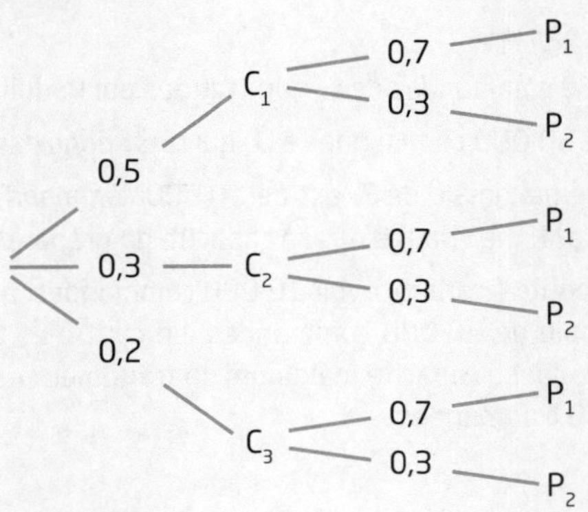

**A est vrai (V)** car $P(C_1 \cap P_1) = 0{,}5 \times 0{,}7 = 0{,}35$.

**B est fausse (F)** car $P(C_1 \cap P_1) + P(C_3 \cap P_1) = 0{,}35 + 0{,}2 \times 0{,}7 = 0{,}35 + 0{,}14 = 0{,}49$.

**C est fausse (F)** car $P(P_2) = 0{,}3$.

**D est vraie (V).** On cherche $P_{P_2}(C_3) = \dfrac{P(C_3 \cap P_2)}{P(P_2)} = \dfrac{0{,}2 \times 0{,}3}{0{,}3} = 0{,}2$.

## ⓭ VFFV

On se réfère à la figure ci-dessous.

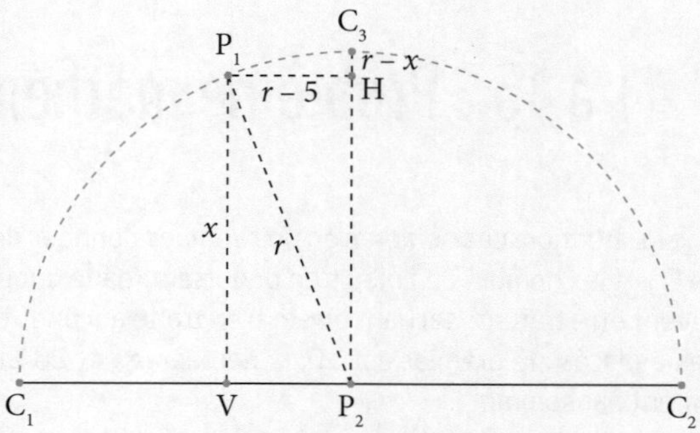


**A est vraie (V).** Dans le triangle rectangle $P_1VP_2$ le théorème de Pythagore fournit $P_1P_2^2 = VP_1^2 + VP_2^2$ c'est-à-dire $r^2 = x^2 + (r-5)^2$ $\quad r^2 = x^2 + r^2 - 10r + 25$ $\quad x^2 - 10r + 25 = 0$.

**B est fausse (F).** Dans le triangle rectangle $P_1HC_3$ : $P_1C_3^2 = P_1H^2 + HC_3^2$. Donc :

$P_1C_3^2 = (r-5)^2 + (r-x)^2 = r^2 - 10r + 25 + r^2 - 2rx + x^2 = 2r^2 + x^2 - 2rx - 10r + 25$.

Et ainsi : $P_1C_3 = \sqrt{2r^2 + x^2 - 2rx - 10r + 25}$.

C'est la distance minimum (car c'est la ligne droite) qu'il faut parcourir pour aller de $P_1$ à $C_3$.

**C est fausse (F).** Dans le triangle rectangle $VP_1C_2$ : $P_1C_2^2 = VP_1^2 + VC_2^2$. Donc :

$P_1C_2^2 = x^2 + (2r-5)^2 = x^2 + 4r^2 - 20r + 25$ $\quad P_1C_2 = \sqrt{4r^2 + x^2 - 20r + 25}$.

C'est la distance minimum (car c'est la ligne droite) qu'il faut parcourir pour aller de $P_1$ à $C_2$.

**D est vraie (V).** La distance minimum est $VC_3 + C_3C_2$.

Or, dans le triangle rectangle $VC_3P_2$ :

$VC_3^2 = P_2V^2 + P_2C_3^2 = (r-5)^2 + r^2 = 2r^2 - 10r + 25$ $\quad VC_3 = \sqrt{2r^2 - 10r + 25}$.

Dans le triangle rectangle $C_3P_2C_2$ : $C_3C_2^2 = P_2C_2^2 + P_2C_3^2 = 2r^2$ $\quad C_3C_2 = \sqrt{2r^2} = r\sqrt{2}$.

## ⓮ VVFV

**A est vraie (V)** car les 10 000 commandes de $C_1$ non traitées par $P_2$ doivent l'être.

**B est vraie (V)** car $P_2$ envoie 50 000 commandes à $D_2$ qui n'est donc pas saturé.

**C est fausse (F).** La capacité maximale de $P_1$ est de 10 000 commandes. Augmenter la capacité de liaison informatique entre $C_1$ et $P_1$ ne change pas sa capacité de préparation.

**D est vraie (V).** En effet $C_2$ peut encore recevoir 10 000 commandes, qui seront transférées à $P_2$ qui atteindra sa capacité maximale de 60 000 commandes. Le centre $D_2$ transférera ces 10 000 commandes supplémentaires à $D_1$ car sa capacité maximum de traitement est de 50 000 commandes. On pourra donc distribuer 70 000 commandes.

**⓯ VVFV**

Le tableau ci-contre récapitule les contraintes horaires pour chaque période (Matin, Après-midi, Nuit).

| | Matin | Après-midi | Nuit |
|---|---|---|---|
| $P_1$ | 2 | 2 | 4 |
| $P_2$ | 2 | 3 | 1 |

On comprend que $x$ et $y$ désignent le nombre de commandes quotidiennes préparées respectivement dans $P_1$ et $P_2$. Compte tenu des contraintes horaires, on a :

$$\begin{aligned} 2x+2y &\leq 6\,000 \\ 2x+3y &\leq 8\,000 \\ 4x+y &\leq 6\,000 \end{aligned}$$

**A est vraie (V)** (équation n° 2).

**B est vraie (V).** L'équation n° 3 montre que si $x = 1\,500$ alors $4x + y = 6\,000$ ; le maximum de commandes préparées par $P_1$ est atteint (et dans ce cas $y = 0$).

**C est fausse (F).** Dans la troisième inéquation, on aurait $4x + y = 4 \times 1\ 500 + 1\,000 = 7\,000$.

**D est vraie (V).** En effet si $x + y = 3\,000$ alors $x = 3\,000 - y$.

En reportant cette valeur dans le système initial, on trouve :

$$\begin{aligned} 2(3\,000-y)+2y &\leq 6\,000 \\ 2(3\,000-y)+3y &\leq 8\,000 \\ 4(3\,000-y)+y &\leq 6\,000 \end{aligned} \qquad \begin{aligned} 6\,000 &\leq 6\,000 \\ 6\,000+y &\leq 8\,000 \\ 12\,000-3y &\leq 6\,000 \end{aligned} \qquad \begin{aligned} y &\leq 2\,000 \\ 6\,000 &\leq 3y \end{aligned} \qquad \begin{aligned} y &\leq 2\,000 \\ 2\,000 &\leq y \end{aligned}$$

Par conséquent $y = 2\,000$. Alors $x = 1\,000$. En remplaçant $x$ par 1 000 et $y$ par 2 000 on obtient

$$\begin{aligned} 2x+2y &= 6\,000 \\ 2x+3y &= 8\,000 \\ 4x+y &= 6\,000 \end{aligned}$$

qui montre que les capacités maximales sont atteintes.

# Ouverture culturelle et anglais

DURÉE 1 HEURE 30



COEFFICIENTS

ESDES 6

ESSCA et IÉSEG 3

# Ouverture culturelle

# Méthodologie et conseils

## 1. Présentation de l'épreuve

L'épreuve d'ouverture culturelle consiste à répondre à 75 questions à choix multiples en 45 minutes.

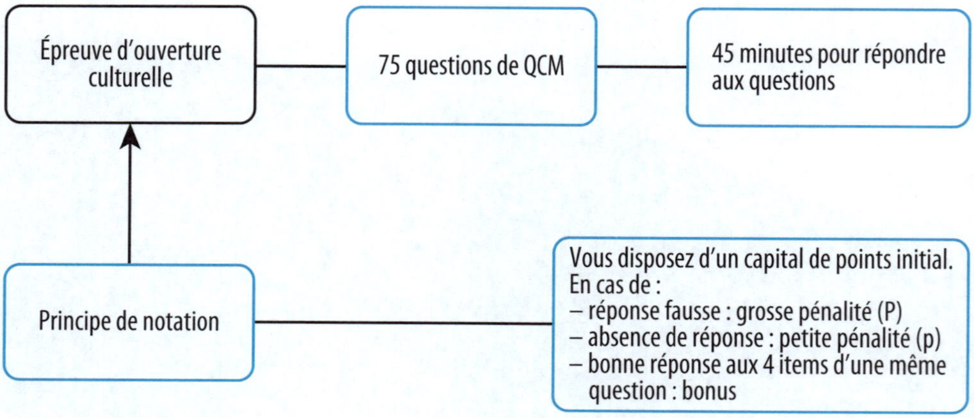


Vous pouvez télécharger gratuitement les annales des sujets passées sur Internet pour avoir un aperçu précis de l'épreuve.

## 2. Une épreuve discriminante

Le QCM d'ouverture culturelle est une épreuve rapidement **discriminante**. Se détachent les candidats qui « ont » de la culture générale et les autres. Or, il n'est pas aisé de devenir cultivé simplement en le souhaitant à quelques mois d'un concours. C'est un travail de longue haleine, commencé depuis votre plus tendre enfance. Si vos parents vous ont souvent amené aux musées, vous ont invité à lire ou vous ont permis de voyager, vous avez de la chance. Pierre Bourdieu dirait qu'ils contribuent à une reproduction sociale forte entre les générations. Néanmoins, la mobilité sociale existe pour tous.

Ne vous reposez donc pas sur vos acquis, ou ne vous résignez pas si vous êtes moins confiant !

# 3. Conseils pour réussir l'épreuve

Les 75 questions du QCM peuvent concerner tous les domaines, de manière relativement aléatoire, il est donc très difficile d'anticiper les questions et de réviser spécifiquement en ce sens.

Le but est d'être le moins mauvais, à défaut d'être le meilleur : **ne répondez que si vous êtes sûr de votre réponse** car les réponses fausses entraînent des pénalités plus fortes que l'absence de réponse ! **Ne soyez pas troublé par les questions**, dites-vous bien qu'il en est autant pour les autres candidats, dans l'ensemble !

Les 75 questions sont classées selon des thèmes récurrents d'une année sur l'autre.

**Thèmes des questions du QCM d'ouverture culturelle**

- Histoire, géographie, mythes et religions
- Idées, sciences et techniques
- Politique, économie et société
- Arts, loisirs et médias

Si cette épreuve évalue votre culture générale, il n'est pas inutile de revoir certaines de vos connaissances et d'en apprendre de nouvelles en vue du concours.

Tout d'abord, il est essentiel de parcourir tous les jours un quotidien national ou son site web . Lisez bien entendu les pages sur l'actualité politique, mais ne négligez pas pour autant les pages culturelles, qui vous donneront de précieuses indications sur les tendances du moment. Si vous ne vous sentez pas à l'aise sur un sujet d'actualité, n'hésitez pas à faire des recherches et à rédiger une fiche récapitulative que vous pourrez relire à l'approche du concours. Veillez à suivre les principales polémiques et assurez-vous de pouvoir identifier les acteurs et leurs positions.

Révisez ensuite les auteurs et les œuvres classiques de la littérature française, les mythes fondateurs et l'histoire de France. Il faut que vous puissiez situer les principaux rois et dire ce qu'ils ont accompli d'important pendant leur règne. Vous devez également pouvoir retracer l'évolution des relations de la France avec le reste du monde (découvertes, colonisation, guerres, alliances, etc.).

Enfin, faites des fiches sur chaque pays, avec des informations variées sur la langue parlée, le système politique, les personnages clés, la capitale, la population, les minorités ethniques, le poids économique, l'industrie et les faits récents d'actualité.

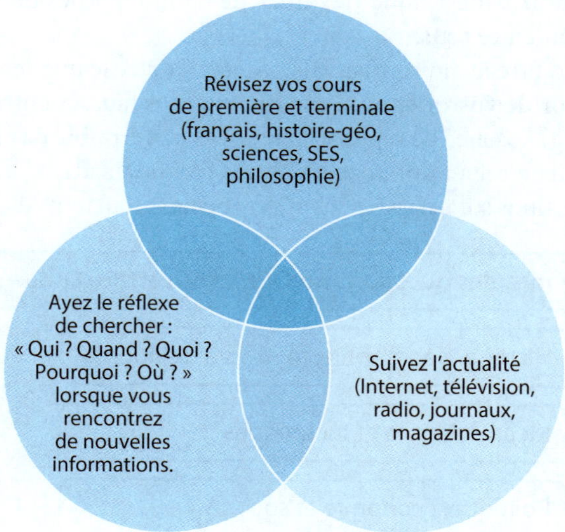

# Sujets corrigés

## SUJET 1 : Ouverture culturelle

**DURÉE :** 45 MINUTES

# Histoire, géographie, mythes et religions

**1 Surnoms des grandes figures de l'histoire :**

A Joseph Staline, le Petit Père des peuples.
B Mao Zedong, le Grand Minotier.
C la reine Élisabeth II, la Dame de fer.
D Jeanne d'Arc, la Pucelle d'Orléans.

**2 La mer :**

A Rouge est bordée par l'Érythrée.
B de Chine fait l'objet de tensions entre la Chine et le Vietnam.
C d'Aral est un lac d'eau salée asséché.
D Morte est un lac salé situé sur le territoire israélien.

**3 François Ier :**

A était l'ami de Charles Quint.
B a conquis une partie de l'Italie.
C a contribué à l'essor de la Renaissance.
D a créé le Code civil.

**4 Enfers dans la mythologie grecque :**

A Achéron en est le gardien.
B Hadès est le dieu grec des enfers.
C Cerbère est un chat à deux cornes qui garde la porte des Enfers.
D Le Tartare est une prison des Enfers, le lieu d'expiation des fautes.

**5 La guerre des Six Jours en 1967 :**

A a duré six jours.
B a été déclenchée par la Syrie.
C a permis à Israël d'annexer la partie arabe de Jérusalem.
D a anéanti l'aviation arabe.

**❻ Disciplines de la géographie :**

A L'hydrologie.

B La météorologie.

C La cartomancie.

D La géologie.

**❼ Déclarations d'indépendance :**

A Les États-Unis en 1876.

B L'Algérie en 1942.

C La Bosnie-Herzégovine en 1992.

D Cuba en 1982.

**❽ Fêtes religieuses :**

A L'Aïd el-Kébir célèbre la soumission d'Abraham à Dieu.

B Hanouka est une fête hindouiste.

C La Semaine sainte annonce Noël.

D La fête des Morts pour les catholiques est le 2 novembre.

**❾ États qui ont une frontière commune avec le Brésil :**

A Le Mexique.

B L'Argentine.

C La Colombie.

D La Guyane.

**❿ L'URSS :**

A signifie Union républicaine des sociétés soviétiques.

B a été dissoute en 1981.

C incluait la Géorgie.

D Le mur de Berlin est tombé en novembre 1983.

**⓫ Territoire français :**

A Les régions sont au nombre de 10.

B En 2018, l'indépendance de la Nouvelle-Calédonie a été définitivement acceptée par référendum.

C Les régions ont fait l'objet d'une réforme en 2015.

D La préfecture de la région Auvergne-Rhône-Alpes est à Clermont-Ferrand.

**⓬ Présidents américains dans l'histoire :**

A John Kennedy et le Watergate.

B Franklin Roosevelt et le New Deal.

C Harry Truman et l'usage de la bombe atomique.

D Richard Nixon et le krach boursier de Wall Street en 1919.

**⓭ Les îles Canaries sont un archipel espagnol qui comprend :**

A Tenerife.

B Fuerteventura.

C Madère.

D Les Açores.

**⑭ En Afrique du Sud, l'apartheid :**

A vient d'un mot afrikaner qui signifie « séparation ».
B a été institué à la fin de la Seconde Guerre mondiale.
C a été combattu par l'African National Congress.
D a été aboli en 1971.

**⑮ Le Japon :**

A est un archipel composé de trois îles.
B est surnommé l'empire du Milieu.
C a pour point culminant le mont Kiso.
D est une république parlementaire.

**⑯ Récits bibliques :**

A Abel et Caïn sont les enfants d'Adam et Ève.
B Sodome et Gomorrhe sont deux villes détruites par le feu divin.
C Abraham a conduit les Hébreux hors d'Égypte.
D Le souverain Babelio a donné son nom à la tour de Babel.

**⑰ Les discours les plus célèbres de Charles de Gaulle sont :**

A l'appel du 18 juin 1940.
B le discours de Bayeux.
C le discours de Yalta.
D le discours d'Alger.

**⑱ Parmi les colonies françaises, lesquelles ont répondu « oui » à l'intégration dans la Communauté franco-africaine en 1958 :**

A le Maroc.
B le Tchad.
C la Guinée.
D le Congo.

**⑲ Travaux d'Hercule (ou Héraclès) :**

A Tuer le lion de Némée.
B Tuer l'hydre de Lerne à 9 têtes.
C Tuer le Minautore.
D Nettoyer les écuries d'Augias.

**⑳ Mythologie grecque :**

A Les Titans sont les enfants de Zeus.
B Zeus a deux femmes, Héra et Artémis.
C Zeus a eu des enfants avec des mortelles : ce sont des demi-dieux.
D Aphrodite est la déesse de l'amour et de la beauté.

**㉑ Ulysse :**

A L'auteur de l'épopée l'*Iliade* et l'*Odyssée* est Platon.
B L'*Iliade* raconte la guerre de Troie entre les Troyens et les Achéens.
C L'*Odyssée* est le récit du retour d'Ulysse sur son île de Chypre.
D Le fils d'Ulysse qu'il retrouve en rentrant chez lui se prénomme Télémaque.

**㉒ Expressions tirées de la mythologie :**

A *Jouer les cassandres* signifie faire sa diva.

B *Tomber de Charybde en Scylla* signifie devenir SDF.

C *Se croire sorti de la cuisse de Jupiter* signifie être prétentieux.

D *Être dans les bras de Morphée* signifie dormir profondément.

**㉓ La vision de la mort dans l'Égypte antique :**

A le mort est entouré dans sa tombe de nourriture, boissons et objets de la vie quotidienne.

B le dieu Osiris se charge du jugement des morts.

C le pharaon est toujours enterré dans la ville d'Alexandrie.

D les Égyptiens incinéraient leurs morts et jetaient les cendres dans le Nil.

# Idées, sciences et techniques

**㉔ Sciences politiques :**

A Le populisme fait la part belle aux élites.

B La démocratie participative repose sur une participation financière à un parti politique.

C La doctrine de la porte ouverte a favorisé le libéralisme économique dans les pays coloniaux.

D Le bonapartisme s'appuie sur un État fort et décentralisé.

**㉕ Couleurs :**

A Les trois couleurs dites primaires ou élémentaires sont le rouge, le jaune et le bleu.

B Le vert est la couleur complémentaire du rouge.

C Le daltonisme correspond à l'absence de vision des couleurs.

D Les drapeaux belge et allemand ont les mêmes couleurs.

**㉖ Agriculture :**

A La culture sur brûlis n'est pratiquée qu'en Asie.

B La culture bio interdit l'utilisation de tout engrais.

C L'amendement d'un sol consiste à le labourer.

D L'assolement triennal permet d'alterner deux périodes de culture et une de jachère.

**㉗ Théories et concepts en psychologie :**

A La *résilience* est l'incapacité à modifier ses habitudes comportementales.

B Le *stade du miroir* désigne un moment du développement psychosexuel chez l'adolescent.

C Par le *transfert*, le patient transpose sur le psychanalyste les relations qu'il entretient avec ses proches.

D Le *complexe d'Œdipe* est la propension à ignorer les avertissements.

**㉘ Alliages :**

A Le fer et le carbone produisent la fonte.

B Le zinc et le fer produisent le laiton.

C L'acier, le chrome et le laiton produisent l'inox.

D Le titane est un alliage de fer et d'inox.

**㉙ Le mouvement végan :**

A Végan est synonyme de végétarien.
B Il proscrit de l'alimentation uniquement viandes, poissons et œufs.
C Le mouvement végan est en perte de vitesse en France.
D Il considère que les animaux et les hommes sont égaux d'un point de vue éthique.

**㉚ À propos du système solaire :**

A Nicolas Copernic est celui qui a démontré le premier l'héliocentrisme.
B Il y a 5 planètes dans le système solaire.
C Jupiter est la plus grosse planète du système solaire.
D La Lune et le Soleil sont les deux étoiles du système solaire.

**㉛ Les virus :**

A Un virus est contagieux.
B Le vaccin du virus de la grippe est différent chaque année parce que les virus mutent.
C Les médicaments antibiotiques sont efficaces contre les virus.
D La maladie du virus Ebola entraîne la mort dans 50 % des cas en moyenne.

**㉜ Les orgues :**

A peuvent avoir plusieurs claviers.
B Les orgues de barbarie sont des instruments de musique.
C Les orgues de Staline sont des lance-roquettes.
D Les orgues basaltiques sont des formations volcaniques.

**㉝ Chromosomes :**

A Le nombre de paires de chromosomes dans une cellule humaine est 23.
B Un chromosome est composé d'ADN.
C Il y a un seul exemplaire d'ADN dans un corps humain.
D Lors de la mitose, chaque chromosome double est séparé en deux.

**㉞ Sciences des animaux et des végétaux :**

A L'ichtyologie étudie les serpents.
B L'entomologie étudie les araignées.
C La mycologie étudie les champignons.
D L'ornithologie étudie les oiseaux.

**㉟ Inventions du XXIe siècle :**

A Le panneau solaire.
B Le cœur artificiel.
C Le livre numérique.
D Internet.

**㊱ Alimentation :**

A Un aliment lyophilisé est déshydraté.
B L'oxydation est une altération due au gaz carbonique.
C La congélation ralentit fortement le développement des micro-organismes.
D Le sucre fait partie de la famille des glucides.

**37 Médecine :**

A L'oncologie est synonyme de cancérologie.
B La toxicologie étudie l'effet des drogues.
C La radiologie est une spécialité de l'imagerie médicale.
D Les études de maïeutique désignent les études de sage-femme.

**38 La cryogénisation :**

A Elle consiste à conserver un cadavre dans une solution glacée à base d'azote liquide.
B Le liquide doit être à −50 °C.
C Ce procédé est connu depuis le début des années 1800.
D À ce jour, aucun individu n'a obtenu le droit d'être cryogénisé.

**39 La covid-19 :**

A La covid-19 est un virus.
B Un virus n'est pas contagieux.
C Un pays insulaire n'a pas du tout été touché par la covid-19 : l'Australie.
D Les vaccins Moderna et Pfizer contre la covid-19 sont deux vaccins à ARN messager.

**40 Le virus Ebola :**

A a tué plus de dix mille personnes en 2015.
B s'est propagé en Asie.
C est transmis à l'homme par le moustique.
D est aussi appelé fièvre hémorragique.

# Politique, économie et société

**41 Steve Jobs :**

A a été l'un des fondateurs d'Apple.
B a été le dirigeant de Pixar.
C s'est rendu célèbre en lançant les voitures Tesla.
D est décédé.

**42 Un « lanceur d'alerte » :**

A est une personne qui divulgue des informations confidentielles.
B est un enquêteur privé ou public.
C Edward Snowden, ancien employé de la CIA, a révélé des surveillances internet de la part des États-Unis.
D peut être encouragé, parfois, par la promesse d'une rémunération.

**43 Réalisations sous le quinquennat de François Hollande (2012-2017) :**

A La loi sur l'abolition de la peine de mort.
B L'adoption de la déchéance de nationalité.
C La loi sur les 35 heures.
D Le regroupement des 13 nouvelles régions.

**44 La nouvelle route de la soie :**

A a été lancée par Deng Xiaoping.
B est achevée depuis début 2020.
C ne dépasse pas les frontières de l'Asie.
D permet à la Chine de développer de grands projets ferroviaires.

**45 Pays gouvernés par des militaires, en 2021 :**

A L'Égypte.
B L'Argentine.
C La Corée du Nord (Kim Jong-un).
D L'Éthiopie.

**46 Développement durable en grandes dates :**

A Création du Club de Rome en 1978.
B Création de l'organisation internationale Greenpeace en 1945 par l'ONU.
C COP21 à Copenhague, en 2015.
D COP3 et protocole de Kyoto en 1997.

**47 Entreprises chinoises :**

A Sony.
B Huawei.
C Alibaba.
D Tencent.

**48 Ils ont été ministres de l'Éducation nationale en France :**

A François Bayrou.
B Najat Vallaud-Belkacem.
C Françoise Nyssen.
D Jean-Michel Blanquer.

**49 Angela Merkel :**

A est une femme politique belge.
B a été présidente du CDU, l'Union chrétienne-démocrate.
C a gouverné son pays durant deux mandats.
D s'est illustrée en 2015 par sa décision d'accueillir beaucoup de migrants.

**50 Le secteur économique de l'agriculture :**

A le principal syndicat agricole français est la FNSEA.
B le nombre d'exploitations agricoles en France a baissé de moitié en 20 ans.
C le nombre d'exploitations agricoles en France est d'environ 500 000 aujourd'hui.
D le ministre de l'Agriculture Marc Fesneau est également en charge de la pêche.

**51 Natalité et fécondité :**

A le taux de natalité est égal au nombre de naissances par an pour 1 000 habitants.
B le taux de natalité est exprimé en pourcentage.
C le taux de fécondité de la France est de 2,01.
D le taux de fécondité est plus élevé en Italie qu'en France.

# Arts, loisirs et médias

**52 Au XVIe siècle, la Pléiade :**

A était un groupe littéraire composé de sept poètes.
B a prôné l'usage du français comme langue de création littéraire.
C a résolument tourné le dos à la poésie des Anciens.
D a eu pour illustre représentant Michel de Montaigne.

**53 Établissements culturels :**

A La pyramide du Louvre a été conçue par l'architecte Frank Gehry.
B Mucem signifie musée des Corsaires et de la Mer.
C L'Académie française a été créée par Richelieu.
D La BnF signifie Bureau national des festivals.

**54 Tableaux célèbres :**

A *Le Cri* de Edvard Munch.
B *Les Nymphéas* de Claude Monet.
C *La Grande Odalisque* de Jean-Auguste-Dominique Ingres.
D *L'Origine du monde* de Gustave Courbet.

**55 Sportifs récompensés :**

A Lionel Messi a été élu Ballon d'or 2021.
B Martin Fourcade a été quintuple médaillé olympique.
C Rudy Gobert est le tennisman français le mieux classé au classement mondial ATP.
D L'équipe de France masculine de hand-ball a remporté la médaille d'or aux JO 2021 à Tokyo.

**56 Médias en France :**

A Ils sont parfois nommés le « cinquième pouvoir ».
B Ils sont de plus en plus détenus par des capitaux privés.
C Arte est une chaîne publique d'information franco-allemande.
D En France, la loi interdit la diffusion de publicités comparatives à la télévision.

**57 Tintin :**

A a été créé par Georges Rémi.
B a été traduit dans plus de cent langues.
C Millot est le chien de Tintin.
D *Tintin au pays des soviets* est le premier album de la série *Les Aventures de Tintin*.

**58 Films et réalisateurs :**

A *La Guerre des étoiles* de Steven Spielberg.
B *Les Sept mercenaires* de Quentin Tarantino.
C *Le Grand Bleu* de Luc Besson.
D *Avatar* de Clint Eastwood.

**59 Personnages de *La Comédie humaine* de Balzac :**

A Eugénie Grandet.
B Julien Sorel.
C Étienne Lantier.
D Madame Verdurin.

**60 Le kitesurf :**

A est aussi nommé « planche aérotractée ».
B vient du terme anglais *kite* qui signifie « parachute ».
C a une planche accrochée à l'aile par un harnais.
D peut consister, en compétition, à réaliser une course de longue distance.

**61 Les mangas :**

A sont produits principalement en Corée du Nord.
B se lisent souvent de droite à gauche.
C comptent *One Piece* parmi les plus célèbres du genre.
D Les mangas sont majoritairement édités en couleurs.

**62 La presse écrite :**

A *L'Humanité* défend le libéralisme économique.
B Le *Financial Times* est un quotidien.
C *Charlie Hebdo* a cessé de publier depuis les attentats à la rédaction en 2015.
D *Courrier international* est mensuel.

**63 Le Nouveau Roman :**

A est un mouvement littéraire apparu dans les années 1950.
B est rejoint par le mouvement de la Nouvelle Vague dans le cinéma.
C place l'intrigue au cœur de la production romanesque.
D a eu Robbe-Grillet pour illustre représentant.

**64 Le Vendée Globe :**

A est une course à la voile en équipe.
B comporte des escales.
C implique l'intervention régulière de médecins à bord.
D a ses lignes de départ et d'arrivée dans deux pays différents.

**65 Le sculpteur Rodin :**

A se prénommait André.
B a réalisé *Les Bourgeois de Caen.*
C avait pour amoureuse Camille Claudel.
D a réalisé *Le Penseur.*

**66 Festivals :**

A Deauville est un festival de cinéma.
B Juan-les-Pins met à l'honneur le théâtre de rue.
C Avignon est un festival de théâtre.
D Angoulême rend hommage à la BD.

**67 Édith Piaf :**

A est d'origine belge.
B a connu le grand amour avec le cycliste Raymond Poulidor.
C a chanté *L'Homme à la moto.*
D a été surnommée « La Môme ».

**68 Le courant artistique du cubisme :**

A est né en France au début du XX$^{e}$ siècle.
B un des pères du cubisme est Pablo Picasso.
C c'est une technique de peinture utilisant des pointillés.
D les objets et les corps sont décomposés en formes géométriques simples.

**69 Le jazz :**

A est né à La Nouvelle Orléans aux USA.
B le musicien Louis Armstrong est originaire de JazzTown.
C Erik Satie était un célèbre jazzman français.
D a été importé en France par les soldats américains, les GI, durant la Première Guerre mondiale.

**70 Les pays d'origine des sports :**

A l'Écosse pour le golf.
B l'Angleterre pour le football.
C les États-Unis pour le baseball.
D l'Angleterre pour le rugby.

**71 L'esport :**

A est la pratique d'un jeu vidéo de manière compétitive.
B rassemble parfois des dizaines de milliers de fans lors d'une compétition.
C les joueurs dits « professionnels » sont salariés par leur équipe ou entreprise.
D est la dernière discipline admise aux Jeux Olympiques.

**72 L'école 42 :**

A est une école qui forme des informaticiens.
B il n'y a ni professeurs ni cours, les étudiants apprennent entre eux.
C elle est entièrement gratuite car financée par le riche entrepreneur Xavier Niel, patron de Free.
D seuls les hommes sont admis dans cette école.

**73 Léonard de Vinci :**

A est un peintre espagnol.
B a vécu la fin sa vie auprès du roi François Ier.
C a peint le tableau La Vierge aux rochers.
D a inventé une machine pour voler.

**74 La pyramide du Louvre à Paris :**

A a été mise en chantier par le président Pompidou.
B abrite le musée du même nom.
C est de la même dimension que la pyramide de Khéops.
D a été conçue par l'architecte Ieoh Ming Pei.

**75 Les instances et leur signe :**

A le CSA signifie Cabinet soumis à l'audiovisuel.
B la CEE signifie Communauté économique européenne.
C HEC est l'École des hautes études commerciales.
D l'INSEE est l'Institut normal des sciences économiques et étrangères.

# Corrigé

# Histoire, géographie, mythes et religions

**1 VFFV**

B Mao Zedong, le Grand Timonier (= pilote d'un bateau).

C Margaret Thatcher, la Dame de fer, Premier ministre conservateur britannique de 1979 à 1990.

**2 VVFF**

C La mer d'Aral est un lac d'eau salée qui n'est pas asséché.

D La mer Morte est un lac salé partagé entre Israël, la Jordanie et la Cisjordanie.

**3 FVVF**

A François Ier et Charles Quint étaient des rois ennemis jurés, en guerre durant 25 ans.

D Le Code civil a été instauré par Napoléon Bonaparte en 1804 (appelé aussi Code Napoléon).

**4 FVFV**

A L'Achéron est une rivière souterraine des Enfers (branche du Styx) sur laquelle le vieillard Charon transportait l'âme des morts vers les Enfers.

C Cerbère est un chien à trois têtes qui garde la porte des Enfers.

**5 VFVV**

B La guerre des Six Jours a été déclenchée par Israël.

**6 VVFV**

C La cartomancie est un art divinatoire utilisant le tirage de cartes.

**7 FFVF**

A Indépendance des États-Unis en 1776.

B Indépendance de l'Algérie en juillet 1962.

D Indépendance de Cuba en 1898.

**8 VFFV**

B Hanouka est une fête juive (dite fête des Lumières).

C La Semaine sainte précède Pâques pour les catholiques.

**9 FVVV**

**10 FFVF**

A Union des républiques socialistes soviétiques.

B Le 26 décembre 1991.

D La chute du mur de Berlin a eu lieu en novembre 1989.

**11 FFVF**

A 13 régions en métropole + 5 régions ultramarines = 18 au total.

B La Nouvelle-Calédonie n'est pas devenue indépendante.

D Lyon.

⓬ **FVVF**

**A** Richard Nixon et le Watergate en 1972.

**D** Le krach boursier de Wall Street a lieu en 1929.

⓭ **VVFF**

**C** Madère est un archipel portugais de quatre îles, au large de l'Afrique.

**D** Les Açores sont un autre archipel portugais, au milieu de l'Atlantique.

⓮ **VVVF**

**D** a été aboli en 1991 sous l'impulsion de Nelson Mandela.

⓯ **FFFF**

**A** Le Japon est composé de quatre îles principales et d'un total de 7 000 îles environ.

**B** L'« empire du Milieu » désigne la Chine.

**C** Le mont Fuji est le point culminant du Japon.

**D** Le Japon est une monarchie constitutionnelle.

⓰ **VVFF**

**C** Moïse a conduit le peuple hébreu hors d'Égypte.

**D** La cité antique de Babylone a donné son nom à la tour de Babel (= Babel en araméen).

⓱ **VVFV**

**C** Yalta est une ville de Crimée dans laquelle s'est tenue du 4 au 11 février 1945 une conférence réunissant les principaux responsables de l'Union soviétique, du Royaume-Uni et des États-Unis. Charles de Gaulle n'était pas présent.

⓲ **VVFV**

**C** La Guinée répond « non » et devient indépendante.

⓳ **VVFV**

**C** C'est Thésée qui se charge de tuer le Minautore, à l'aide du fil d'Ariane pour entrer dans le labyrinthe.

⓴ **FFVV**

**A** Les Titans précèdent les dieux et sont les enfants d'Ouranos et de Gaïa.

**B** Seule Héra est l'épouse de Zeus.

㉑ **FVFV**

**A** Homère en est l'auteur.

**C** L'île d'Ulysse est Ithaque où il va retrouver son fils et sa femme Pénélope.

㉒ **FFVV**

**A** Une cassandre est une personne clairvoyante sur l'avenir mais qui n'est pas crue.

**B** En tentant d'éviter le mal, en trouver un encore plus grave.

㉓ **VVFF**

**C** Dans l'Égypte antique, les pharaons étaient enterrés dans la vallée des rois à Thèbes.

**D** Les Égyptiens momifiaient leurs morts.

# Idées, sciences et techniques

**24 FFFF**

A Le populisme fait au contraire des reproches aux élites !

B Non, pas d'implication financière, mais le souhait de faire participer tous les citoyens à la vie politique.

C La doctrine de la porte ouverte est utilisée pour décrire la politique étrangère des États-Unis à la fin du XIXe siècle et au début du XXe siècle vis-à-vis de la Chine.

D État fort et centralisé.

**25 VVFV**

C Le daltonisme implique une vision un peu déformée de certaines couleurs.

**26 FFFF**

A Partout, en particulier en Afrique.

B Aucun engrais chimique, mais sont autorisés les engrais naturels d'origine animale ou végétale.

C À ajouter des engrais.

D Sols partagés en trois cultures différentes en rotation chaque année.

**27 FFVF**

A La résilience est la capacité à bien se remettre d'un traumatisme.

B Le stade du miroir est le stade où l'enfant qui aperçoit son image dans le miroir l'amène à prendre conscience de son corps et à le distinguer des autres.

D Le complexe d'Œdipe signifie pour un fils d'aimer sa mère.

**28 VFFF**

B Laiton = cuivre et zinc.

C Inox = fer et chrome et carbone.

D Le titane est un élément chimique pur et non un alliage.

**29 FFFV**

A Végan = tout ce qui est d'origine végétale.

B Également les laitages et les fromages.

C Il est en expansion en France.

**30 VFVF**

B Il y a 8 planètes.

D La Lune est un satellite de la planète Terre.

**31 VVFV**

C Les antibiotiques sont efficaces contre les bactéries.

**32 VVVV**

**33 VVFV**

C Un nombre immense !

**34 FFVV**

A Étude des poissons.

B Étude de tous les insectes.

**35** **FVFF**

- **A** Date retenue en 1954.
- **C** Date retenue en 1971.
- **D** Date retenue en 1969.

**36** **VFVV**

- **B** Altération due à l'oxygène.

**37** **VVVV**

**38** **VFFF**

- **B** À −196 °C.
- **C** Ce procédé est connu depuis le milieu des années 1940.
- **D** Depuis les années 1960, on congèle des corps.

**39** **VFFV**

- **B** Un virus est contagieux.
- **C** L'Australie a été touchée par la Covid-19.

**40** **VFFV**

- **B** Le virus Ebola s'est propagé en Afrique.
- **C** Il est transmis à l'homme par les animaux sauvages.

# Politique, économie, société

**41** **VVFV**

- **C** Elon Musk, riche entrepreneur américain, a lancé les voitures Tesla.

**42** **VVVV**

**43** **FVFV**

- **A** Sous F. Mitterrand en 1981.
- **C** Mise en place en 2000 par le gouvernement Jospin.

**44** **FFFV**

- **A** Par l'actuel président chinois, Xi Jinping.
- **B** Le projet est énorme et son achèvement à travers le monde est prévu en 2050.
- **C** Elle vient jusqu'en Afrique et en Europe.

**45** **VFVF**

- **B** Alberto Fernandez est un civil, président de l'Argentine.
- **D** Abiy Ahmed, Premier ministre, a reçu le prix Nobel de la paix, puis déclenché une guerre civile dans son pays.

**46** **FFFV**

- **A** En 1968.
- **B** Création en 1971 au Canada par des militants écologistes antinucléaires.
- **C** COP21 à Paris, en décembre 2015.

**47 FVVV**

**A** Sony est une entreprise japonaise.

**48 VVFV**

**C** Françoise Nyssen a été ministre de la Culture sous le premier gouvernement Macron.

**49 FVFV**

**A** Allemande.

**C** Quatre mandats de 4 ans = 16 ans.

**50 VVVV**

**51 VFFF**

**B** Le taux de natalité est exprimé en pour mille.

**C** Le taux de fécondité de la France est de 1,87 en 2019.

**D** Le taux de fécondité est plus faible en Italie qu'en France.

# Arts, loisirs, médias

**52 VVVF**

**D** Pierre de Ronsard. Montaigne ne fait pas partie des sept poètes (Joachim Du Bellay, Étienne Jodelle, Rémy Belleau, Jean-Antoine de Baïf, Jacques Peletier et Pontus de Tyard).

**53 FFVF**

**A** Par l'architecte chinois Ming Pei.

**B** Mucem : musée des Civilisations de l'Europe et de la Méditerranée.

**D** BnF : Bibliothèque nationale de France.

**54 VVVV**

**55 VVFV**

**C** Rudy Gobert est un basketteur qui joue aux États-Unis.

**56 VVVF**

**D** Autorisation de publicités comparatives depuis 1992.

**57 VVFV**

**C** Son chien s'appelle Milou.

**58 FFVF**

**A** *La Guerre des étoiles* de George Lucas.

**B** Film western de John Sturges en 1960.

**D** *Avatar* de James Cameron.

**59 VFFF**

**B** Julien Sorel, personnage du livre *Le Rouge et le Noir* de Stendhal.

**C** Étienne Lantier, personnage des romans de Zola, dont *Germinal*.

**D** Madame Verdurin, personnage du roman *À la recherche du temps perdu* de Marcel Proust.

**60 VFVV**

**B** *Kite* signifie « cerf-volant » en anglais.

**61 FVVF**

**A** Au Japon.

**D** En noir et blanc.

**62 FVFF**

**A** *L'Humanité* est un journal soutenu par le Parti communiste, de gauche, contre le libéralisme.

**C** Encore en vie !

**D** Hebdomadaire.

**63 VVFV**

**C** Alain Robbe-Grillet théorise le mouvement en rejetant l'idée d'intrigue (intrigue = des choses captivantes, qui font se poser des questions, avoir des émotions).

**64 FFFF**

**A** En solitaire.

**B** Sans escale.

**C** Sans assistance.

**D** Départ et retour de la course aux Sables-d'Olonne, en Vendée.

**65 FFVV**

**A** Auguste Rodin.

**B** *Les Bourgeois de Calais.*

**66 VFVV**

**B** Juan-les-Pins propose un festival de jazz.

**67 FFVV**

**A** Elle est française, née à Paris.

**B** Avec le boxeur Marcel Cerdan.

**68 VVFV**

**C** La technique de peinture utilisant des pointillés est le pointillisme (ex. : Seurat).

**69 VFFV**

**B** Le musicien Louis Armstrong est originaire de La Nouvelle-Orléans, en Louisiane.

**C** Erik Satie était un célèbre musicien classique.

**70 VVVV**

**71 VVVF**

**D** Ce n'est pas une discipline des JO.

**72 VVVF**

**D** Les hommes et les femmes (minoritaires, certes) sont admis dans cette école.

**73 FVVV**

**A** Léonard de Vinci est un peintre italien.

**74** **FVFV**

**A** La pyramide du Louvre à Paris a été mise en chantier par le président François Mitterrand.

**C** Elle est beaucoup plus petite que la pyramide de Khéops.

**75** **FVVF**

**A** Le CSA est le Conseil supérieur de l'audiovisuel.

**D** L'INSEE est l'Institut national des statistiques et études économiques.

# SUJET 2 : Ouverture culturelle

**DURÉE :** 45 MINUTES

## Histoire – Géographie

**1 Aux États-Unis, dans les années 1950, le maccarthysme fut :**

A une campagne virulente contre les communistes.
B un parti politique dirigé par McCarthy proche des démocrates.
C connu sous le nom de « chasse aux sorcières ».
D un élément du contexte de la guerre froide entre États-Unis et URSS.

**2 Le Code civil français :**

A a été rédigé par Léon Gambetta.
B dicte la séparation des Églises et de l'État.
C a été rédigé en 1910.
D est le fondement du droit civil français.

**3 Adolf Hitler :**

A prend le pouvoir en Allemagne en 1929.
B en 1938, annexe l'Autriche : on appelle cela l'*Anschluss*.
C viole le traité de Versailles et réarme l'Allemagne à partir de 1933.
D est fait prisonnier par les Américains en juin 1945.

**4 Révolution Française de 1789 :**

A Le 21 juin 1789, Louis XVI tente de fuir le royaume de France et est arrêté à Laon
B le 26 août 1789 est adoptée la Déclaration des droits de l'homme et du citoyen
C Les États généraux sont uniquement constitués de représentants de la noblesse
D Sous l'Ancien Régime, la Bastille était une prison royale

**5 Les rois de France :**

A Le roi Clovis est le premier roi de la dynastie des Mérovingiens
B Le roi Hugues Capet est sacré à la cathédrale de Reims en présence de Jeanne d'Arc
C Le roi Louis XIV a fait construire le château de Versailles
D Le roi Louis XVIII a régné après Louis XVII

**6 Napoléon Bonaparte :**

A est sacré le 2 décembre 1800
B Le peintre français qui a peint le sacre de Napoléon Ier est Antoine Watteau
C a rédigé le Code civil en 1810
D est mort en Corse

**7 La bataille de Verdun :**

A a permis au général Pétain de se distinguer
B a coûté la vie à plus de 300 000 soldats
C s'est déroulée en Lorraine
D a commencé en mai 1918

**8 En juin 1944, le débarquement allié pour libérer la France :**

A Les troupes qui débarquent sont exclusivement des soldats de l'Armée américaine
B Les plages dites du débarquement allié sont situées en Normandie
C Le Maréchal Pétain est mort avant le débarquement allié
D Le film *Le Jour le plus long* évoque ce moment historique

**9 La Résistance durant la Deuxième Guerre mondiale :**

A Le général de Gaulle prononce son célèbre discours le 18 juin 1940 depuis Londres
B Geneviève de Gaulle a été une résistante
C Le CNR est le Collectif national des Résistants
D Le pseudonyme de Jean Moulin durant la Résistance était Rex

**10 Karl Marx :**

A a dirigé le Parti communiste français
B a étudié les mécanismes de l'économie capitaliste
C a collaboré avec Hegel
D a prôné l'appropriation collective des moyens de production

**11 Parmi ces pays, lesquels font partie du Commonwealth ?**

A L'Australie
B L'Inde
C Le Kenya
D Le Gabon

**12 Au Rwanda :**

A une guerre civile a opposé les Zoulous et les Malinkés
B le génocide a duré environ 100 jours
C les massacres ont eu lieu en 2004
D le pays connaît aujourd'hui encore une guerre ethnique

**13 Les fleuves européens :**

A La Tamise
B Le Gange
C Le Pô
D Le Tigre

**14 La Syrie :**

A a une frontière avec la Lybie
B son président Bachar El-Assad est catholique
C La Russie dirigée par Poutine est alliée du dirigeant de la Syrie dans le conflit
D Le conflit syrien a démarré en 2011 dans le contexte du Printemps arabe

**⑮ Les pays baltes :**

A On appelle pays baltes les trois pays : la Lituanie, L'Estonie, la Lettonie
B Les pays baltes ont comme langue officielle le russe
C La capitale de la Lituanie est Riga
D Les États baltes font partie de l'Union européenne depuis 2003

**⑯ Le secteur économique de l'électricité :**

A Le nucléaire est aujourd'hui en France la première source d'électricité
B Le combustible d'une centrale nucléaire est l'uranium enrichi
C On produit en France une petite partie de l'électricité à partir des déchets
D EDF a le monopole en France de la distribution d'électricité

**⑰ Les régions :**

A ont été créées en 1970
B sont dirigées par un préfet
C financent une partie des services de transport de leur territoire
D remplacent les départements

# Mythologie – Religion

**⑱ Au sujet du dieu Zeus dans la mythologie grecque :**

A le titan Prométhée a volé à Zeus l'usage du feu.
B Zeus est le roi des dieux et le dieu de la foudre.
C le père de Zeus est Poséidon.
D Zeus s'est métamorphosé en aigle pour séduire Héra.

**⑲ Le récit de *l'Iliade* :**

A Le roi grec Agamemnon a sacrifié sa fille Iphigénie pour avoir la bienveillance des dieux
B Hector est un combattant troyen
C La guerre de Troie a été déclenchée par l'invasion de la ville de Troie par les Grecs
D Le cheval de bois entré dans la ville est rempli de femmes qui vont séduire les Troyens

**⑳ Au sujet du personnage mythologique Icare :**

A Il tua le Minotaure
B Il retrouva son chemin grâce au fil d'Ariane
C Il fit des ailes avec des plumes et survola le labyrinthe
D Son père s'appelait Dédale

**㉑ Lesquels sont des travaux d'Hercule ?**

A Faire fuir les oiseaux du lac Stymphale
B Dompter et ramener vivant le chien Cerbère à trois têtes
Tuer le lion de Némée
Tuer le Minotaure

**㉒ Mythes tirés de la Bible :**

A Adam et Ève sont les premiers hommes créés par Dieu

B Caïn et Abel sont les enfants de Adam et Ève

C David est le petit frère qui va tuer son grand frère Goliath

D Jacob avait huit fils qui fondèrent les huit tribus d'Israël

**㉓ Quel(s) livre(s) font partie de l'Ancien Testament (pour les chrétiens) ou de la Torah (pour les juifs) ?**

A La Genèse

B L'Exode

C L'Apocalypse

D Le Livre des Nombres

**㉔ Islam :**

A Le livre sacré des musulmans est le Coran

B La ville sainte de La Mecque est située en Iran

C Le Ramadan a lieu chaque année durant 40 jours fixes

D Le samedi est un jour particulier pour les musulmans

# Sciences, techniques et économie

**㉕ Les grottes de Lascaux :**

A renferment des peintures rupestres.

B sont situées en Bourgogne.

C les touristes visitent un site reconstitué à l'identique.

D ont été découvertes par le paléontologue Yves Coppens.

**㉖ La gravitation :**

A est une force responsable de la chute de tout objet sur le sol.

B est responsable du mouvement des planètes autour du Soleil.

C au pôle Nord, il n'y a plus de gravitation.

D Johannes Kepler est le scientifique qui a formulé les lois sur la gravitation.

**㉗ Le cerveau humain :**

A a deux hémisphères totalement identiques

B est composé de milliards de neurones

C a besoin de glucose pour fonctionner

D La thyroïde fait partie du cerveau

**㉘ Les virus :**

A Un virus est contagieux

B Le vaccin du virus de la grippe est différent chaque année parce que les virus mutent

C Les médicaments antibiotiques sont efficaces contre les virus

D La dengue est un virus transmis par la piqûre d'un moustique femelle

**29 Le diabète est une maladie :**

A liée à la glycémie et à l'insuline
B en fort développement dans les pays riches
C qui n'affecte que les femmes
D qui interdit toute consommation de sucres

**30 Énergies renouvelables :**

A La première source d'énergie renouvelable utilisée en France est le bois
B Le bois et l'eau sont les deux seules sources d'énergie renouvelable
C En France 20 % des foyers sont équipés de panneaux solaires sur leur habitation
D Les voitures électriques les plus performantes ont une autonomie de 400 à 500 km

**31 Entreprises américaines :**

A Google
B TotalEnergies SE
C Tesla
D Boeing

**32 La tectonique :**

A est une danse des années 2000.
B est due à l'érosion des sols.
C est un phénomène qui analyse le mouvement des plaques.
D explique la forme des continents actuels.

**33 Médecine :**

A La maladie de Lyme se transmet par une morsure de tique
B L'albinisme est une maladie cutanée se traduisant par des taches blanches sur la peau
C Un médicament générique est un médicament rare
D Le groupe sanguin universel est O

**34 Physique : le champ magnétique terrestre**

A Le champ magnétique terrestre est un champ magnétique présent dans un vaste espace autour de la Terre et dans la croute
B L'unité légale de l'intensité d'un champ magnétique est le tesla
C Le champ magnétique est plus intense à l'Équateur qu'aux pôles magnétiques
D Un magnétiseur mesure avec un aimant le magnétisme de la peau

**35 Corps humain :**

A Le plus petit os du corps est le marteau
B Un être humain possède 32 dents
C Les os sont essentiellement composés de calcium
D La couleur des yeux est due à une coloration de la rétine

**36 Sciences des animaux et des végétaux :**

A L'ichtyologie étudie les serpents
B L'entomologie étudie les araignées
C La mycologie étudie les arbres
D L'herpétologie étudie les oiseaux

**37 Inventions du XXIe siècle :**

A Le GPS
B Le cœur artificiel
C Le livre numérique
D Internet

**38 Entreprises fondées par Elon Musk :**

A Space X
B Air BnB
C Hyperloop
D Tesla

**39 Les marques automobiles d'origine américaine :**

A Mustang
B Rover
C Austin
D Ford

**40 Appellation d'entreprise :**

A Une licorne est une start-up non cotée valorisée à plus d'un milliard de dollars
B Une pépinière est un regroupement de micro-entreprises du secteur de l'agriculture
C Un auto-entrepreneur est un travailleur indépendant
D Les GAFAM désignent les géants de l'internet Google, Amazon, Facebook, Apple et Microsoft

**41 Les grandes fortunes du monde économique**

A Jeff Bezos est le fondateur d'Apple
B Bill Gates et Paul Allen sont les fondateurs de Microsoft
C Bernard Arnault est propriétaire de Peugeot
D Xavier Niel a créé l'école 42

**42 La retraite :**

A Un salarié en retraite touche une pension de retraite
B En France, l'âge minimal de départ à la retraite est de 60 ans en 2021
C L'employeur peut mettre d'office un salarié à la retraite à partir de 74 ans
D Le Gouvernement a instauré depuis 2019 un régime universel pour tous les Français

**43 Le chômage :**

A Le taux de chômage est le pourcentage de chômeurs par rapport à la population active
B Le chômage concerne les demandeurs d'emploi âgés de 15 ans ou plus
C Un chômeur de longue durée est un actif au chômage depuis plus de 6 mois
D L'organisme chargé de gérer les demandeurs d'emploi en France est l'INSEE

**44 La population :**

A La population française est estimée à 60 millions d'habitants en 2022
B Après la Chine, le pays le plus peuplé du monde est l'Inde
C Il naît dans le monde plus de garçons que de filles
D La population mondiale est estimée à 8 milliards en novembre 2022

# Arts, sports et culture

**45 L'écrivain Jean-Paul Sartre :**

A a écrit L'Écume des jours.
B était marié avec la chanteuse Édith Piaf.
C était un écrivain engagé en politique.
D a refusé le prix Nobel de littérature en 1964.

**46 Jean Moulin :**

A a été un des piliers de la Résistance en France durant la Seconde Guerre mondiale.
B est mort sous la torture de la Gestapo.
C était avant la Seconde Guerre mondiale un général de l'armée française.
D ses cendres ont été transférées au Panthéon.

**47 Le rugby :**

A la France participe au tournoi des Six Nations.
B une équipe est constituée de onze joueurs.
C une mêlée se compose d'un joueur de chaque équipe.
D est un sport joué également par des équipes féminines.

**48 Van Gogh :**

A est un peintre du courant surréaliste.
B est ami de Gauguin.
C s'est coupé l'oreille.
D a peint le tableau *L'Église d'Auvers-sur-Oise*.

**49 Écrivains français :**

A Guy de Maupassant a écrit *Bel Ami*
B Victor Hugo a écrit *Les Misérables*
C Honoré de Balzac a écrit *Le Père Goriot*
D Charles Baudelaire a écrit *L'Écume des jours*

**50 Guggenheim :**

A est une richissime collectionneuse d'art prénommée Peggy.
B a donné son nom à plusieurs musées.
C a donné son nom au musée juif de Berlin.
D est une ville d'Alsace.

**51 Pays dans le monde avec un roi en 2022 :**

A L'Inde
B La Birmanie
C La Chine
D L'Espagne

52 **Arts culinaires**

A En cuisine moléculaire, on peut utiliser de l'azote liquide
B Une société de pneumatiques a créé un guide culinaire à son nom
C Le sushi est une spécialité chinoise
D Le financier est un cake salé

53 **Le marathon :**

A est une course de 43,7 km
B est un sport olympique
C correspond approximativement à la distance entre les villes de Marathon et Athènes
D le marathon de New York a lieu tous les ans en avril

54 **Sport qui peut se pratiquer sur gazon :**

A Le tennis
B Le hockey
C Le handball
D La boxe

55 **Les champions et leur sport :**

A Laure Manaudou et la boxe
B Teddy Riner et l'escrime
C Renaud Lavillenie et le saut à la perche
D Martin Fourcade et le biathlon

56 **Les courses de voile célèbres :**

A La Route du Rhum
B Le Vendée Globe
C La Solitaire du Figaro
D La Mclaren Cup

57 **Des champions de basket :**

A Yannick Noah
B Mickael Jordan
C Nikola Karabatic
D Tony Parker

58 **Cinéma :**

A Le film qui a fait le plus d'entrées en France au box-office est *Titanic*
B Un court-métrage est un film de moins de 30 minutes
C Le cinéma est aussi appelé 5e art
D Les Oscars, les César et la Palme d'or sont trois récompenses attribuées au cinéma

59 **À propos de la presse en France :**

A Le journal *Le Monde* est le quotidien le plus vendu
B Le journal *L'Équipe* est tiré chaque jour en moyenne à 100 000 exemplaires
C Le magazine féminin *Elle* est hebdomadaire
D Le magazine pour la jeunesse *J'aime lire* appartient au groupe Bayard

**60 La radio :**

A Radio France est un groupe public

B France Info est une chaîne radiophonique franco-allemande

C Alain Weill dirige le groupe Altice Média avec BFM et RMC Radio

D Au sommet de la Tour Eiffel se trouvent quatre antennes radio

# Économie – Actualités

**61 Les crypto-monnaies :**

A L'Imodium

B Le Bitcoin

C Le NEO

D Le CFA

**62 Les présidents en 2022 :**

A Pedro Sanchez dirige l'Espagne

B Le Premier ministre canadien est Justin Trudeau

C Joe Biden a comme vice-président Donald Trump

D En Allemagne, le chancelier élu en février 2022 est Mario Draghi

**63 Le Brésil :**

A Le Brésil est dirigé par un président socialiste Lula da Silva

B La capitale est Sao Paulo

C L'Amazonie coule en partie au Brésil

D La Covid-19 n'a quasiment pas touché le Brésil

**64 Secteur automobile :**

A La marque Dacia appartient au groupe Renault

B Le groupe Renault avait fusionné avec Nissan il y a 10 ans

C La marque Peugeot a sorti la voiture électrique Zoé

D Le groupe Volkswagen est allemand ; il détient aussi les marques Audi, Seat, Porsche, Lamborghini, Skoda, Bugatti

**65 Secteur aéronautique :**

A Le groupe Air France a fait des bénéfices en 2020

B Airbus est une entreprise 100 % française

C Boeing a son siège à Seattle aux USA

D Un avion chinois 100 % électrique, sorti en juillet 2021, transporte des passagers

**66 Conflits internationaux :**

A L'Éthiopie connaît en 2021 une guerre dans le Tigré au Nord du pays

B Les Ouïghours sont une ethnie japonaise qui réclame son indépendance au Japon

C Depuis 2018, le gouvernement birman est accusé par l'ONU de persécuter la minorité musulmane des Rohingya

D En juillet 2021, les USA retirent leur armée de la Birmanie

**67 Les partis politiques français :**

A La CFDT est le plus grand parti politique de gauche
B Jean-Luc Mélenchon est à la tête du parti de gauche Vive les Insoumis
C LREM signifie La République En Marche
D Le président Emmanuel Macron a fondé le parti politique Les Républicains

**68 L'administration française :**

A Le gouvernement a décidé en 2021 de fermer l'ENA, école qui forme l'élite du pays
B Un préfet de région est le représentant de l'État dans la région
C l'OFPRA est l'organisme chargé d'étudier les demandes d'asile des réfugiés
D l'IPGN (Inspection Générale de la Police Nationale) est chargée de surveiller exclusivement le bon fonctionnement de la police

**69 Les pays d'Europe régis par une monarchie parlementaire :**

A Suède
B Espagne
C Italie
D Autriche

**70 Le Liban :**

A Une explosion a détruit une partie de la capitale en août 2020
B La capitale du Liban est Damas
C Le Liban est voisin d'Israël et de la Syrie
D La langue officielle est le français

# Expressions et vocabulaire

**71 Vocabulaire :**

A Le sens de l'élément grec *mis(o)-* est haine
B Le sens de l'élément latin *sylv(i)-* est pierre
C Le préfixe *pro-* peut signifier en faveur de
D Le préfixe *chron(o)-* indique la notion de temps

**72 Expressions idiomatiques**

A « Tomber de Charybde en Scylla » signifie échapper de peu à un danger
B « Ne pas être en odeur de sainteté » signifie ne pas avoir l'estime de quelqu'un
C « Renvoyer quelque chose aux calendes grecques » signifie renvoyer à un moment qui n'arrivera jamais
D « Jouer les Cassandre » signifie faire des prophéties dramatiques

**73 Proverbes :**

A « Il vaut mieux tenir que courir » signifie qu'il faut vivre ses rêves et non rêver sa vie
B « L'enfer est pavé de bonnes intentions » signifie que les bonnes intentions peuvent conduire à un résultat déplorable
C « On n'est jamais mieux servi que par soi-même » signifie que la colère est efficace pour réussir
D « On n'attrape pas les mouches avec du vinaigre » signifie que l'on conquiert plus facilement quelqu'un par la douceur que par la dureté

**74 Synonymes :**

A Galvauder = grossir
B Comminatoire = menaçant
C Obsolescence = le fait d'être oublié
D Ascétique = austère

**75 Un mot et son contraire :**

A Omnipotent – impuissant
B Pérenne – précaire
C Draconien – indulgent
D Concomitant – simultané

# Corrigé

## Histoire – Géographie

**1 VFVV**

B Joseph McCarthy était un homme politique américain, d'abord proche du Parti démocrate, puis affilié au Parti républicain.

**2 FFFV**

A Le Code civil français a été rédigé par Napoléon Bonaparte.
B La loi de séparation des Églises et de l'État date de 1905.
C Le Code civil a été rédigé en 1804.

**3 FVVF**

A Adolf Hitler prend le pouvoir en Allemagne en 1933.
D Il s'est probablement suicidé en juin 1945.

**4 FVFV**

A Le 21 juin 1791, Louis XVI est arrêté à Varennes.
C Les États généraux sont constitués de représentants des trois ordres.

**5 FFVF**

A Le roi Clovis est le petit-fils de Mérovée, premier roi de la dynastie des Mérovingiens.
B Charles VII est sacré en 1429 à la cathédrale de Reims en présence de Jeanne d'Arc.
D Louis XVII est mort enfant.

**6 FFFF**

A Napoléon Bonaparte est sacré le 2 décembre 1804.
B Le peintre français qui a peint le sacre de Napoléon Ier est Jacques-Louis David.
C Napoléon Bonaparte a rédigé le Code civil en 1804.
D Napoléon Bonaparte est mort sur l'île de Sainte-Hélène.

**7 VVVF**

D La bataille de Verdun a commencé en février 1916.

**8 FVFV**

A Les troupes qui débarquent sont des soldats canadiens, anglais, français, etc.
C Le maréchal Pétain est mort en 1951 à l'Île-d'Yeu.

**9 VVFV**

C Le CNR est le Conseil national de la résistance.

**10 FVFV**

A Karl Marx n'a pas dirigé le Parti communiste français.
C Karl Marx a collaboré avec Engels (non Hegel).

**11 VVVV**

⓬ **FVFF**

**A** Lors d'une guerre civile, les Tutsis ont été massacrés par les Hutus.

**C** Les massacres ont eu lieu entre avril et juillet 1994.

**D** Le pays ne connaît plus de guerre ethnique.

⓭ **VFVF**

**B** Le Gange coule en Asie.

**D** Le Tigre coule en Asie.

⓮ **FFVV**

**A** La Syrie a une frontière avec le Liban, Israël, la Jordanie, l'Irak et la Turquie.

**B** Son président, Bachar El-Assad, est alaouite, une branche de la religion musulmane.

⓯ **VFFV**

**B** Les pays baltes ont leurs propres langues.

**C** La capitale de la Lituanie est Vilnius.

⓰ **VVVF**

**D** EDF n'a plus le monopole en France de la distribution d'électricité.

⓱ **FVVF**

**A** Les régions ont été créées en 1956.

**D** Les régions ne remplacent pas les départements.

# Mythologie – Religion

⓲ **VVFF**

**C** Le père de Zeus est Chronos.

**D** Zeus s'est métamorphosé en coucou pour séduire Héra.

⓳ **VVFF**

**C** La guerre de Troie a été déclenchée par l'enlèvement d'Hélène.

**D** Le cheval de bois entré dans la ville est rempli de guerriers grecs.

⓴ **FFVV**

**A** et **B** C'est Thésée qui tua le Minotaure et retrouva son chemin grâce au fil d'Ariane.

㉑ **FVVF**

**A** Tuer les oiseaux du lac Stymphale.

**D** C'est Thésée qui a tué le Minotaure.

㉒ **VVFV**

**C** David est un berger d'Israël et Goliath, son ennemi géant. C'est Caïn qui tua son frère Abel.

**㉓ VVFV**

C L'Apocalypse fait partie du Nouveau Testament.

**㉔ VFFF**

B La ville sainte de La Mecque est située en Arabie Saoudite.

C Le Ramadan a lieu chaque année durant environ 30 jours, selon la position de la Lune.

D Le vendredi est un jour saint pour les musulmans.

# Sciences, techniques et économie

**㉕ VFVF**

B Les grottes de Lascaux sont situées en Dordogne dans la région Nouvelle-Aquitaine.

D ont été découvertes par Marcel Ravidat.

**㉖ VVFF**

C La Terre n'est pas parfaitement sphérique. Elle est légèrement aplatie au niveau des pôles. La gravité y est donc un peu plus importante qu'à l'équateur.

D Isaac Newton a formulé les lois sur la gravitation en 1687.

**㉗ FVVF**

A Le cerveau humain a deux hémisphères différents.

D La thyroïde est située dans la gorge.

**㉘ VVFV**

C Les médicaments antibiotiques sont efficaces contre les bactéries.

**㉙ VVFF**

C Le diabète affecte davantage les hommes que les femmes.

D La consommation de sucres en quantités moyennes et grandes est déconseillée chez les diabétiques mais pas interdite.

**㉚ VFFV**

B Le vent, le soleil et les déchets sont d'autres sources d'énergie renouvelable.

C En France, environ 5 % des foyers sont équipés de panneaux solaires sur leur habitation.

**㉛ VFVV**

B TotalEnergies SE est une entreprise française.

**㉜ FFVV**

A La tecktonik est une danse des années 2000.

**㉝ VFFV**

B L'albinisme est une mutation génétique et héréditaire qui affecte la pigmentation de la peau.

C Un médicament générique est un médicament identique ou équivalent à celui d'une marque.

**34 VVFF**

C Le champ magnétique est plus intense aux pôles qu'à l'Équateur.

D Un magnétiseur est un guérisseur qui prétend posséder un fluide.

**35 FVVF**

A Le plus petit os du corps est l'étrier.

D La couleur des yeux est due à une coloration de l'iris.

**36 FFFF**

A L'ichtyologie étudie les poissons.

B L'entomologie étudie les insectes.

C La mycologie étudie les champignons.

D L'herpétologie étudie les reptiles.

**37 FVFF**

A Le GPS a été inventé en 1983.

C Date retenue : 1971.

D Internet a été inventé en 1969.

**38 VFVV**

B Airbnb a été fondée par Brian Chesky, Joe Gebbia et Nathan Blecharczyk.

**39 VFFV**

B Rover est une marque anglaise.

C Austin est une marque anglaise.

**40 VFVV**

B Une pépinière est structure d'accueil temporaire destinée aux entreprises en création ou nouvellement créées.

**41 FVFV**

A Jeff Bezos est le fondateur d'Amazon.

C Bernard Arnault est le président-directeur général du groupe LVMH.

**42 VFFF**

B En France, l'âge minimal de départ à la retraite est de 62 ans en 2021.

C L'employeur peut mettre d'office un salarié à la retraite à partir de 70 ans.

D Le Gouvernement n'a pas instauré un régime universel pour tous les Français en 2019.

**43 VVFF**

C Un chômeur de longue durée est un actif au chômage depuis au moins un an.

D L'organisme chargé de gérer les demandeurs d'emploi en France est Pôle Emploi.

**44 FVVV**

A La population française est estimée à 67,8 millions d'habitants en 20222

# Arts, sports et culture

**45 FFVV**

A *L'Écume des jours* est un livre de Boris Vian.

B Jean-Paul Sartre était lié à Simone de Beauvoir.

**46 VVFV**

C Jean Moulin était préfet avant la Seconde Guerre mondiale.

**47 VFFV**

B Une équipe de rugby est constituée de treize ou quinze joueurs.

C Une mêlée se compose de plusieurs joueurs de chaque équipe.

**48 FVVV**

A Vincent van Gogh est un peintre du courant naturaliste.

**49 VVVF**

D Boris Vian a écrit *L'Écume des jours.*

**50 VVFF**

C Le Musée juif de Berlin ne porte pas d'autre nom.

**51 FFFV**

**52 VVFF**

C Le sushi est une spécialité japonaise.

D Le financier est un cake sucré.

**53 FVVF**

A Le marathon est une course de 42,2 km.

D Le marathon de New York a lieu tous les ans fin octobre ou début novembre.

**54 VVFF**

**55 FFVV**

A Laure Manaudou et la natation.

B Teddy Riner et le judo.

**56 VVVF**

D La Mclaren Cup est une course de Formule 1.

**57 FVFV**

A Yannick Noah est un champion de tennis.

C Nikola Karabatic est un champion de handball.

**58 VFFV**

B D'après la définition officielle du Centre national du cinéma et de l'image animée (CNC) en France, un court-métrage a une durée inférieure à 60 minutes.

C Le cinéma est aussi appelé 7$^{e}$ art.

**59 FVVV**

A *Ouest France* est le quotidien le plus vendu en France.

**60 VFVV**

B France Info est une chaîne radiophonique française.

# Économie – Actualités

**61 FVVF**

A L'Imodium est un médicament.

D Le CFA n'est pas une crypto-monnaie.

**62 VVFF**

C Joe Biden a comme vice-présidente Kamala Harris.

D Olaf Scholz est le chancelier allemand qui a succédé à Angela Merkel en février 2022.

**63 FFVF**

A Le Brésil est dirigé par Jair Bolsonaro, classé à l'extrême droite de l'échiquier politique brésilien.

B La capitale est Brasilia.

D La Covid-19 a durement touché le Brésil.

**64 VVFV**

C La marque Renault a sorti la voiture électrique Zoé.

**65 FFVF**

A Le groupe Air France a subi la crise de Covid-19.

B Airbus est un consortium européen.

D Aucun avion 100 % électrique n'est en capacité d'assurer des vols commerciaux en 2021.

**66 VFVF**

B Les Ouïghours sont un peuple turcophone habitant en Chine. Ils réclament leur indépendance.

D En août 2021, les USA retirent leur armée d'Afghanistan

**67 FFVF**

A La CFDT est un syndicat professionnel.

B Jean-Luc Mélenchon est à la tête du parti de gauche La France Insoumise.

D Le président Emmanuel Macron a fondé le parti politique La République En Marche.

**68 VVVV**

**69 VVFF**

C L'Italie est une république.

D L'Autriche est une république.

**70 VFVF**

B La capitale du Liban est Beyrouth.

D La langue officielle est l'arabe.

# Expressions et vocabulaire

**71 VFVV**

**B** Le sens de l'élément latin *sylv(i)-* est forêt.

**72 FVVV**

**A** « Tomber de Charybde en Scylla » signifie tomber d'un danger à un autre encore plus redoutable.

**73 FVFV**

**A** « Il vaut mieux tenir que courir » signifie que posséder une chose de faible valeur vaut mieux qu'être à la poursuite d'un bien plus considérable.

**C** « On n'est jamais mieux servi que par soi-même » signifie qu'il vaut mieux faire les choses soi-même qu'attendre que quelqu'un les fasse pour nous.

**74 FVFV**

**A** Galvauder = déprécier, dégrader.

**C** Obsolescence = le fait d'être périmé.

**75 VVVF**

**D** Concomitant et simultané sont synonymes.

# SUJET 3 : Ouverture culturelle

**DURÉE :** 45 MINUTES

## Histoire, géographie, mythes et religions

**1 Quand commence la guerre d'Algérie :**

A l'année de la signature des accords de Genève.
B en 1954.
C l'année de la mort de Pierre Mendès France.
D l'année de l'accès à l'indépendance de la Tunisie et du Maroc.

**2 Quels fleuves sont européens :**

A l'Amou-Daria.
B le Danube.
C la Tamise.
D le Mississippi.

**3 En 1946, le tripartisme regroupe :**

A les gaullistes.
B le MRP.
C la SFIO.
D le PCF.

**4 Quels sont les travaux d'Héraclès (ou Hercule) :**

A les oiseaux du lac Stymphale.
B les boeufs de Corinthe.
C le lion de Némée.
D le cheval de Délos.

**5 Les Poilus :**

A désignent les combattants de la Grande Guerre.
B ont été appelés ainsi car les casques des généraux étaient ornés d'une crinière.
C ont souffert de l'utilisation d'armes chimiques.
D portaient des uniformes vert-de-gris.

**6 La capitale :**

A du Brésil est São Paulo.
B de la Finlande est Oslo.
C de l'Australie est Sydney.
D de la Croatie est Zagreb.

**7 Mai-68 s'est caractérisé par :**

A un soulèvement étudiant.
B un mouvement revendicatif des travailleurs.
C la dissolution de l'Assemblée nationale.
D un conflit générationnel.

**8 La Corée du Sud :**

A a été un protectorat japonais.
B a acquis son indépendance dans les années 1970.
C a pour capitale Pyongyang.
D est le pays d'origine de la firme Samsung.

**9 Familles souveraines :**

A La reine Margot était l'épouse d'Henri IV.
B Napoléon III était le fils de Napoléon Bonaparte.
C Marie-Antoinette était l'épouse de Louis XIV.
D Louis XIII était le fils d'Anne d'Autriche.

**10 Le bouddhisme :**

A a pour fondateur Siddhartha Gautama.
B est originaire du Tibet.
C tire son nom de « *bodhi* » signifiant « paix ».
D conçoit le karma comme la somme des actes d'un individu.

**11 Les formes classiques de régime en sciences politiques sont :**

A la dictature.
B le totalitarisme.
C la démocratie.
D l'autoritarisme.

**12 Marches célèbres :**

A La Marche de Washington a été organisée par le Ku Klux Klan.
B La Longue Marche a porté Xi Jin Ping au pouvoir.
C La Marche du sel s'est déroulée sous l'Ancien Régime.
D La Marche sur Rome a marqué l'arrivée de Mussolini au pouvoir.

**13 Géographie :**

A Une mégalopole est une ville qui dépasse 20 millions d'habitants.
B Le permafrost est présent au Sahara.
C Une moraine est un type de plaine.
D Un havre est une aire de repos.

**14 Couples de la mythologie grecque :**

A Phèdre et Hippolyte.
B Andromaque et Achille.
C Bérénice et Brutus.
D Aphrodite et Héphaïstos.

**⑮ La Russie :**

**A** est organisée selon un modèle politique fédéral.
**B** a fait l'objet d'un embargo alimentaire en 2014.
**C** appartient à l'OMC.
**D** partage une frontière avec le Pakistan.

**⑯ Créations de la période napoléonienne :**

**A** Ligne télégraphique.
**B** Billets émis par la Banque de France.
**C** Code civil.
**D** Lycées.

**⑰ John Fitzgerald Kennedy :**

**A** a été le plus jeune président élu des États-Unis
**B** a exercé entre 1971 et 1973.
**C** a milité contre la ségrégation raciale.
**D** a été assassiné à Washington.

**⑱ Ces États n'ont pas d'accès à la mer :**

**A** Bolivie.
**B** Macédoine.
**C** Équateur.
**D** Afghanistan.

**⑲ Attributs de la Passion du Christ :**

**A** La couronne de laurier.
**B** Le vase de Marie-Madeleine.
**C** L'eucharistie.
**D** Le Graal.

**⑳ Révolutions :**

**A** du jasmin en Libye.
**B** des roses au Portugal.
**C** des parapluies en Bretagne.
**D** de velours en Hongrie.

# Idées, sciences et techniques

**㉑ Énergies renouvelables :**

**A** la première source d'énergie renouvelable en France est le bois.
**B** le bois et l'eau sont les deux seules sources d'énergie renouvelable.
**C** le parc solaire photovoltaïque français se situe, en termes de puissance, au sixième rang mondial.
**D** les voitures électriques les plus performantes ont une autonomie de 300 km.

**㉒ Composition chimique :**

A le diamant est composé de carbone pur.
B l'eau est principalement composée d'hydrogène et de carbone.
C le gaz carbonique est constitué d'hydrogène et de carbone.
D le sel est composé de sodium et de chlore.

**㉓ Philosophes des Lumières :**

A Rousseau a défendu l'idée d'un contrat en tant que remède au mal social.
B Diderot et d'Alembert ont conçu la première encyclopédie française.
C Montesquieu a défendu l'idée de séparation des trois pouvoirs.
D Descartes était un contemporain de Rousseau.

**㉔ Le *Titanic II* :**

A est la copie du navire original *Titanic*.
B mesure plus de 250 mètres de long.
C est un projet porté par Richard Branson.
D sera exploité par la compagnie anglaise Blue Star Line.

**㉕ Locutions latines courantes :**

A *Mutatis mutandis* signifie « ce qui doit arriver arrivera ».
B *In illo tempore* signifie « le temps qui passe et donc il faut jouir ».
C *Hic et hunc* signifie « être partout ».
D *Alea jacta est* signifie « le sort en est jeté ».

**㉖ Robot :**

A Le terme vient du tchèque *robota* qui signifie « corvée ».
B La firme Honda en a inventé un capable de sauter à cloche-pied.
C Isaac Asimov en a fait le thème de plusieurs de ses ouvrages.
D Nao est un robot humanoïde français.

**㉗ La modernité :**

A est un concept esthétique et politique.
B a été incarnée, en littérature, par la poésie de Baudelaire.
C signifie le « progrès de la technique ».
D a été portée, en architecture, par Le Corbusier.

**㉘ Karl Marx :**

A a dirigé le Parti communiste français.
B a étudié les mécanismes de l'économie capitaliste.
C a collaboré avec Hegel.
D a prôné l'appropriation collective des moyens de production.

**㉙ Le losange :**

A est un carré quand il a un angle droit.
B a des diagonales perpendiculaires.
C est un parallélogramme particulier.
D a des diagonales de même longueur.

**30 Grands principes de l'économie libérale :**

A La croyance en la capacité du marché à s'autoréguler.
B Assurer le plein-emploi.
C La privatisation des entreprises publiques.
D Un niveau haut de fiscalité.

**31 Nuages :**

A Cumulonimbus.
B Cirrus.
C Altus.
D Stratus.

**32 Les *FabLabs* :**

A désignent des ateliers de fabrication.
B sont nés d'une initiative prise par le Munich Institute of Technology.
C peuvent faire cohabiter une imprimante 3D et une machine à coudre.
D se veulent ouverts au public pour favoriser la création collective.

**33 Économie :**

A Le consumérisme est renforcé par l'obsolescence programmée.
B La déflation n'est pas une baisse de production.
C FMI signifie Financement monétaire international.
D Le revenu universel est expérimenté en Finlande depuis 2017.

**34 Compositions chimiques :**

A L'acide acétylsalicylique est connu sous le nom d'aspirine.
B Le diamant est composé de quartz.
C Le chlorure de sodium n'est rien d'autre que de l'argile.
D L'air est composé d'une plus grande proportion d'azote que d'oxygène.

**35 La radioactivité :**

A a été découverte par Georges Charpak.
B peut être fabriquée par un accélérateur de particules.
C est absente dans la nature.
D se mesure en becquerels.

**36 L'embryon :**

A se développe dans le liquide prostatique.
B est présent dans le règne animal.
C est synonyme de fœtus.
D ne contient pas de cellule souche.

**37 Le classicisme :**

A naît à la fin du XVIIIe siècle.
B correspond à l'âge d'or du roman.
C a pour éminent représentant Paul Claudel.
D s'inspire du modèle antique gréco-romain.

**38** **Le *Cloud* :**

A permet la délocalisation de l'infrastructure informatique.
B favorise le partage de données à distance.
C ne peut pas être privé.
D stocke toutes les données aux États-Unis.

# Politique, économie et société

**39** **Monnaies du monde :**

A Le yen au Japon.
B Le réal au Brésil.
C La livre sterling en Irlande du Nord.
D L'euro en Suisse.

**40** **Les FARC :**

A sont un mouvement de guérilla du Venezuela.
B ont été fondées par Manuel Marulanda.
C n'ont recruté aucune femme dans leurs rangs.
D ont conclu un accord de paix avec le gouvernement colombien en 2012.

**41** **Vocabulaire soviétique :**

A Les *apparatchiks* sont les cadres supérieurs d'un parti.
B La *nomenklatura* désigne une loi sur l'immigration.
C La *Perestroïka* a été portée par Mikhaïl Gorbatchev.
D Les *kolkhozes* sont des coopératives agricoles.

**42** **Chez l'homme, l'artère :**

A qui distribue le sang oxygéné s'appelle l'aorte.
B part des poumons vers le cœur.
C est une grosse veine.
D défaillante peut causer une maladie nommée artérioplastie.

**43** **Le machiavélisme :**

A a été inspiré par le tyran italien Machiaso.
B est l'art de gouverner efficacement sans précaution morale.
C a été théorisé dans le traité politique *Le Roi*.
D est synonyme de manichéisme.

**44** **Arabie Saoudite :**

A Le nouveau prince héritier se nomme Al Walid ben Talal.
B Une vaste opération « anticorruption » a conduit à l'arrestation d'hommes d'affaires saoudiens.
C Le Premier ministre libyen a été contraint de démissionner depuis Riyad.
D Elle est alliée de l'Iran pour assurer le leadership régional.

**45 Actes définis comme crimes de guerre par la Cour pénale internationale** :

A Emploi d'armes toxiques.
B Torture.
C Pillage des zones occupées.
D Prise d'otages civils.

**46 Santé** :

A Le diabète se caractérise par un taux de sucre trop bas dans le sang.
B La mucoviscidose est une maladie génétique.
C L'expression « maladies endémiques » désigne des maladies en voie de disparition.
D Les nosocomiales sont une affection des voies nasales.

**47 Les *subprimes* sont** :

A des crédits accordés à des emprunteurs à risque.
B des prêts développés aux États-Unis puis diffusés à l'international.
C des crédits immobiliers.
D des prêts hypothécaires à taux ajustables.

**48 Le RSA** :

A signifie « revenu solidaire d'ajustement »
B est réservé aux personnes sans emploi.
C est calculé en fonction de la composition du foyer.
D est recalculé tous les six mois pour suivre le coût de la vie.

**49 Préhistoire** :

A Les dinosaures ont disparu il y a environ 15 millions d'années.
B Le feu a été découvert par l'homme de Cro-Magnon.
C L'âge de pierre correspond à la période néolithique.
D Les australopithèques étaient les premiers singes bipèdes.

**50 François Pinault** :

A a été propriétaire du Stade rennais.
B a créé la fondation Louis-Vuitton.
C est un collectionneur d'art contemporain.
D a été propriétaire de Gucci.

**51 La Catalogne** :

A a Madrid pour capitale.
B a pour langues officielles le catalan et le galicien.
C a été proclamée indépendante par Carlos Puigdemont.
D se compose d'environ 7,5 millions d'habitants.

**52 Prix Nobel de la paix** :

A Albert Einstein.
B Mikhail Gorbatchev.
C Barack Obama.
D Mahatma Gandhi.

**53 Records du monde animal :**

A Le guépard peut courir à plus de 100 km/h.

B Un chien a été placé à bord d'un satellite soviétique en 1957.

C Le yack peut supporter de vivre à 6 000 m d'altitude.

D La gestation de l'éléphant dure près de deux ans.

**54 Éléments constitutifs d'un État selon le droit international :**

A Un gouvernement.

B Une ethnie.

C Une armée.

D Une démocratie.

# Arts, loisirs et médias

**55 Le tennis :**

A fut inventé en Chine.

B est le sport qui a le plus de licenciés en France.

C se joue à une ou deux mains.

D la couleur réglementaire de la balle est le jaune.

**56 Cinéma :**

A le film qui a fait le plus d'entrées en France au box-office est Titanic.

B *Star Wars : Le Réveil de la Force* a fait le plus grand nombre d'entrées lors d'une première semaine de sortie.

C le cinéma est aussi appelé cinquième art.

D les Oscars, les César et la Palme d'or sont trois récompenses attribuées aux œuvres cinématographiques.

**57 Le prix Goncourt :**

A est un prix littéraire remis par l'Académie française.

B existe aussi sous la version prix Goncourt des lycéens.

C existe aussi sous la version prix Goncourt de la BD.

D 2020 a été attribué à l'*Anomalie* de Hervé Le Tellier.

**58 François Mitterrand :**

A est né à Jarnac en Charente.

B a été président de la République française durant deux mandats.

C chacun de ses mandats présidentiels a duré cinq ans.

D était membre du Parti socialiste.

**59 Bande dessinée :**

A Le vrai prénom du héros de *XIII* est Jones.

B *Les Passagers du vent* est un ouvrage de Moebius.

C Le terme anglo-saxon *comics* désigne la bande dessinée.

D Le héros de *One-Punch Man* appartient à l'univers Marvel.

**60 L'affaire des *Paradise papers* :**

A dénonce un vaste système d'optimisation fiscale.

B a éclaboussé des hommes forts de la Maison-Blanche.

C a pour origine la fuite massive de documents issus d'un cabinet international d'avocats.

D a pu être révélée à la suite d'analyses d'environ 300 documents par des journalistes indépendants.

**61 Films et mafia :**

A *Le Parrain.*

B *The French Connection.*

C *Gomorra.*

D *Polisse.*

**62 Vocabulaire de l'architecture :**

A Un vasistas est une toiture en dents de scie.

B Un judas est la cour intérieure d'un immeuble.

C Un vestibule est un espace situé sous la charpente.

D Un péristyle est une construction à colonnes.

**63 Le tennis de table :**

A a été créé en 1980.

B est pratiqué par des pongistes.

C se joue en 11 points.

D n'est pas un sport olympique.

**64 Les romans suivants prennent pour cadre la Seconde Guerre mondiale :**

A *Un long dimanche de fiançailles*, de Sébastien Japrisot.

B *Toute la lumière que nous ne pouvons voir*, d'Antony Doerr.

C *Les bienveillantes*, de Jonathan Littell.

D *Au revoir là-haut*, de Pierre Lemaitre.

**65 Mode :**

A Yves Saint Laurent a démocratisé le style masculin-féminin.

B La coupe de cheveux à la garçonne était à la mode dans les années 1920.

C John Galliano a été le directeur artistique de la maison Chanel.

D La première minijupe est apparue en boutique en 1982.

**66 Tableaux de peintres célèbres :**

A *Le Radeau de Lapérouse*, de Théodore Géricault.

B *La Fraternité guidant le peuple*, d'Eugène Delacroix.

C *Le Cri*, d'Otto Dix.

D *Le Sacre de Napoléon*, de David.

**67 Documentaristes :**

A Raymond Depardon.

B Serge Moati.

C Claude Chabrol.

D Yann Arthus-Bertrand.

**68 Le nouveau musée du Louvre a ouvert des annexes à :**

A Metz.

B Abu Dhabi.

C Lens.

D Doha.

**69 Ils ont fait partie des Rolling Stones :**

A Ringo Starr.

B David Bowie.

C Mick Jagger.

D Jesse Hughes.

**70 Figures de style :**

A La litote dit le moins pour signifier le plus.

B L'analepse est un retour aux événements antérieurs.

C L'emphase renforce une image ou une idée.

D L'oxymore fait coexister deux termes de sens contraires.

**71 Romantiques :**

A Alfred de Vigny.

B Auguste Rodin.

C Gustave Caillebotte.

D Hector Berlioz.

**72 Vocabulaire du cinéma :**

A Un court-métrage est un film de moins de vingt minutes.

B Le story-board est une version rédigée du projet du film.

C Une nuit américaine est une scène de nuit filmée en plein jour.

D Le clap est une sonnerie qui indique la fin du tournage d'une scène.

**73 Caricaturistes :**

A Daumier.

B Cabu.

C Siné.

D Luz.

**74 Disciplines sportives des jeux Olympiques d'hiver :**

A Patinage artistique.

B Bobsleigh.

C Luge.

D Biathlon.

**75 Autobiographies :**

A *Les Mots et les choses.*

B *Si c'est un homme.*

C *Le Champ de personne.*

D *La Petite Fadette.*

# Corrigé

## Histoire, géographie, mythes et religions

❶ **VVFF**

**C** La guerre d'Algérie commence en 1954 alors que Pierre Mendès France décède en 1982.

**D** La Tunisie et le Maroc obtiennent leur indépendance en 1956.

❷ **FVVF**

**A** L'Amou-Daria est un fleuve d'Asie centrale.

**D** Le Mississippi est un fleuve des États-Unis.

❸ **FVVV**

**A** En 1946, le tripartisme regroupe le MRP, la SFIO et le PCF.

❹ **VFVF**

**B** et **D**. Les douze travaux d'Héraclès sont : 1. Tuer le lion de Némée et rapporter sa dépouille. 2. Tuer l'hydre de Lerne. 3. Capturer la biche de Cérynie. 4. Capturer le sanglier d'Érymanthe. 5. Nettoyer les écuries d'Augias. 6. Tuer les oiseaux du lac Stymphale. 7. Dompter le taureau crétois de Minos. 8. Capturer les juments de Diomède. 9. Dérober la ceinture d'Hippolyte. 10. Capturer les boeufs de Géryon. 11. Dérober les pommes d'or du jardin des Hespérides. 12. Capturer Cerbère.

❺ **VFVF**

**B** Du fait des conditions de vie dans les tranchées, les soldats laissaient pousser leur barbe et leur moustache.

**D** Les Italiens portaient un uniforme couleur vert-de-gris. Celui des Français était gris-bleu.

❻ **FFFV**

**A** La capitale du Brésil est Brasilia.

**B** La capitale de la Finlande est Helsinki.

**C** La capitale de l'Australie est Canberra.

❼ **VVVF**

**D** Au contraire, les étudiants et les adultes manifestaient ensemble.

❽ **VFFV**

**B** L'indépendance de la Corée du Sud a été proclamée le 15 août 1948.

**C** La capitale de la Corée du Sud est Séoul. Pyongyang est celle de Corée du Nord.

❾ **VFFF**

**B** Il était son neveu.

**C** L'épouse de Louis XIV est Marie-Thérèse d'Autriche. Marie-Antoinette est l'épouse de Louis XVI.

**D** Louis XIII est le mari d'Anne d'Autriche.

❿ **VFFV**

**B** Il est né au Népal et a vécu en Inde. L'actuel chef spirituel, le Dalaï-Lama, vit en exil au Népal.

**C** « *Bodhi* » signifie « éveil spirituel ».

**⓫ FVVV**

**A** Les principaux systèmes politiques en sciences politiques sont la démocratie, l'autoritarisme et le totalitarisme.

**⓬ FFFV**

**A** La Marche sur Washington pour l'emploi et la liberté a été organisée par Martin Luther King en 1963.

**B** La Longue Marche a porté Mao Tsé-Toung au pouvoir en 1935.

**C** La Marche du sel s'est déroulée en 1930, menée par Gandhi pour l'indépendance de l'Inde.

**⓭ FFFF**

**A** Une mégapole (et non mégalopole) est une ville de plus de 10 millions d'habitants. Une mégalopole est une très grande agglomération urbaine formée de plusieurs grandes villes proches.

**B** Le permafrost est un sol gelé tout au long de l'année (régions très froides).

**C** La moraine est un amas de débris transporté par un glacier.

**D** Un havre est un port bien abrité ou, au sens figuré, un refuge sûr et tranquille.

**⓮ VFFV**

**B** Andromaque est la femme d'Hector.

**C** Bérénice a eu, entre autres amoureux, Titus.

**⓯ FVVV**

**A** La Russie se nomme Fédération mais son modèle d'organisation n'est pas fédéral.

**⓰ FVVV**

**A** En 1794, création de la première ligne télégraphique en France.

**⓱ VFVF**

**B** Il a exercé entre 1961 et 1963.

**D** JFK est mort assassiné à Dallas, au Texas, le 22 novembre 1963.

**⓲ VVFV**

**C** L'Équateur est situé sur la côte Pacifique de l'Amérique du Sud.

**⓳ FVVF**

**A** La couronne d'épines, pastiche de la couronne de laurier de l'empereur, est un attribut de la Passion.

**D** Le Graal est un objet mythique de la légende arthurienne, parfois assimilé au saint Calice, qui a recueilli le sang du Christ.

**⓴ FFFF**

**A** La révolution de jasmin est tunisienne.

**B** En 1974, la révolution des œillets renverse la dictature de Salazar au Portugal.

**C** La révolution des parapluies est une contestation contre le régime chinois, à Hong Kong en 2014, pour garder le statut spécifique de la ville.

**D** La révolution de velours, en Tchécoslovaquie, avait pour objectif de faire tomber en douceur le régime du Parti communiste (déc. 1989).

# Idées, sciences et techniques

**21 VFFF**

B Le bois, l'eau, le vent, le soleil et les déchets sont quelques-unes des énergies renouvelables.

C Le parc solaire photovoltaïque français se situe, en termes de puissance, au 10e rang mondial en 2019.

D L'autonomie des voitures électriques les plus performantes se situe entre 400 et 500 kilomètres.

**22 VFFV**

B L'eau est principalement composée d'hydrogène et d'oxygène.

C Le gaz carbonique est constitué d'oxygène et de carbone.

**23 VVVF**

D Un siècle d'écart environ : Descartes (1596-1650) ; Rousseau (1712-1778).

**24 VVFV**

C Ce projet est porté par un milliardaire australien nommé Clive Palmer.

**25 FFFV**

A « Une fois effectué les changements nécessaires » (littéralement « En changeant ce qui doit être changé »).

B « En ce temps-là ».

C « Ici même et sur le champ, sans délai ».

**26 VVVV**

**27 VVFV**

C La modernité s'exprime dans tous les domaines et pas seulement dans la technique (art, poésie, littérature...).

**28 FVFV**

A Marx est allemand, théoricien et n'a jamais formellement dirigé un parti.

C Lorsque Hegel meurt, Marx a treize ans... Il a collaboré avec Engels.

**29 VVVF**

D Seul le carré (losange particulier) a des diagonales de même longueur.

**30 VVVF**

D Le contraire !

**31 VVVV**

**32 VFVV**

B C'est une initiative du Massachusetts Institute of Technology (MIT).

**33 VVFV**

C Le Fonds monétaire international (FMI) a pour rôle de garantir la stabilité monétaire mondiale et de promouvoir les échanges.

**34 VFFV**

- **B** Le diamant est du carbone pur.
- **C** Le chlorure de sodium est le sel.

**35 FVFV**

- **A** La radioactivité a été découverte par Henri Becquerel en 1896.
- **C** La radioactivité est présente dans la nature (ex. : le carbone 14).

**36 FVFF**

- **A** Il s'agit du liquide amniotique (le liquide prostatique est celui produit par la prostate de l'homme).
- **C** L'embryon correspond au premier stade de développement (jusqu'à 8 semaines), on l'appelle ensuite « fœtus ».
- **D** L'embryon contient des cellules pluripotentes, dites cellules souches.

**37 FFFV**

- **A** Le classicisme naît au XVIIe siècle.
- **B** Ce qu'il est convenu d'appeler l'âge d'or du roman est le XIXe siècle.
- **C** Paul Claudel est un écrivain du XXe siècle.

**38 VVFF**

- **C** De nombreuses entreprises privées utilisent le cloud pour stocker des données.
- **D** Les serveurs permettant ce stockage se trouvent partout sur la planète.

# Politique, économie et société

**39 VVVF**

- **D** le franc suisse est la monnaie de la Suisse.

**40 FVFF**

- **A** Les FARC sont un mouvement colombien.
- **C** Les femmes représentaient 40 % de leur effectif.
- **D** L'accord de paix date de 2016.

**41 VFVV**

- **B** La *nomenklatura* est l'ensemble des privilégiés du système.

**42 VFFF**

- **B** L'aorte part du ventricule gauche du cœur.
- **C** Une veine n'est pas une artère !
- **D** L'artérioplastie désigne la reconstruction d'une artère ; ce n'est pas une maladie.

**43 FVFF**

- **A** Le machiavélisme est une attitude préconisée par Machiavel pour gouverner.
- **C** Le livre de Machiavel s'appelle *Le Prince*.
- **D** Pas du tout. Le manichéisme désigne la dualité du monde entre le bien et le mal.

**44 FVFF**

**A** Le prince héritier est Mohamed Salmane Al Saoud.

**C** C'est le Premier ministre libanais et non libyen.

**D** Au contraire, elle est un farouche adversaire (sunnite) de l'Iran (chiite).

**45 VVVV**

**46 FVFF**

**A** Elle est caractérisée par un taux de sucre trop haut.

**C** Ce sont des maladies qui perdurent.

**D** Ce sont des maladies contractées dans les hôpitaux.

**47 VVVV**

**48 FFVF**

**A** RSA : revenu de solidarité active.

**B** Non, il est octroyé sous conditions de ressources.

**D** Il est revalorisé annuellement.

**49 FFVV**

**A** Non, il y a environ 70 millions d'années.

**B** Le feu a été découvert bien avant Cro-Magnon (–40 000), il y a environ 700 000 ans.

**50 VFVV**

**B** C'est Bernard Arnault et non François Pinault.

**51 FFVV**

**A** Barcelone est la capitale de la Catalogne (espagnole).

**B** Le catalan, l'espagnol (castillan) et l'occitan (aranais) sont les langues officielles de la Catalogne (espagnole).

**C** L'indépendance a bien été proclamée, puis suspendue, par Puigdemont.

**52 FVVF**

**53 VVFV**

**C** L'habitat du yack se situe entre 3 000 m et 5 400 m.

**54 VFFF**

**B** Un État peut être multi-ethnique.

**C** Détenir une armée n'est pas constitutif d'un État selon le droit international.

**D** De nombreux États reconnus ne sont pas des démocraties.

# Arts, loisirs et médias

**55 FFVV**

**A** Le tennis dérive du jeu de paume, inventé en France au XIIIe siècle.

**B** Le football est le sport qui a le plus de licenciés en France.

**56 VVFV**

C Le cinéma est aussi appelé le septième art.

**57 FVFV**

A Le prix Goncourt est un prix littéraire remis par l'Académie Goncourt.

C Ce prix n'existe pas.

**58 VVFV**

C Chacun des mandats présidentiels de François Mitterrand a duré sept ans.

**59 FFVF**

A Le nom de XIII est Jason Fly.

B L'auteur des *Passagers du vent* est François Bourgeon.

D L'auteur de *One-Punch Man* est ONE.

**60 VFVF**

B Non, aucun homme politique américain n'a été mis en cause.

D Environ 13 millions de documents analysés...

**61 VVVF**

D Film sur la brigade de protection des mineurs à Paris.

**62 FFFV**

A Vasistas : ouverture dans une porte ou une fenêtre.

B Judas : petite ouverture pour voir sans être vu.

C Vestibule : hall d'entrée.

**63 FVVF**

A Ce sport est né en Angleterre à la fin du XIX^e siècle.

D C'est un sport olympique depuis 1980.

**64 FVVF**

A Première Guerre mondiale.

D Première Guerre mondiale.

**65 VVFF**

C Galliano a été directeur artistique chez Dior.

D Première minijupe en boutique : 1962.

**66 FFFV**

A C'est Le Radeau de la Méduse.

B *La Liberté guidant le peuple...*

C *Le Cri* est d'Edvard Munch.

**67 VVFV**

C Chabrol est un cinéaste de films non documentaires.

**68 FVVF**

A Metz accueille le Centre Pompidou-Metz (CPM).

**69 FFVF**

**A** Il appartenait aux Beatles.

**B** Il ne fait pas partie des Rolling Stones.

**D** Il joue au sein du groupe de rock Eagles of Death Metal.

**70 VVVV**

**71 VFFV**

**B** Rodin est un sculpteur de la fin du XIXe siècle.

**C** Caillebotte est un peintre impressionniste de la fin du XIXe siècle.

**72 FVVV**

**A** Court-métrage : moins d'une heure.

**73 VVVV**

**74 VVVV**

**75 FVVF**

**A** C'est un essai de Michel Foucault.

**D** C'est un roman de George Sand.

# Anglais

# Planning de révisions

L'année d'un concours, il est très important de se soumettre à une discipline de travail. En anglais, comme dans d'autres matières, il faut travailler régulièrement pour couvrir les différentes notions à connaître, acquérir le lexique, adapté aux exigences des concours post-bac et s'entraîner.

L'idéal est de commencer à la **rentrée scolaire** ou au **début de l'été qui précède l'année du concours** et de se fixer une somme de travail raisonnable à effectuer chaque semaine de l'année.

| NOTIONS À ABORDER | PÉRIODICITÉ | NOS OUTILS |
|---|---|---|
| Grammaire | **Chaque mois, semaines 1, 2 et 3** : un ou deux points de grammaire par semaine<br>**Chaque mois, semaine 4** : revoir les acquis des semaines 1, 2 et 3<br>**Vacances scolaires** : révision des acquis + un QCM<br>**Avant le concours** : sujets blancs corrigés | Tout le cours page 240<br>Sujets corrigés page 310 |
| Vocabulaire | **Chaque mois, semaines 1, 2 et 3** : un thème de vocabulaire par semaine<br>**Chaque mois, semaine 4** : revoir les acquis des semaines 1, 2 et 3<br>**Vacances scolaires** : révision des acquis + un QCM<br>**Avant le concours** : sujets blancs corrigés | Tout le cours page 279<br>Sujets corrigés page 310 |
| Compréhension | **Semaine 1** : méthode et exercices<br>**Vacances scolaires** : deux textes<br>**Avant le concours** : sujets blancs corrigés | Tout le cours page 308<br>Sujets corrigés page 310 |

# Méthodologie et conseils

## 1. Présentation de l'épreuve

L'épreuve écrite d'anglais du concours ACCÈS comporte deux parties :

- **un QCM de grammaire et de vocabulaire (40 questions) ;**
- **un QCM de compréhension écrite (2 extraits d'articles de presse, 10 questions).**

Elle dure **45 minutes** et est affectée d'un **coefficient 3 à l'ESSCA et à l'IÉSEG, et 6 à l'ESDES.**

## 2. Préparation

Pour préparer les écrits, il faut tout d'abord :

### A. Apprendre, revoir et s'entraîner

Voir planning de révision.

### B. Écouter régulièrement de l'anglais authentique

Vous pouvez le faire sur votre radio ou à la télévision. Privilégiez les **bulletins d'information**. Petit à petit, vous vous familiariserez avec ce langage. Faites-vous plaisir en regardant vos séries, films ou émissions préférés en version originale sous-titrée.

### C. Lire régulièrement en anglais

Vous pouvez consulter la presse anglophone sur Internet. Sur le site de la BBC, par exemple, vous pouvez lire tout au long de la journée de brefs bulletins d'information sur l'actualité mondiale, des retranscriptions d'émissions et des articles de presse sur tous les sujets d'actualité.

### D. Travailler sur les annales en temps réel

Le **temps** et le **stress** sont des paramètres importants sur lesquels vous devez travailler en vous entraînant. Les **annales** vous permettent également de bien comprendre les exercices demandés, ce qui est nécessaire avant de passer le concours.

# Tout le cours

# 1. Grammaire

Les notions de grammaire abordées dans ce chapitre constituent des connaissances indispensables pour effectuer le QCM de grammaire. Il faut les revoir progressivement, une par semaine par exemple (voir planning de révision, p. 238).

Pour chaque notion étudiée, une question de type QCM vous est proposée.

Les notions de grammaire abordées dans ce chapitre sont plus ou moins développées, en fonction de leur difficulté. En fin de chapitre, vous trouverez d'autres notions que vous devez connaître, mais qui n'y sont pas développées. Vous pourrez, si besoin, consulter une grammaire anglaise afin de les réviser.

Enfin, ce chapitre se termine avec des tableaux de conjugaison et les emplois des différents temps.

## 1. Le présent simple

### Testez vos connaissances !

Complétez la phrase suivante à l'aide de l'une des deux propositions.

***Kate always ___ her dog.***

- ❍ **A.** *miss*
- ❍ **B.** *misses*

### Corrigé

**B.**

### A. Construction

| | Forme affirmative | Forme interrogative |
|---|---|---|
| **Présent simple** | *I, you, we, they* ***work****.*<br>*He, she, it* ***works****.* | ***Do*** *I, you, we, they* ***work****?*<br>***Does*** *he, she, it* ***work****?* |
| | **Forme négative** | **Forme interro-négative** |
| | *I, you, we, they* ***don't work****.*<br>*He, she, it* ***doesn't work****.* | ***Don't*** *I, you, we, they* ***work****?*<br>***Doesn't*** *he, she, it* ***work****?* |

## B. Valeurs

Le présent simple **ne concerne pas uniquement le moment présent** ; il a une valeur plus **générale**.

Il sert à exprimer :

- **l'habitude**
  **Exemple :** *I always* ***get up*** *at 7.* (Je me lève toujours à 7 heures.)
- **une propriété, une caractéristique du sujet**
  **Exemple :** *Iron* ***rusts****.* (Le fer rouille.)
- **le goût, l'envie, l'opinion, le souhait, les sentiments** avec les verbes ***to agree*** (être d'accord), ***to believe*** (croire), ***to like*** (apprécier), ***to love*** (aimer), ***to think*** (penser), ***to want*** (vouloir)…
  **Exemple :** *She* ***loves*** *him.* (Elle l'aime.)

# 2. Le présent continu (*be* + *–ing*)

### Testez vos connaissances !

Complétez la phrase suivante à l'aide de l'une des deux propositions.

***Where is Tom? I am sure he ___ basket.***

- **A.** *plays*
- **B.** *is playing*

### Corrigé

**B.**

## A. Construction

| | Forme affirmative | Forme interrogative |
|---|---|---|
| **Présent continu** | ***I am working.*** | ***Am I working?*** |
| | **Forme négative** | **Forme interro-négative** |
| | ***I am not working.*** | ***Aren't I working?*** |

## B. Valeurs

Le présent continu (*be* + *–ing*) est toujours lié à une **situation**, à un **moment** et à un **lieu précis**.

Celui qui parle **décrit** et **commente** au présent.

Il sert à :

- **décrire ce qui est en train de se passer**
  **Exemple :** *They* ***are playing*** *football.* (Ils sont en train de jouer au football.)

- **commenter, donner un avis**
  **Exemple :** *You're always* ***complaining****!* (Tu te plains toujours !)
- **exprimer l'avenir avec un adverbe de temps**
  **Exemple :** *He's* ***working*** *tomorrow.* (Il travaille demain.)

> **ATTENTION**
> Tous les *s* finaux s'entendent en anglais. Ne les oubliez donc pas, à l'écritcomme à l'oral. Attention notamment à l'expression « *one of the* + nom au pluriel ».
> **Exemple :** *one of the best pupils...*

# 3. Les adjectifs et les adverbes

## Testez vos connaissances !

Complétez la phrase suivante à l'aide de l'une des quatre propositions.

***He gave many ____ reasons, ____.***

❍ **A.** *different - reluctantly*
❍ **B.** *differents - reluctantly*
❍ **C.** *different - reluctant*
❍ **D.** *differently - reluctantly*

## Corrigé

**A.**

## A. Les adjectifs

### a. Accord

Les adjectifs sont **invariables** en anglais. Ils ne s'accordent pas.

**Exemple :** *There are so many* ***different*** *colours.* (Il existe tellement de couleurs différentes.)

### b. Ordre

En présence de plusieurs adjectifs devant le nom, ceux-ci apparaissent dans un ordre hiérarchique bien établi qu'il faut connaître et respecter.

**Exemple :** *A* ***pretty small young blonde French*** *actress.* (Une jeune et jolie petite actrice blonde française.)

| *A* ***pretty*** | ***small*** | ***young*** | ***blonde*** | ***French*** *actress.* |
|---|---|---|---|---|
| appréciation, jugement | taille, forme, dimension | âge | couleur | nationalité, religion, marque |

**Exemple :** *A* ***big old blue American*** *car.* (Une grosse et vieille voiture bleue américaine.)

Lorsque plusieurs adjectifs qualifient un nom, l'anglais n'utilise pas *and* (et), sauf pour faire référence à différentes parties d'un tout.

**Exemple :** *A* ***black and white*** *scarf.* (Une écharpe noire et blanche.)

## B. Les adverbes

### a. Accord

En anglais, comme en français, l'adverbe est un mot **invariable**.

### b. Forme

En anglais, les adverbes se forment le plus souvent à partir de l'adjectif, auquel on ajoute le suffixe ***-ly*.**

| Adjectifs | Adverbes |
|---|---|
| *sad* (triste) | *sad***ly** (tristement) |
| *kind* (gentil) | *kind***ly** (gentiment) |

Les adverbes concernés par cette règle peuvent subir des **modifications orthographiques**. Il faut ainsi souvent se référer au dictionnaire.

| Adjectifs | Adverbes |
|---|---|
| *lucky* (chanceux) | *luck***ily** (avec de la chance) |
| *simple* (simple) | *simp***ly** (simplement) |
| *full* (plein) | *ful***ly** (pleinement) |

**ATTENTION**

Certains mots se terminant en *-ly* sont des adjectifs et non des adverbes. Ils sont rares.

| Adjectifs | Formes adverbiales |
|---|---|
| *friendly* (amical) | ***in a friendly way*** (amicalement) |
| *lovely* (joli, mignon) | ***in a lovely way*** (d'une jolie façon) |
| *silly* (sot) | ***in a silly way*** (de façon idiote) |

De même que, en français, tous les adverbes ne se terminent pas en –ment, en anglais ils ne se terminent pas tous en –ly.

Certains adverbes ont la même forme que l'adjectif qui leur correspond. C'est le cas des adverbes/adjectifs suivants : ***daily, weekly, monthly, yearly, early/late, back, close, fast, first/last, hard, inside/outside, little, long, loud, low, near, next, only, opposite, quick, round, slow, very...***

RÉUSSIR LES ÉPREUVES ÉCRITES
Anglais

**Exemple** : *This is a **daily*** [adjectif] *newspaper.* (C'est un journal quotidien.)

*I read it **daily*** [adverbe]. (Je le lis quotidiennement.)

Certains adverbes ne correspondent à aucun adjectif. C'est le cas des adverbes suivants : ***almost***, ***always***, ***often***, ***sometimes***, ***usually***, ***occasionally***, ***rarely***, ***never***…

### c. Place dans la phrase

- Les **adverbes de manière** se placent généralement **après le complément, mais parfois aussi avant le verbe**.

  **Exemple :** *I speak English **fluently. [après le complément]*** (Je parle anglais couramment.)

  *I **really** enjoy dancing. **[avant le verbe]*** (J'aime vraiment bien danser.)

- Les **adverbes de fréquence** se placent toujours **avant le verbe** (et après l'auxiliaire s'il y en a un), sauf avec le verbe ***to be***.

  **Exemple :** *She **often** gets up early.* [avant le verbe] (Elle se lève souvent tôt.)

  *She has **never** driven a car.* [avant le verbe et après l'auxiliaire] (Elle n'a jamais conduit de voiture.)

  *He is **sometimes** late.* [après le verbe to be] (Il est parfois en retard.)

> **RAPPEL DU FORMATEUR**
>
> Les adverbes de fréquence sont : *rarely* (rarement), *sometimes* (parfois), *occasionally* (occasionnellement), *frequently* (fréquemment), *often* (souvent), *usually* (habituellement), *always* (toujours), *never* (jamais).

- Les **locutions adverbiales de fréquence** comme *every day* (tous les jours), *once a week* (une fois par semaine), *twice a month* (deux fois par mois), *three times a year* (trois fois par an)… se placent **en début ou en fin de phrase.**

  **Exemple :** *We see her **every day**.* (Nous la voyons tous les jours.)

- Les **adverbes de lieu et de temps** comme *here* (ici), *there* (là-bas), *yesterday* (hier), *tomorrow* (demain), *today* (aujourd'hui)… se placent généralement en fin de phrase.

  **Exemple :** *We're leaving **tomorrow**.* (Nous partons demain.)

- Les **adverbes de degré** comme *too* (trop), *very* (très), *more* (plus), *totally* (totalement), *nearly* (presque), *enough* (assez)… se placent **immédiatement avant l'adjectif ou l'adverbe qu'ils modifient.**

  **Exemple :** *These boots are **too** small.* (Ces bottes sont trop petites.)

- Les **adverbes négatifs** comme *barely*, *hardly*, *scarcely* (à peine, presque pas) se placent **avant le verbe (et après l'auxiliaire s'il y en a un)**.

> **ATTENTION**
>
> Leur sens étant négatif, le verbe apparaît toujours à la forme affirmative.
>
> **Exemple :** *I could scarcely believe it.* (Je pouvais à peine y croire.)

# 4. Les comparatifs et les superlatifs

## Testez vos connaissances !

Complétez la phrase suivante à l'aide de l'une des quatre propositions.

***Which one of these two brands is ___?***

- ❍ **A.** *the stronger*
- ❍ **B.** *the strongest*
- ❍ **C.** *stronger*
- ❍ **D.** *strongest*

## Corrigé

**A.**

Quand on compare **un élément à un autre**, on utilise **un comparatif**.
Quand on compare **un élément à tous les autres**, on utilise **un superlatif**.

## A. Le comparatif

Il existe trois formes de comparatif.

### a. Le comparatif d'égalité : aussi ... que

L'adjectif est précédé et suivi de *as*.

***as* + adjectif + *as***

**Exemple :** *He is **as** tall **as** his father.* (Il est aussi grand que son père.)

### b. Le comparatif de supériorité : plus ... que

- **Adjectifs d'une syllabe (ex. : *tall, small, cold...*)**

**adjectif *-er* + *than***

**Exemple :** *I'm tall**er than** you.* (Je suis plus grande que toi.)

- **Adjectifs de deux syllabes terminés en *-y*, *-er*, *-ow*, *-le* (ex. : *happy, funny, tidy, clever, narrow, noble...*)**

**adjectif *-er* + *than***

**Exemple :** *She's happ**ier than** her sister.* (Elle est plus heureuse que sa sœur.)
Si l'adjectif se termine en *-y*, *y* se transforme en *i* au comparatif de supériorité.

- **Adjectifs de deux syllabes et plus (ex. : *modern, expensive...*)**

***more* + adjectif + *than***

**Exemple :** *He drives **more** carefully **than** his wife.* (Il conduit plus prudemment que sa femme.)

On peut renforcer le comparatif de supériorité à l'aide de l'adverbe *much* ou par *way*.

**Exemple :** *I'm **much/way** taller than you.* (Je suis bien plus grande que toi.)

### c. Le comparatif d'infériorité : moins ... que

L'adjectif (quel que soit le nombre de syllabes) est précédé de *less* et suivi de *than*.

***less* + adjectif + *than***

**Exemple :** *His car is* ***less*** *fast* ***than*** *mine.* (Sa voiture est moins rapide que la mienne.)

**ATTENTION**

Il existe des adjectifs et adverbes qui possèdent un comparatif **irrégulier**.

| Adjectifs et adverbes irréguliers | |
|---|---|
| **Bases** | **Comparatifs** |
| ***good***, ***well*** (bon, bien) | ***better than*** (meilleur que, mieux que) |
| ***bad*** (mauvais) | ***worse than*** (plus mauvais que) |
| ***far*** (loin) | ***farther than***, ***further than*** (plus loin que) |
| ***old*** (vieux, âgé au sens d'aîné) | ***elder*** (plus vieux) |
| ***much***, ***many*** (beaucoup) | ***more*** (plus) |
| ***little*** (peu) | ***less*** (moins) |

## B. Le double comparatif

Pour exprimer une **progression** (de plus en plus..., de moins en moins...), on emploie le verbe ***get*** **à la forme progressive et deux fois le comparatif**.

**Exemple :** *The weather* ***is getting hotter and hotter****.* (Il fait de plus en plus chaud.)

*It* ***is getting more and more interesting****.* (C'est de plus en plus intéressant.)

*It* ***is getting less and less interesting****.* (C'est de moins en moins intéressant.)

## C. *The* + comparatif

Pour exprimer une **double progression**, augmentation ou diminution proportionnelle (plus ... plus ..., moins ... moins ..., plus ... moins ..., moins ... plus ...), on emploie des **comparatifs introduits par *the***.

**Exemple :** ***The more, the merrier.*** (Plus on est de fous, plus on rit.)

***The less*** *she talks,* ***the happier*** *I am.* (Moins elle parle, plus je suis heureux.)

***The more*** *I see you,* ***the more*** *I love you.* (Plus je te vois, plus je t'aime.)

***The less*** *I work,* ***the less*** *I want to work.* (Moins je travaille, moins j'ai envie de travailler.)

Lorsque la comparaison porte sur **deux éléments, et deux seulement**, la langue anglaise utilise **un comparatif de supériorité** précédé de l'article **the**.

**Exemple :** *He is* ***the younger*** *of the two.* (Il est le plus jeune des deux.)

*Kate is* ***the taller*** *of the twins.* (Kate est la plus grande des jumeaux.)

## D. Le superlatif

Il existe deux formes de superlatif.

### a. Le superlatif de supériorité : le plus...

- **Adjectifs d'une syllabe (ex. : *tall, small, cold...*)**

**the + adjectif -*est***

**Exemple :** Tom is the tallest boy in the class. (Tom est le plus grand garçon de la classe.)

> **NOTE DU FORMATEUR**
>
> Le complément est toujours introduit par la préposition ***in*** s'il s'agit d'un lieu et par la préposition ***of*** s'il s'agit d'un groupe.

- **Adjectifs de deux syllabes terminés en *-y, -er, -ow, -le* (ex. : *happy, funny, tidy, clever, narrow, noble...*)**

**the + adjectif -*est***

**Exemple :** *She's **the funniest** girl I've ever met.* (C'est la fille la plus drôle que j'aie jamais rencontrée.)

Si l'adjectif se termine en *-y, y* se transforme en *i* au superlatif.

- **Adjectifs de deux syllabes et plus (ex. : *modern, expensive...*)**

***the + most* + adjectif**

**Exemple :** *It's **the most** expensive restaurant in town.* (C'est le restaurant le plus cher de la ville.)

### b. Le superlatif d'infériorité : le moins...

L'adjectif (quel que soit le nombre de syllabes) est précédé de *the least.*

***the least* + adjectif**

**Exemple :** *This is **the least** interesting book I've ever read.* (C'est le livre le moins intéressant que j'aie jamais lu.)

> **ATTENTION**
>
> Il existe des adjectifs et des adverbes qui possèdent un superlatif **irrégulier**.

Adjectifs et adverbes irréguliers

| Bases | Superlatifs |
|---|---|
| ***good, well*** (bon, bien) | ***the best*** (le meilleur, le mieux) |
| ***bad*** (mauvais) | ***the worst*** (le plus mauvais) |
| ***far*** (loin) | ***the farthest, the furthest*** (le plus loin) |
| ***old*** (vieux, âgé au sens d'aîné) | ***the eldest*** (le plus vieux, l'aîné) |
| ***much, many*** (beaucoup) | ***the most*** (le plus) |
| ***little*** (peu) | ***the least*** (le moins, le moindre) |

# 5. Le cas possessif

## Testez vos connaissances !

Complétez la phrase suivante à l'aide de l'une des quatre propositions.

***James ___ stepfather ought to have arrived by now.***

❍ **A.** *'*
❍ **B.** ø
❍ **C.** *his*
❍ **D.** *'s*

## Corrigé

**A.**

Le cas possessif, appelé aussi génitif saxon, sert à exprimer un **rapport de possession ou d'appartenance** entre deux éléments.

## A. Construction

En anglais, on place le « possesseur » en **première position**.

Dans la plupart des cas, le premier élément, le « possesseur », est une **personne** ou un **animal**.

Il se construit de la manière suivante :

- **possesseur (singulier) + *'s* + nom**
  **Exemple :** *John's house.* (La maison de John.)
  *My sister's friends.* (Les amis de ma sœur.)
  *Mrs Moss's son.* (Le fils de Mrs Moss.)
- **possesseurs (pluriel régulier) + *'* + nom**
  **Exemple :** *My parents' garden.* (Le jardin de mes parents.)
  *The boys' bedroom.* (La chambre des garçons.)
- **possesseurs (pluriel irrégulier) + *'s* + nom**
  **Exemple :** *The children's toys.* (Les jouets des enfants.)

Au cas possessif, on peut omettre le second élément de la construction s'il a été mentionné précédemment.

**Exemple :** *Whose book is it?* It's Sam's. (À qui est ce livre ? C'est celui de Sam.)

## B. Emplois

- Outre le rapport de possession et d'appartenance, le cas possessif peut servir à traduire « **chez** ».

**Exemple :** *She's going to Mr Won's and on the way she'll stop at the baker's.* (Elle va chez Mr Won et, sur le chemin, elle s'arrêtera chez le boulanger.)

- Il est fréquent dans des **expressions de temps ou de distance**.
**Exemple :** *today's paper* (le journal d'aujourd'hui), *a week's holiday* (une semaine de vacances), *last year's events* (les événements de l'année dernière), *a mile's walk* (une marche d'un kilomètre et demi)
- On l'utilise également pour parler d'**éléments du monde**, de **repères connus de tous**.
**Exemple :** *France's workers* (les travailleurs français), *London's underground* (le métro de Londres), *the world's population* (la population du monde entier), *the government's policy* (la politique du gouvernement)

## 6. « ne pas » : *not to*

### Testez vos connaissances !

Complétez la phrase suivante à l'aide de l'une des quatre propositions.

***She's been told ___ that letter before she's arrived.***

| | |
|---|---|
| ❍ **A.** *not to read* | ❍ **C.** *to not read* |
| ❍ **B.** *to reading* | ❍ **D.** *to not reading* |

### Corrigé

**A.**

L'expression « **de ne pas** » se traduit par ***not to*** et non l'inverse.
**Exemple :** *She's been told* ***not to*** *read that letter before she's arrived.* (On lui a dit de ne pas lire cette lettre avant d'être arrivée.)

## 7. *Than* et *that*

### Testez vos connaissances !

Complétez la phrase suivante à l'aide de l'une des quatre propositions.

***The results are much better ___ expected.***

| | |
|---|---|
| ❍ **A.** ø | ❍ **C.** *that* |
| ❍ **B.** *than* | ❍ **D.** *as* |

### Corrigé

**B.**

« **Que** » peut se traduire en anglais par *than, that, which*… Il faut donc réfléchir au sens de « que » dans la phrase avant de le traduire.

# 8. *Which* et *who*

## Testez vos connaissances !

Complétez la phrase suivante à l'aide de l'une des quatre propositions.

***These are the countries ___ are developing.***

❍ **A.** *whose*

❍ **B.** *who*

❍ **C.** *which*

❍ **D.** *whom*

## Corrigé

C.

## A. Fonction

Les pronoms relatifs, comme leur nom l'indique, **introduisent** une **proposition subordonnée relative**.

Ils peuvent être **soit sujet soit complément** du verbe de cette subordonnée.

**Exemple :** *The man* **who** *is here is my brother.* [pronom relatif sujet de la subordonnée] (L'homme qui est là est mon frère.)

*The man* **(that)** *you can see is my brother.* [pronom relatif complément de la subordonnée] (L'homme que tu vois est mon frère.)

## B. Emploi

En anglais, à l'oral, et même à l'écrit lorsque le contexte n'est pas trop formel, le pronom relatif complément est souvent **omis**. Il est en fait sous-entendu. On parle parfois dans ce cas du **relatif zéro.**

**ATTENTION**

Lorsque le pronom relatif est sujet, il ne peut jamais être omis, comme dans l'exemple *The man who is...*

**Exemple :** *She is the woman you wrote to.* (C'est la femme à qui tu as écrit.)
*The last book I read was fascinating.* (Le dernier livre que j'ai lu était fascinant.)

## NOTE DU FORMATEUR

Lorsque le pronom relatif est sous-entendu et que le verbe comprend une préposition, celle-ci est rejetée après le verbe et son complément.

**Exemple :** *She is the woman you wrote to.*

Dans un anglais plus formel, on écrira :
*She is the woman* ***to whom*** *you wrote.*
*The last book* ***that*** *I read was fascinating.*

## C. Choix du pronom relatif

Pour choisir un pronom relatif, il faut repérer le nom qu'il remplace et qui le précède (son **antécédent**). Il faut aussi déterminer sa **fonction** dans la phrase.

| Fonction du relatif dans la subordonnée | Antécédent animé | Antécédent inanimé |
|---|---|---|
| Sujet | ***who***<br>ex. : *The girl* ***who*** *lives next door.* | ***which*** ou ***that***<br>ex. : *The car* ***which/that*** *we want to buy.* |
| Complément | **omis le plus souvent** sinon ***whom**** ou ***that***<br>ex. : *The man I love.*<br>*The man* ***whom/that*** *I love.*<br>*The man I talked to.* | **omis le plus souvent** sinon ***which*** ou ***that***<br>ex. : *The car we want.*<br>*The car* ***which/that*** *we want.*<br>*The car we looked at.* |
| Génitif | ***whose***<br>ex. : *The boy* ***whose*** *name is John.* | ***Whose*** ou, rarement, ***of which***<br>ex. : *The house* ***whose*** *door is blue.*<br>*The house the door* ***of which*** *is blue.* |

**whom* a tendance à disparaître

### a. ce que/ce qui

***What*** annonce quelque chose qui va être précisé.

**Exemple :** *I didn't understand* ***what*** *he said.* (Je n'ai pas compris ce qu'il a dit.)

***What*** *I like best is music.* (Ce que je préfère, c'est la musique.)

***Which*** reprend ce qui a déjà été énoncé.

**Exemple :** *It didn't rain at all,* ***which*** *surprised me.* (Il n'a pas du tout plu, ce qui m'a surpris.)

*She was a famous singer,* ***which*** *I didn't know.* (C'était une chanteuse célèbre, ce que j'ignorais.)

## ATTENTION

N'oubliez pas la virgule avant *which*, obligatoire entre les deux propositions.

### b. *dont*

On traduit « dont » en anglais par ***whose*** (pronom relatif, complément du nom) si l'antécédent est animé et même parfois s'il est inanimé, les constructions avec ***of which*** étant rares.

**Exemple :** *This is the boy* ***whose*** *sister is our neighbour.* (C'est le garçon dont la sœur est notre voisine.)

*Is this the house* ***whose*** *windows were broken?* ou *Is this the house the windows* ***of which*** *were broken?* (Est-ce la maison dont les fenêtres ont été cassées ?)

**ATTENTION**

On ne traduit « dont » par *whose* et *of which* que lorsque le pronom exprime la possession. Or, « dont » apparaît en français chaque fois que le verbe est suivi de la préposition « de », alors qu'il n'est pas toujours question de possession.

**Exemple :** L'homme dont tu parlais est mort. (*The man you were talking about is dead.*)

Dans ce cas, si une préposition en anglais est obligatoire (ex.: *about*), on la maintient immédiatement après le verbe et on n'utilise pas de pronom relatif.

### c. Traductions de « où »

- ***Where***

  **Exemple :** *Paris is the city* ***where*** *I was born.* (Paris est la ville **où** je suis né.)
- ***When***

  **Exemple :** *I'll always remember the day* ***when*** *I saw him.* (Je me souviendrai toujours le jour **où** je l'ai vu.)

## D. *Whatever/Whoever/Wherever/Whenever*

Ces mots sont formés à partir de relatifs (***what***, ***who***, ***where***, ***when***) et de ***–ever***, qui ajoute à chacun des relatifs l'idée de **quelconque**.

| | | | |
|---|---|---|---|
| **whatever** | quoi que ce soit qui …<br>quoi que ce soit que … | ***Whatever*** happens, don't panick!<br>***Whatever*** she thinks, she's wrong! | **Quoi qu'**il arrive, ne panique pas !<br>**Quelle que** soit sa pensée, elle a tort ! |
| **whoever** | qui que ce soit qui …<br>qui que ce soit que … | ***Whoever*** calls her, she mustn't go out.<br>***Whoever*** you meet, don't stop! | **Quiconque** l'appelle, elle ne doit pas sortir.<br>**Qui que** ce soit que tu rencontres, ne t'arrête pas ! |
| **wherever** | où que ce soit que … | ***Wherever*** you go, I'll follow you. | Je te suivrai **où que** tu ailles. |
| **whenever** | à quelque moment que ce soit que … | You can leave ***whenever*** you like! | Tu peux partir **quand** tu veux. |

# 9. Les indénombrables

## Testez vos connaissances !

Complétez la phrase suivante à l'aide de l'une des quatre propositions.

***The news ___ good today!***

- ❍ **A.** *seem*
- ❍ **B.** *is*
- ❍ **C.** *are*
- ❍ **D.** *look*

## Corrigé

**B.**

## A. La notion de dénombrement

- Les noms **dénombrables désignent ce que l'on peut compter.**
  Un nom dénombrable existe **au singulier et au pluriel.**
  **Exemple :** ***a*** *cat* (un chat), ***three*** *cats* (trois chats)
- Les noms **indénombrables** désignent **ce que l'on ne peut pas compter.**
  Un nom indénombrable n'est **jamais précédé de l'article *a/an*** et il est **toujours accompagné d'un verbe au singulier.**
  **Exemple :** *My hair* ***is*** *long and fair.* (Mes cheveux sont longs et blonds.)

> **ATTENTION**
>
> Certains noms sont indénombrables en anglais, mais leurs équivalents français sont des dénombrables pluriels.

## B. Les indénombrables en anglais

Sont **indénombrables** en anglais :

- les noms de **matériaux** et d'**aliments** : *wool* (de la laine), *bread* (du pain), *tea* (du thé), *milk* (du lait)…
- les noms renvoyant à une **notion** ou à un **ensemble d'éléments :**
  - **concrets** : *furniture* (des meubles), *rubbish/refuse* (des détritus), *luggage* (des bagages), *hair* (des cheveux), *fruit* (des fruits)…
  - **abstraits** : *advice* (des conseils), *news* (des nouvelles), *information* (des renseignements), *progress* (des progrès), *evidence* (des preuves)…

Les dictionnaires utilisent le signe (*U*) (*uncountable*) ou (I) (indénombrable) pour indiquer qu'un nom est indénombrable en anglais.

**ATTENTION**

Certains noms peuvent être employés dans un sens indénombrable ou dénombrable.

**Exemple :** *There were* ***times*** *when...* [dénombrable pluriel] (Il y eut des périodes où...)

***Time*** *is money.* [indénombrable] (Le temps, c'est de l'argent.)

## C. Le dénombrement d'un indénombrable

Pour un certain nombre de noms indénombrables, on peut obtenir un singulier à l'aide de ***a piece of***.

**Exemple :** ***a piece of*** *news* (une nouvelle), ***a piece of*** *advice* (un conseil)

# 10. *There is* et *there are*

## Testez vos connaissances !

Complétez la phrase suivante à l'aide de l'une des quatre propositions.

***___ weren't here yesterday. ___ weren't many people.***

- ❍ **A.** *They - There*
- ❍ **B.** *There - They*
- ❍ **C.** *Their - They*
- ❍ **D.** *They - Their*

## Corrigé

**A.**

## A. Emploi

On emploie le verbe ***to be*** précédé de ***there,*** et éventuellement d'un auxiliaire de modalité, pour indiquer que quelque chose existe, a existé, existera, aurait pu exister…

La structure ***there*** + ***be*** conjugué correspond aux structures françaises « il y a », « il y avait », « il y aura », « il y aurait »…

Cette structure existe à tous les temps et peut être associée à tous les auxiliaires modaux.

**ATTENTION**

Il existe des cas où « il y a » ne se traduit pas par *there is/are*:

• Pour exprimer la **durée** :

**Exemple : Il y a** trois mois qu'ils se sont mariés. → *They got married three months* ***ago****.*

**Il y a** trois mois que je ne les ai pas vus. → *I haven't seen them* ***for*** *three months.*
• Pour exprimer la **distance** :

**Exemple :** **Il y a** quatre kilomètres d'ici à l'école. → *The school is four kilometres* ***away****.*

## B. Accord

Si « il y a » ne varie pas en nombre en français, il existe en revanche **un singulier et un pluriel en anglais.**

**Exemple :** ***There is*** *a book on the table.* (Il y a un livre sur la table.)
***There are*** *books on the table.* (Il y a des livres sur la table.)
***There was*** *a book on the table.* (Il y avait un livre sur la table.)
***There were*** *books on the table.* (Il y avait des livres sur la table.)
***There can*** *be a problem.* (Il peut y avoir un problème.)
La structure *there + be* conjugué existe à la **forme interrogative** et **négative.**

**Exemple :** ***Is there*** *enough milk left for me?* (Est-ce qu'il reste assez de lait pour moi ?)
***There aren't*** *any apples any more.* (Il n'y a plus de pommes.)

# 11. Les démonstratifs

## Testez vos connaissances !

Complétez la phrase suivante à l'aide de l'une des quatre propositions.

***Look at ___ shoes! I have never seen ___ before.***

- ❍ **A.** *this - these*
- ❍ **B.** *that - these*
- ❍ **C.** *those - these*
- ❍ **D.** *these - those*

## Corrigé

**D.**

## A. Accord

En anglais, les **démonstratifs** s'accordent **uniquement en nombre**.

## B. Emplois

***This*** (***these*** au pluriel) et ***that*** (***those*** au pluriel) servent à désigner un objet ou une personne. Ils sont **adjectifs** ou **pronoms**.

### a. *This/These*

*This* (*these* au pluriel) désigne un objet **qui appartient à la situation présente** (d'où l'idée de **proximité** à laquelle on a coutume d'associer *this*).

**Exemple :** ***This** is our neighbour.* [Le voisin est devant celui qui parle.] (Voici notre voisin.)

On emploie *this* (*these* au pluriel) pour un objet **dont on parle pour la première fois**.

**Exemple :** *Look at **this**!* [L'interlocuteur n'est pas censé avoir remarqué l'objet en question.] (Regarde ça !)

### b. *That/Those*

On utilise *that* (*those* au pluriel) pour tout objet ou fait **qui n'est pas dans la situation présente** (d'où l'idée d'**éloignement** à laquelle on a coutume d'associer *that*).

**Exemple :** *Things were much easier **in those days**.* [passé] (Les choses étaient bien plus faciles **en ce temps-là**.)

*Things are much easier **these days**.* [présent] (Les choses sont bien plus faciles de nos jours.)

On emploie *that* (*those* au pluriel) lorsque celui auquel on s'adresse **sait de quel objet il s'agit**.

**Exemple :** *Yes, **that**'s great.* (Oui, c'est super.)

Dans la mesure où *that* peut exprimer une idée d'éloignement, il prend parfois une valeur de **jugement** (souvent **négatif**).

**Exemple :** *Look at **that**!* [Le ton peut exprimer le dégoût, le mépris, le reproche…] (Regarde-moi ça !)

*Look at **those** awful paintings!* (Regarde ces horribles tableaux !)

## 12. Les verbes prépositionnels en *to + -ing*

### Testez vos connaissances !

Complétez la phrase suivante à l'aide de l'une des quatre propositions.

***I am so looking forward to ___ you.***

- ❍ **A.** *see*
- ❍ **B.** *have seen*
- ❍ **C.** *seeing*
- ❍ **D.** *saw*

### Corrigé

**C.**

## RAPPEL DU FORMATEUR

*To* peut être tantôt la **marque de l'infinitif** (ex. : *to read*, lire) tantôt une **préposition**.

**Exemple :** *She looks forward to seeing you again.* (Il lui tarde de te revoir.)

Il existe un certain nombre de verbes, comme *to look forward to* (avoir hâte de, attendre avec impatience), construits avec la préposition *to* ; **s'ils sont suivis d'un verbe, celui-ci est nécessairement un gérondif**, comme *seeing* dans la question en début de cours.

En voici une liste non exhaustive :

| to be used to | être habitué à |
|---|---|
| ***to devote time to*** | consacrer du temps à |
| ***to get used to*** | s'habituer à |
| ***to object to*** | désapprouver |
| ***to look forward to*** | avoir hâte de, attendre avec impatience |
| ***to take to*** | se mettre à (une habitude) |
| ***to accustom to*** | accoutumer à |
| ***to amount to*** | équivaloir à/revenir à |
| ***to be given to*** | être enclin à |
| ***to be reduced to*** | (en) être réduit à |
| ***to confess to*** | avouer |
| ***to confine oneself to*** | se borner à, se cantonner à |
| ***to contribute to*** | contribuer à |

## ATTENTION

Ne pas confondre *to be used to* (être habitué), *to get used to* (s'habituer) et *used to* (avant...).

**Exemple :** I***'m not used to*** *working so early.* (Je ne suis pas habitué[e] à travailler si tôt.)

***I never got used*** *to working so early.* (Je ne me suis jamais habitué[e] à travailler si tôt.)

***I used*** *to work earlier. I didn't use to wake up at 8 o'clock.* (Avant, je travaillais plus tôt. Je ne me levais pas à huit heures.)

# 13. Les majuscules

## Testez vos connaissances !

Complétez la phrase suivante à l'aide de l'une des quatre propositions.

***I met my ___ friends last ___ when they came to ___.***

- **A.** *American - january - France*
- **B.** *American - January - France*
- **C.** *american - January - France*
- **D.** *American - January - france*

## Corrigé

**B.**

L'anglais utilise des majuscules pour tout ce qui a rapport au calendrier (jours, mois, fêtes) et à la nationalité (pays, peuples, nationalités, langues). **C'est une faute de les oublier.**

# 14. Les articles *a/an*, *the* et l'article zéro

## Testez vos connaissances !

Complétez la phrase suivante à l'aide de l'une des quatre propositions.

***___ Queen Elisabeth has been reigning for more than 60 years.***

- **A.** *a*
- **B.** *the*
- **C.** ø
- **D.** *an*

## Corrigé

**C.**

## A. L'article indéfini *a/an*

### a. *A* ou *an* : comment les distinguer ?

L'article indéfini ***a*** (un, une) s'emploie :

- **devant les mots qui commencent par une consonne**
  **Exemple :** ***a*** *girl* (une fille), ***a*** *cat* (un chat)

■ devant les mots qui commencent par le son [ʽj]
**Exemple :** ***a*** *uniform* (un uniforme), ***a*** *European man* (un Européen), ***a*** *year* (une année)

■ devant les mots qui commencent par le son [ʽw]
**Exemple :** ***a*** *one-way ticket* (un aller simple)

L'article indéfini ***an*** (un, une) s'emploie :

■ devant les mots qui commencent par une **voyelle** (sauf lorsque la voyelle introduit le son [ʽj] ou [ʽw])
**Exemple :** ***an*** *animal* (un animal), ***an*** *umbrella* (un parapluie)

■ devant les mots qui commencent par un *h* muet
**Exemple :** *an hour* (une heure), *an honest person* (une personne honnête), *an heir* (un[e] héritier[e]), *an honour* (un honneur)

### b. Emplois

On emploie ***a/an*** :

■ devant les **noms de métier** au singulier
**Exemple :** *His mother is* ***a*** *nurse.* (Sa mère est infirmière.)

■ dans les expressions de temps et de mesure
**Exemple :** *She works eight hours* ***a*** *day.* (Elle travaille huit heures par jour.)
*It's £7* ***a*** *kilo.* (C'est 7 livres le kilo.)

■ **après** ***what*** **et** ***such*** dans les phrases exclamatives au singulier
**Exemple :** *What* ***a*** *nice horse!* (Quel joli cheval !)
*It's such* ***a*** *pity!* (Quel dommage !)

> **ATTENTION**
> Il ne faut jamais utiliser *a/an* devant un nom indénombrable (ex. : *furniture, advice, information, news...*).
> **Exemple :** *I've got good news.* (J'ai une bonne nouvelle/de bonnes nouvelles.)

## B. L'article défini *the* (le, la, les, l')

L'article défini ***the*** est **invariable en genre et en nombre.** Il se prononce [ʽðə] devant les consonnes (ex. : ***the*** *cat* [le chat], ***the*** *milk* [le lait]) et [ʽði:] devant les voyelles (ex. : ***the*** *animal* [l'animal], ***the*** *umbrella* [le parapluie]).

On emploie *the* :

■ pour faire référence à **quelque chose de spécifique, de déterminé**
**Exemple :** ***The*** *boy in black.* (Le garçon en noir.) [Ce garçon-là en particulier.]
***The*** *apples she bought.* (Les pommes qu'elle a achetées.) [Et pas d'autres.]

■ devant un nom désignant une **notion** ou une **chose unique**, ou que l'on souhaite désigner comme telle.
**Exemple :** ***the*** *sun* (le soleil), ***the*** *sea* (la mer), ***the*** *universe* (l'univers)…

■ devant un **adjectif représentant un ensemble de personnes**
**Exemple :** ***the*** *young* (les jeunes), ***the*** *blind* (les aveugles), ***the*** *Blacks* (les Noirs)…

**ATTENTION**

*The* n'est pas employé :

- dans les **concepts généraux**
  **Exemple :** *Time is money.* (Le temps, c'est de l'argent.)
- devant un **titre suivi d'un nom propre ou d'un prénom**
  **Exemple :** *Queen Elizabeth* (la reine Élizabeth), Duke Philip (le duc Philippe)
- devant les **noms de pays**
  **Exemple :** *France* (la France), *Great Britain* (la Grande-Bretagne), *Italy* (l'Italie)...

**Il existe cependant des exceptions :** *the United Kingdom* (le Royaume-Uni), *the United States* (les États-Unis), *the Soviet Union* (l'Union soviétique), *the Netherlands* (les Pays-Bas)

## C. L'article zéro Ø

Il existe en anglais une forme d'article qui ne se « voit » pas. L'article zéro, représenté par le symbole Ø, est courant en anglais et n'existe pas en français.

Cette « absence » d'article a toujours un sens.

Il y a absence d'article ou article zéro :

- pour parler des **choses en général**
  **Exemple :** *Cats like milk.* (Les chats aiment le lait.)
  *Love is what we need.* (L'amour est ce dont nous avons besoin.)
- pour exprimer l'idée du **partitif** (du, de la, de l', des)
  **Exemple :** *I drink milk and I eat cereals at breakfast.* (Je bois du lait et je mange des céréales au petit déjeuner.)

# 15. *Another, other* et *others*

## Testez vos connaissances !

Complétez la phrase suivante à l'aide de l'une des quatre propositions.

***Give me ___ plate! This one is broken.***

- ❍ **A.** *an other*
- ❍ **B.** *other*
- ❍ **C.** *another*
- ❍ **D.** *others*

## Corrigé

**C.**

Ne confondez pas :

- ***another*** [toujours en un mot] (un[e] autre)

**Exemple :** *Give me **another** glass of water, please.* (Donne-moi un autre verre d'eau, s'il te plaît.)

- ***other*** [adjectif] (d'autres)
  **Exemple :** *I'd like to visit **other** countries.* (J'aimerais visiter d'autres pays.)
- ***others*** [pronom pluriel, utilisé seul] (d'autres)
  **Exemple :** *He has got many instruments, he doesn't want others.* (Il a beaucoup d'instruments, il n'en veut pas d'autres.)

# 16. Les quantifieurs

## Testez vos connaissances !

Complétez la phrase suivante à l'aide de l'une des quatre propositions.

***There were only ___ pounds left in her purse and ___ in her bank account.***

○ **A.** *no - any*
○ **C.** *none - few*
○ **B.** *few - none*
○ **D.** *many - no*

## Corrigé

**B.**

## A. *Some, any* et *no*

### a. Généralités

| | Quantifieurs | Exemples |
|---|---|---|
| **Phrases affirmatives** | ***some*** | ■ ***Some*** *drivers are dangerous.* (Certains conducteurs sont dangereux.)<br>■ *I need **some** help.* (J'ai besoin d'aide.) |
| **Phrases négatives** | ***not ... any*** | ■ *He wo**n't** give you **any** help.* (Il ne t'aidera pas.)<br>■ *There are**n't any** eggs in the fridge.* (Il n'y a pas d'œufs dans le frigo.) |
| **Phrases interrogatives** | ***some*** | ■ *Would you like **some** wine?* (Voulez-vous du vin ?)<br>■ *Can I have **some** milk, please?* (Est-ce que je peux avoir du lait, s'il vous plaît ?) |
| | ***any*** | ■ *Is there **any** milk?* (Est-ce qu'il y a du lait ?)<br>■ *Have you got **any** children?* (Avez-vous des enfants ?) |

### NOTES DU FORMATEUR

- *On peut remplacer not ... any* par ***no***. Le verbe est alors à la forme affirmative.
  **Exemple :** ***There aren't any*** *eggs in the fridge.* = ***There are no eggs*** *in the fridge.*
- ***None*** signifie « aucun(e) » et s'utilise comme pronom (contrairement à *no* qui ne s'utilise que comme adjectif).

**Exemple :** *How many gifts did you get?* ***None!*** (Combien de cadeaux as-tu eus ? Aucun !)

- On utilise ***some*** lorsque l'on propose ou que l'on souhaite une certaine quantité.

  **Exemple :** *Would you like* ***some*** *wine?* (Voulez-vous du vin ?)
- On utilise ***any*** lorsque l'on veut simplement se renseigner sur l'existence d'une quantité : « Est-ce qu'il y en a ? ».

  **Exemple :** *Is there* ***any*** *milk?* (Est-ce qu'il y a du lait ?)
- Lorsque ***any*** est utilisé dans une phrase affirmative, il a le sens de « n'importe lequel ».

  **Exemple :** *Take any train but come!* (Prends n'importe quel train mais viens !)

### b. Les composés de *some, any* et *no*

■ **Élément inanimé et indéfini :** *something* (quelque chose), *anything* (quelque chose), *nothing* (rien)

■ **Personne indéfinie :** *somebody/someone* (quelqu'un), *anybody/anyone* (quelqu'un), *nobody/no one* (personne)

■ **Lieu indéfini :** *somewhere* (quelque part), *anywhere* (quelque part), *nowhere* (nulle part)

## B. Autres quantifieurs

**ATTENTION**

Voici d'autres quantifieurs indéfinis. Il est indispensable de connaître leur compatibilité ou leur incompatibilité avec les noms dénombrables et indénombrables.

| Quantité | Traduction | Exemples |
|---|---|---|
| **Beaucoup** | ***Much*** + indénombrable | *Has he got* ***much*** *money?*<br>(Est-ce qu'il a beaucoup d'argent ?) |
| | ***A lot of/Lots of*** + indénombrable | *Has he got* ***a lot of*** *money?*<br>(Est-ce qu'il a beaucoup d'argent ?) |
| | ***Many*** + dénombrable pluriel | *She hasn't got* ***many*** *friends.*<br>(Elle n'a pas beaucoup d'ami[e]s.)<br>**ATTENTION**<br>*Much* et *many* s'emploient rarement dans les phrases affirmatives. Dans ce cas, les anglophones préfèrent utiliser *a lot of* ou *lots of.* |
| | ***A lot of/Lots of*** + dénombrable pluriel | *She's got* ***a lot of/lots of*** *friends.*<br>(Elle a beaucoup d'ami[e]s.) |
| | ***Plenty of*** + indénombrable/ dénombrable pluriel | *I have* ***plenty of*** *time/friends.*<br>(J'ai beaucoup de temps/d'amis.) |

| | | |
|---|---|---|
| **Trop** | ***Too*** + adjectif/adverbe | *It's **too** big.* (C'est trop grand.) [adjectif]<br>*He drives **too** fast.* (Il conduit trop vite.) [adverbe] |
| | ***Too much*** | *You eat **too much**.* (Tu manges trop.) |
| | ***Too much*** + indénombrable | *There's **too much** noise.* (Il y a trop de bruit.) |
| | ***Too many*** + dénombrable pluriel | *There were **too many** people.*<br>(Il y avait trop de monde.) |
| **Assez** | ***Enough*** + nom | *I've got **enough money** to pay my rent.*<br>(J'ai assez d'argent pour payer mon loyer.) |
| | Adjective + ***enough*** | *He isn't **rich enough** to buy it.*<br>(Il n'est pas assez riche pour l'acheter.) |
| **Plusieurs** | ***Several*** + dénombrable pluriel | *We have **several** places to visit.*<br>(Nous avons plusieurs endroits à visiter.) |
| **Tout** | ***All*** + indénombrable/ dénombrable pluriel | *She has finished **all** her work.* (Elle a fini tout son travail.)<br>***All** her jewels have been stolen.*<br>(On lui a volé tous ses bijoux.) |
| | ***Every*** + dénombrable singulier | *He gets up at 7 **every** day.*<br>(Il se lève à 7h00 tous les matins.)<br>**ATTENTION**<br>Ne confondez pas *every* (tous) et *each* (chacun).<br>**Exemple :** *Each of you must wear a uniform.*<br>(Chacun d'entre vous doit porter un uniforme.) |
| | ***Both*** + dénombrable pluriel | *I like **both** films.* (J'aime les deux films.)<br>*I like them **both**.* (Je les aime tous les deux.)<br>**ATTENTION**<br>Faites attention à la place de *both* et *all* quand ils sont associés à des pronoms.<br>**Exemple :** *I like them **both**./I like **both** of them.* (Je les aime tous les deux.) *We bought them **all**./We bought **all** of them.* (Nous les avons tous achetés.) |
| **Un peu de** | ***A little*** + indénombrable | *Can I have **a little** sugar?*<br>(Est-ce que je peux avoir un peu de sucre ?) |
| **Quelques** | ***A few*** + dénombrable pluriel | *He only had **a few** friends there.*<br>(Il n'avait que quelques amis ici.) |
| **Peu de** | ***Little*** + indénombrable | *He had very **little** time.* (Il avait très peu de temps.) |
| | ***Few*** + dénombrable pluriel | ***Few** pupils study Latin.* (Peu d'élèves étudient le latin.) |
| **La plupart** | ***Most*** + indénombrable/ dénombrable pluriel | ***Most** people like travelling.* (La plupart des gens aiment voyager.)<br>***Most** kids don't like spinach.* (La plupart des enfants n'aiment pas les épinards.) |
| | ***Most of*** + déterminant + nom | ***Most of** my friends can speak English.* (La plupart de mes amis savent parler anglais.) |

| | | |
|---|---|---|
| **Des centaines/ millions/...** | Nombres cardinaux au pluriel + ***of*** | *They receive* ***hundreds of*** *letters.* (Ils reçoivent des centaines de lettres.) ***Thousands/Millions of*** *tourists come to France every year.* (Des milliers/millions de touristes viennent en France chaque année.)<br>**NOTE DU FORMATEUR**<br>On traduit « des dizaines de... » par ***dozens of...*** (des douzaines de...) en anglais. |

## C. Les autres indéfinis

### a. *Either/Neither*

***Either*** et ***neither*** ne s'emploient que dans le cas où l'on désigne deux éléments dans une phrase.

- ***Either*** (forme affirmative) signifie « l'un ou l'autre, n'importe lequel des deux ».
  **Exemple :** *Do you prefer tea or coffee? –* ***Either*** *will be fine.* (Préférez-vous du thé ou du café ? L'un ou l'autre me conviendra.)
- ***Neither*** (forme négative) signifie « ni l'un ni l'autre, aucun des deux ».
  **Exemple :** *Which do you prefer? –* ***Neither*** *of them.* (Lequel préférez-vous ? – Ni l'un ni l'autre.)
- On traduit l'expression « soit … soit …/ou … ou … », quand elle comporte deux éléments, par ***either … or …***
  **Exemple :** *He's* ***either*** *German* ***or*** *Swedish.* (Il est soit allemand soit suédois.)
- À l'inverse, on traduit l'expression « ni … ni … » par ***neither … nor …***
  **Exemple :** *I'm* ***neither*** *a liar* ***nor*** *a hypocrit!* (Je ne suis ni menteur ni hypocrite !)
- ***Not either*** et ***neither*** signifient « non plus ».
  **Exemple :** *He told me he didn't like tea but he doesn't like coffee* ***either****.* (Il m'a dit qu'il n'aimait pas le thé, mais il n'aime pas le café non plus.)

**ATTENTION**

Neither, dans le sens de « non plus », est utilisé avec un auxiliaire et un sujet exprimé.
**Exemple :** *He never drinks tea. –* ***Neither do I****.* (Il ne boit jamais de thé. – Moi non plus.)

### b. *Other, the same*

- ***Other*** (autre, d'autre) est **invariable** lorsqu'il est utilisé comme adjectif indéfini.
  **Exemple :** *I have no* ***other*** *sister.* (Je n'ai pas d'autre sœur.)
  En revanche, en tant que pronom, il peut porter la marque du pluriel.
  **Exemple :** *I don't know where the* ***others*** *are.* (Je ne sais pas où sont les autres.)

- ***The same*** signifie « le même », « la même », « les mêmes ».

  **Exemple :** *It's always* ***the same*** *old story!* (C'est toujours la même histoire !)

  Si l'on veut exprimer **une comparaison**, *the same* se construit comme un comparatif d'égalité, c'est-à-dire avec *as*.

  **Exemple :** *He likes* ***the same*** *books* ***as*** *you.* (Il aime les mêmes livres que toi.)

  Si l'on veut exprimer une identité, *the same* se construit avec ***that*** + **proposition verbale**.

  **Exemple :** *She came by* ***the same*** *road* ***that*** *you took.* (Elle est venue par la même route que toi.)

# 17. Les auxiliaires de modalité

## Testez vos connaissances !

Complétez la phrase suivante à l'aide de l'une des quatre propositions.

***Investigators will conduct a survey of what ___ wrong in the last inquiry.***

- **A.** *would go*
- **B.** *will go*
- **C.** *may have gone*
- **D.** *can go*

## Corrigé

C.

## A. Mode d'emploi

Les auxiliaires de modalité peuvent exprimer de nombreuses notions, essentiellement : la **capacité** et l'**incapacité**, l'**obligation** et l'**absence d'obligation**, la **possibilité** et l'**impossibilité**, la **permission** et l'**interdiction**, l'**éventualité** et la **probabilité**, le **futur**, la **volonté**, le **conseil**, le **reproche** et le **regret**.

### a. En tant qu'auxiliaires

- Ils prennent la première place dans les questions.

  **Exemple :** ***Can*** *she swim?* (Sait-elle nager ?)

- Ils « portent » la négation.

  **Exemple :** *She* ***can't*** *swim.* (Elle ne sait pas nager.)

- Ils portent toujours une marque de temps, soit celle du présent, soit celle du prétérit.

  **Exemple :** *can/could, will/would, shall/should.*

- Ils ne se conjuguent jamais avec les auxiliaires *do/did* (puisqu'ils sont eux-mêmes des auxiliaires).

RÉUSSIR LES ÉPREUVES ÉCRITES
Anglais

### b. En tant que modaux

- Ils ne prennent pas de *s* à la 3e personne du singulier (ils sont invariables).
  **Exemple :** *She* ***can*** *swim very well.* (Elle sait très bien nager.)
- Ils ne sont jamais suivis de *to* (mais toujours de la base verbale).
  **Exemple :** *She* ***can*** *swim.* (Elle sait nager.)
- On ne peut employer deux auxiliaires de modalité l'un à côté de l'autre.
  **Exemple :** ~~*She will can swim*~~ **est impossible.**
- Quand on veut exprimer deux notions de modalité, le futur et la capacité par exemple, il faut employer un **verbe substitut d'auxiliaire de modalité**, c'est-à-dire un **verbe équivalent à un auxiliaire de modalité**.
  **Exemple :** *She* ***will be able to*** *swim in a few months.* (Elle saura nager dans quelques mois.)

## B. Les verbes lexicaux équivalents aux auxiliaires de modalité

Contrairement aux auxiliaires de modalité, et comme par exemple les verbes « pouvoir » ou « devoir » en français, **les verbes équivalents aux modaux se conjuguent à tous les temps.** Ils remplacent donc souvent les auxiliaires de modalité au passé et au futur, mais ont un sens presque équivalent au présent. On peut également les combiner avec un auxiliaire de modalité quand on veut exprimer deux notions modales (le futur et la capacité, comme dans l'exemple ci-dessus).

## C. Tableau des auxiliaires de modalité (AM) et des verbes équivalents (VE)

| Temps | AM et VE | Exemples |
|---|---|---|
| | | **Permission, autorisation** |
| **Présent** | *Can* | *He* ***can*** *go out.* (Il peut sortir.)<br>***Can*** *I stay here?* (Est-ce que je peux rester ici ?) |
| | *May/Could* | *May* et *could* sont plus polis que *can.*<br>***May/Could*** *I go now?* (Puis-je/Pourrais-je partir maintenant ?) |
| **Passé** | *Could* | *She said we* ***could*** *park here.* [style indirect]<br>(Elle a dit que nous pouvions nous garer ici.) |
| **Tous temps** | *Be allowed to* | *You* ***are/were allowed*** *to park here.*<br>(Vous êtes/étiez autorisé à vous garer ici.) |
| | | **Refus de permission, interdiction** |
| **Présent** | *Cannot* | *Cannot* est le moins formel.<br>*He* ***cannot/can't*** *go out.* (Il ne peut pas sortir.) |
| | *Must not* | *He* ***mustn't*** *go out.* (Il ne doit pas sortir.) |
| | *May not* | *He* ***may not*** *go out.* (Il ne peut pas sortir.) |
| **Tous temps** | *Not + be allowed to* | *You* ***are/were not allowed to*** *go out.*<br>(Vous n'êtes/n'étiez pas autorisé à sortir.) |

| | | |
|---|---|---|
| | | **Obligation** |
| **Présent** | ***Must*** | Avec *must*, celui qui parle est d'accord.<br>*You* ***must*** *tell the truth.* (Vous devez dire la vérité.) |
| | ***Have to*** | Avec *have to*, celui qui parle se contente de transmettre.<br>*You* ***have to*** *tell the truth.* (Vous devez dire la vérité.) |
| **Passé** | ***Had to*** | *You* ***had to*** *tell the truth.* (Vous deviez dire la vérité.) |
| | ***Must*** | *Must* ne s'emploie au passé qu'au discours indirect.<br>*She said you* ***must*** *tell the truth.*<br>(Elle a dit que vous deviez dire la vérité.) |
| **Tous temps** | ***Have to*** | *You will* ***have to*** *tell the truth.*<br>(Vous devrez dire la vérité.) |
| | | **Absence d'obligation, de nécessité** |
| **Présent** | ***Don't have to*** | *You* ***don't have to*** *pay.* (Vous n'êtes pas obligé de payer.) |
| | ***Don't need to / Needn't*** | *Need* au présent se conjugue soit comme un auxiliaire modal, soit avec *do*.<br>*You* ***don't need to*** *pay.* (Vous n'avez pas besoin de payer.)<br>*You* ***needn't*** *pay.* (Vous n'avez pas besoin de payer.) |
| | ***Have to*** | *You* ***won't have t****o pay.* (Vous ne serez pas obligé de payer.) |
| **Tous temps** | ***Need to*** | *You* ***didn't need to*** *pay.* (Il n'était pas nécessaire que vous payiez.) |
| | | **Volonté (ordre, refus)** |
| **Présent** | ***Will*** | ***Will*** *you listen to me!* (Veux-tu m'écouter !)<br>*Will* est le tag de l'impératif.<br>*Listen to me,* ***will*** *you?* (Écoute-moi, veux-tu ?) |
| | ***Won't*** | I **won't** tell it to you. (Je ne te le dirai pas.) |
| | | **Conseil, reproche** |
| **Présent** | ***Should(n't)/ Ought(n't) to*** | *Should* et *ought* to sont presque équivalents dans cet emploi.<br>*You* ***should/shouldn't*** *worry.* (Tu devrais/ne devrais pas t'inquiéter.)<br>*You* ***ought/oughtn't*** *to worry.* (Tu devrais/ne devrais pas t'inquiéter.) |
| | | **(In)capacité, (im)possibilité** |
| **Présent** | ***Can/Can't*** | *He* ***can/can't*** *swim.* (Il sait/ne sait pas nager.) |
| | ***Could/Couldn't*** | *He* ***could/couldn't*** *swim.* (Il savait/ne savait pas nager.) |
| **Passé** | ***(Not) be able to*** | *He* ***was/wasn't*** *able to come yesterday.*<br>(Il pouvait/ne pouvait pas venir hier.) |
| **Tous temps** | ***(Not) be able to*** | *He* ***will/won't*** *be able to come tomorrow.*<br>(Il pourra/ne pourra pas venir demain.) |
| | | **De la probabilité à la quasi-certitude** |
| **Présent** | ***Might*** | On va du moins certain au plus certain.<br>*That* ***might*** *be true.* (Il se pourrait que cela soit vrai.) |
| | ***Could*** | *That* ***could*** *be true.* (Cela pourrait être vrai.) |
| | ***May*** | *That* ***may*** *be true.* (Il se peut que cela soit vrai.) |
| | ***Must*** | *That* ***must*** *be true.* (Cela doit être vrai.) |
| | ***Can't*** | *That* ***can't*** *be true.* (Cela ne peut être vrai.) |

# 18. *Wish* et conditionnel, prétérit modal et « subjonctif »

## Testez vos connaissances !

Complétez la phrase suivante à l'aide de l'une des quatre propositions.

***He wishes he ___ rich and ___ buy a mansion house.***

- **A.** *is - could*
- **B.** *were - could*
- **C.** *was - can*
- **D.** *were - would*

## Corrigé

**B.** et **D.**

## A. Emploi du prétérit modal

On emploie le prétérit modal pour exprimer :

- l'hypothèse après ***if, as if***

**Exemple :** ***If*** *she* ***knew*** *the truth, she'd (would) be disappointed.* (Si elle savait la vérité, elle serait déçue.)

*It is* ***as if*** *she* ***didn't know*** *me.* (C'est comme si elle ne me connaissait pas.)

On peut émettre une hypothèse avec le **past perfect modal** pour un **événement qui ne s'est pas réalisé dans le passé** (« **irréel du passé** ») :

**Exemple :** ***If*** *he* ***had been*** *there, he would have told her what to do.* (S'il avait été là, il lui aurait dit ce qu'il fallait faire.)

- le regret après le verbe ***to wish***

**Exemple :** *I* ***wish*** *she* ***were*** *here with us.* (Je souhaiterais qu'elle soit ici avec nous./Je regrette qu'elle ne soit pas là avec nous./Si seulement elle était là avec nous.)

*I* ***wish*** *I* ***weren't*** *so shy.* (Je voudrais être moins timide./Je regrette d'être si timide./Si seulement je n'étais pas si timide.)

Le regret avec le *past perfect* modal

**Exemple :** *We* ***wish*** *we* ***hadn't bought*** *this house.* (Nous regrettons d'avoir acheté cette maison./Si seulement nous n'avions pas acheté cette maison.)

Les **souhaits encore réalisables** (**potentiels**) peuvent s'exprimer de deux façons, avec ***would*** et avec ***could***.

**Exemple :** *I* ***wish*** *she* ***would*** *accept my offer.* (J'aimerais qu'elle accepte mon offre.)

*I* ***wish*** *he* ***could*** *come and see me.* (Je voudrais qu'il vienne me voir.)

- la préférence après ***I had rather*** (plus couramment ***I'd rather***)

**Exemple :** ***I'd rather*** *she* ***came*** *next week.* (Je préférerais qu'elle vienne la semaine prochaine.)

## ATTENTION

Lorsque la phrase ne comporte qu'un seul sujet, I'd rather est suivi de la base verbale.

**Exemple :** ***I'd rather stay*** *here.* (Je préférerais rester ici.)

La préférence avec le *past perfect* modal

**Exemple :** ***I'd rather*** *he* ***hadn't come.*** (J'aurais préféré qu'il ne vienne pas.)

- le souhait après ***It's (high) time***

**Exemple :** ***It's (high) time*** *you* ***told*** *him the truth.* (Il est [grand] temps que tu lui dises [vous lui disiez] la vérité.)

Les prétérits ***could*** et ***might***, quand ils expriment une possibilité ou une éventualité dans le présent ou l'avenir, sont des **prétérits modaux** :

**Exemple :** *It* ***might*** *rain tomorrow.* (Il se pourrait qu'il pleuve demain.)

## B. Le subjonctif en anglais

Il est difficile d'évoquer le prétérit modal (et le *past perfect* modal) sans parler du subjonctif en anglais.

Le **prétérit modal** et le ***past perfect*** **modal** (étudiés ci-avant) représentent une des deux formes du subjonctif en anglais : le subjonctif passé.

Le subjonctif français est le mode qui présente une action envisagée, une action possible. On le trouve après des mots qui expriment un souhait, un sentiment, un doute, un regret.

**Exemple :** Je suis très **contente** qu'il **soit** là.

En anglais, on emploie **beaucoup moins ce mode** qu'en français.

On parle néanmoins, en anglais, de **subjonctif présent** et de **subjonctif passé** (prétérit modal et past perfect modal étudiés ci-avant).

- Les verbes anglais au subjonctif présent apparaissent sous la forme de la **base verbale** :

**Exemple :** *It's important that he* ***be*** *told at once.* (Il est important qu'il soit informé tout de suite.)

*It's essential that she* ***come*** *here.* [pas de *s* à la 3^e^ personne du singulier au subjonctif présent). (Il est essentiel qu'elle **vienne** ici.)

- On emploie le subjonctif présent dans une langue soignée pour exprimer un **ordre** ou une **suggestion** après *to order, to insist, to suggest, to demand, to command, to request…* ou une **nécessité** après *it is necessary/essential/desirable/important that…*

**Exemple :** ***They suggested that*** *he* ***come*** *with us.* (Ils/Elles suggérèrent qu'il vînt avec nous.)

***It is important that*** *she* ***attend*** *the meeting.* (Il est important qu'elle assiste à la réunion.)

Ces formes subjonctives sont plus rares en anglais britannique qu'en anglais américain ; on les remplace généralement par des constructions avec ***should***.

On dira plus couramment : *She* ***should*** *attend the meeting.* (Elle devrait assister à la réunion.)

■ On emploie le subjonctif présent dans des **expressions traditionnelles**, pour exprimer un **souhait** ou une **supposition**, et dans la **langue juridique** :

**Exemple :** *God **save** the Queen! Long **live** the Queen!* (Vive la Reine !)
*God **bless** you!* (Dieu vous bénisse !)
*If this **be** true…* (Si cela est vrai…)

# 19. Voix passive

## Testez vos connaissances !

Complétez les deux phrases suivantes à l'aide de l'une des quatre propositions correspondantes.

❶ ***Her car is out of order. She should have it ___.***

- **A.** *repaired*
- **B.** *repairing*
- **C.** *being repaired*
- **D.** *repair*

❷ ***We debated over that matter. It was most ___.***

- **A.** *interest*
- **B.** *interested*
- **C.** *being interested*
- **D.** *interesting*

## Corrigé

❶ **A.** ❷ **D.**

## A. Construction

**À la voix passive, le COD occupe la place de sujet.**

Le COD, devenu sujet à la voix passive, est placé en **première position dans la phrase.**

**Exemple :**

| | | | |
|---|---|---|---|
| ***Mrs White*** | has cleaned | ***the house.*** | [phrase active] (Mrs White a nettoyé la maison.) |
| sujet | | complément (COD) | |

| | | | |
|---|---|---|---|
| The house | has been cleaned | ***by Mrs White.*** | [phrase passive] (La maison a été nettoyée par Mrs White.) |
| sujet | | complément d'agent | |

## B. Sens

Dans la phrase passive ci-dessus, ce n'est plus la personne qui a nettoyé la maison qui nous intéresse, mais **le fait que la maison ait été nettoyée**. Le COD *the house* est devenu sujet dans la phrase passive. L'emploi du passif indique que l'on attache plus d'importance à l'action elle-même qu'à la personne qui l'a accomplie. D'ailleurs, le complément d'agent, introduit par *by* (*by Mrs White*), n'est pas toujours mentionné. On aurait pu dire aussi : *The house has been cleaned*. En effet, on ne mentionne le complément d'agent que si celui-ci a une importance particulière.

**Exemple :** *He was treated* ***by the best doctor***. (Il a été soigné par le meilleur médecin.)

## C. Conjugaison

Grammaticalement, on forme le passif à l'aide de l'**auxiliaire *be*** et du **participe passé du verbe lexical**.

On peut utiliser le passif **à tous les temps**.

Pour conjuguer le passif, il suffit de conjuguer l'auxiliaire *be* au temps demandé :

| Temps | Exemples | Traductions |
|---|---|---|
| **Présent simple** | *The house* ***is built***. | La maison est construite. |
| **Présent continu** | *The house* ***is being built***. | La maison est en construction. |
| **Futur** | *The house* ***will be built***. | La maison sera construite. |
| **Prétérit simple** | *The house* ***was built***. | La maison a été construite. |
| **Prétérit continu** | *The house* ***was being built***. | On construisait la maison. |
| **Present perfect** | *The house* ***has just been built***. | La maison vient juste d'être construite. |
| **Past perfect** | *The house* ***had been built***. | On avait construit la maison. |

On peut aussi combiner les auxiliaires de modalité et le passif pour exprimer, par exemple :

| Valeur | Exemples | Traductions |
|---|---|---|
| **La possibilité** | *The house* ***can be built***. | On peut construire la maison. |
| **L'impossibilité** | *The house* ***can't be built***. | On ne peut pas construire la maison. |
| **L'obligation** | *The house* ***must be built***. | Il faut construire la maison. |
| **L'interdiction** | *The house* ***mustn't be built***. | Il ne faut pas construire la maison. |
| **L'éventualité** | *The house* ***may be built***. | Il se peut que la maison soit construite. |
| **La permission** | *The house* ***may be built*** | On peut construire la maison. |
| **Le conseil** | *The house* ***should be built***. | Il faudrait construire la maison. |

Quand le verbe, à la voix active, est suivi d'une particule ou d'une préposition, celle-ci est maintenue à la voix passive, à la droite du verbe.

**Exemple :** *Someone will* ***take care of*** *the children*. [phrase active] (Quelqu'un s'occupera des enfants.)

*The children will be* ***taken care of***. [phrase passive] (On s'occupera des enfants.)

# 20 *For, since* et *present perfect*

## Testez vos connaissances !

Complétez les deux phrases suivantes à l'aide de l'une des quatre propositions correspondantes.

❶ ***Mrs Johnson has been teaching ___ the school was created.***

- **A.** *since*
- **B.** *for*
- **C.** *ever since*
- **D.** *when*

❷ ***President Obama ___ for more than 7 years now.***

- **A.** *was elected*
- **B.** *elected*
- **C.** *has elected*
- **D.** *has been elected*

## Corrigé

❶ **A** et **C**. ❷ **D**.

## A. *For* ou *since*

■ ***For*** est suivi d'une durée (*for twenty years, for three hours, for two days, for a long time, for ever*…).

**Exemple 1 :** *She has had this car* ***for a week***. (Elle a cette voiture depuis une semaine.)

**Exemple 2 :** *He has been working with us* ***for three months***. (Il travaille avec nous depuis trois mois.)

■ ***Since*** marque toujours une origine : il est suivi d'une date ou d'une information qui marque un point de départ dans le temps (*since 1995, since last week, since the war, since Christmas, since I saw her*…).

**Exemple 1 :** *She has had this car* ***since last week***. (Elle a cette voiture depuis la semaine dernière.)

**Exemple 2 :** *He has been working with us* ***since January***. (Il travaille avec nous depuis janvier.)

> **ATTENTION**
>
> En français, *for* et *since* se traduisent tous deux par « depuis » et le *present perfect* par un présent ou un passé composé.

## B. *Present perfect* simple et *present perfect* continu

La plupart du temps, on utilise *for* et *since* avec un *present perfect*, simple (exemple 1) ou continu (exemple 2).

Avec le ***present perfect*** **continu**, on privilégie la **mise en situation** et l'**activité** plutôt que le simple constat. En effet, le *present perfect* continu nous renseigne surtout sur l'activité du sujet grammatical. L'énonciateur ne se limite pas à constater les faits, mais exprime un point de vue.

**Exemple :** *It **has been raining** for two weeks!* (Il a plu *ou* Il pleut depuis deux semaines !) [L'énonciateur a des indices pour faire ce constat et il s'en plaint.]

# 21. Concordance des temps

### Testez vos connaissances !

Complétez la phrase suivante à l'aide de l'une des quatre propositions.

***When she got back home yesterday night, everybody ___ to bed.***

- **A.** *went*
- **B.** *have gone*
- **C.** *go*
- **D.** *had gone*

### Corrigé

**A** et **D**.

## A. Avec le futur

La concordance des temps est fondamentale en anglais comme en français. Il faut retenir, en particulier que, en anglais, lorsque le verbe de la **principale** est au **futur**, on emploie le **présent simple** dans les **subordonnées** introduites par **when, as soon as, as long as, until, while, before, after, whenever, wherever, who, what, as much as, if, in case**.

**Exemple :** ***When I'm** eighteen, **I'll** learn to drive.* (Quand j'**aurai** 18 ans, j'**apprendrai** à conduire.)

## B. Avec le conditionnel

De la même manière, lorsque le verbe de la **principale** est au **conditionnel**, on emploie le **prétérit** dans les **subordonnées** introduites par les conjonctions ci-dessus.

**Exemple :** *If I **had** money, I **would buy** a big house.* (Si j'avais de l'argent, je m'achèterais une maison.)

# 22 La proposition infinitive

## Testez vos connaissances !

Complétez la phrase suivante à l'aide de l'une des quatre propositions.

***She didn't want ___.***

- ❍ **A.** *that John calls her back*
- ❍ **B.** *John call her back*
- ❍ **C.** *her call John back*
- ❍ **D.** *John to call her back*

## Corrigé

**D.**

## A. La proposition infinitive avec *to*

Ce que l'on appelle en grammaire anglaise « la proposition infinitive » n'a pas d'équivalent en grammaire française. C'est une construction propre à la langue anglaise qu'il faut connaître afin d'éviter de nombreuses erreurs de traduction.

Seul un **nombre restreint** de verbes anglais admettent la proposition infinitive, mais ces verbes sont **très courants**. Les utiliser en les accompagnant d'une proposition infinitive demande à l'apprenant français un effort de mémoire et de compréhension pour manipuler et transformer la phrase en une construction grammaticale qui n'existe pas dans sa langue.

Observez les trois phrases suivantes :

1. *I* ***want*** *to help you.* (Je veux t'aider.)
2. *I* ***want*** *Mary to help you.* (Je veux que Marie t'aide.)
3. *I* ***want*** *her to help you.* (Je veux qu'elle t'aide.)

Chacune de ces phrases contient une proposition infinitive ; on reconnaît l'infinitif *to help* dans les trois exemples, mais ce qui fait de la proposition infinitive une construction propre à la langue anglaise est illustré dans les phrases 2 et 3 :

***sujet + verbe + nom ou pronom complément + infinitif en*** *to*

Dans les exemples ci-dessus (1, 2, 3), tout ce qui est souligné, est **complément** de *I want*. C'est pour cette raison que, dans la phrase 3, le pronom qui remplace *Mary* est le pronom complément *her* et non le pronom sujet *she*.

### RAPPEL DU FORMATEUR

Les pronoms personnels sujets et compléments en anglais :

| | | | | | | | | |
|---|---|---|---|---|---|---|---|---|
| Pronoms personnels sujets | *I* | *you* | *he* | *she* | *it* | *we* | *you* | *they* |
| Pronoms personnels compléments | *me* | *you* | *him* | *her* | *it* | *us* | *you* | *them* |

Voici la liste des principaux verbes anglais employés avec la proposition infinitive :

| Verbes suivis de propositions infinitives | Traductions |
|---|---|
| ***To want*** *somebody to do something* | Vouloir que quelqu'un fasse quelque chose |
| ***To ask*** *somebody to do something* | Demander à quelqu'un de faire quelque chose |
| ***To expect*** *somebody to do something* | S'attendre à ce que quelqu'un fasse quelque chose |
| ***To hate*** *somebody to do something* | Détester que quelqu'un fasse quelque chose |
| ***To need*** *somebody to do something* | Avoir besoin que quelqu'un fasse quelque chose |
| ***To order*** *somebody to do something* | Ordonner à quelqu'un de faire quelque chose |
| ***To prefer*** *somebody to do something* | Préférer que quelqu'un fasse quelque chose |
| ***To remind*** *somebody to do something* | Rappeler à quelqu'un de faire quelque chose |
| ***To teach*** *somebody to do something* | Apprendre à quelqu'un à faire quelque chose |
| ***To allow*** *somebody to do something* | Permettre à quelqu'un de faire quelque chose |
| ***To force*** *somebody to do something* | Forcer quelqu'un à faire quelque chose |
| ***To tell*** *somebody to do something* | Ordonner à quelqu'un de faire quelque chose |
| ***To advise*** *somebody to do something* | Conseiller à quelqu'un de faire quelque chose |
| ***To wish*** *somebody to do something* | Souhaiter que quelqu'un fasse quelque chose |
| ***To wait*** *for somebody to do something* | Attendre que quelqu'un fasse quelque chose |
| ***'d like*** *somebody to do something* | J'aimerais (Tu aimerais, Il aimerait…) que quelqu'un fasse quelque chose |

## B. La proposition infinitive sans *to*

Il existe des verbes dont la construction est très proche de la proposition infinitive. Leur schéma est le suivant :

***sujet** + make + **nom ou pronom complément** + **base verbale***

**Exemple :** *He **makes** them laugh.* (Il les fait rire.)

Voici les trois principaux verbes suivis d'une proposition infinitive sans *to* :

| Verbes suivis de propositions infinitives sans *to* | Traductions |
|---|---|
| ***To have*** *somebody do something* | Faire faire quelque chose à quelqu'un |
| ***To make*** *somebody do something* | Faire faire quelque chose à quelqu'un |
| ***To let*** *somebody do something* | Laisser quelqu'un faire quelque chose |

### NOTE DU FORMATEUR

Les verbes de perception ***see*** (voir) et ***hear*** (entendre) peuvent aussi parfois être suivis d'un nom ou pronom complément et d'une base verbale.

**Exemple :** *We heard a lion roar.* (Nous avons entendu rugir un lion.)

*I saw the man run away.* (J'ai vu l'homme s'enfuir en courant.)

# 23 Tableaux de conjugaison

## A. Présent

| | | Formes | | |
|---|---|---|---|---|
| | | **Affirmative** | **Interrogative** | **Négative** |
| Aspect | **Présent simple** | I work.<br>You work.<br>He, she, it works.<br><br>We work.<br>You work.<br>They work. | Do you work?<br>Does he, she, it work? | I don't work.<br><br>He doesn't work. |
| Aspect | **Présent continu** | I'm working.<br>You're working.<br>He, she, it's working.<br><br>We're working.<br>You're working.<br>They're working. | Are you working?<br>Is he working? | I'm not working.<br>You're not/You aren't working.<br>He's not/He isn't working. |
| Aspect | **Present perfect** | I've worked.<br>You've worked.<br>He, she, it's worked.<br><br>We've worked.<br>You've worked.<br>They've worked. | Have you worked?<br>Has he worked? | I've not/I haven't worked.<br><br>He's not/He hasn't worked. |
| Aspect | ***Present perfect* continu** | I've been working.<br>You've been working.<br>He, she, it's been working.<br><br>We've been working.<br>You've been working.<br>They've been working. | Have you been working?<br>Has he been working? | I haven't been working.<br><br>He hasn't been working. |
| Modalité | **Ex. : *can*** | I can work.<br>You can work.<br>He, she, it can work.<br><br>We can work.<br>You can work.<br>They can work. | Can you work?<br>Can he work? | I can't work.<br><br>He can't work. |

## B. Prétérit

| | | Formes | | |
|---|---|---|---|---|
| | | **Affirmative** | **Interrogative** | **Négative** |
| Aspect | Prétérit simple | I worked.<br>You worked.<br>He, she, it worked.<br><br>We worked.<br>You worked.<br>They worked. | Did you work?<br>Did he work? | I didn't work.<br><br>He didn't work. |
| Aspect | Prétérit continu | I was working.<br>You were working.<br>He, she, it was working.<br><br>We were working.<br>You were working.<br>They were working. | Were you working?<br>Was he working? | I wasn't working.<br>You weren't working.<br>He wasn't working. |
| Aspect | Past perfect | I had worked.<br>You had worked.<br>He, she, it had worked.<br><br>We had worked.<br>You had worked.<br>They had worked. | Had you worked?<br>Had he worked? | I hadn't worked.<br><br>He hadn't worked. |
| Aspect | *Past perfect* continu | I had been working.<br>You had been working.<br>He, she, it had been working.<br><br>We had been working.<br>You had been working.<br>They had been working. | Had you been working?<br>Had he been working? | I hadn't been working.<br><br>He hadn't been working. |
| Modalité | Ex. : *can* | I could work.<br>You could work.<br>He, she, it could work.<br><br>We could work.<br>You could work.<br>They could work. | Could you work?<br>Could he work? | I couldn't work.<br><br>He couldn't work. |

RÉUSSIR LES ÉPREUVES ÉCRITES
Anglais

# 24 Emploi des temps

## A. Temps du présent

### a. Présent simple et continu

Voir leçon 1. sur le *s* à la 3e personne du singulier et les *s* des pluriels.

### b. *Present perfect* simple

Il permet de porter un regard vers le passé et de le lier au présent pour faire le **bilan d'une situation passée** ou parler d'un **événement qui a démarré dans le passé et qui se poursuit au moment où l'on parle**. On peut le traduire en français par du passé composé ou du présent.

**Exemple :** *I **have worked** here for many years.* (Je travaille ici depuis des années.)

### c. *Present perfect* continu

Il combine la valeur du *present perfect* simple (l'énonciateur fait le constat d'un fait passé) et celle de *be* + *–ing* (il explique/justifie/réagit à ce fait passé).

**Exemple :** *It **has been raining** for days!* (Il pleut depuis des jours !)

## B. Temps du passé

### a. Prétérit simple

Temps du récit, il permet de faire référence à un **événement passé**, souvent **daté** et **révolu**. Le prétérit exprime une coupure avec le présent, et, dans certains cas, avec la réalité (*voir* leçon). On peut le traduire en français par un passé composé, un passé simple ou un imparfait.

**Exemple :** *She **called me** yesterday.* (Elle m'a appelé hier.)

### b. Prétérit continu

Il permet d'expliquer/de commenter des faits qui se sont déroulés dans le passé. On peut le traduire en français par un imparfait.

**Exemple :** *I **was reading** a novel when my sister called to invite me out.* (Je lisais quand ma sœur m'a appelé pour m'inviter à sortir.)

### c. *Past perfect* simple

Il correspond en général au *present perfect* dans un contexte passé. On l'utilise dans des **discours rapportés** ou pour effectuer des **retours en arrière explicatifs**. Il équivaut au plus-que-parfait français.

**Exemple :** *They told me that they **had not come** because they were sick.* (Ils m'ont dit qu'ils n'étaient pas venus car ils étaient malades.)

### d. *Past perfect* continu

Il correspond à du *present perfect* en *be* + *–ing* dans un contexte passé.

**Exemple :** *I realised she **had been working** too late when I saw her the next day.* (Je me suis rendu compte qu'elle avait travaillé trop tard quand je l'ai vue le jour suivant.)

# 2. Vocabulaire

## 1. Les thèmes incontournables[1]

Les thèmes de vocabulaire que vous allez travailler dans ce chapitre sont indispensables à la bonne connaissance du lexique attendue chez des étudiants post-bac. Il faut, tout comme la grammaire, les travailler progressivement et les revoir. Un thème par semaine semble raisonnable. Il vous appartient, par ailleurs, de constituer des fiches personnelles à partir du vocabulaire que vous rencontrerez dans l'année.

Liste des thèmes étudiés :

A. *Trade* (le commerce)
B. *Immigration* (l'immigration)
C. *Firms* (les entreprises)
D. *Education* (l'éducation)
E. *The Internet* (Internet)
F. *The environment* (l'environnement)
G. *Exclusion and poverty* (l'exclusion et la pauvreté)
H. *Institutions and politics* (institutions et vie politique)
I. *The media* (les médias)
J. *Health* (la santé)
K. *Justice and laws* (la justice et les lois)
L. *Natural disasters* (les catastrophes naturelles)
M. *The economic crisis* (la crise économique)
N. *Religion* (la religion)



1. Les verbes anglais suivis d'un astérisque sont irréguliers.

## A. *Trade* (le commerce)

| | |
|---|---|
| ***globalization*** | la mondialisation |
| ***global*** | mondial |
| ***economic*** | économique |
| ***global economy*** | l'économie mondiale |
| ***black economy*** | l'économie parallèle |
| ***fair trade*** | le commerce équitable |
| ***overseas/foreign trade*** | le commerce extérieur |
| ***free trade*** | le libre-échange |
| ***goods*** | les marchandises |
| ***labour*** | le travail/la main-d'œuvre |
| ***labour cost*** | le coût de la main-d'œuvre |
| ***illegal work/moonlighting*** | le travail au noir |
| ***prices*** | les prix |
| ***to relocate*** | délocaliser |
| ***competition, a competitor*** | la concurrence, un concurrent |
| ***profits*** | les bénéfices |
| ***inequality*** | l'inégalité |
| ***unequal*** | inégal |
| ***wages*** | les salaires |
| ***unemployment*** | le chômage |
| ***a policy*** | une politique |
| ***a subsidy*** | une subvention |
| ***a consumer*** | un consommateur |
| ***to go* up, to increase, to rise**** | augmenter |
| ***to raise/lower prices*** | augmenter/baisser les prix |
| ***to drop*** | chuter, baisser |
| ***the stock exchange*** | la Bourse |
| ***a shareholder*** | un actionnaire |
| ***deregulation*** | la déréglementation |
| ***tax evasion*** | la fraude fiscale |
| ***the flight of capital*** | la fuite des capitaux |
| ***a tax haven*** | un paradis fiscal |
| ***Westernization*** | l'occidentalisation |
| ***standardization*** | l'uniformisation |
| ***to outsource*** | sous-traiter, externaliser |
| ***developed/developing countries*** | les pays industrialisés/en voie de développement |

## B. *Immigration* (l'immigration)

| | |
|---|---|
| ***illegal immigration*** | l'immigration clandestine |
| ***illegal*** | clandestin |
| ***a host country*** | un pays d'accueil |
| ***a homeland*** | un pays d'origine |
| ***to deport, deportation*** | expulser, l'expulsion/le renvoi |
| ***a political refugee*** | un réfugié politique |
| ***a political asylum*** | un asile politique |
| ***a guest worker*** | un travailleur immigré |
| ***migrant labour*** | la main-d'œuvre immigrée |
| ***undocumented*** | sans-papiers |
| ***the customs*** | la douane |
| ***to settle*** | s'établir, s'installer |
| ***citizenship*** | la citoyenneté |
| ***jus soli*** | le droit du sol |
| ***foreign, alien*** | étranger |
| ***to flee**** | fuir |
| ***the brain drain*** | la fuite des cerveaux |
| ***a stowaway*** | un passager clandestin |
| ***a smuggler*** | un passeur |
| ***to cross a border*** | franchir une frontière |
| ***to hide**** | se cacher |
| ***a lorry, a truck*** | un camion |
| ***a small boat*** | une embarcation |
| ***to capsize*** | chavirer |
| ***to sink**** | couler |
| ***detention centres*** | les centres de rétention |
| ***a makeshift camp*** | un camp de fortune |
| ***asylum seekers*** | les demandeurs d'asile |
| ***a sweatshop*** | un atelier clandestin |
| ***the underground economy*** | l'économie souterraine |
| ***a residence/work permit*** | un permis de séjour/travail |
| ***to grant political asylum*** | accorder l'asile politique |
| ***to detain*** | mettre en garde à vue |
| ***a detainee*** | un détenu |
| ***racial hatred*** | la haine raciale |

## C. *Firms* (les entreprises)

| | |
|---|---|
| ***a firm, a company*** | une entreprise, une société |
| ***small and medium-sized firms*** | les PME |
| ***a subsidiary*** | une filiale |
| ***a family business*** | une entreprise familiale |
| ***to set* up a company*** | créer une entreprise |
| ***to run* a company/business*** | diriger une entreprise/société |
| ***a company director*** | un chef d'entreprise |
| ***the managing director*** | le P-DG |
| ***a factory, a plant*** | une usine |
| ***a warehouse*** | un entrepôt |
| ***a workshop*** | un atelier de production |
| ***executives, managers*** | les cadres |
| ***the workforce*** | la main-d'œuvre |
| ***employees*** | les employés |
| ***to close down*** | fermer (définitivement) |
| ***to downsize*** | réduire les effectifs |
| ***a manufacturer*** | un fabricant |
| ***a supplier*** | un fournisseur |
| ***the turnover*** | le chiffre d'affaires |
| ***an application*** | une candidature |
| ***a résumé, a CV*** | un CV |
| ***a redundancy plan*** | un plan social |
| ***to hire, to recruit*** | embaucher |
| ***to fire*** | licencier |
| ***the (trade) unions*** | les syndicats |

## D. *Education* (l'éducation)

| | |
|---|---|
| ***to go* to university/college*** | aller à l'université |
| ***to enrol at university/college*** | s'inscrire à l'université |
| ***a diploma, a degree*** | un diplôme |
| ***a grade, a mark*** | une note |
| ***attendance*** | l'assiduité |
| ***to attend school*** | fréquenter l'école |
| ***truancy*** | l'absentéisme |
| ***to play truant*** | sécher les cours |
| ***to take* an exam*** | passer un examen |
| ***to pass an exam*** | réussir un examen |
| ***to fail an exam*** | rater un examen |
| ***to drop out*** | abandonner les études |
| ***school dropouts*** | les décrocheurs |
| ***academic/school failure*** | l'échec scolaire |
| ***a primary school*** | une école primaire |
| ***a middle school*** | un collège |
| ***a high school*** | un lycée |
| ***a competitive exam*** | un concours |
| ***gifted, smart*** | doué |
| ***proficient in*** | fort en |
| ***a low-achiever*** | un élève en difficulté |
| ***training*** | la formation |
| ***tuition fees*** | les frais d'inscription |
| ***a debt*** | une dette |
| ***to pay* back/off*** | rembourser |
| ***a scholarship*** | une bourse (d'étude) |
| ***to be educated at*** | faire ses études à |
| ***to be literate and numerate*** | savoir lire et compter |
| ***a coeducational school*** | une école mixte |
| ***a boarding school*** | un pensionnat |
| ***a state school*** | une école publique |
| ***the alumni*** | les anciens élèves |
| ***a teacher*** | un professeur |
| ***a professor*** | un professeur d'université |

## E. *The Internet* (Internet)

| | |
|---|---|
| ***browsing the net*** | la navigation sur Internet |
| ***a browser*** | un navigateur |
| ***to surf (on) the net*** | surfer sur le net |
| ***a login*** | un identifiant |
| ***a password*** | un mot de passe |
| ***an Internet user*** | un internaute |
| ***a hacker*** | un pirate |
| ***hacking*** | le piratage |
| ***data*** | des données |
| ***a file*** | un fichier |
| ***a link*** | un lien |
| ***censorship*** | la censure |
| ***e-business*** | le commerce électronique |
| ***online shopping*** | le commerce en ligne |
| ***digital age*** | l'ère du numérique |
| ***illegal downloading*** | le téléchargement illégal |
| ***a USB memory stick/Flash Drive*** | une clé USB |

## F. *The environment* (l'environnement)

| | |
|---|---|
| ***global warming*** | le réchauffement climatique |
| ***the greenhouse effect*** | l'effet de serre |
| ***to be eco-friendly*** | être respectueux de l'environnement |
| ***to preserve*** | protéger |
| ***preservation*** | la sauvegarde |
| ***the Greens, the Ecology/Green Party*** | les verts |
| ***an environmentalist*** | un écologiste |
| ***an eco-freak*** | un fana d'écologie |
| ***to waste*** | gaspiller |
| ***sustainable development*** | le développement durable |
| ***to save*** | économiser |
| ***to dump*** | déverser |
| ***a dump site*** | un terrain de décharge |
| ***to sully*** | souiller |
| ***to threaten*** | menacer |
| ***a major threat*** | une menace importante |
| ***a sewer*** | un égout |
| ***the climate change*** | le changement climatique |
| ***an ecological disaster*** | une catastrophe écologique |
| ***to be broke*** | être fauché |
| ***the rich and the poor*** | les riches et les pauvres |
| ***to make both ends meet*** | joindre les deux bouts |
| ***to be destitute*** | être sans ressources |
| ***the poverty threshold*** | le seuil de pauvreté |
| ***to live below the poverty line*** | vivre en dessous du seuil de pauvreté |
| ***to lack, a lack*** | manquer de, un manque |
| ***to need, a need*** | avoir besoin de, un besoin |
| ***renewable energies*** | les énergies renouvelables |
| ***toxic chemicals*** | les produits toxiques |
| ***disposable*** | jetable |
| ***recycling*** | le recyclage |
| ***to (make) compost*** | faire du compost |
| ***biodegradable packaging*** | les emballages biodégradables |
| ***waste sorting*** | le tri sélectif |

## G. *Exclusion and poverty* (l'exclusion et la pauvreté)

| | |
|---|---|
| ***unemployment*** | le chômage |
| ***to live on the dole*** | être inscrit au chômage |
| ***a jobseeker*** | un demandeur d'emploi |
| ***the unemployment rate*** | le taux de chômage |
| ***to temp*** | faire de l'intérim |
| ***a temp*** | un intérimaire |
| ***temp work*** | l'intérim |
| ***to be laid off, to be made redundant*** | être licencié (économique) |
| ***to dismiss*** | licencier (pour faute) |
| ***job cuts*** | les suppressions d'emploi |
| ***to axe/shed* jobs*** | supprimer des emplois |
| ***industrial dispute*** | les conflits sociaux |
| ***(to live on) Welfare benefits*** | (vivre) des aides sociales |
| ***to be in dire straits*** | être dans une situation désespérée |
| ***to be ill-paid*** | être mal payé |
| ***the underprivileged*** | les exclus |

## H. *Institutions and politics* (institutions et vie politique)

| | |
|---|---|
| ***to go* to the polls*** | aller voter |
| ***to run* for*** | être candidat à |
| ***politics*** | la politique (en général) |
| ***politicians*** | les hommes et femmes politiques |
| ***a policy*** | une politique |
| ***a bill*** | un projet de loi |
| ***a law*** | une loi |
| ***a survey, a poll*** | un sondage |
| ***a political party*** | un parti politique |
| ***to collect money, to raise funds*** | financer une campagne |
| ***to cut*/to reduce public spending*** | diminuer les dépenses publiques |
| ***to soften/to strengthen a position*** | adoucir/durcir une position |
| ***to be right-wing/left-wing*** | être de droite/de gauche |
| ***a reshuffle*** | un remaniement |
| ***MPs (Members of Parliament)*** | les députés |
| ***a seat*** | un siège |
| ***a term*** | un mandat |

## I. *The media* (les médias)

| | |
|---|---|
| ***the press*** | la presse |
| ***a newspaper*** | un journal |
| ***a daily*** | un quotidien |
| ***a tabloid*** | un tabloïd |
| ***the gutter press*** | la presse à scandale |
| ***the front-page*** | la une |
| ***the headlines*** | les gros titres |
| ***to hit* the headlines*** | faire la une des journaux |
| ***an editor*** | un rédacteur en chef |
| ***a publisher*** | un éditeur |
| ***a report*** | un reportage |
| ***a leak*** | une fuite |
| ***to be biased /unbiased*** | être partial/impartial |
| ***censorship*** | la censure |
| ***to gag*** | bâillonner |
| ***to gag the press*** | museler la presse |
| ***the Fourth Estate*** | le quatrième pouvoir |
| ***a topical issue*** | une question d'actualité |
| ***a social issue*** | un problème de société |
| ***the freedom of expression*** | la liberté d'expression |
| ***a quotation (from)*** | une citation (tirée de) |
| ***to give* an account of...*** | faire un compte rendu de... |
| ***a criticism*** | une critique |
| ***to criticize*** | critiquer |

## J. *Health* (la santé)

| | |
|---|---|
| ***a doctor, a physician*** | un médecin |
| ***a GP (general practitioner)*** | un généraliste |
| ***the health care*** | les services médicaux |
| ***fees*** | les honoraires |
| ***medical costs*** | les frais médicaux |
| ***the health insurance*** | l'assurance maladie |
| ***an insurance company*** | une compagnie d'assurances |
| ***medical treatment*** | les soins médicaux |
| ***pills, medicine, drugs*** | les médicaments |
| ***overmedication*** | la surmédication |
| ***a prescription*** | une ordonnance |
| ***to get* free medical care*** | être soigné gratuitement |
| ***to cap healthcare costs*** | limiter les dépenses de santé |
| ***life expectancy*** | l'espérance de vie |
| ***a health risk*** | un risque sanitaire |
| ***a public health issue*** | un enjeu de santé publique |
| ***junk food*** | la « malbouffe » |
| ***obesity, obeseness*** | l'obésité |

## K. *Sanitary Crises*

| | |
|---|---|
| ***A crisis (plural: crises)*** | une crise |
| ***An epidemic*** | une épidémie |
| ***Epidemic*** | épidémique |
| ***A pandemy*** | une pandémie |
| ***Pandemic*** | pandémique |
| ***The outbreak*** | le déclenchement, le début |
| ***To ban something*** | interdire quelque chose |
| ***A lockdown, a confinement*** | un confinement |
| ***To confine*** | confiner |
| ***To be put in quarantine*** | être placé en quarantaine |
| ***To quarantine somebody*** | mettre quelqu'un en quarantaine |
| ***A death*** | une mort |
| ***Dead people*** | les morts |
| ***To die*** | mourir |
| ***To spread*** | (se) répandre |
| ***A curfew*** | un couvre-feu |
| ***To be, to get infected*** | être infecté |
| ***To heal, to cure*** | soigner, guérir |
| ***To recover from*** | se remettre de |
| ***A virus (plural: viruses)*** | un virus |
| ***To be scared, frightened*** | avoir peur |
| ***To fear*** | craindre |
| ***Scary, frightening*** | qui fait peur |
| ***Daunting*** | décourageant |
| ***A disease*** | une maladie |
| ***To queue*** | faire la queue |
| ***To keep 2 m social distancing*** | respecter 2 m de distance |
| ***To be concerning*** | être préoccupant |
| ***A concern*** | un souci |
| ***Hospital supplies*** | le matériel hospitalier |
| ***A face mask*** | un masque facial |
| ***To be effective*** | être efficace |
| ***A cluster*** | un groupe, un rassemblement |
| ***To cluster*** | se rassembler, se grouper |
| ***A flu pandemic, an influenza pandemic*** | une pandémie de grippe |
| ***To affect somebody*** | atteindre, toucher quelqu'un |
| ***To tackle the epidemic*** | s'attaquer à l'épidémie |
| ***To happen overnight*** | arriver du jour au lendemain |
| ***A pass*** | un laissez-passer |

| | |
|---|---|
| ***To be positive/negative*** | être positif/négatif |
| ***A fortnight*** | quinze jours |
| ***To sanitize a place*** | désinfecter un lieu |
| ***A sanitizer*** | un désinfectant |
| ***Hand washing*** | le lavage des mains |
| ***To re-schedule an event*** | reprogrammer un événement |
| ***Clinical care*** | les soins intensifs |
| ***To sneeze*** | éternuer |
| ***To cough*** | tousser |
| ***A dry cough*** | une toux sèche |
| ***To be challenging*** | être, s'avérer difficile |
| ***At an alarming rate*** | dans des proportions préoccupantes |
| ***A case*** | un cas |
| ***Reported cases*** | le nombre connu de cas |
| ***To tighten the rules*** | durcir les règles |
| ***To abide by the rules / to stick to the rules*** | obéir aux règles |
| ***To run out of*** | manquer de |
| ***A global disaster*** | une catastrophe mondiale |
| ***A plight*** | une situation très critique |
| ***A health crisis*** | une crise sanitaire |
| ***The WHO (World Health Organization)*** | l'OMS |
| ***The estimates*** | les estimations |
| ***The economic downturn*** | la récession économique |
| ***Death tolls*** | le nombre de morts |
| ***To drop (significantly)*** | baisser (considérablement) |
| ***To increase, to intensify*** | augmenter |
| ***To decrease, to abate*** | baisser, diminuer |
| ***A care home*** | un EHPAD |
| ***A mass killer*** | un tueur en masse |
| ***A vaccine*** | un vaccin |
| ***To be available*** | être disponible |
| ***To lack a vaccine*** | manquer de vaccin |
| ***The acme, the summit, the peak*** | le point culminant, le pic |
| ***To stabilize*** | se stabiliser |
| ***Medical and nursing staff, health care personnel*** | le personnel soignant |
| ***Unprecedented*** | du jamais-vu |

## L. *Justice and laws* (la justice et les lois)

| | |
|---|---|
| ***courts*** | les tribunaux |
| ***sentences*** | les peines |
| ***a crime, an offence*** | un délit, une infraction |
| ***to indict*** | mettre en examen, accuser |
| ***an indictment*** | une mise en examen, une accusation |
| ***to prosecute, to sue, to take* legal action*** | poursuivre en justice |
| ***to go* to jail*** | aller en prison |
| ***a lawsuit, a trial*** | un procès |
| ***a lawyer, an attorney (US)*** | un avocat |
| ***a prosecutor*** | un procureur |
| ***to charge with*** | inculper |
| ***to convict, to sentence*** | condamner |
| ***to acquit*** | acquitter |
| ***to file a lawsuit*** | porter plainte |
| ***a criminal record*** | un casier judiciaire |
| ***an offender*** | un délinquant |
| ***a thug, a yobbo*** | un voyou |
| ***a juvenile offender*** | un jeune délinquant |
| ***an inquiry, an investigation*** | une enquête |
| ***to investigate*** | enquêter |
| ***bribery*** | la corruption |
| ***a swindler*** | un escroc |
| ***prison overcrowding*** | la surpopulation des prisons |
| ***judicial system*** | le système judiciaire |
| ***a theft*** | un vol |
| ***to witness, a witness*** | être témoin de, un témoin |
| ***to be kept in police custody*** | être mis en garde à vue |
| ***a prisoner, a detainee, an inmate*** | un prisonnier |
| ***to curb crime*** | éradiquer la criminalité |
| ***the death row*** | le couloir de la mort |
| ***a bail*** | une caution |
| ***a scam*** | une arnaque |

## M. *Natural disasters* (les catastrophes naturelles)

| | |
|---|---|
| ***an earthquake*** | un tremblement de terre |
| ***a tidal wave*** | un raz de marée |
| ***a storm*** | un orage, une tempête |
| ***a hurricane*** | un ouragan |
| ***a tornado, a twister*** | une tornade |
| ***to sweep* away everything in its path*** | entraîner tout sur son passage |
| ***to collapse*** | s'écrouler |
| ***to cause widespread damage*** | causer des dégâts considérables |
| ***heavy/fierce/torrential rain*** | les pluies fortes/diluviennes |
| ***a flood*** | une inondation |
| ***to flood, to swamp*** | inonder |
| ***flood zones*** | les zones inondables |
| ***a dam*** | un barrage |
| ***to drown*** | (se) noyer, submerger |
| ***drought*** | la sécheresse |
| ***a heatwave*** | une vague de chaleur, une canicule |
| ***rubble*** | les décombres |
| ***a mudslide*** | une coulée de boue |
| ***a power outage*** | une coupure de courant |
| ***to rescue*** | sauver |
| ***humanitarian aid*** | l'aide humanitaire |

## N. *The economic crisis* (la crise économique)

| | |
|---|---|
| ***the slump*** | la récession |
| ***the global economic meltdown*** | l'effondrement de l'économie mondiale |
| ***to cut* jobs*** | supprimer des emplois |
| ***austerity measures*** | une politique de rigueur |
| ***a redundancy plan*** | un plan social |
| ***a stimulus plan*** | un plan de relance |
| ***a downturn*** | un fléchissement de l'activité |
| ***the housing crisis*** | la crise immobilière |
| ***real estate*** | l'immobilier |
| ***a taxpayer*** | un contribuable |
| ***the interest rate*** | le taux d'intérêt |
| ***the small savers*** | les petits épargnants |
| ***to take* out a loan*** | faire un emprunt |
| ***a bankruptcy*** | une faillite |
| ***to boost growth*** | stimuler la croissance |
| ***to make* a profit*** | réaliser des bénéfices |
| ***to rocket*** | monter en flèche |

## 0. *Religion* (la religion)

| | |
|---|---|
| ***a Christian*** | un chrétien |
| ***Jewish, a Jew*** | juif, un juif |
| ***a Muslim*** | un musulman |
| ***the freedom of worship*** | la liberté de culte |
| ***secularism*** | la laïcité |
| ***to practice one's religion*** | pratiquer sa religion |
| ***to don a veil*** | porter un voile |
| ***bigotry*** | le fanatisme |
| ***fundamentalism*** | l'intégrisme |
| ***to radicalize*** | se radicaliser |
| ***faith*** | la foi |
| ***the Arab spring*** | le printemps arabe |
| ***a popular uprising*** | un soulèvement du peuple |
| ***protests, marches, demonstrations*** | des manifestations |
| ***terrorist attacks*** | des attentats terroristes |
| ***the casualties*** | les victimes |

# 2. Les faux amis

Les faux amis sont des mots anglais dont on pense pouvoir deviner le sens du fait de leur ressemblance avec des mots français, mais dont ce sens diffère cependant. Il faut les connaître.

| | |
|---|---|
| ***to abuse*** | insulter, injurier |
| ***to achieve*** | réaliser |
| ***actual*** | réel |
| ***an affair*** | une aventure amoureuse |
| ***an agenda*** | un programme, un ordre du jour |
| ***an alien*** | un étranger |
| ***to apologize*** | s'excuser |
| ***an application*** | une candidature |
| ***an argument*** | une dispute, un argument |
| ***to assume*** | supposer que |
| ***to attend*** | assister à |
| ***a ballot*** | un scrutin |
| ***caution*** | la prudence |
| ***chance*** | le risque, le hasard |

| | |
|---|---|
| ***change*** | la petite monnaie |
| ***a character*** | un personnage |
| ***to charge*** | faire payer |
| ***circulation*** | le tirage d'un journal, la diffusion |
| ***a college*** | une université |
| ***to commit to*** | s'engager, s'impliquer |
| ***to complete*** | finir, achever |
| ***a crime*** | un délit, une infraction |
| ***current*** | actuel |
| ***currently*** | actuellement |
| ***a defendant*** | un inculpé, un accusé |
| ***to demand*** | exiger |
| ***to deserve*** | mériter |
| ***to discharge*** | renvoyer, licencier |
| ***dramatic*** | spectaculaire |
| ***economic*** | qui se rapporte à l'économie |
| ***economical*** | qui permet d'économiser |
| ***to enervate*** | affaiblir |
| ***eventually*** | finalement |
| ***an evidence*** | une preuve |
| ***facilities*** | les équipements, les installations |
| ***a fault*** | un défaut, une anomalie |
| ***to fix*** | réparer |
| ***global*** | mondial, universel |
| ***hazard*** | le danger, le risque |
| ***an issue*** | un problème, un numéro de magazine |
| ***a lecture*** | une conférence, un sermon |
| ***a novel*** | un roman |
| ***oil*** | le pétrole |
| ***to pass an exam*** | réussir un examen |
| ***political*** | politique (adj.) |
| ***politics*** | la politique au sens large |
| ***a prejudice*** | un préjugé |
| ***the premises*** | les locaux |
| ***to respond*** | réagir |
| ***a résumé*** | un CV |
| ***to resume*** | reprendre, continuer |
| ***sensible*** | raisonnable, sensé |
| ***a stranger*** | un inconnu |
| ***traffic*** | la circulation |
| ***will*** | la volonté |

## 3. Les mots à l'orthographe trompeuse

L'orthographe en anglais, comme en français, est un élément qu'il ne faut pas sous-estimer. Les mots qui suivent sont régulièrement « écorchés » dans les copies. Les correcteurs apprécient une orthographe soignée. C'est un élément majeur qui peut faire la différence avec les autres candidats.

| | |
|---|---|
| ***an address*** | une adresse |
| ***afraid*** | effrayé |
| ***aggressive*** | agressif |
| ***although*** | bien que |
| ***an apartment*** | un appartement |
| ***authority*** | l'autorité |
| ***baggage*** | un bagage |
| ***a beginning*** | un début |
| ***being*** | *be + -ing* |
| ***comfortable*** | confortable |
| ***a connection*** | une connexion, une correspondance |
| ***cotton*** | le coton |
| ***dance*** | la danse |
| ***defence*** | la défense |
| ***definitely*** | sans aucun doute |
| ***democracy*** | la démocratie |
| ***to denounce*** | dénoncer |
| ***developed, developing*** | développé, en développement |
| ***a development*** | un développement |
| ***dysfunctional*** | dysfonctionnel, à problèmes |
| ***economically*** | économiquement |
| ***an engineer*** | un ingénieur |
| ***an envelope*** | une enveloppe |
| ***the environment*** | l'environnement |
| ***an example*** | un exemple |
| ***an exercise*** | un exercice |
| ***a function*** | une fonction |
| ***(the) future*** | le futur (nom), futur (adjectif) |
| ***a government*** | un gouvernement |
| ***an improvement*** | une amélioration |
| ***a judge*** | un juge |

| | |
|---|---|
| ***a language*** | une langue |
| ***literature*** | la littérature |
| ***to lose*, a loser*** | perdre, un perdant |
| ***loose*** | lâché, desserré |
| ***a marriage*** | un mariage |
| ***a means of*** | un moyen de |
| ***a millionaire*** | un millionnaire |
| ***to move*** | bouger |
| ***a movie*** | un film |
| ***necessarily*** | nécessairement |
| ***a negotiation*** | une négociation |
| ***personal*** | personnel |
| ***personally*** | personnellement |
| ***politically*** | politiquement |
| ***a politician*** | un politicien |
| ***the responsibility*** | la responsabilité |
| ***the sense*** | le sens, la raison |
| ***a speech*** | un discours |
| ***successful*** | qui réussit, brillant |
| ***traffic*** | la circulation |
| ***unemployment*** | le chômage |

# 4. Les verbes prépositionnels et les verbes à particules

La langue anglaise est riche en verbes prépositionnels et à particules. Il faut connaître les principaux d'entre eux et les apprendre par cœur. On ne peut pas deviner la préposition, la particule ou l'absence des deux en anglais et il existe, malheureusement, peu de cas de correspondance avec le français.

## A. Les prépositions

### a. Quelques prépositions courantes

| | |
|---|---|
| ***above*** | au-dessus de |
| ***across*** | à travers, de l'autre côté |
| ***along*** | le long de |
| ***among*** | parmi |
| ***around*** | autour de |
| ***at*** | à |
| ***behind*** | derrière |
| ***below*** | au-dessous de |
| ***between*** | entre |
| ***down*** | en bas de, vers le bas |
| ***from*** | (en provenance) de |
| ***in*** | dans |
| ***in front of*** | en face de |
| ***into*** | dans |
| ***near, close to, by*** | près de |
| ***next to*** | à côté de |
| ***off*** | au large de, éloigné |
| ***on*** | sur, dans (un bus, un train) |
| ***opposite*** | en face de |
| ***over*** | par-dessus, au-dessus |
| ***to*** | à |
| ***towards*** | vers |
| ***under*** | sous |
| ***up*** | en haut de, vers le haut de |

### b. *In* ou *into* ?

On utilise *in* (dans) quand on localise quelqu'un ou quelque chose.

**Exemple :** *He's **in** the kitchen.* (Il est dans la cuisine.)

On utilise *into* (dans) pour indiquer que l'on pénètre dans un lieu.

**Exemple :** *Someone went **into** my bedroom when I wasn't **in**.* (Quelqu'un est entré dans ma chambre alors que je n'y étais pas.)

### c. *At* ou *to* ?

On utilise *at* (à) quand il n'y a pas de mouvement.

**Exemple :** *They're **at** school.* (Ils sont à l'école.)

On utilise *to* (à) quand il y a mouvement, déplacement d'un point vers un autre.

**Exemple :** *They're going **to** school.* (Ils vont à l'école.)

### d. *To* ou *from* ?

On utilise *from* (de) quand on se réfère à la provenance, à l'origine.

**Exemple :** *She's **from** London.* (Elle est de Londres.)

On utilise *to* (de) quand on se réfère à la direction, à la destination.

**Exemple :** *I saw him on the train **to** London.* (Je l'ai vu dans le train de [qui allait à] Londres.)

### e. Les prépositions de temps

| | |
|---|---|
| ***after*** | après |
| ***at*** | à (+ heure) |
| ***before*** | avant |
| ***during*** | pendant |
| ***for*** | pendant, depuis (voir leçon) |
| ***from*** | à partir de |
| ***in*** | en |
| ***on*** | le (+ jour) |
| ***since*** | depuis (voir leçon) |
| ***still*** | encore |
| ***until*** | jusqu'à |
| ***within*** | en, avant |

**Exemple :** *We worked **from** eight **to** twelve.* (Nous avons travaillé de huit heures à midi.)

## f. Autres prépositions

| | |
|---|---|
| ***about*** | à propos de |
| ***as*** | en tant que |
| ***because of*** | à cause de |
| ***by*** | par |
| ***except for*** | excepté |
| ***for*** | pour |
| ***instead of*** | au lieu de |
| ***like*** | comme |
| ***thanks to*** | grâce à |
| ***with*** | avec |

## g. Rejet de la préposition en fin de phrase

Dans les ***wh***-questions et les propositions relatives, la préposition est le plus souvent séparée de son complément et rejetée en fin de phrase.

**Exemple :** *What are you looking **at**?* (Qu'est-ce que tu regardes ?)

*Who does she usually go to the cinema **with**?* (Avec qui vA t-elle au cinéma habituellement ?)

*I know the man you're writing **to**.* (Je connais l'homme à qui tu écris.)

## h. Différences d'usage des prépositions entre l'anglais et le français

L'usage des prépositions en anglais et en français est tellement différent qu'il faut se référer au dictionnaire le plus souvent possible et apprendre par cœur ces variations d'usage d'une langue à l'autre, au cas par cas.

Il existe plusieurs configurations, en voici quelques exemples.

| Verbes prépositionnels anglais | Verbes simples français |
|---|---|
| ***approve of*** | approuver |
| ***comment on*** | commenter |
| ***cut down on*** | réduire |
| ***listen to*** | écouter |
| ***look for*** | chercher |
| ***pay for*** | payer |

| Verbes simples anglais | Verbes prépositionnels français |
|---|---|
| address | s'adresser à |
| answer | répondre à |
| discuss | discuter de |

| | |
|---|---|
| enter | entrer dans |
| need | avoir besoin de |
| obey | obéir à |
| phone | téléphoner à |
| remember | se souvenir de |
| trust | faire confiance à |
| use | se servir de |

| Mots anglais avec prépositions A | Mots français avec prépositions B |
|---|---|
| **Verbes** | |
| consist in/of | consister à |
| depend on | dépendre de |
| live on | vivre de |
| look after | s'occuper de |
| look like | ressembler à |
| speak about | parler de |
| suffer from | souffrir de |
| think about/of | penser à |
| **Expressions** | |
| at night | la nuit |
| in the morning/afternoon/evening | le matin/l'après-midi/le soir |
| in the rain | sous la pluie |
| in the sun | au soleil |
| on foot | à pied |
| **Adjectifs** | |
| good/bad at | bon, mauvais en |
| happy with | heureux de |
| interested in | intéressé par |
| nice to | gentil avec |
| responsible for | responsable de |

## B. Les verbes prépositionnels et verbes à particule

### a. Prépositions et particules adverbiales

Les prépositions et les adverbes sont *a priori* deux catégories grammaticales différentes. Cependant certaines prépositions anglaises peuvent être utilisées comme particules adverbiales.

**RAPPEL DU FORMATEUR**

Une préposition est suivie d'un complément d'objet (comme son nom l'indique, une **pré**position précède quelque chose), tandis qu'une particule adverbiale n'a pas de complément d'objet.

**Exemple :** *He stayed* ***in*** *his room all day long.* (Il est resté dans sa chambre toute la journée.) [*In* est une préposition qui introduit le COD *his room*.]

*He* ***stayed in*** *all day long.* (Il est resté chez lui toute la journée.) [*In* n'a pas de COD ; c'est une particule adverbiale.]

### b. Verbes prépositionnels et verbes à particules

En anglais, de très nombreux verbes peuvent être associés à des prépositions ou à des particules adverbiales, et doivent même parfois l'être en fonction du sens.

| | | | |
|---|---|---|---|
| Verbe prépositionnel | ***Look at*** *this painting!*<br>(Regarde ce tableau !) | ***Look at*** *it!*<br>(Regarde-le !) | *Who is* ***look****ing* ***at*** *it?*<br>(Qui le regarde ?) |
| Verbe à particule | ***Put on*** *your scarf!*<br>ou ***Put*** *your scarf* ***on****!*<br>(Mets ton écharpe !) | ***Put*** *it* ***on****!*<br>(Mets-la !) | *Who must* ***put*** *it* ***on****?*<br>(Qui doit la mettre ?) |

Les possibilités de construction diffèrent selon la nature du second mot : préposition ou particule adverbiale.

**RAPPEL DU FORMATEUR**

Les verbes prépositionnels et les verbes à particule doivent s'apprendre par cœur, comme du vocabulaire.

## 5. Les principaux verbes irréguliers en anglais

Il faut absolument revoir les verbes irréguliers, que vous avez certainement déjà appris lors de vos études secondaires. Il est courant que des candidats conjuguent mal des verbes irréguliers à l'écrit comme à l'oral : ce sont des **fautes particulièrement pénalisantes.**

N'oubliez pas non plus que les verbes irréguliers constituent une grande « banque » de vocabulaire. Il existe **environ 250 verbes irréguliers**, dont une centaine figure ci-dessous. **Certains de ces verbes sont d'un usage très courant** (*eat, drink, buy, go, come, see, sleep, do…*).

**Il faut apprendre ces verbes par cœur et savoir les prononcer.**

Ils sont, en général, **signalés par un astérisque**, comme c'est le cas dans cet ouvrage.

**RAPPEL DU FORMATEUR**

Sont appelés verbes irréguliers les verbes qui ne forment pas leur prétérit et leur participe passé comme les autres verbes lexicaux.

| Base verbale | Prétérit | Participe passé | Traduction courante |
|---|---|---|---|
| **Groupe 1 : les trois formes sont identiques** | | | |
| ***bet*** | ***bet*** | ***bet*** | parier |
| ***burst*** | ***burst*** | ***burst*** | éclater |
| ***cost*** | ***cost*** | ***cost*** | coûter |
| ***cut*** | ***cut*** | ***cut*** | couper |
| ***hit*** | ***hit*** | ***hit*** | frapper |
| ***hurt*** | ***hurt*** | ***hurt*** | blesser, faire mal |
| ***let*** | ***let*** | ***let*** | permettre |
| ***put*** | ***put*** | ***put*** | mettre |
| ***shut*** | ***shut*** | ***shut*** | fermer |
| ***spread*** | ***spread*** | ***spread*** | (s')étendre, (se) répandre |
| **Groupe 2 : l'infinitif et le participe passé sont identiques** | | | |
| ***become*** | ***became*** | ***become*** | devenir |
| ***come*** | ***came*** | ***come*** | venir |
| ***run*** | ***ran*** | ***run*** | courir |
| **Groupe 3 : le prétérit et le participe passé sont identiques** | | | |
| ***bend*** | ***bent*** | ***bent*** | plier, se pencher |
| ***bleed*** | ***bled*** | ***bled*** | saigner |
| ***bring*** | ***brought*** | ***brought*** | apporter |

| | | | |
|---|---|---|---|
| ***build*** | ***built*** | ***built*** | construire |
| ***burn*** | ***burnt**** | ***burnt**** | brûler |
| ***buy*** | ***bought*** | ***bought*** | acheter |
| ***catch*** | ***caught*** | ***caught*** | attraper |
| ***dig*** | ***dug*** | ***dug*** | creuser |
| ***dream*** | ***dreamt**** | ***dreamt**** | rêver |
| ***feed*** | ***fed*** | ***fed*** | (se) nourrir |
| ***feel*** | ***felt*** | ***felt*** | sentir |
| ***fight*** | ***fought*** | ***fought*** | se battre |
| ***find*** | ***found*** | ***found*** | trouver |
| ***get*** | ***got*** | ***got*** | obtenir, devenir |
| ***hang*** | ***hung***** | ***hung***** | suspendre |
| ***have*** | ***had*** | ***had*** | avoir, prendre |
| ***hear*** | ***heard*** | ***heard*** | entendre |
| ***hold*** | ***held*** | ***held*** | tenir |
| ***keep*** | ***kept*** | ***kept*** | garder |
| ***kneel*** | ***knelt*** | ***knelt*** | être à genoux, s'agenouiller |
| ***lay*** | ***laid*** | ***laid*** | poser à plat, mettre |
| ***lead*** | ***led*** | ***led*** | mener |
| ***learn*** | ***learnt**** | ***learnt**** | apprendre |
| ***leave*** | ***left*** | ***left*** | partir |
| ***lend*** | ***lent*** | ***lent*** | prêter |
| ***light*** | ***lit*** | ***lit*** | allumer, éclairer |
| ***lose*** | ***lost*** | ***lost*** | perdre |
| ***make*** | ***made*** | ***made*** | faire |
| ***mean*** | ***meant*** | ***meant*** | signifier |
| ***meet*** | ***met*** | ***met*** | rencontrer |
| ***pay*** | ***paid*** | ***paid*** | payer |
| ***read*** | ***read [red]*** | ***read [red]*** | lire |
| ***say*** | ***said*** | ***said*** | dire |
| ***seek*** | ***sought*** | ***sought*** | chercher |
| ***sell*** | ***sold*** | ***sold*** | vendre |
| ***send*** | ***sent*** | ***sent*** | renvoyer |
| ***shine*** | ***shone*** | ***shone*** | briller |
| ***shoot*** | ***shot*** | ***shot*** | tirer, viser |
| ***sit*** | ***sat*** | ***sat*** | être assis |

| | | | |
|---|---|---|---|
| ***sleep*** | ***slept*** | ***slept*** | dormir |
| ***smell*** | ***smelt*** | ***smelt*** | sentir |
| ***spell*** | ***spelt*** | ***spelt*** | épeler |
| ***spend*** | ***spent*** | ***spent*** | dépenser, passer du temps |
| ***spoil*** | ***spoilt*** | ***spoilt*** | gâcher, gâter |
| ***stand*** | ***stood*** | ***stood*** | être debout |
| ***stick*** | ***stuck*** | ***stuck*** | coller |
| ***sweep*** | ***swept*** | ***swept*** | balayer |
| ***teach*** | ***taught*** | ***taught*** | apprendre |
| ***tell*** | ***told*** | ***told*** | dire, raconter |
| ***think*** | ***thought*** | ***thought*** | penser, croire, réfléchir |
| ***understand*** | ***understood*** | ***understood*** | comprendre |
| ***win*** | ***won*** | ***won*** | gagner |
| **Groupe 4 : toutes les formes sont différentes** | | | |
| **Schéma i – a – u** | | | |
| ***begin*** | ***began*** | ***begun*** | commencer |
| ***drink*** | ***drank*** | ***drunk*** | boire |
| ***ring*** | ***rang*** | ***rung*** | sonner, téléphoner |
| ***sing*** | ***sang*** | ***sung*** | chanter |
| ***sink*** | ***sank*** | ***sunk*** | couler, s'enfoncer |
| ***swim*** | ***swam*** | ***swum*** | nager |
| **Tous les autres schémas** | | | |
| ***awake*** | ***awoke*** | ***awoken*** | s'éveiller |
| ***be*** | ***was/were*** | ***been*** | être |
| ***bear*** | ***bore*** | ***born*** | supporter |
| ***bite*** | ***bit*** | ***bitten*** | mordre |
| ***blow*** | ***blew*** | ***blown*** | souffler |
| ***break*** | ***broke*** | ***broken*** | casser |
| ***choose*** | ***chose*** | ***chosen*** | choisir |
| ***do*** | ***did*** | ***done*** | faire |
| ***draw*** | ***drew*** | ***drawn*** | dessiner |
| ***drive*** | ***drove*** | ***driven*** | conduire |
| ***eat*** | ***ate*** | ***eaten*** | manger |
| ***fall*** | ***fell*** | ***fallen*** | tomber |
| ***fly*** | ***flew*** | ***flown*** | voler |
| ***forbid*** | ***forbade*** | ***forbidden*** | interdire |

| | | | |
|---|---|---|---|
| ***forget*** | ***forgot*** | ***forgotten*** | oublier |
| ***forgive*** | ***forgave*** | ***forgiven*** | pardonner |
| ***freeze*** | ***froze*** | ***frozen*** | geler |
| ***give*** | ***gave*** | ***given*** | donner |
| ***go*** | ***went*** | ***gone*** | aller |
| ***grow*** | ***grew*** | ***grown*** | grandir, faire pousser |
| ***hide*** | ***hid*** | ***hidden*** | cacher |
| ***know*** | ***knew*** | ***known*** | connaître |
| ***lie*** | ***lay*** | ***lain*** | être étendu, s'étendre |
| ***ride*** | ***rode*** | ***ridden*** | aller à cheval, bicyclette |
| ***rise*** | ***rose*** | ***risen*** | s'élever, se lever |
| ***see*** | ***saw*** | ***seen*** | voir |
| ***shake*** | ***shook*** | ***shaken*** | secouer |
| ***show*** | ***showed*** | ***shown*** | montrer |
| ***speak*** | ***spoke*** | ***spoken*** | parler |
| ***steal*** | ***stole*** | ***stolen*** | voler |
| ***swear*** | ***swore*** | ***sworn*** | jurer |
| ***take*** | ***took*** | ***taken*** | prendre |
| ***throw*** | ***threw*** | ***thrown*** | jeter, lancer |
| ***wake*** | ***woke*** | ***woken*** | réveiller |
| ***wear*** | ***wore*** | ***worn*** | porter (sur soi) |
| ***write*** | ***wrote*** | ***written*** | écrire |

# 3. Compréhension

Cette épreuve nécessite que vous lisiez attentivement le texte et, bien évidemment, que vous le compreniez. La justesse de vos réponses dépendra surtout de votre bonne compréhension des détails du texte, en plus de son sens global. Certaines questions sont très proches les unes des autres : seul un détail les différencie parfois. Il faut par conséquent lire très attentivement à la fois le texte et chacune des propositions. Pour commencer, vous devez **lire le texte au moins deux fois**. Puis, à chaque question, **revenez au texte et examinez les détails** afin de trouver la bonne réponse. Il est indispensable de faire ce va-et-vient entre le texte et les questions.

À titre d'exemples, voici un texte avec deux séries de questions, corrigées et expliquées.

Les trois sujets corrigés en fin de chapitre vous permettront de vous entraîner davantage dans les conditions réelles du concours.

## Entraînement

Sixty-five gift catalogues arrived in the past month to remind me Christmas is coming and I shall therefore speak of Puritans, who disapprove of them mightily, along with everything else.

I find it relatively little trouble to dump them in the trash basket, but your sound Grade-A Puritan considers them the work of the Devil and is hardly content to toss them away, preferring to send back empty postage-free envelopes and to work as much confusion as possible to the godless who offer for sale such merchandise as panty hose, soap, musical instruments and similar abominations.

### Vocabulary

mightily: *vigoureusement*
to dump: *jeter*
a trash basket: *une corbeille à papier*
sound: *avisé, sensé*
the Devil: *le Diable*
hardly content: *guère satisfait*
to toss away: *jeter*
the godless: *les impies*
a panty hose: *un collant*

### Questions

**1 The author chose to write about Puritans because:**

- **A** They disapprove of Christmas.
- **B** They disapprove of unsolicited advertising before Christmas.
- **C** They approve of everything except gifts.
- **D** Christmas is a festival for the Puritans.

**2 The Puritan, on receiving catalogues:**

**A** Sends back the enclosed envelopes without ordering anything.
**B** Goes outside to attack the godless merchandisers.
**C** Enjoys nothing more than tossing them away.
**D** Expects the Devil to do the work.

# Corrigé

**1 FVFF**

**A** We are not told that the Puritans disapprove of Christmas.
**B** Puritans disapprove of all the gift catalogues sent to people just before Christmas.
**C** No, they accept the notion of gift.
**D** This idea is not in the text.

**2 VFFF**

**A** Strict puritans do not throw away the gift catalogues and the other forms, but prefer to send back the empty postage-free envelopes to create confusion.
**B** They do not demonstrate against that aspect of merchandising.
**C** No, Puritans toss the catalogues away but send the envelopes back.
**D** No, they consider gift catalogues to be the work of the Devil.

# Sujets corrigés

## SUJET 1 : Anglais

**DURÉE :** 45 MINUTES

**Pour chaque question, signalez si chacun des items est vrai (V) ou faux (F).**

# Grammaire et vocabulaire

❶

**A** The average wildlife population has been dropping by 60% since 1980.
**B** Global temperatures have been the highest on record since the last few years.
**C** Even though the equality between the men and the women has considerably reduced, the women still earn less than the men on average.
**D** What is your favourite TV serie?

❷

**A** Interview a friend about their experience.
**B** He never goes out on rainy days.
**C** Women have got the right to vote in 1920.
**D** Shakespeare grasp of human nature is unsurpassed.

❸

**A** Who do you think is Grace?
**B** Was your impressions correct?
**C** Juliet's parents have arranged her wedding.
**D** The man whom I spoke to was reading The Times.

❹

**A** L'Oreal goes after 3D printed human skin to test beauty products.
**B** There is controversial research topics about 3D printing.
**C** This was one of the most complicated case he'd ever seen.
**D** The question of 3D printing is the source of many debate.

❺

**A** According to Cody Wilson, owning a firearm is the worst of all rights.
**B** Gender equality affect us all.
**C** Once upon a time, there was a little girl named Ada who loved machines.
**D** Who do you think these people are?

❻

**A** "The Troubles" in Northern Ireland refers of a political conflict.
**B** Never have I seen a group party game.
**C** Has anyone ever asked you where you are from?
**D** In Toronto, they have food from every cultures on earth.

❼

**A** We do have any family in the US.
**B** We didn't have any family when we moved to the US.
**C** How do you interpret his attitude?
**D** You must believe in spring.

❽

**A** Sports is a neutral ground and shouldn't be politicise.
**B** A street is going to be named after a famous sports activist.
**C** When something is rude and disrespectful, it is reductive.
**D** When you imagine something to be the case, you assume or make assumptions.

❾

**A** She announced she had been sacrificed.
**B** It had not occurred me that he could be family.
**C** Young people aspire to be what they see around them in their every day life.
**D** If everybody's convinced, why not organise it?

❿

**A** When do you start your internship?
**B** What do you want to be when you grow up?
**C** What different career options are available once I will graduate?
**D** I not going to do it.

⓫

**A** She is a fifteen-years-old college student.
**B** He mights be the owner of the house.
**C** Whatever young they are, they are very mature.
**D** When the police arrived, the body was lying in a pool of blood.

⓬

**A** The murderer had dropped the knife, shocked by what he did.
**B** After murdering the neighbour, the killer dropped the knife.
**C** Robert looked away while he gnawed at his thumbnail.
**D** He frowned, visibly embarrassed.

⓭

**A** Sorry, I didn't want to put you on your spot.
**B** Firstly, we will focus the way he reacted.
**C** For conclusion, it can be said that there are both pros and cons.
**D** This deal with a controversial issue.

⓮

**A** The attack occured at approximately 10 o'clock on Friday.
**B** We are told that there has been an accident.
**C** He is occasionally late for meals.
**D** I used to go there one time a year.

⓯

**A** It looks a square.
**B** The British people drink tea several times a day.
**C** In the upper left corner, we can see the author's name.
**D** What we have here is a 3D pie chart.

⓰

**A** Taxes have been boosted from 25% to 68%.
**B** Whereas stock options have dropt by 40%.
**C** The text is divided in three parts.
**D** Compared with her, he looks fragile.

⓱

**A** Similarily, one can say that the hero is an antihero.
**B** This village is farther than that one.
**C** She is by far the smartest kid in the school.
**D** One kilometre is five eights of a mile.

⓲

**A** Given the elements we had, we couldn't guess he was guilty.
**B** He told him that he takes his car.
**C** No doubt this happened after midnight.
**D** They are bond to succeed.

⓳

**A** The journalist chose this strategy as so to make the reader respond.
**B** This advert is meant to make people react on climate change.
**C** It looks fragile and yet, this animal is an efficient predator.
**D** She talked him out of taking the job.

⓴

**A** How about leave now?
**B** I am not too keen of that stuff.
**C** Shall we get out now?
**D** Could you tell me how heavy the file is?

**21**

**A** In my mind, the police didn't arrest the real culprit.
**B** Nowadays, smoking is no longer allowed at work.
**C** I wish I can play the guitar.
**D** If only she could afford a new car.

**22**

**A** He used to be able to play piano very well.
**B** They wish they were here with us.
**C** She knows how to but I don't think she will.
**D** Within a decade or so, we won't need cash any more.

**23**

**A** These days we are used to sending texts instead of phoning people.
**B** Last weekend, he could see his aunts, oncles and cousins.
**C** In order to reach as many people possible, your message needs to be short and clear.
**D** Nowhere is climate change more evident than in small island states.

**24**

**A** What stroke you most in this documentary?
**B** He is born in 1971.
**C** Although, he growed up in a log cabin, Lincoln became the 16th president of the USA.
**D** She is one of the smartest girls in the class.

**25**

**A** Silicon Valley is the world biggest concentration of starts-up and high-tech firms.
**B** Do you think you are living a successfull life?
**C** His paper is full of mistakes.
**D** Welcome in my home!

**26**

**A** Young people have to take career decisions too early.
**B** Could you give me some other advices?
**C** I love my job because of the variety of projects I work on.
**D** Everyone should embrace their own uniqueness.

**27**

**A** He is agree with you.
**B** He didn't give me much informations.
**C** This decision was met with criticism.
**D** How so?

**28**

**A** They're spending so much money on these celebrations.
**B** Do you understand about what the paragraph is?
**C** I have a music practice who happens before school.
**D** The friends you hang out with are not reliable.

29

A There are musicians whose music gets people "pumped up".
B What is the importance of the sports in American high schools?
C Celebrations are hold on the days of big events.
D Where might the money come from?

30

A What else did you learnt?
B A lot of universities offer exchange programmes.
C Who wrote The Martian Chronicles?
D How long does it take to get to Mars from the Earth?

31

A The French exam was difficult, isn't it?
B Can you tell me what you did?
C What match saw you?
D Have you seen David anywhere?

32

A This is the best film I've ever seen.
B What is the most funny film you have seen?
C John earns as much money as me.
D She has teached for a long time.

33

A Sunday was a such lovely day.
B He didn't have money enough to pay.
C The Prime Minister arrived last week.
D The news is good today.

34

A This apples come from Normandy.
B Look at these funny people!
C What's the owner's name of this company?
D Shall you give him his present?

35

A Most German people speak English.
B Most of what he said was true.
C This is the most hardest test I've done.
D It's one of the most important reasons for his departure.

36

A Wich place have you visited?
B Whom did you go with?
C Whose the car is it?
D Which car do you prefer?

37

**A** Womens are still fighting for their rights.

**B** Men's clothes at work have changed.

**C** Both men and women can wear jeans.

**D** My childrens' bedrooms are small.

38

**A** You needn't worry. It will be fine.

**B** Do you need helping? I can fix it for you.

**C** People have different needs.

**D** We haven't finished yet. A lot still needs to be done.

39

**A** That's a big piece of news.

**B** I need an information. Can you give it to me?

**C** Give me two milks, please!

**D** He will repeat it two times.

40

**A** Had he been warned, he wouldn't have made that mistake.

**B** I wish you tell me the truth.

**C** They would go to church every Sunday.

**D** If only you know them!



# Compréhension

## Texte 1

**How do smart bulbs work?**

Smart bulbs, to put it simply, are lighting fixtures that can be controlled wirelessly. These are different from regular bulbs as you can eliminate the need to control them manually. With a smart bulb, you can control it using a remote or through a mobile device. If the bulb is dimmable, you can also control the brightness with ease and without lifting anything more than a finger.

A smart bulb also works as a regular, standard bulb. But for it to work, you need a smartphone, a tablet or a mobile device of some kind. In most cases, you will require a home automation hub that will allow you to operate the smart bulb wirelessly. Most home automation hubs use communication standards like Bluetooth, Wi-Fi, Z-Wave or Zigbee.

The benefits of using a home automation system are that you can connect your smart bulb to a number of other events or devices in your home.

41

**A** One can have a smart bulb at home.

**B** You can find a smart bulb in working places only.

**C** You can have a smart bulb in shops only.

**D** Only big companies can afford smart bulbs.

**42**

A Smart bulbs produce sounds.

B Smart bulbs produce heating.

C Smart bulbs produce radioactivity.

D Smart bulbs produce light.

**43**

A You don't need anything for it to work.

B You need a wire for it to work.

C You need an electronic mobile device for it to work.

D You don't need any wires for it to work.

**44**

A Automation hubs enable to communicate.

B Automation hubs use Bluetooth among other communication means.

C A home automation is really useful.

D There are different standard automation hubs.

**45**

A With a smart bulb, you cannot choose the brightness of the light.

B With a smart bulb, you can easily choose the brightness of the light.

C You don't need a finger to control a smart bulb.

D You control the light of a smart bulb manually.

## Texte 2

**Why Esports should be considered a sport?**

Sports and Esports aren't as different as you may think they are. In fact, they share more similarities than differences. In sports, most of the time is spent practising, training, and going over plays. Competitive Esports share the same philosophy of rigorous training and practice if not more than some other sports.

Though there is probably not as much of an emphasis on physical training, some Esports players still spend a ridiculous amount of time practising. Not only is Esports similar to sports in training and practice but they also are competitive in nature.

Traditional sports and esports are also in the same business of sponsorships, advertisement, and promotion of brands.

**46**

A Sports and Esports share exactly the same similarities.

B Sports and Esports share some similarities.

C Sports and Esports are also different on some points.

D There are no differences between sports and esports.

47

A Esports players don't have any physical training.
B Esports players don't have much physical training.
C Esports players only practise.
D Practice is more important in esports than physical training.

48

A Both sports need sponsorships.
B Traditional sports need more sponsorships than esports.
C Esports players don't have any sponsors.
D Discipline is common to both sports.

49

A Esports and sports may be more competitive than other sports.
B Esports are more competitive than traditional sports.
C Both esports and sports are linked to business.
D Both esports and sports are businesses.

50

A The text shows that esports should be considered as a sport.
B The text shows that only traditional sports are real sports.
C The text shows that esports and sports are philosophically linked.
D The text shows that esports and sports have more in common than not.

# Corrigé

## Grammaire et vocabulaire

**1** **VFFF**

B « for »

C Les 4 premiers articles « the » sont incorrects.

D « for »

**2** **VVFF**

C « got »

D « 's »

**3** **FFVV**

A « is »

B « here »

**4** **VFFF**

B « are »

C « cases »

D « much »

**5** **VFVV**

B « affects »

**6** **FVFF**

A « to »

C « were »

D « culture »

**7** **FVVV**

A « some »

**8** **FVFV**

A « politicised »

C « offensive »

**9** **VFFV**

B « to »

C « everyday »

**10** **VVFF**

C « will »

D « am »

**⓫ FFFV**

A « year »

B « might »

C « However »

**⓬ FVVV**

A « had done »

**⓭ FFFF**

A « the »

B « on »

C « To conclude / As a conclusion »

D « deals with »

**⓮ FVVF**

A « occurred »

D « once »

**⓯ FFFV**

A « like »

B « The British / British people »

C « left-hand »

**⓰ VFFF**

B « dropped »

C « into »

D « to »

**⓱ FVVV**

A « similarly »

**⓲ VFVF**

B « to take his »

D « bound »

**⓳ FVVV**

A « so as to »

**⓴ FFVV**

A « leaving »

B « on »

**㉑ FVFV**

A « To my mind »

C « I could »

**㉒ FVVV**

A « the piano »

**23** **VFFV**

**B** « uncles »

**C** « as many people as possible »

**24** **FFFV**

**A** « struck »

**B** « was »

**C** « grew up »

**25** **FFVF**

**A** « world's »

**B** « successful »

**D** « to »

**26** **VFVV**

**B** « advice »

**27** **FFVV**

**A** is « agrees »

**B** « information »

**28** **VFFV**

**B** « what the paragraph is about ? »

**C** « which »

**29** **VFFV**

**B** « sports »

**C** « held »

**30** **FVVV**

**A** « learn »

**31** **FVFV**

**A** ..., wasn't it?

**C** did you see?

**32** **VFVF**

**B** ...the funniest film...

**D** ...has taught...

**33** **FFVV**

**A** was such a lovely...

**B** enough money...

**34** **FVVF**

**A** These apples....

**D** Will you give...?

**35** **VVFV**

**C** the hardest test...

36 **FVFV**

A Which...

C Whose car...?

37 **FVVF**

A Women...

D My children's bedrooms...

38 **VFVV**

B help?

39 **VFFF**

B need information.

C two glasses of milk,...

D it twice.

40 **VFVF**

B ...you told me...

D ...you knew them!

# Compréhension

41 **VFFF**

42 **FFFV**

43 **FFVV**

44 **FVVV**

45 **FVFF**

46 **VFFF**

47 **FFFV**

48 **FFVV**

49 **FVVV**

50 **FVFF**

# SUJET 2 : Anglais

**DURÉE :** 45 MINUTES

**Pour chaque question, signalez si chaque item est vrai (V) ou faux (F).**

## Grammaire et vocabulaire

**1**

A Since John has hired the new secretary, the office has become more organized.
B Would you mind turning on the air-conditioning?
C Sorry to be late, I've lost my bus.
D The company has signed a contract with a Japanese supplier last month.

**2**

A This process is not economical.
B Mr White returns rarely phone calls.
C I don't have no siblings, I am an only child.
D I've lived in NYC all my life.

**3**

A Have you seen the neighbour recently?
B He broke up with his girlfriend yesterday.
C Despite Paul has an excellent résumé, he is still looking for a job.
D Due to substantial layoffs, costs were reduced.

**4**

A It's crucial that the clients looked interested.
B The group is composed of five companies.
C The director of this company is strict.
D He's been waiting for an hour.

**5**

A The exam will finish by 4 pm.
B Music plays an important part in her life.
C Every person is an unique individual.
D I haven't met anybody since I have been here.

**6**

A The CoviD-19 has killed thousands of people.
B We're looking forward to meeting him.
C Millions of people have a Facebook account.
D London is often referred to as the best place to do business.

7

**A** Don't be so rude!
**B** Would you like a tea?
**C** The film was really frightening.
**D** Climate change is one of the biggest crisis of our time.

8

**A** I am not very interested in mathematics.
**B** His aunt passed off two days ago after a long illness.
**C** Food is handmade in this restaurant.
**D** Most banks are open from 9 am to 5pm.

9

**A** This flat is least expensive of all.
**B** So far so good.
**C** The more the merrier.
**D** The richer you are the richer you want to be.

10

**A** CoviD-19 has been responsible of so many deaths.
**B** You have to set up links with at least one local business.
**C** He doesn't know whether he will go on the trip or not.
**D** Whether you like or not, you must to do it.

11

**A** In despite of the crisis, unemployment hasn't increased.
**B** They have a lack of resources.
**C** He's winned the lottery!
**D** Many people have been vaccined so far.

12

**A** This town happens to have significantly lower levels of unemployment.
**B** Many forests are on fire every year because of the heat.
**C** John is a famous editor and so is Claire.
**D** Had she not lost her ticket, she would have attend the concert.

13

**A** There are almost two millions people in the UK without a job.
**B** You should call the doctor, I'm afraid she has a temperature.
**C** They had a party at Paul's yesterday.
**D** My foot! I can't believe it!

14

**A** When will you be available?
**B** Either you say it or they will force you to.
**C** Seas are getting more and more polluted.
**D** Don't count on receiving the scholarship.

⓯

**A** Parents want their children to do their homework.

**B** Her hairs are long and fair.

**C** He's such a good teacher that his students applauded him.

**D** Remember me to call on them.

⓰

**A** After an ordeal, you usually need time to recover.

**B** Their son is such a pain!

**C** The patients were so gratefull to the surgeon.

**D** The Johnson had their roof repaired last month.

⓱

**A** Don't you feel a bit scared when planes take off?

**B** See you in a bit.

**C** Give a couple of seconds to answer.

**D** Easter holidays usually last a fortnight.

⓲

**A** Where's my small round pink box?

**B** The experience is a key factor for success in the job market.

**C** The police are coming! Wait here!

**D** The HR department are sending an email to tell managers about a problem.

⓳

**A** Finefoods requires an agent to deliver goods all over the town.

**B** Ask your teacher for some informations.

**C** To deliver refrigerated food, you need a suited vehicle.

**D** How much people have enrolled for the course?

⓴

**A** Tell me if you are interested by the course.

**B** Contact the company if you want to obtain information about the prizes.

**C** Black Friday traditionally offers good sales.

**D** I haven't seen grandma for weeks; I must call on her.

㉑

**A** There will definitely be an inquiry into the matter.

**B** Millions have been paid out in pensions to reformed politicians in recent years.

**C** It is believed that Devon has hold talks with a large media company.

**D** Having travelled for many hours, they were nearing the end of their journey.

㉒

**A** You should change your password regularly.

**B** You ought to be aware of Internet savety rules.

**C** He maybe the robber.

**D** You'd better do more exercise.

**23**

**A** Turn of the lights, please.
**B** Can the All Blacks understand Maori?
**C** I like the rugby the Wallabies play.
**D** The rugby is his favourite sport.

**24**

**A** An elephant is a huge four-legged grey land animal.
**B** Is he enough strong to be an athlete?
**C** He's english, isn't he?
**D** I'd like to have two child in the future.

**25**

**A** One loaf of bread will be enough, thank you.
**B** The news is fantastic! Hear it!
**C** Do you have some good advice?
**D** How many time shall I repeat it?

**26**

**A** There are thirty people coming, I have bought a few cakes.
**B** You should wake up early all days.
**C** She said I would love that story.
**D** He asked me where came that person from.

**27**

**A** He said he must finish the book he was reading.
**B** I needn't to wake up early tomorrow.
**C** You mustn't answer your mobile in class.
**D** You are not allowed to chat in class either.

**28**

**A** At the time in Britain, women demonstrated in order to obtain more rights.
**B** The suffragettes decided to fight by using violence.
**C** She bought a car so as to be more independent.
**D** He saves money for his children to go to college.

**29**

**A** She usually goes to her father's on Saturday.
**B** I didn't stole anything!
**C** I haven't tidied my room yet.
**D** Have you already eaten Korean food?

**30**

**A** I have quit my job last month.
**B** How long will you be away?
**C** I have felt so happy since I quit.
**D** I still belong in the pink-haired tribe.

**31**

**A** Do you want any more chicken?

**B** There won't be some room left.

**C** I need a little more help from you.

**D** There weren't anybody left after midnight.

**32**

**A** Have you a car park?

**B** Does she has a new phone number?

**C** I didn't use to smoke.

**D** People enjoy presents. So does everybody.

**33**

**A** Some like jogging, others swimming.

**B** The twins don't look like one an other.

**C** I haven't seen her the other day.

**D** Mum used to see him every other week.

**34**

**A** He generally uses his car a great deal.

**B** He would never get used to fly.

**C** I often used my tools to repair my furniture.

**D** Don't panic! You'll get used to doing without it.

**35**

**A** Mr Smith can not speak foreign languages.

**B** Are you able to drive alone?

**C** Smoking is no longer allowed in public places.

**D** He was forbidden to go out for a fortnight.

**36**

**A** Each of them have received healthcare.

**B** None of us has worked for more than 3 months.

**C** Painting is her everyday past time.

**D** Sandra used to visit her grandma every day.

**37**

**A** How well do they play the piano?

**B** How high are you?

**C** My father shaves often.

**D** How many sister have you got?

**38**

**A** Franck's mother's nurse.

**B** She plays drums very well.

**C** I don't speak Chinese neither.

**D** Although she is good at socializing, she hasn't met anybody in London.

**39**

- **A** Despite of her artistic skills, she can't draw.
- **B** What an artist! She really has a gift.
- **C** My sons are such good chess players!
- **D** Wait me! I'm coming at once.

**40**

- **A** He spent two hundreds and fifty-six dollars yesterday.
- **B** It was ten fifty pm when he got back home.
- **C** The shop was closing when he arrived.
- **D** What were you doing when John has met you?

# Compréhension

## Texte 1

**_A Plastic Ocean_: a film review**

*A Plastic Ocean* is a film to make you think. Think, and then act. We need to take action on our dependence on plastic. We've been producing plastic in huge quantities since the 1940s. Drink bottles, shopping bags, toiletries and even clothes are made with plastic.

What happens to all the rest? This is the question the film *A Plastic Ocean* answers. It is a documentary that looks at the impact that plastic waste has on the environment. Spoiler alert: the impact is devastating.

The films begins as a journey to film the largest animal on the planet, the blue whale. But during the journey the filmmakers (journalist Craig Leeson and environmental activist Tanya Streeter) make the shocking discovery of a huge, thick layer of plastic floating in the middle of the indian Ocean. In total, they visited 20 locations around the world during the four years it took them to make the film. The documentary premiered in 2016, and is now on streaming services such as Netflix.

It's very clear that a lot of research went into the film. There are beautiful shots of the seas and marine lite. We see how marine species are being killed by all the plastic we are dumping in the ocean. The message about our use of plastic is painfully obvious.

In the second half, the filmmakers look at what we can do to reverse the tide of plastic flowing around the world. They present short-term and long-term solutions. These include avoiding plastic containers and 'single-use' plastic products as much as possible. Reuse your plastic bags and recycle as much as you can. The filmmakers also stress the need for governments to work more on recycling programmes, and look at how technology is developing that can convert plastic into fuel.

We make a staggering amount of plastic. In terms of plastic bags alone, we use five hundred billion worldwide annually. Over 300 million tons of plastic are produced every year, and at least 8 million of those are dumped into the oceans. Once you've seen *A Plastic Ocean*, you'll realise the time is now and we all have a rote to play.

**41**

- **A** The text is about the environment.
- **B** The text is about plastic damages.
- **C** The text is about plastic oceans.
- **D** The text is about plastic whales.

**42**

- **A** *A Plastic Ocean* is the title of a film.
- **B** The film is a documentary.
- **C** The film is a Netflix series.
- **D** The film is released on Netflix.

**43**

- **A** The film only condemns plastic bags.
- **B** The film denounces plastic waste.
- **C** The film lasts a journey.
- **D** The film is like a journey.

**44**

- **A** Plastic has always been used.
- **B** Plastic was first produced in the first part of the 20th century.
- **C** The damage plastic produces is huge.
- **D** Plastic impact is a big issue for the earth.

**45**

- **A** The film intents to inform and alarm people.
- **B** An alarming discovery was made in the Indian Ocean.
- **C** The film spoils an alarm.
- **D** People have trouble getting rid of plastic.

## Texte 2

### Millennials in the workplace

**Background**

Millennials (those born between the early 1980s and the early 1990s) make up a huge part of our workforce but they seem to lack loyalty to the companies and the leaders they work for. Multinational companies are noticing larger turnover rates of millennials as employee retention rates fall. This report looks at the findings of two large-scale surveys on the mindset of the millennial generation and explores how organisations can strive to address these needs, increase employee engagement and encourage retention.

**Research**

In a global survey conducted by PricewaterhouseCoopers (PwC), more than 40,000 millennial (born between 1983 and 1993) and non-millennial responses were collected on the topics of workplace culture, communication and working styles, pay structure, career development, work-life balance, etc.

In a separate global survey conducted by Deloitte, more than 10,000 millennials participated in a study about their perceptions of the threats and opportunities in the complex world of work.

**Key findings**

- Millennials are as committed to their work as their more senior colleagues.
- Millennials value interesting work and a good work-life balance. They do not believe that excessive work demands are worth sacrifices in their personal lives.
- Millennials want flexibility in their working hours and are willing to give up pay increases and promotions for a flexible working schedule. They believe that success should be measured by productivity and not by the number of hours they are seen in an office.
- Millennials want to feel supported and appreciated by their company and their superiors.
- Millennials want more opportunities to develop their skills. These include technological skills, teamwork and interpersonal skills.
- Millennials believe that businesses and business leaders should contribute to the improvement of society and they are more likely to be loyal to a company with strong ethics.

**46**

**A** The text deals with millennials as a workforce.

**B** A millennial is 1000 years.

**C** A millennial is also a person born before 2000.

**D** The text studies how millennials behave at work.

**47**

**A** Millennials stay longer in the same company.

**B** Millennials are often leaders in their company.

**C** Millennials are less faithful to their leaders.

**D** Millennials aren't honest.

**48**

**A** A survey was made over 10 years on workers worldwide.

**B** Deloitte studied separately thousands of millennials.

**C** Millennials work more than the senior employees.

**D** They want the quality and balance of their lives to prevail.

**49**

**A** They care about the way the company treats them.

**B** Productivity is more important to them than the time spent at work.

**C** They are multi-skilled and want to use their skills.

**D** They care about the way their company help societal issues.

**50**

**A** The text says that people in general stay less in the same company.

**B** Millennials stay less in the same company too.

**C** Millennials change company more than other workers.

**D** Millennials are more performant than other workers.

# Corrigé

## Grammaire et vocabulaire

❶ **VVFF**

C “I’ve missed...”

D prétérit “signed”

❷ **VFFV**

B “rarely returns”

C “any siblings”

❸ **VVFV**

C “Although Paul...”

❹ **FVFV**

A “look”

C “The CEO of this...”

❺ **FVFV**

A “will be finished”

C “a unique...”

❻ **FVVV**

A “Covid-19...”

❼ **VFVF**

B “like tea?”

D “crises”

❽ **VFFV**

B “passed away”

C “home-made”

❾ **FVVV**

A “the least”

❿ **FVVF**

A “responsible for”

D “must do”

⓫ **FVFF**

A “In spite of”

C “He’s won”

D “vaccinated”

⓬ **VVVV**

⓭ **FVVV**

A "two million people"

⓮ **VVVV**

⓯ **VFVF**

B "her hair is..."

D "Remind me..."

⓰ **VVFF**

C "grateful"

D "The Johnsons..."

⓱ **VVVV**

⓲ **VFVF**

B "Experience is..."

D "The HR department is..."

⓳ **VFFF**

B "some information"

C "suitable vehicle"

D "How many people..."

⓴ **FFVV**

A "interested in..."

B "about the prices"

㉑ **VFFV**

B "former politicians"

C "has held"

㉒ **VFFV**

B "safety rules"

C "may be...

㉓ **FVVF**

A "turn off..."

D "Rugby is ..."

㉔ **VFFF**

B "strong enough..."

C "English"

D "two children...

㉕ **VVVF**

D "How many times..."

㉖ **VFVF**

B "every day"

D "where that person came from."

**27 FFVV**

**A** "he had to finish"

**B** "needn't wake up"

**28 VVVV**

**29 FFVF**

**A** "on Saturdays."

**B** "I didn't steal..."

**D** "ever"

**30 FVVF**

**A** "I quit..."

**D** "belong to..."

**31 FFVF**

**A** ...some more...

**B** ...any room...

**C** There wasn't anybody...

**32 FFVV**

**A** Have you got...?

**B** Does she have...?

**33 VFVV**

**B** ...one another.

**34 VFVV**

**B** ...used to flying.

**35 FVVV**

**A** ...cannot...

**36 FVVV**

**A** ...has received...

**37 VFFF**

**B** How tall...?

**C** ...often shaves.

**D** ...sisters...?

**38 FFFV**

**A** ...a nurse.

**B** ...the drums...

**C** ...either.

**39 FVVF**

**A** Despite her...

**D** Wait for me!...

**40 FVVF**

A ...two hundred...

D ...John met you ?

# Compréhension

**41 VVFF**

C The text is about plastic oceans.

D The text is about plastic whales.

**42 VVFV**

C The film is a Netflix series.

**43 FVFV**

A The film only condemns plastic bags.

C The film lasts a journey.

**44 FVVV**

A Plastic has always been used.

**45 VVFV**

C The film spoils an alarm.

**46 VVVV**

**47 FFVF**

A Millennials stay longer in the same company.

B Millennials often are leaders in their company.

D Millennials aren't honest.

**48 VVFV**

C Millennials work more than the senior employees.

**49 VVVV**

**50 VVVF**

D Millennials are more performant than other workers.

# SUJET 3 : Anglais

**DURÉE :** 45 MINUTES

**Pour chaque question, signalez si chaque item est vrai (V) ou faux (F).**

## Grammaire et vocabulaire

❶

A I want to study either at the ESSCA, the IESEG or the ESDES.

B The whole world should try and reduce food waste.

C Are you sure that talking about the weather is a good ice-breaker?

D I would love to go to United States.

❷

A She gave me some really good advices.

B I don't have many luggage.

C Did you have a nice travel?

D Thank you for that very useful information.

❸

A I have an other idea to tell you about.

B I need another two days to finish the project.

C We need to find others students who will help us.

D We're the only two left. The others have already gone home.

❹

A I am not agree with you at all.

B Paul is no friend of mine!

C There are not particular reasons why I am tired today.

D No amount of discussion will make me change my mind.

❺

A I see him on Wednesdays.

B I didn't see him last Wednesday.

C I don't see him on Wednesday.

D I saw him every Wednesdays.

**6**

**A** She has visited Japan a few times.

**B** He has been married twice already.

**C** She has left her job five years ago.

**D** They have lived here since three years.

**7**

**A** You haven't to have ID on you at all times in the UK.

**B** You mustn't use your mobile phone in class or you'll get sent out.

**C** You shouldn't go to the doctor unless you're really ill.

**D** You don't have to smoke in public places in France, it's illegal.

**8**

**A** Jane failed the exam and so has Michael.

**B** Either Peter or Frank should get the position.

**C** She hasn't got the faintest idea where we are, and nor have I.

**D** Neither Alice is coming to the party nor is Stephane.

**9**

**A** To respond quickly to complaints is good for business.

**B** Knowing a few words in the local language is a good travel advice.

**C** I'm looking forward to hear from you.

**D** Do you like working at weekends?

**10**

**A** It was difficult to make a decision about the choice of venue.

**B** Theo waited me after class to go to basketball together.

**C** It all depends of how many people you invite to the party.

**D** I'm counting on you to keep that secret.

**11**

**A** It will be dark by the time we get there.

**B** Once I can get my computer fixed, I'll be able to finish the report.

**C** I hope I have a managerial position by the time I will be 30.

**D** Please don't call before 8 pm as we will be having dinner.

**12**

**A** She has a lot of qualifications and should easily get the job.

**B** Many students complain of tiredness just before the holidays.

**C** The thief committed much crimes before he was finally caught.

**D** We had very few warning before the hurricane hit.

⑬

**A** I had seen Clemence yesterday.

**B** When she arrived, I had already finished everything.

**C** I walked in, then Marcus had arrived.

**D** By midday, all the votes had been counted and the winner declared.

⑭

**A** Could you tell me how old are you?

**B** Ask her does she have the time.

**C** Tell me how many more hours do we have to wait here, please.

**D** Would you mind to repeat what your name is?

⑮

**A** You will only success if you revise hard.

**B** I am born in May 1993.

**C** Profits have grown by 20% since January.

**D** Reading is one of the best way to improve your English.

⑯

**A** Are you coming to the party on Saturday?

**B** How many languages are you speaking?

**C** What are you doing on the floor? Get up!

**D** She's having a beautiful house by the sea.

⑰

**A** I am not as confident about this month's profits as my manager.

**B** She is more confident than her younger sister.

**C** He is by far the least confident of the group.

**D** The more confident you are, the better you are at sales.

⑱

**A** I thought yesterday's meeting was really productive.

**B** The board of directors unanimously decided not to relocate.

**C** I'm having difficulty getting used to the new database.

**D** I'm fed up of filling in university application forms.

⑲

**A** I can't wait to see how is Sarah's new boyfriend.

**B** How is your Mum doing these days? Is she better?

**C** It's incredible how much you've changed since I last saw you!

**D** Is this really how you think I should dress for the interview?

**20**

**A** My company has just signed a three-million dollar aviation contract.

**B** The Olympic Games cost the U.K. billions of dollars.

**C** Brexit could cost British taxpayers tens of millions pounds.

**D** A million of protestors or more are marching against the new laws.

**21**

**A** When David was on holiday, we looked after her house.

**B** I really like mine new school, the teachers are really friendly.

**C** Everything in her kitchen has its own storage place.

**D** I have forgotten my pencil, can I borrow yours for the exam?

**22**

**A** Whose iPhone could this be?

**B** Who's got the right time?

**C** Who's idea was it to invite Celeste to the party?

**D** Who's she going to stay with in Nepal?

**23**

**A** I'll call him when I've finished what I'm doing.

**B** If you had told me earlier, I could have changed the meeting time.

**C** I wish I can pass my driving test.

**D** If you knew he was so unreliable, why did you lend him the car?

**24**

**A** We did an experience on rats in my biology class yesterday.

**B** He's very up to date with the actuality, he reads the news every day.

**C** She's a very sensible girl and cries very easily.

**D** I hate travelling by plane as there is never enough place for my legs.

**25**

**A** I love the winter sails, you can get some real bargains.

**B** I don't want to talk about it because its very personal.

**C** Yesterday, my boss announced an increase of 20% on our salaries.

**D** You'll have to ask the responsable, I can't make that decision.

**26**

**A** In France, everyone has the right to vote.

**B** There are several reasons why I will not be at the meeting.

**C** The machine has numerous different uses.

**D** Both reason is acceptable in my opinion.

**27**

**A** Didn't you use to live somewhere around here?

**B** Before it was demolished, the supermarket used to be over there.

**C** I am used to get up early, so a 7.00 am start is fine for me.

**D** He used all his talents to impress the selection board.

**28**

**A** I usually go to work on foot.

**B** People are having more children than ever before.

**C** Women in business today still have to face the glass ceiling.

**D** Managing big data is a new problem for modern society.

**29**

**A** This is a topic which it interests me.

**B** Can you tell me which bus takes me to the town centre?

**C** The doctor which operated on me is very famous.

**D** The car he bought is very expensive.

**30**

**A** Suppose you miss the plane, what will you do?

**B** I'll come providing he'll invite me.

**C** I'll block the 10th for our meeting unless I don't hear from you.

**D** If I were better at English, I would apply to study in the U.K.

**31**

A. The Prime Minister has to resign, hasn't he?

B. They're studying at Yale, are they?

C. My parents won't come if they're not invited, will they?

D. Her daughter dances quite well, doesn't she?

**32**

**A** Can you tell me what time was it when he rang?

**B** I don't know what you mean.

**C** What she needs, it is another child.

**D** She's abandoned her first idea, which is a good thing.

**33**

**A** She's the woman whom I talked to.

**B** The man whose son is an engineer has left early.

**C** The car she drives is brand new.

**D** The architect has received the Pritzker Prize in 1988.

**34**

**A** His car is out of order. He should have it repaired.

**B** The meeting was most interesting.

**C** They were spending their holidays in Normandy while their house was being repainted.

**D** They've been living in Cape Cod for 20 years.

**35**

**A** Sorry for being late, I lost my bus.

**B** Nobody knows why was the meeting postponed.

**C** Either Helen nor Peter got the job.

**D** My decision to divorce was made after a great deal of thought.

**36**

**A** Every business has an unique culture.

**B** I am looking forward to hearing from you.

**C** The products don't harm the environment.

**D** She explained me the job.

**37**

**A** My flat was broken into when I was on holiday.

**B** The next meeting is scheduled for Monday.

**C** I am believing you now.

**D** I didn't shave yesterday morning.

**38**

**A** I have been waiting since Friday.

**B** I generally walk to work.

**C** Why should the documents be sent?

**D** Who's going to Canada with you?

**39**

**A** There could be much explanations for this.

**B** My boss always gives me good advices.

**C** The deadline for the report is May 6th 2017.

**D** I was born in 21 st April 1992.

**40**

**A** The printer ran out of paper.

**B** There are people in companies responsible for communicating with customers through social networks.

**C** The Internet has kept developing for twenty years.

**D** I love the animals

# Compréhension

## Texte 1

**Australia's new normal... as city temperatures hit 47C people shelter from the deadly heat**

Australians are no strangers to hot weather. But for the past week large parts of the continent have suffered a heatwave of unusual length and intensity. Temperature records were beaten in cities and rural towns around the country. Shops across Sydney ran out of fans, and New South Wales energy minister Don Harwin urged people to beat the heat by going to the movies.

But in the far-western Sydney suburb of Penrith – 60km from the coast – options for getting out of the heat are few. Penrith has the dubious honour of being Sydney's hottest suburb, with summer daytime temperatures four or five degrees higher than in the inner city. During last week's heatwave, the suburb sweltered through an unhearDof 46.9°C – a record for the city. "Penrith has had about 12 days above 40 degrees this summer, which is clearly unusual", says Karl Braganza, climate monitoring manager at the Bureau of Meteorology.

The heatwave is officially over, but the reality of Australian summers getting hotter is much more serious and far-reaching than a few more hot days each year. Almost every Australian capital city experienced higher-than-average temperatures in January; in Sydney and Brisbane, it was the hottest month on record. That scorching January came after 2016 was the country's fourth-hottest year on record – a year that, in turn, followed on from 2013, the hottest year the country has ever recorded.

That increasing heat has made an already dry continent even more prone to devastating bushfires. NSW Rural Fire Service commissioner Shane Fitzsimmons describes fire conditions during the heatwave as "the worst possible... they are catastrophic. We haven't seen this in NSW to this extent, ever." Fire conditions were even worse than on "black Saturday", Australia's worst-ever bushfire disaster, in 2009, in which 173 people died. Less dramatic, but just as worrying, is the rising number of deaths from heat stress, which already kills more Australians than all other natural disasters combined. A shockingly high number of Australians died of heat stress on 27 January – the day after Australia Day, a national holiday where outdoor activities like swimming, barbecues and going to sporting matches are commonplace.

Adapted from an article in *The Guardian* by Alex McKinnon on Sunday 19 February 2017

**41**

A Australians are used to temperatures of 47°C.

B Last week's temperatures were higher than any previously recorded.

C People should expect higher summer temperatures in Australia from now on.

D Don Harwin advised people to buy fans or go to the movies to cool down.

**42**

**A** Karl Braganza lives in Penrith.

**B** Penrith is cooler than the centre of Sydney.

**C** 46.9°C is the hottest temperature ever recorded in Penrith.

**D** It's easy to get out of the heat in Penrith.

**43**

**A** January 2017 was the hottest month ever recorded in Sidney.

**B** The text was written at the end of the heatwave.

**C** In Australia, it was hotter in 2016 than in 2013.

**D** Temperatures in most Australian capital cities were higher than average in January.

**44**

**A** More people die from bushfires than from heat stress.

**B** Australia Day was on 26th January.

**C** A lot of people died from heat stress on Australia Day.

**D** Nobody works on Australia Day.

**45**

**A** Black Saturday was in 2009.

**B** 173 people died from heat stress in 2009.

**C** Lots of people spend time outside on Australia Day.

**D** Last week the bushfire risk was high as black Saturday.



## Texte 2

### Car ban fails to curb air pollution in Mexico City

Banning cars on Saturdays in Mexico City hasn't reduced air pollutants, according to a new study. Scientists had expected that limiting driving at the weekend would reduce vehicle emissions. But this analysis looking at pollution measurements in a city with serious air quality problems, found no discernible effect. Residents got round the restrictions by car pooling, using taxis and purchasing extra vehicles, researchers say.

Back in 1992, the UN declared Mexico City the world's most polluted city. In an effort to tackle the problem, restrictions were introduced in 1989 with drivers prevented from using their cars on one day per week. The system was based on number plates so a licence ending in a five or six meant the car couldn't be driven on Monday and so on. The programme, known as Hoy No Circula, has been hugely successful in terms of compliance and has seen some improvements in air quality with Mexico no longer ranked as the most polluted city, having been overtaken on that dubious honour list by the likes of Beijing and Delhi. Mexico's driving curbs were extended to Saturdays back in 2008 with an analysis carried out beforehand indicating that nitrogen oxides and large particulates would decline by 16%. To look at the impact of the Saturday restriction, US researchers analysed not just air quality samples but also public transportation numbers and weekend attendance at the city's zoo to get a clearer picture of overall activity.

Dr Lucas Davis from the University of California, Berkeley, who carried out the study told BBC News that public transport in Mexico City is inexpensive but often overcrowded. He also believes there are cultural factors behind the reluctance to give up the car.

“Driving is a real status symbol in Mexico City, and once a family have raised enough money to buy a car, there’s a status associated with private vehicles that’s tough for people to break. There’s a bit of a cultural or socio-economic resistance to taking public transport.”

Adapted from an article by Matt McGrath, Environment correspondent BBC, 2 February 2017

**Pour chaque question, signalez si chacun des items est vrai (V) ou faux (F).**

**46**

**A** Saturday driving restrictions have been in place in Mexico City for 28 years.

**B** Thanks to the Saturday ban, nitrogen oxide in the air has decreased by 16%.

**C** Mexico City is still the most polluted city in the world.

**D** Driving restrictions in Mexico City were set up in 1989 by the UN.

**47**

**A** Hoy No Circula refers to the day when only public transport runs in Mexico City.

**B** Private cars are only allowed on the streets if they have the right number plate for that day.

**C** Residents are only allowed to drive their cars in the city one day per week.

**D** Taxi drivers were probably happy about the Saturday restrictions.

**48**

**A** Dr Davis is a researcher.

**B** A lot of people use public transport in Mexico City.

**C** People in Mexico City prefer to use cars because public transport is expensive.

**D** People bought extra cars to avoid the restrictions.

**49**

**A** The Saturday restrictions stopped people going to the zoo.

**B** The zoo in Mexico City is only open at weekends.

**C** More people used public transport on Saturdays.

**D** Saturdays were included in the Hoy No Circula programme in 2008.

**50**

**A** The driving restrictions in Mexico City have helped improve the air quality.

**B** Taxis also have to comply with the driving restrictions.

**C** Owning a car in Mexico City shows that you have money.

**D** The use of public transport has increased as a result of the Hoy No Circula.

# Corrigé

## Grammaire et vocabulaire

❶ VVVF

D L'article « *the* » est obligatoire devant « *United States* ».

❷ FFFV

A « *Advice* » ne prend jamais de « *s* », c'est un nom indénombrable.
B « *Luggage* » est indénombrable, il faudrait donc dire « *much luggage* ».
C Il faut dire « *trip* » et non « *travel* ».

❸ FVFV

A « *Another* » s'écrit toujours en un mot.
C On ne met pas de « *s* » à « *other* » dans ce cas car il est adjectif et non pronom.

❹ FVFV

A « *I don't agree...* »
C Il faut ajouter « *any* » devant « *particular...* ».

❺ VVFF

C « *On Wednesdays* »
D On dit « *every Wednesday* » car on ne met jamais de « *s* » après « *every* ».

❻ VFFF

B « *He has already been married...* » : « *already* » est mal placé.
C « *She left... ago.* » On utilise toujours le prétérit avec « *ago* ».
D « *Since* » doit être suivi d'une date ou d'un point de départ précis. Pour une durée, on utilise « *for* ».

❼ FVFF

A « *You don't have to...* »
C « *...go to the doctor's...* »
D Ici, on utilisera « *mustn't* » pour exprimer l'interdiction.

❽ FVVV

A « *...and so did Michael.* »

❾ VFFV

B « *Advice* » est indénombrable et ne peut donc pas être précédé de l'article « *a* ».
C « *I'm looking forward to hearing...* »

❿ VFFV

B « *Theo waited for me...* »
C « *It all depends on how...* »

⓫ VVFV

C « *...by the time I am 30.* » On ne met pas de futur après « *by the time* ».

⓬ **VVFF**

C « ...*many crimes*... » (nom dénombrable pluriel)

D « ...*little warning*... » (nom indénombrable)

⓭ **FVFF**

A « *I saw*... » Le prétérit est obligatoire avec « *yesterday* ».

C « ...*then Marcus arrived.* » (concordance des temps)

D « ...*and the winner was declared.* » (passif)

⓮ **FFFF**

A « ...*how old you are* » (discours indirect)

B « *Ask her if she has the time.* » (discours indirect)

C Au discours indirect, l'auxiliaire « *do* » est incorrect.

D Le verbe qui suit « *to mind* » doit être en « *-ing* » : « *Would you mind repeating*... ».

⓯ **FFVF**

A « *You will only succeed*... »

B « *I was born*... » = « Je suis né(e)... »

D « ...*one of the best ways*... »

⓰ **VFVF**

B « ...*do you speak?* » Le présent simple est obligatoire ici.

D « *She has*... » Le présent simple est obligatoire ici.

⓱ **VVVV**

⓲ **VVVF**

D « ...*fed up with*... »

⓳ **FVVV**

A « ...*how Sarah's new boyfriend is.* » (discours indirect)

⓴ **VVVF**

D « *A million of demonstrators*... »

㉑ **FFVV**

A « ... *after his house.* »

B « ...*my new school*... »

㉒ **VVFV**

C « *Whose idea*... ».

㉓ **VVFV**

C « *I wish I could*... » Pensez à « Si seulement je pouvais... ».

㉔ **FVFF**

A « *We made an experience*... »

C « *She's a very sensitive girl*... » ; « *sensible :* raisonnable ».

D « ...*enough room*... », « *place* » est un faux ami (« un lieu »).

**25 FFVF**

**A** « *...the winter sales,...* » (« les soldes d'hiver »).

**B** « *...because it's very personal* »

**D** « *Responsable* » n'existe pas en anglais.

**26 VVVF**

**D** « *Both reasons are...* » « *Both* » est toujours suivi du pluriel.

**27 VVFV**

**C** « *I am used to getting up...* »

**28 VVF**

**D** « *... for modern societies.* »

**29 FVFV**

**A** « *...which interests me.* »

**C** « *The doctor who operated...* »

**30 VFVV**

**B** « *...providing he invites me.* ».

**31 VFVV**

**B** ..., aren't they?

**32 FVFV**

**A** ...time it was...

**C** ...needs is another...

**33 VVVF**

**D** ...architect received....

**34 VVVV**

**35 FFFV**

**A** ...I missed my bus.

**B** ...why the meeting was postponed.

**36 FVVF**

**A** ...has a unique...

**D** ...explained the job to me.

**37 VVFV**

**C** I believe you...

**38 VVVV**

**39 FFVF**

**A** ...many explanations...

**B** ...good advice.

**D** ...born on the 21 st ...

**40 VVFF**

C Internet has...

D ...love animals

# Compréhension

**41 FVVF**

A « During last week's heatwave, the suburb sweltered through an unhearD of 46.9°C – a record for the city. » (l. 8-9)

B « But for the past week large parts of the continent have suffered a heatwave of unusua length and intensity. » (l. 1-2)

C « The heatwave is officially over, but the reality of Australian summers getting hotter is much more serious and far-reaching than a few more hot days each year. » (l. 12-13)

D « Shops across Sydney ran out of fans, and New South Wales energy minister Don Harwin urged people to beat the heat by going to the movies. » (l. 3-5)

**42 FFVF**

A Non dit dans le texte.

B « Penrith has the dubious honour of being Sydney's hottest suburb, with summer daytime temperatures four or five degrees higher than in the inner city. » (l. 7-8)

C « During last week's heatwave, the suburb sweltered through an unhearD of 46.9°C – a record for the city. » (l. 8-9)

D « But in the far-western Sydney suburb of Penrith – 60km from the coast – options ,for getting out of the heat are few. » (l. 6-7)

**43 VVFV**

A « Almost every Australian capital city experienced higher-than-average temperatures in January; in Sydney and Brisbane, it was the hottest month on record. » (l. 13-15)

B « The heatwave is officially over... » (l. 12)

C « That scorching January came after 2016 was the country's fourth-hottest year on record – a year that, in turn, followed on from 2013, the hottest year the country has ever recorded. » (l. 15-17)

D « Almost every Australian capital city experienced higher-than-average temperatures in January. » (l. 13-14)

**44 FVFV**

A « Less dramatic, but just as worrying, is the rising number of deaths from heat stress... » (l. 22-23)

B « ... on 27 January – the day after Australia Day... » (l. 25)

C « A shockingly high number of Australians died of heat stress on 27 January – the day after Australia Day... » (l. 24-25)

D « ...Australia Day, a national holiday... » (l. 25)

**45 VFVF**

A « ...on "black Saturday", Australia's worst-ever bushfire disaster, in 2009... » (l. 21-22)

B « ...Australia's worst-ever bushfire disaster, in 2009, in which 173 people died. » (l. 22)

**C** « ...Australia Day, a national holiday where outdoor activities like swimming, barbecues and going to sporting matches are commonplace. » (l. 25-27)

**D** « Fire conditions were even worse than on "black Saturday"... » (l. 21-22)

**46 FFFV**

**A** « Mexico's driving curbs were extended to Saturdays back in 2008... » (l. 13)

**B** « ...with an analysis carried out beforehand indicating that nitrogen oxides and large particulates would decline by 16%. » (l. 13-14)

**C** « ...with Mexico no longer ranked as the most polluted city... » (l. 11)

**D** « ...restrictions were introduced in 1989... » (l. 7)

**47 FVFV**

**A** « The system was based on number plates so a licence ending in a five or six meant the car couldn't be driven on Monday and so on. » (l. 8-9)

**B** « The system was based on number plates... » (l. 8)

**C** « ...with drivers prevented from using their cars on one day per week... » (l. 7-8)

**D** « Residents got round the restrictions by car pooling, using taxis... » (l. 4-5)

**48 VFFV**

**A** « Dr Lucas Davis from the University of California, Berkeley... » (l. 18)

**B** « There's a bit of a cultural or socio-economic resistance to taking public transport. » (l. 23)

**C** « ...public transport in Mexico City is inexpensive... » (l. 19) « ...socio-economic resistance to taking public transport. » (l. 23)

**D** « Residents got round the restrictions by car pooling, using taxis and purchasing extra vehicles... » (l. 4-5)

**49 FFFV**

**A** « To look at the impact of the Saturday restriction, US researchers analysed ... weekend attendance at the city's zoo... » (l. 14-16)

**B** Cette information n'est pas donnée dans le texte.

**C** « ...found no discernible effect. » (l. 4)

**D** « Mexico's driving curbs were extended to Saturdays back in 2008... » (l. 13)

**50 VFVF**

**A** « ...has seen some improvements in air quality with Mexico... » (l. 10-19)

**B** « Residents got round the restrictions by ... using taxis... » (l. 4-5)

**C** « ...once a family have raised enough money to buy a car, there's a status associated with private vehicles... » (l. 21-22)

**D** Cette information n'est pas donnée dans le texte.

PARTIE 2

# Réussir les **épreuves orales**

# Entretiens individuel et collaboratif

DURÉE

| ESDES et IÉSEG | ESSCA |
|---|---|
| 45 MINUTES | 2 HEURES |



COEFFICIENTS

| ESDES | ESSCA | IÉSEG |
|---|---|---|
| 7 | 10 | 7,5 |

# Planning de révisions

Votre préparation à l'oral doit être quotidienne et prendre deux formes.

| PÉRIODES | PRÉPAREZ VOTRE ORAL… | TRAVAIL À EFFECTUER |
|---|---|---|
| Tout au long de l'année | Sans en avoir l'air | Osez vous exprimer en public, même si vous êtes timide. |
| | | Soyez curieux, lisez, écoutez les informations, participez à la vie culturelle de votre ville. |
| Le mois qui précède le concours | Explicitement | Prenez connaissance des modalités de déroulement des épreuves grâce à la présentation des épreuves page 353. |
| | | Apprenez à vous présenter grâce à la méthode page 353. |
| | | Apprenez à parler de vous grâce à la méthode page 356. |
| | | Réfléchissez et demandez autour de vous quels sont vos qualités, vos défauts, vos intérêts et vos engagements. |
| | | Entraînez-vous entre amis, avec vos parents ou en classe si l'occasion se présente (lors d'un exposé par exemple), et répondez aux questions type page 360. |
| Les semaines qui précèdent les oraux | | Suivez l'actualité, soyez curieux ! |

# Méthodologie et conseils

Pour réussir le concours ACCÈS, il faut être dans une **disposition mentale de concours**. Cela signifie que vous devez **optimiser** chacun de vos apprentissages et chacune de vos connaissances, lectures, discussions ou loisirs dans l'optique de préparer votre réussite au concours, à l'écrit mais aussi à l'oral !

Après avoir réussi le cap des écrits, ou les épreuves dites d'« admissibilité », vous devez vous rendre dans les écoles et passez les épreuves orales pour intégrer une école. Un ou deux types d'entretien vous attendent.

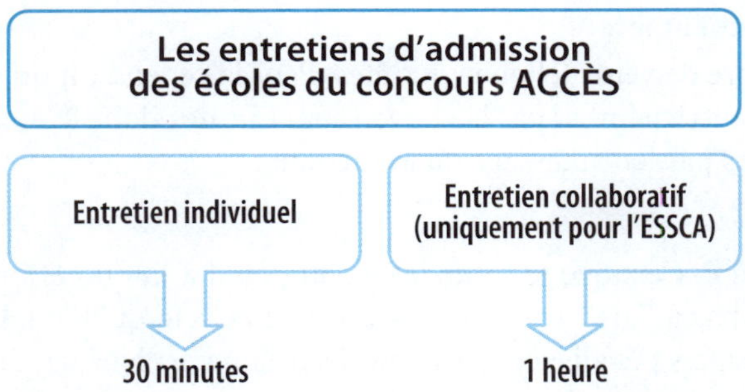


## 1. L'entretien individuel

### 1. Se présenter

Les candidats aux oraux sont souvent terrifiés par les questions qui peuvent leur être posées lors de l'entretien individuel. Ils se concentrent beaucoup sur le fond et en oublient parfois la forme, qui est pourtant essentielle à l'oral. Savoir dire bonjour en regardant la personne dans les yeux, savoir se tenir ou encore écouter les questions et les remarques des membres du jury ne sont pas toujours des réflexes pour les candidats.

Voici donc quelques règles simples mais indispensables pour réussir l'oral.

## 10 règles pour réussir son oral

1. Soyez enthousiaste
2. Soyez présentable
3. Disciplinez vos cheveux
4. Maîtrisez vos mains
5. Soignez votre diction et votre langage
6. Regardez le jury
7. Ayez confiance en vous sans être arrogant
8. Restez poli
9. Prenez le temps de réfléchir
10. Argumentez vos points

Ces 10 règles en détail :

### 1. Soyez enthousiaste

- En entrant, dites bonjour en regardant successivement chacune des personnes en face de vous.
- Souriez.
- Tenez-vous droit, la tête haute.

### 2. Soyez présentable

Vous êtes libre de venir tel que vous êtes. Pensez cependant qu'il s'agit d'un entretien où l'excentricité n'est pas la convention. Limitez donc le maquillage, les tenues provoquantes par leur message ou leur coupe.

> « L'important, c'est que le candidat montre qu'il a fait un effort pour s'habiller. S'il n'est pas à l'aise avec une cravate, mieux vaut qu'il la laisse de côté. Cela ne sera jamais pénalisant », affirme Jean-François Fiorina, directeur de l'ESC Grenoble. « Et puis, il ne faut pas hésiter à retirer sa veste si l'on a trop chaud », ajoute Loïc Dilly, membre du jury de SKEMA Business School. »

### 3. Disciplinez vos cheveux

- Ne touchez pas constamment vos cheveux.
- Prévoyez une coiffure adéquate ou du gel.
- Vos deux yeux doivent être dégagés.

### 4. Maîtrisez vos mains

- Les mains et les pieds ne doivent pas gesticuler dans tous les sens.
- Si vous ne savez pas quoi faire de vos mains, mieux vaut les poser sur la table.
- Ne restez pas les bras croisés.
- Quant aux pieds et aux jambes, si vous avez du mal à les contenir, pensez simplement à poser les deux pieds bien à plat sur le sol.

### 5. Soignez votre diction et votre langage

**a. La diction**

- Ne parlez pas trop vite (l'adrénaline incite souvent à parler trop vite au début) !
- Parlez suffisamment fort pour être entendu de tous les membres du jury.

**b. Le langage**

- Optez pour un français correct.
- N'utilisez pas de vocabulaire familier.
- Faites attention à la grammaire. Une phrase est classiquement constituée d'un sujet, d'un verbe et d'un complément.

  **Exemple :** « L'anglais est essentiel dans le monde des affaires ».
- Évitez les expressions et les mots inutiles qui appauvrissent votre argumentation tels que : « j'avoue », « pas de souci », « ben voilà », « quoi ».

### 6. Regardez le jury

- Vous êtes à l'oral pour convaincre. Il faut capter l'attention de tous les jurés pour que tous « croient » en vous. Pensez à tourner la tête régulièrement et à regarder chaque membre du jury, même le plus discret.
- Si vous avez le droit à vos notes, lors de l'oral, vous pouvez bien sûr osciller entre la lecture de ces dernières et les regards adressés au jury.

### 7. Ayez confiance en vous sans être arrogant

- Ne soyez jamais arrogant, et bannissez les expressions du type : « Je ne sais pas si vous savez mais… ».

> « De trop nombreux candidats se la jouent, se vantent. J'ai mis de bonnes notes à des étudiants timides mais qui avaient fait des choses très intéressantes, et de mauvaises notes à d'autres qui m'ont donné l'impression d'avoir tout fait et tout vu », concède Jean-François Fiorina, directeur de l'ESC Grenoble. »

### 8. Restez poli

- Ne coupez pas la parole aux jurés.
- Ne dites aucun gros mot, mot familier ou en verlan.
- Ne soupirez pas.
- Évitez de poser des questions au jury, sauf si vous y êtes invité. (Ne posez pas au jury la question de savoir si votre oral s'est bien passé !)
- Remerciez le jury en sortant, sans trop en faire pour autant !

### 9. Prenez le temps de réfléchir

- N'ayez pas peur des silences : il n'y a rien de pire qu'un candidat qui parle trop et qui s'enlise dans des explications sans fin. Prendre le temps de réfléchir prouve que la question posée par le jury est intéressante et mérite réflexion.
- N'ayez pas peur de ne pas comprendre une question : demandez au jury de répéter ou de préciser.

### 10. Argumentez vos points

- Votre pensée doit **absolument** être organisée.
- Utilisez des connecteurs logiques.
- N'hésitez pas à utiliser vos mains pour compter les différents points évoqués.

**Exemple :** « Dans un premier temps » *(faites « 1 » avec le pouce)*, « Dans un deuxième temps » *(faites « 2 » avec le pouce et l'index)*, etc.

# 2. Parler de soi

Pour parler de soi, retenez la **règle des 4 P.**

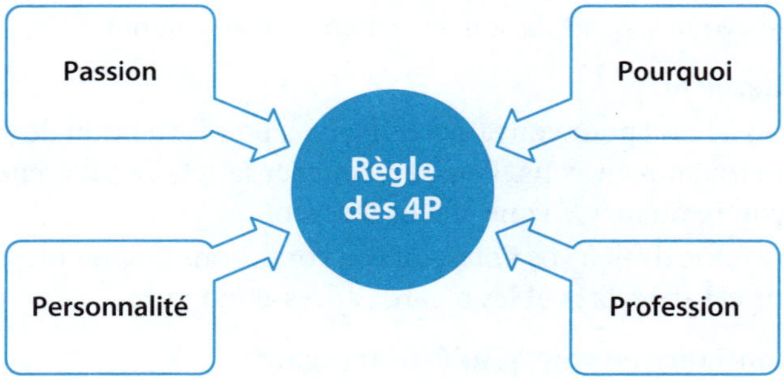


## A. Personnalité

L'objectif est de vous décrire rapidement, en précisant :

- **votre âge et votre cursus scolaire :** la filière de votre terminale, vos options – surtout si elles sont originales (cinéma, musique, sport, etc.) –, etc. ;
- **votre ville de domiciliation et/ou de scolarisation** ;
- **le nombre de vos éventuels frères et sœurs** (si un membre de votre famille a intégré une des écoles que vous présentez, n'hésitez pas à le préciser) ;
- **vos 3 qualités** ;
- **votre défaut** (et seulement si on vous le demande, un deuxième défaut) : n'hésitez pas à être sincère, tout en évitant cependant les défauts qui poseraient problème pour intégrer l'école (comme par exemple : asocial, fainéant ou insolent). Vous pouvez également présenter votre défaut avec humour.

**Exemple :** « J'ai tendance à être théâtral, quitte à épuiser les autres parfois, mais comme je suis le dernier d'une fratrie de 4 enfants, j'ai dû trouver un moyen pour m'imposer ! »

> **ATTENTION**
> Évitez les défauts qui sont de fausses qualités, comme par exemple « perfectionniste ». Trop de candidats les évoquent, cela ne vous démarque pas et vous fait paraître prétentieux.

## B. Passion

Le jury sera attentif à :

- **vos activités extrascolaires** (sport, culture, lecture, etc.) si vous en avez. Il serait effectivement souhaitable que vous en ayez. Cela peut être une pratique tout à fait en amateur ! N'ayez aucune gêne à évoquer votre passion pour les mangas, par exemple (tant que vous pouvez justifier pourquoi). Si vous avez appris un instrument de musique par vous-même, c'est tout à votre honneur car cela prouve votre persévérance et votre esprit volontaire ;
- **vos vacances et voyages à l'étranger**. Ils peuvent illustrer votre envie de travailler à l'international, notamment ;
- **vos engagements associatifs**. Bien sûr, si vous avez sauvé l'humanité en traversant la savane pour secourir des enfants orphelins, c'est fantastique. Mais, plus modestement, si vous êtes capitaine d'une équipe de sport, chef scout, responsable des espaces verts dans votre immeuble ou membre d'une association de défenses des fourmis rouges du Limousin, c'est déjà très bien ! Le tout est de connaître ce dont vous parlez et de montrer de l'enthousiasme pour votre sujet.

### CONSEILS DU FORMATEUR

Il est impératif d'argumenter autour de vos goûts ou du moins de pouvoir argumenter si nécessaire.

**Exemples :** « J'aime lire » (« Quels livres ? », « Quel est le dernier livre que vous avez lu ou aimé ? ») ; « J'aime le cinéma » (« Quels genres de films aimez-vous ? », « Quels acteurs ou réalisateurs vous plaisent ? », « Quel film vous a marqué ? », etc.) ; « J'ai voyagé dans tel pays » (« Qu'est-ce qui vous a plu ? », « Qu'est-ce qui vous a surpris ou déplu ? », « Qu'est-ce que cela vous a apporté ? »).

## C. Pourquoi ?

Vous devez être capable de **motiver vos choix**.

**Exemples :**

– « Pourquoi choisissez-vous d'étudier dans une école de commerce plutôt qu'à l'université, dans un IUT, de faire un BTS ou une autre formation ? »

– « Pourquoi l'école de commerce dans laquelle vous postulez vous plaît-elle en particulier ? »

– « Si vous avez le choix, quel campus souhaiteriez-vous intégrer ? Pour quelles raisons ? »

– « Préférez-vous un cursus à l'étranger ou un cursus tout en anglais ? Pourquoi ? »

### CONSEIL DU FORMATEUR

Étudiez précisément les atouts des écoles, leurs spécificités et leurs spécialisations. Il peut s'agir de la durée des stages en entreprise ou de leur localisation. Il peut également s'agir de l'alternance.

**Réfléchissez au préalable à vos motivations** pour ne pas être pris au dépourvu le jour de l'entretien.

**Exemples :**

– étudier de nouvelles matières pour découvrir le monde du travail ;
travailler en groupe de façon moins scolaire qu'au lycée ;
– s'ouvrir à l'international au contact des étudiants étrangers de l'école ;
– s'engager dans une association au sein de l'école car il y a toujours beaucoup d'associations d'élèves dans lesquelles chaque élève est encouragé à s'investir. Prenez le temps de les découvrir pour savoir dans laquelle vous voudriez vous engager, soit le jour de votre oral en rencontrant des étudiants, soit sur le site de l'école.

## D. Profession

Attendez-vous à avoir des questions sur votre future profession.

**Exemples :**

– Vous verriez-vous dans un métier en particulier (finance, marketing, vente, ressources humaines, etc.) ? Dans un secteur d'activité (la grande consommation, l'énergie, la construction automobile, le luxe, etc.) ? Si oui, précisez-le et justifiez-le avec des arguments autres que par exemple « Mon oncle gagne beaucoup d'argent dans le secteur de… ».
– Préféreriez-vous travailler dans une grande entreprise (avec de gros moyens) ou bien dans une petite entreprise (avec plus de souplesse, une hiérarchie réduite, etc.) ? Êtes-vous attiré par l'économie sociale et solidaire (les écoles du concours ACCÈS proposent des modules d'enseignement dans ce secteur).
– Avez-vous le projet de monter une entreprise ?

**CONSEILS DU FORMATEUR**

Il n'est absolument pas demandé au candidat d'avoir un projet professionnel déjà établi, mais il n'est pas non plus interdit d'avoir des envies et des idées. N'inventez surtout pas un projet, soyez juste sincère !

# 3. Répondre aux questions posées par le jury

- Répondez à toutes les questions posées par les membres du jury, même si elles vous embarrassent. Si vous ne savez pas comment répondre à une question, trouvez une manière de répondre un peu à côté en vous excusant de ne pas connaître exactement la réponse à la question posée.
- Prenez votre temps pour répondre, cela vous laisse un peu de temps pour réfléchir à votre réponse si besoin.
- Ne posez pas de questions au jury, sauf si celui-ci vous y invite, comme parfois en toute fin d'entretien (« Avez-vous une dernière question à poser au jury ? »).

# 2. L'entretien collaboratif

À l'ESSCA, les oraux d'admission comprennent un entretien collectif appelé entretien collaboratif, qui consiste en une discussion non préparée d'environ 45 minutes sur un sujet d'intérêt général donné par le jury avec 6 ou 7 autres candidats réunis autour d'une table. **Le groupe doit produire à la fin une synthèse des arguments avancés par les uns et les autres (nouveau en 2022).**

**Exemple :** Pour ou contre les livraisons à domicile ? (sujet 2022)

Pour aborder sereinement cette épreuve, intéressez-vous à son déroulement. Les conseils *infra* vous permettront de vous démarquer.

## 1. Déroulement

Les candidats sont convoqués par groupes de 6 ou 7.

▶ Les candidats sont installés en tables rondes. Ils inscrivent leurs nom et prénom sur un papier devant eux. Des feuilles et un stylo sont mis à leur disposition.

▶ Le jury impose un sujet. Les candidats ont 10 minutes pour le préparer individuellement. Ils ne font aucun commentaire et ne posent aucune question.

▶ Le jury anonce l'ouverture de la discussion. Chaque candidat est invité à y prendre part tout en écoutant les autres candidats. Prenez des notes sur ce qui est dit par les candidats.

▶ Produire une note de synthèse structurée intégrant les arguments proposés, avec un plan !

Pendant la discussion, les candidats doivent prendre les notes sur les propos des différents candidats en vue de la note de synthèse à rédiger à la fin.

Le temps du débat, les membres du jury se déplacent autour des tables des candidats pour lire leurs notes, les écouter et les évaluer sans intervenir.

## 2. Conseils

Écoutez les autres candidats pour rebondir sur leurs propositions

Exploitez vos connaissances et votre expérience en banissant les hors-sujets

Soyez confiant, d'autres ont réussi, alors qu'ils étaient aussi impressionnés que vous !

Notez vos idées afin d'être convaincant lors de votre prise de parole

N'hésitez pas à résumer les idées des autres à la fin du temps imparti pour clore le débat

# 25 questions fréquentes du jury

## 1. Les questions sur votre motivation à intégrer l'école

### 1. Pourquoi faites-vous le choix d'une formation en école de commerce ?

**Réponses possibles :**

« Je suis enthousiaste à l'idée de travailler en entreprise (petite, grande, multinationale avec des possibilités de travailler à l'étranger…). »

« Je voudrais me former pour devenir entrepreneur. »

« Je souhaite moins d'enseignements académiques (histoire-géographie, philosophie, maths) et plus d'enseignements pragmatiques et concrets. »

« Je suis attiré(e) par une formation encadrée et non celle de la faculté qui me conviendrait moins. »

« Les nombreuses possibilités de faire une partie de ma scolarité à l'étranger sont attractives, mais aussi les stages obligatoires, qui rendent la formation complète pour construire une expérience réussie sur le marché du travail. »

### 2. Pourquoi avez-vous choisi cette école ?

Il s'agit là d'une question très fréquente que vous devez impérativement préparer. Il vous faudra prendre un temps important pour connaître de façon précise cette école de commerce en particulier et la spécificité de son projet (ex. : à l'ESDES, le management et les questions d'éthique au travail…), ses différents campus, ses cursus à l'international, les spécialisations proposées pour les années d'études en master, les associations étudiantes pour éventuellement vous y engager si vous intégrez l'école, etc. Vous pourrez aussi passer un moment sur le site de l'école, durant les journées portes ouvertes, ou encore avec les élèves qui vous accueilleront le jour de l'oral… Vous vous renseignerez ainsi sur un cours en particulier, un professeur dont quelqu'un vous aura parlé…

Montrez que vous ne récitez pas exactement la même chose qu'à l'entretien que vous avez passé la veille pour une autre école. Des exemples concrets s'imposent pour démontrer votre connaissance et votre motivation !

### 3. Pourquoi notre école vous choisirait-elle ?

### 4. Qu'allez-vous apporter à notre école ?

**Réponses possibles :**

« Je serai, à n'en pas douter, un(e) élève très motivé(e) par les études proposées et les manières de travailler (notamment en groupe), je serai moteur, je saurai prendre des initiatives, choisir des cours optionnels qui m'attirent… »

« Je compte m'investir dans les cours mais aussi dans les autres aspects de la vie de l'école. Je pense en particulier à telle association étudiante (engagement social dans le soutien scolaire, association sportive, bureau des sports, *junior entreprise* pour effectuer des petites missions rémunérées…). »

À vous de vous renseigner sur les différentes associations existantes au sein de l'école, soit sur le site interne, soit auprès des élèves qui vous accueilleront le jour de votre oral.

Quand vous passez un oral dans une école nettement moins bien classée dans les palmarès, ne dites pas, si vous êtes admis et à l'ESCP-Europe et dans cette école beaucoup moins cotée, que vous choisirez d'intégrer cette dernière. Ce n'est ni sincère ni crédible ! Il est légitime quand on est pris dans deux écoles de notoriétés différentes de se diriger vers la meilleure des deux !

## 2. Les questions sur votre personnalité

### 5. Donnez trois qualités qui sont les vôtres

Préparez un exemple sur chacune des qualités que vous avancez.

### 6. Donnez trois défauts qui sont les vôtres

Préparez un exemple sur chacun des défauts que vous avancez. Mais, attention, il faut éviter de citer des défauts qui n'en sont pas réellement : « Je suis perfectionniste ». Soyez sincère en évitant à l'inverse des défauts « graves » comme « Je suis menteur », « Je suis très paresseux » !

### 7. Quelles sont les qualités ou valeurs que vous ont transmises vos parents ?

### 8. Quels sont vos loisirs, vos centres d'intérêt ?

Soyez sincère, si vous aimez le football, la boxe ou les mangas, dites-le. Mais ne répondez pas en une seule phrase : « J'aime le football ». Approfondissez, dites ce qui vous plaît : les entraînements, les compétitions si vous en faites, les compétitions internationales de ce sport si vous les suivez, l'ambiance…

Essayez d'analyser ce que cela vous apporte : un bien-être après le sport, le plaisir de retrouver des camarades, développer un esprit collectif, de la solidarité, une envie de vous surpasser dans l'effort…

### 9. Quel est le dernier livre que vous avez lu et aimé ?

### 10. Quel est votre film préféré, pourquoi ?

De façon générale, quand vous allez parler de quelque chose qui vous plaît, il faut avoir réfléchi aux raisons de cette attirance. On veut vous découvrir, non par le titre du film, du livre ou de l'artiste que vous dites aimer, mais par la manière dont vous serez capable d'expliquer vos goûts.

## 11. Avez-vous voyagé ?

## 12. Qu'est-ce que voyager à l'étranger vous a apporté ?

## 13. Aimeriez-vous partir étudier à l'étranger ?

Si vous avez eu la chance de voyager, il ne suffira pas de lister les pays visités. Il faut que vous soyez capable de dire ce qui vous a plu ou non, surpris ou émerveillé, avec des faits précis tirés de vos souvenirs. Si vous n'avez pas eu cette chance, ce n'est absolument pas un handicap ; vous pourrez dire que certains livres ou films vous ont fait voyager d'une autre manière.

## 14. Avez-vous déjà eu un engagement sportif, associatif, culturel ou autre ?

Engagement sportif : Être joueur au sein d'une équipe est un premier niveau d'engagement. Pensez aussi aux rôles du capitaine d'équipe, d'arbitre, qui sont des engagements pertinents à évoquer si vous l'avez été.

Engagement citoyen : pensez à dire que vous avez été, par exemple, membre d'un conseil de vie lycéenne, délégué de classe, membre d'un comité de jeunes dans votre ville, soutien scolaire à des plus jeunes, scout, etc.

Engagement culturel : club de théâtre, de cinéma, groupe de musique, chorale, etc.

## 15. Quel stage d'observation en entreprise avez-vous fait en classe de troisième (ou en seconde) ?

## 16. Qu'est-ce que cela vous a apporté ?

## 17. Citez un projet, une prise de responsabilité dont vous êtes fier (fière).

Une première petite expérience d'organisation d'un week-end ou d'une fête est par exemple déjà une prise de responsabilité. N'imaginez pas que l'on attend de vous d'avoir déjà organisé de très grands événements comme le festival des Vieilles Charrues !

## 18. Quelle est votre matière préférée en cours ? Pourquoi ?

## 19. Si on vous donnait 1 million d'euros, qu'en feriez-vous ?

■ Dans le mois qui précède le calendrier des épreuves orales, vous veillerez à bien suivre l'actualité et prendre des notes par écrit, dans un carnet par exemple, pour retenir des points clés.

■ Parfois, une ou deux questions en anglais sont posées, mais jamais durant tout l'entretien.

## 3. Les questions sur l'actualité et la culture générale

### 20. Quel est le sujet d'actualité des dernières semaines qui vous a marqué ?

### 21. Pourquoi ce sujet d'actualité vous a-t-il marqué ?

Choisissez un sujet que vous maîtrisez correctement et qui ne vous semble pas trop polémique pour éviter un débat politique.

### 22. Que pensez-vous du président de la République ?

Évitez de donner de façon tranchée votre opinion politique, pour ou contre le président, ou tout homme politique. Il vous faut malgré tout répondre en donnant idéalement un exemple concret qui appuie votre réponse, mais tout en nuances. « J'ai apprécié X. X. parce que… »

### 23. Vous sentez-vous plutôt français d'abord ou plutôt européen ?

### 24. Pensez-vous que l'on en fait trop autour de la question du réchauffement climatique ?

Et, pour finir, on vous demandera la plupart du temps :

### 25. Avez-vous une dernière question à poser au jury ?

Vous avez peut-être repéré, parmi les deux ou trois membres du jury qui se sont présentés tout au début de votre entretien, une personne dont le métier ou la fonction au sein de l'école vous intéresse sur une question précise. Posez-lui votre question.

Si vous n'avez pas de question, vous pouvez en conclusion redire votre motivation pour intégrer cette école en deux phrases courtes.

Ne demandez pas au jury ce qu'ils ont pensé de cet entretien. Ils vous feront quitter la salle et délibéreront sans vous faire de retour. Vous connaîtrez votre note en même temps que tous les candidats le jour des résultats finaux.

# Simulations d'entretien

Voici deux simulations d'entretien :

- Dans la première, le candidat, Eliott, n'est pas convaincant. À vous de déceler dans ses réponses les erreurs à éviter.
- La seconde simulation rebondit sur les « mauvaises » réponses pour proposer un discours bien plus convaincant !

## 1. Les écueils à éviter

**Jury (après une présentation rapide des trois personnes qui compose le jury) : Bonjour, Monsieur. Vous pouvez vous asseoir et décliner votre identité ainsi que votre parcours scolaire, s'il vous plaît.**

Eliott :
Je m'appelle Eliott Goupil. J'ai 17 ans et je suis en terminale S, option SVT, parce que je n'avais pas beaucoup de choix, en fait. Et j'habite à Mortagne-au-Perche, dans le 61.

**Avez-vous des passions ?**

Je joue beaucoup au basket, dans le *city* près de chez moi. Et chez moi, je regarde beaucoup de vidéos YouTube sur le basket.
Sinon, rien de spécial…

**Qu'aimez-vous dans le basket ?**

Tout.

**Mais encore ?**

J'aime bien la technique que cela demande pour marquer des paniers. J'aime bien aussi les joueurs et les championnats de la NBA.

**Pourquoi avoir choisi notre école ?**

D'abord parce qu'on m'a dit qu'elle était bien et aussi parce que je veux partir de chez moi. Il n'y a vraiment pas grand-chose à faire où j'habite.

## 2. Des réponses plus convaincantes

**Bonjour, monsieur. Vous pouvez vous asseoir et décliner votre identité ainsi que votre parcours scolaire, s'il vous plaît.**
Je m'appelle Eliott Goupil. J'ai 17 ans et je suis en terminale S, option SVT, ~~parce que je n'avais pas beaucoup de choix, en fait~~. Et j'habite à Mortagne-au-Perche, dans le 61.

Même si vous n'aimez pas trop votre filière, vous n'êtes évidemment pas obligé de le dire ! Et si vous voulez le faire parce que cela vous tient à cœur, expliquez davantage.

**Exemple :**

« J'ai choisi d'aller en terminale S parce que mes parents pensaient que ça m'ouvrirait plus de portes, même si je savais dès le départ que je voulais étudier l'économie dans une école de commerce » ou « J'ai choisi une terminale S parce que j'aime beaucoup les maths même si je n'avais pas d'affinités particulières avec les SVT, mais plus avec l'économie et l'actualité. C'est pourquoi j'aimerais vivement intégrer votre école ».

**Avez-vous des passions ?**

Je joue beaucoup au basket, dans le *city* près de chez moi. Et chez moi, je regarde beaucoup de vidéos YouTube sur le basket.
~~Sinon, rien de spécial…~~

« Rien de spécial » n'a aucun intérêt ! Cela dévalorise les propos du candidat au lieu de convaincre le jury ! Eliott aurait dû préciser pourquoi il apprécie beaucoup le basket, ce qui aurait en plus évité que le jury soit obligé de le relancer avec la question suivante !

**Qu'aimez-vous dans le basket ?**

~~Tout.~~

Ce genre de réponse est à bannir, elle laisse croire que le candidat n'a pas envie d'expliquer ou est incapable d'argumenter.

Si vous appréciez quelque chose, il y a sûrement plein de bonnes raisons à cela. Alors, trouvez ! Soit en y réfléchissant sur le moment, soit en préparant avant vos arguments (*cf.* conseils dans ce livre).

**Mais encore ?**

J'aime bien la technique que cela demande pour marquer des paniers. J'aime bien aussi les joueurs et les championnats de la NBA.

Là encore, et toujours, le jury est obligé de relancer le candidat. Il est temps qu'il argumente !

L'idéal est de le faire en plusieurs points. Vous pouvez présenter successivement les trois arguments en accompagnant votre discours de gestes de vos mains.

**Exemple :**

« J'aime beaucoup le basket pour trois raisons principales :

– tout d'abord pour l'histoire de ce sport, et également la carrière de Michael Jordan. C'était un grand sportif qui, bien qu'il ait annoncé plusieurs fois sa retraite, a porté son équipe des Chicago Bulls six fois jusqu'à la victoire du championnat NBA (entre les 1990 et 1997). C'est aussi un grand homme d'affaires qui a fortement valorisé l'entreprise Nike par sa propre marque et son logo mythique ;

– ensuite, le championnat de NBA est passionnant avec les playoffs et ses quatre victoires nécessaires pour franchir les étapes. De ce fait, la saison est longue (d'octobre à mai) et pleine de rebondissements ;

– enfin, j'apprécie beaucoup tout l'aspect statistique autour de ce sport avec ses mesures et ses estimations permanentes sur les performances des joueurs, des équipes et des franchises. »

**Pourquoi avoir choisi notre école ?**

~~D'abord parce qu'on m'a dit qu'elle était bien et aussi parce que je veux partir de chez moi. Il n'y a vraiment pas grand-chose à faire où j'habite.~~

**Exemple :**

« Initialement, j'ai connu votre école par un collègue de mon père qui est de la promo 1998. Il nous a dit qu'elle était excellente. Et puis, je suis venu aux portes ouvertes et j'ai beaucoup aimé l'ambiance et l'accueil des professeurs et des élèves. Et, en regardant sur différents sites Internet, j'ai vu aussi qu'elle était très bien cotée.

Et puis, je ne vous cache pas que la ville dans laquelle je vis est vraiment petite. Je serais heureux de faire mes études dans une ville plus vivante et plus animée culturellement. »

# Anglais

DURÉE

ESDES et IÉSEG
30
MINUTES

ESSCA
45
MINUTES



COEFFICIENTS

ESDES et ESSCA
3

IÉSEG
2,5

# Planning de révisions

Après quelques mois de travail pour préparer les épreuves écrites, il faut commencer à penser aux épreuves orales.

Vous pouvez, par exemple, alterner la préparation des écrits et des oraux en travaillant une semaine sur deux sur chaque type d'épreuve.

| PÉRIODICITÉ | NOTIONS À ABORDER | NOS OUTILS |
|---|---|---|
| Une semaine sur deux, en alternance avec l'épreuve écrite | **Les mots de liaison** | Méthodologie et conseils page 370 |
| | **Les conjonctions de subordination** | Méthodologie et conseils page 372 |
| | **Vocabulaire** | Tout le cours page 279 |
| | **Comptes rendus d'articles commentés** | Méthodologie et conseils page 372 |
| | **Entraînement** | Sujets corrigés page 374 |

# Méthodologie et conseils

## 1. Présentation des épreuves

Les épreuves orales du concours consistent en un commentaire de texte assorti de questions orales.

Elles durent **30 à 45 minutes** et sont affectées d'un **coefficient 2,5 à 3**.

Elles visent à vérifier la capacité des candidats à utiliser leurs connaissances tout en se montrant désireux de communiquer.

Sont évaluées :

- l'expression ;
- la qualité de la langue ;
- l'argumentation ;
- la communication.

## 2. L'expression orale

**Tout au long de l'année, en amont du concours,** il est nécessaire de **s'entraîner à parler et à lire à haute voix.**

### A. La prononciation et l'accentuation

Pour **travailler la prononciation et l'accentuation** (n'oubliez pas que les **accents toniques** sont primordiaux en anglais et qu'il faut les connaître), vous pouvez vous entraîner à **écouter des émissions et à relire plusieurs fois à haute voix** leurs scripts. Vous pouvez par exemple les télécharger sur le site de la BBC.

Vous pouvez aussi aller sur les sites suivants :

> www.soundsofenglish.org

> www.bbc.co.uk/worldservice/learningenglish

Ce travail vous sera très utile.

Voici les **erreurs de prononciation les plus courantes** :

- ***h*** en début de mots ;
- ***s*** à la 3e personne du singulier des verbes au présent simple et à la fin des noms au pluriel ;
- ***-ed*** en fin de mots ;
- ***-ism*** en fin de mots, comme pour tourism, capitalism, etc. ;
- ***kn-*** en début de mots, comme pour know (le *k* ne se prononce pas) ;
- les consonnes muettes comme pour psychology (le *p* ne s'entend pas) ou iron (le *r* ne s'entend pas).

Pensez également à l'**intonation** et au **rythme** à l'oral. Il faut **respirer**, **ne pas lire** (vous pouvez néanmoins jeter des coups d'œil à vos notes), **regarder le jury** et **ne pas parler trop vite ni trop bas** de façon à être intelligible.

## B. L'organisation des idées

Par ailleurs, pour s'exprimer à l'oral comme à l'écrit, en particulier pour un examen, il faut **organiser ses idées** et les exprimer avec une certaine logique. Pour structurer, argumenter et nuancer, il faut utiliser des **mots de liaison** et des **conjonctions de subordination** appropriés. S'il en existe beaucoup, il est bon d'en connaître un ou deux par catégorie.

### a. Les mots de liaison

| Introduire | |
|---|---|
| ***the text/the article is about/deals with/tackles the issue of...*** | le texte/l'article traite de la question de... |
| ***first, firstly, in the first place*** | tout d'abord |
| ***secondly, in the second place*** | deuxièmement |
| ***the interest of the text/the article lies in...*** | l'intérêt du texte/de l'article réside dans... |
| **Exprimer un point de vue, son accord ou son désaccord** | |
| ***a criticism*** | une critique |
| ***as far as I am/he is/we are concerned...*** | en ce qui me/le/nous concerne |
| ***he is quite right in pointing out that...*** | il a tout à fait raison de signaler que... |
| ***the author's/the journalist's view is too biased/ prejudiced*** | le point de vue de l'auteur/du journaliste est trop partial |
| ***I agree with..., I disagree with...*** | je suis d'accord avec..., je ne suis pas d'accord avec... |
| ***I share his opinion/his point of view*** | je partage son opinion/son point de vue |
| ***I wonder if/whether...*** | je me demande si... |
| ***in my opinion..., to my mind...*** | à mon avis... |
| ***it seems to me that...*** | il me semble que... |
| ***the advantages and the drawbacks*** | les avantages et les inconvénients |
| ***the pros and the cons*** | le pour et le contre |
| ***to back/to support*** | soutenir |
| ***to be a proponent/an opponent*** | être un partisan/un adversaire |
| ***to be for.../against...*** | être pour.../contre... |
| ***to approve of*** | approuver |
| ***to take sides with*** | prendre parti pour |
| ***what I mean is...*** | ce que je veux dire, c'est que... |
| **Expliquer** | |
| ***a key issue*** | un problème clé, une question essentielle |
| ***a topic, a subject*** | un sujet |
| ***a topical question*** | une question d'actualité |

| | |
|---|---|
| ***actually, indeed*** | effectivement, vraiment, en fait |
| ***all in all*** | en somme, somme toute |
| ***anyway*** | de toute façon |
| ***as regards..., regarding...*** | en ce qui concerne…, quant à… |
| ***currently, nowadays, today*** | actuellement, aujourd'hui |
| ***for example/instance*** | par exemple |
| ***generally speaking*** | d'une manière générale |
| ***it has often been said...*** | on a souvent dit… |
| ***it is generally agreed today that...*** | tout le monde s'accorde aujourd'hui pour dire que… |
| ***it is obvious that...*** | il est évident que… |
| ***oddly/curiously enough*** | chose curieuse |
| ***paradoxically enough*** | paradoxalement |
| ***on the one hand ... on the other hand*** | d'une part … d'autre part |
| ***owing to*** | en raison de |
| ***thanks to*** | grâce à |
| ***to some extent*** | d'une certaine manière |
| **Renforcer** | |
| ***besides, moreover*** | de plus, en outre |
| ***compared to*** | comparé à |
| ***in fact, as a matter of fact*** | d'ailleurs, en fait |
| **Exprimer la conséquence** | |
| ***so, therefore, consequently, hence*** | ainsi, donc, en conséquence |
| ***that is the reason why...*** | c'est la raison pour laquelle… |
| ***eventually*** | finalement |
| **Exprimer le contraste** | |
| ***conversely*** | en revanche |
| ***however, yet, nevertheless*** | cependant, toutefois |
| ***contrary to, unlike*** | contrairement à |
| ***either ... or...*** | soit … soit… |
| ***neither ... nor...*** | ni … ni… |
| **Exprimer la restriction** | |
| ***despite, in spite of*** | en dépit de, malgré |
| **Résumer** | |
| ***in a word, in short*** | en un mot |
| ***to sum up*** | tout compte fait, pour résumer |
| **Conclure** | |
| ***as a conclusion, to conclude*** | en conclusion |
| ***to put it in a nutshell*** | en bref, en résumé |
| ***lastly, finally*** | en fin de compte |

### b. Les conjonctions de subordination

| | |
|---|---|
| **But** | |
| ***to, in order to*** | pour, afin de |
| ***so that*** | afin que |
| **Cause** | |
| ***as*** | comme, étant donné que |
| ***given that*** | vu que |
| ***since, because*** | puisque, parce que |
| **Concession, opposition** | |
| ***although, though*** | bien que |
| ***even if, even though*** | même si |
| ***no matter what/how*** | peu importe ce que/comment |
| ***whereas, while*** | alors que |
| ***whoever*** | qui que ce soit |
| ***whatever*** | quel que soit |
| ***wherever*** | où que ce soit |
| **Condition, hypothèse** | |
| ***if*** | si |
| ***in case*** | au cas où |
| ***provided that*** | pourvu que, à condition que |
| ***unless*** | à moins que |
| ***whether … or…*** | que … ou que… |
| **Conséquence** | |
| ***insofar as*** | dans la mesure où |
| ***to such an extent that*** | à tel point que |
| ***so that*** | si bien que |

## 3. Le compte-rendu

Le travail que vous effectuez au cours de l'année de préparation sur le vocabulaire, la grammaire, la prononciation et l'accentuation devrait vous permettre de réussir votre compte-rendu d'article à l'oral.

Cet exercice vise à apprécier :
– votre anglais oral ;
– votre degré de compréhension du texte ;
– votre capacité à présenter un compte-rendu à l'oral et à le structurer.

Comme pour toutes les autres épreuves, il est nécessaire que vous vous entraîniez.

Lors du temps de **préparation**, vous devez :
– lire attentivement le texte au moins deux fois ;
– noter les étapes de votre compte-rendu.

Celui-ci doit être organisé de la manière suivante :

- **introduction :** présentez brièvement le document ; l'annonce du plan est facultative ;
- **développement :** déroulez les idées principales du texte ; n'hésitez pas à citer le texte (*I quote: …*) ;
- **conclusion :** terminez rapidement (l'épreuve est courte).

## 4. L'entretien

L'**entretien** qui suit votre compte-rendu permet au jury d'apprécier votre **réactivité**, vos **qualités de communication** et votre **niveau de langue**. N'hésitez pas à **faire appel à votre culture personnelle pour y puiser des exemples de situations ou de faits comparables à ceux du texte**, afin qu'ils illustrent vos propos.

# Sujets corrigés

## SUJET 1 : Anglais

**DURÉE :** 30 À 45 MINUTES

### Consigne

Rédigez un compte-rendu de l'article puis répondez à l'oral aux questions.

**Upper limb injuries secondary to overuse in the Esports community. Is this a rising epidemic?**

In the last few years, esports have gained considerable popularity amongst the general population with viewership, prizes and advertising increasing on a yearly basis. Esports was described as "an area of sport activities in which people develop and train mental or physical abilities in the use of information and communication technologies". Whilst this is also true for video gaming, data consistently shows that esports have increased in popularity and has transformed from a vibrant niche culture into mainstream entertainment. It is expected to increase from a viewership of 454 million viewers in 2019 to 646 million viewers in 2023. Along with viewership, commercial viability of esports and the rise in revenue during these events have increased sponsorships and have placed esports events in the spotlight. This has driven a shift from playing video games as a leisurely activity to a potential professional activity. With revenue of 1 billion US dollars generated in esports in 2019, which is estimated to rise to 1.6 billion US dollars by 2023, the future of esports looks bright.

Yet, if esports have gained popularity over the last few years with increased viewership, revenues, participation, and a growth in the number of elite players, upper limb injuries have also developed. Over 400 fine motor movements per minute are carried out by esports players and with professional and elite players reporting practising and playing for over 10 hours every day, this would give rise to overuse injuries, especially in the upper limb. Carpal tunnel syndrome, lateral epicondylitis and tendinopathies are reported to be the commonest upper limb musculoskeletal injuries in esports players which can also lead to the end of their career. With the worldwide increase in esports athletes we can only expect a concomitant rise in associated injuries. There is, however, very limited research on injuries sustained by esports players and ways to prevent such injuries with more studies being advocated to further this knowledge among the Esport community.

# Questions

1. **What other cons can you think of concerning the practice of esports?**
2. **Can it be a danger in your opinion?**
3. **Can traditional sports and esports be compared?**
4. **Is the money it involves a bad or good thing for you?**

# Corrigé

# Proposition de compte-rendu

**Upper limb injuries secondary to overuse in the Esports community. Is this a rising epidemic?**

The text deals with esports and the way its / their popularity has dramatically increased in the last few years. It includes the number of worldwide viewers, of increasing money prizes and advertising leading to enormous revenues: 1 billion US dollars in 2019, 1.6 billion US dollars expected in 2023.

Yet, the article also focuses on the number of physical injuries the professional practice can lead on professional, elite players.

Indeed, playing for up to 10 hours every day can lead to different injuries, especially in the upper limbs. Those injuries can be the cause of ending esports careers.

Nevertheless, no serious research has been led yet to prevent those pains and injuries.

So, though the text emphasises the tremendous increase of fame in esports, it also shows the cons, the negative aspects of overuse practice on professionals.

# Propositions de réponses aux questions orales

**❶ What other cons can you think of concerning the practice of esports?**

In my opinion, there are different other inconveniences and flaws in the esport practice even when it is not a professional activity.

For example, children and young children are getting more and more addicted to video games such as Minecraft, Fortnite, COD, etc.

Children play less and less outdoors and stay more and more stuck to their screens, alone.

For me, addiction is one of the other flaws of esports and video games.

**❷ Can it be a danger in your opinion?**

Yes, definitely. Some teenagers are no longer socialised, can be heavily depressed and disconnected from the real world.

Another flaw can be the increase of violence induced by FPS games in which killing is ordinary and even the main goal of the game.

We may wonder what impact it can have on the young.

**❸ Can traditional sports and esports be compared?**

In some ways, they can. Much practice, competition, discipline, sponsors are common to both practices. Yet, sports are good for health and for mental balance, give good examples of tenacity and efforts, and don't lead to addiction as a disease.

To my mind, they can't be assimilated.

**❹ Is the money it involves a bad or good thing for you?**

I think it's a pity esports are so linked to making the more money it can.

It looks like a business more than a leisure and it probably puts more and more pressure on professional players who can be very young; they're mainly teenagers who can earn more than 1 million dollars when they win.

It also make amateur players want to become professional when the elite players are very rare, and exceptions in their gift for playing.

Sports in general should not be so praised for the money they make and involve. They should not be businesses.

# SUJET 2 : Anglais

**DURÉE :** 30-45 MINUTES

## Consigne

Rédigez un compte-rendu de l'article puis répondez à l'oral aux questions.

Carlos Lozada, « *America, always rising and falling* », *The Washington Post*, novembre 2013. Étudier l'extrait de « *A satellite* » à « *the Chinese are beating us to it* ».

## Questions

1. In your opinion, can declinist theories be harmful to a country?
2. What does Josef Joffe try to understand in his book?
3. What is his point about China?
4. Why have politicians used declinist theories in the past?

# Corrigé

# Proposition de compte-rendu

**America, always rising and falling**

The text is the extract of an article from The Washington Post, written by Carlos Lozada in November 2018. In this article, the journalist deals with America as a superpower but haunted by its own fears of decline and the other powerful countries in the world that could prevail over them, namely the BRIC clan: Brazil, Russia, India and China.

America's fears and nightmares may come from historical events that challenged its existence a superpower in the second half of the 20th century.

To illustrate his point, the journalist mainly uses Joseph Joffe's works and ideas concerning, I quote "the psychology of declinism" studied in his book The Myth of America's Decline. Why has America suffered for several decades and is still suffering from this disease and paranoia?

According to Joffe, there are no good reasons for the USA to fear declinism, to feel such pessimism. He namely takes China's growth and shows its limits. He also shows that declinism has been used by several American presidents for electoral reasons.

# Propositions de réponses aux questions orales

**1 In your opinion, can declinist theories be harmful to a country?**

Yes, declinism is a form of pessimism regarding the future evolution of a given country. Being pessimistic means losing one's confidence so it may affect people's moral and deteriorate their confidence in the future, namely to invest and make prospects.

It can be harmful too since it maintains citizens in a state of depression and shatters their hopes of a bright future.

**2 What does Josef Joffe try to understand in his book?**

The author of the book is interested in finding out why Americans have recurrent episodes of pessimism regarding their strength as a country, a phenomenon called "declinism". The book analyses the last fifty years of American history to uncover the origins of this state of mind.

**3 What is his point about China?**

His point is that the US should not fear China's rise as an economic power because it is already slowing down. China will face structural changes in the future (more democracy and an aging population), which will upset its balance. All things considered, China doesn't represent a real threat.

**4 Why have politicians used declinist theories in the past?**

Declinism have been used to strategic ends by many politicians; their aim is to make citizens worry about America's future in order to win their votes and be elected. Declinism also serves to convince the electorate that political reforms are necessary.

# SUJET 3 : Anglais

**DURÉE :** 30-45 MINUTES

## Consigne

Rédigez un compte-rendu de l'article puis répondez à l'oral aux questions.

Tony Walter, « *Five things coronavirus can teach us about life and death* », The Conversation, 15 avril 2020.

Étudier l'article entier.

## Questions

1. Do you think as Tony Walter that Covid-19 has changed the life of society?
2. How can you explain a pandemic can have good impact too on people?
3. Don't you think it made inequalities grow too?
4. Do you personally think it has changed your life?

# Corrigé

## Proposition de compte-rendu

The text I have just worked on deals with the latest and still living enormous worldwide pandemic, Covid-19. It focuses, after months of disease and deaths all over the world, on the way Covid-19 may change and has changed our lives and our relation to life and death.

The author, Tony Walter, Professor Emeritus of Death Studies at the University of Bath in England, depicts, I quote the title, "Five things Covid can teach us about life and death."

What strikes us first as readers is the way the author of the article takes a positive stand regarding the "benefits" of Covid, or the fact that such a plight can teach us things about us and life and death.

Indeed, one of those things it has taught us is that we can help and support each other more than we usually do. This pandemic, as other big disasters in history, has, I quote, "transformed the life of society" and for the better. People have shown and show more solidarity, more unity.

Another point is the awareness people get at seeing they are part of nature, part of a whole and how they can disorganize, disrupt or spoil it. We are all responsible for our environment and we have to protect it.

Covid-19 has also enhanced the importance of NHS and all caretakers, people who work in the shadow at all times and who became our everyday heroes during confinement. It showed how necessary we are all to one another and all part of the same humanity.

Finally, the author develops two other major impacts Covid had on us: the way it forced us to reconsider our lives and enjoy them before old age. In parallel, people, while confronted to disease, old age and death, have to think and talk more openly about the way they imagine the end of their life, the treatments they would accept or not, the will they should write in order to set things clear before dying and tell their families their last wishes.

To conclude, this article brings up the fact that Covid-19, though tragic and devastating, has made people grow and forced them to consider or reconsider their lives. It has changed societies, raised more unity and solidarity and led us to think about our own end of life.

# Vocabulaire

*to depict* : dépeindre

*a stand* : une position

*a plight* : une situation critique

*to disrupt* : perturber, interrompre

*to enhance* : mettre en avant

*a caretaker* : un personnel soignant

*confinement* : le confinement

*a will* : un testament

# Propositions de réponses aux questions orales

**❶ Do you think as Tony Walter that Covid-19 has changed the life of society?**

Yes, I definitely do. Such a predicament as Covid-19 has inevitably had major consequences on society and on people. Thousands of people died and it can't leave the world as it used to be.

**❷ How can you explain a pandemic can have good impact too on people?**

I think it reminds people they are equal and as weak in front of diseases, in front of death and consequently it changes the usual balance of inequalities among people.

Whatever powerful and rich you are, you can be a victim and can't deter a pandemic to hit you, so it makes people be part of the same unity, of the same humanity.

You cannot escape or no longer protect yourself with money, success, etc. You need the same care and doctors, the same medicine, the same help from the others. Everyone has to survive.

**❸ Don't you think it made inequalities grow too?**

Yes, some people, some countries were more armed and protected than others. In the Third World and overpopulated countries, it was way more difficult for people to respect confining and distancing but we saw in France how difficult it was to get masks, how sometimes "lost" politicians were to tell people what to do or not.

It is true that it was undoubtedly easier for a small family living in a big house with a garden to bear confinement than for a big family in a small apartment, but death and disease can hit anybody anywhere.

**❹ Do you personally think it has changed your life?**

Yes, no doubt my life will never be exactly the same afterward. I will not be as carefree as I used to be. In my opinion, Covid-19 has reminded everyone how precious and fragile life is. I have also grown more aware of the necessity to protect old people and to look after sick ones.

I have also decided since then to dedicate some of my free time to voluntary charities.

Besides, because it led the world to a major economic downturn, we have to unite and cooperate to recover and to save those who have lost everything. This is, in my opinion, the only way to survive and to cope and limit the number of victims of this pandemic.

PEFC
PEFC/30-32-821

Achevé d'imprimer en septembre 2022 par Wilco aux Pays-Bas
Dépôt légal: septembre 2022
N° éditeur MAGSI20210600